Beatrice Flemming

DAS THEOSOPHISCHE WELTBILD

BAND 1

Fundamente des Urwissens
in allen Zeiten und Ländern

EDITION
ADYAR

4. Auflage 2006

Voglherd 1 • D-85567 Grafing
www.aquamarin-verlag.de

Lizenzausgabe mit freundlicher Genehmigung
des F. Hirthammer Verlages, München © 1997

Umschlaggestaltung: Annette Wagner unter Verwendung
eines Mandalas von Heita Copony

Druck: Bercker • Kevelaer

ISBN 3-89427-291-0

DAS THEOSOPHISCHE WELTBILD
in 3 Bänden

Band 1: Fundamente des Urwissens in allen Zeiten und Ländern

Band 2: Esoterische Wissenschaft, Forschung und Philosophie

Band 3: Religion, Ethik und Kunst

Sonderheft: Kleines Lexikon okkulter Begriffe und östlicher Religionen mit Register des THEOSOPHISCHEN WELTBILDS

INHALTSVERZEICHNIS

Liebe Leser,

dieses in 45 Jahren intensiver Arbeit entstandene Werk wird für die Menschenkreise, welche sich bereits eingehender mit den theosophischen Lehren und esoterischem Wissen befaßt haben, eine mächtige Bereicherung und einzigartige Gesamtschau darstellen. Es wird ihnen viele Fragen beantworten und viele Probleme lösen, die bis jetzt vielleicht offen geblieben sind. Denn die deutschsprachige theosophische Literatur wurde ja in der Kriegs- und Nazizeit weitgehend vernichtet.

Dieses Werk wird aber auch Erstaunen und ungläubiges Kopfschütteln hervorrufen. Und zwar bei den Lesern, die sich bisher gar nicht oder nur am Rande mit den darin dargestellten Gesetzen und Entwicklungen befaßt haben. Enthält dieses dreibändige Werk doch u. a. sehr viel geheimes Ur-Wissen, das bis vor etwa hundert Jahren ausschließlich mündlich und nur an sorgfältig ausgewählte Schüler weitergegeben wurde.

Mir erging es beim ersten Lesen des Manuskripts kaum anders. Doch dann dachte ich an einige Dinge, die ich täglich um mich beobachte: an die geheimnisvollen Kräfte, die den Baum vor meinem Haus wachsen und den Vogel aus dem Ei schlüpfen lassen, an die Erde, die unbeirrbar um die Sonne kreist, und das totale Weltall, von dem die Wissenschaft noch sehr wenig kennt. Ich weiß auch, daß manches, was zu Beginn als „Wunder" galt, heute alltäglich geworden ist, und daß z. B. der Erfinder der drahtlosen Telegraphie bei seiner Behauptung, er könne ohne Draht Worte auf weite Entfernungen durch die Luft senden, für verrückt erklärt und eingesperrt wurde. Diese Überlegungen veranlaßten mich, unmöglich erscheinende Behauptungen nicht einfach zu verwerfen, sondern wenigstens bereit zu sein, sie anzuhören.

Ich nahm mir also aus dem Inhaltsverzeichnis die Themen vor, von denen ich relativ viel wußte. Und mit Erstaunen mußte ich feststellen: die Autorin kennt mein in jahrelangem Studium erworbenes Spezialwissen mindestens ebensogut wie ich und stellt es in einem einzigen Kapitel auf wenigen Seiten so einfach und klar dar, wie es nur jemandem möglich ist, der die Sache völlig beherrscht. Dadurch wurde ich für das gesamte grandiose Wissensgebiet der Ur-Theosophie aufgeschlossen – und jetzt bringt mir jedes Lesen in diesem Werk immer neue faszinierende Erkenntnisse.

Als Verleger mußte ich mit der Autorin ein technisches Problem lösen. Das große theosophische Wissen wird in diesem Werk von Beatrice Flemming in einem logischen, zusammenfassenden Aufbau dargestellt. Das Gebiet ist jedoch so ungeheuer weit, daß es zum verständnisvollen Studium ratsam ist, sich jeweils nur mit einem begrenzten Thema zu befassen. Also wurden die einzelnen Themen in abgeschlossenen Kapiteln behandelt.

Um auch nicht ständig beim Lesen in anderen Kapiteln nachschlagen und dort geklärte Begriffe mühsam suchen zu müssen, wird allen drei Bänden zur Arbeitserleichterung ein kleines Lexikon-Register – als Extra-Heft – beigegeben, das die wichtigen, zum Verständnis wesentlichen Ausdrücke und Begriffe in Kurzform erläutert. Hinter diesen Definitionen bringen wir die Seitenzahlen, wo diese Begriffe im Buch erscheinen.

Ein Werk wie dieses, mit dem Anspruch, ein Weltbild darzustellen, verlangt aber noch etwas mehr: die Untermauerung, die Möglichkeit für den Leser, nachzuforschen und weiterzuarbeiten. Folglich machen wir nach jedem Kapitel umfangreiche Angaben über die zu diesem Thema maßgebende klassisch-theosophische Literatur oder inspirierte Dichtungen.

Für diese Arbeit und für die ungeheure Leistung, welche die Autorin mit diesem Werk erbracht hat, danke ich ihr aus ganzem Herzen.

Der Verleger

1. Die „Uralte Weisheit“ als Synthese von Religion, Wissenschaft und Philosophie

So lange die Erde steht, wird jeden denkenden Menschen die Frage bewegen: Was kann der – sonst so genialer Schöpfungen fähige – Menschengeist ersinnen, um die fortwährend aus Untiefen strömenden dunklen Wasser des Leides abzuwehren? Menschliche Qualen sind in den letzten Jahrzehnten wohl universaler und intensiver aufgetreten als je. Zwei Weltkriege, politische Diktaturen, die Folgen dieser Katastrophen, sowie unaufhörliche rivalisierende Kämpfe ideologischer oder politischer Natur auf fast allen Teilen der Erde haben sie (trotz mancher Wohlstandswunder) mit finsteren Schatten überzogen und ihr Angesicht verzerrt.

Ein Haupt-Charakteristikum unserer Zeit ist Verwirrung und allgemeines Ringen, dem „Ertrinken“ durch einen rettenden Strand zu entrinnen. Unsere Zeitgenossen wurden aus ihren Sicherungen von Besitz, Geltung, Familienglück und auch Moralbegriffen geworfen. Die meisten wußten, vom allgemeinen Chaos umhergetrieben, kaum noch, was Recht und Unrecht war. Auch heute – in einer Welle von Sex- und Rauschgiftsucht, oft ethikloser und krimineller Jugend, von Entartung der Künste, von hektischem Jagen nach materiellen Werten und groben Vergnügungen, voll steter Angst vor nochmaligen Verlusten – nimmt jene uralte Frage nach dem Sinn des „Schicksals“ riesige Dimensionen an und erfüllt die Mentalregionen der Erde mit ihrer dynamischen Forderung.

Dreifach ist die Kette des menschlichen Leidens: Am Anfang steht Unwissenheit. Aus ihr wird Sünde gezeugt, denn alle Übertretungen der Göttlichen Gesetze entspringen dem Mangel an wirklicher Kenntnis. Dies ist ein natürliches Symptom auf den unteren und auch mittleren Stufen der „Entwicklungsleiter“. Aus der Sünde müssen wiederum Leiden in unzähligen Formen entstehen. Jedoch Unwissenheit, Sünde und Leid, mit allen resultierenden Konflikten, sind *die Mittel,* wodurch die Göttliche Weisheit die Menschen dazu bringt, ihre statische, unschöpferische Ohnmacht zu überwinden. Durch das schmerzvolle Ringen mit der stets widerstreitenden Materie – was dem menschlichen Entwicklungsgang seine erschütternde Note gibt – werden die mächtigen, latenten Kräfte aufgerufen. Da die Menschen das Wesen dieser dreifachen

Leidenskette lange nicht begreifen, klagen sie oft einen imaginären, selbsterdachten „Gott" wegen vermeintlicher Grausamkeit an. Zuweilen versinken sie in trübe Resignation, trostlosen Atheismus und Terrorismus.

Viele unserer Zeitgenossen haben ihren religiösen Halt verloren, ohne daß aber das höher-okkulte Wissen vom logischen Zusammenhang alles Geschehens schon ihr Denken erhellt. Jede Gruppe in den sozialen, religiösen, pädagogischen und politischen Domänen beschuldigt die anderen, den Zusammenbruch aller Werte und die große Verwirrung herbeigeführt zu haben. Jedoch unsere chaotische, sicherheitslose Zeit ist eine Auswirkung des Kausalgesetzes für verkehrte, anachronistische Denkrichtungen der Vergangenheit. Das Übel begann schon bei der Kindererziehung. Schule und Elternhaus flößten den Kindern direkt oder indirekt noch das Prinzip des „Wilden"-Zustands vom „Recht des Stärkeren" ein. Man suchte die jungen Menschen zu ehrgeizigen Tendenzen und einem scharfen Existenzkampf zu bewegen. Wozu heute der gefährliche Trend kommt, Kindern und Jugendlichen eine fast unbegrenzte, falsche und *folgenschwere* „Freiheit" zu gewähren! Anstatt brüderliche Zusammenarbeit aller Menschen als Erziehungsziel zu setzen und die Blüten von Vertrauen und Güte zu entfalten.

Man täusche sich auch nicht über den Zusammenhang zwischen dem nationalen und dem Einzel-Egoismus. Die Folgen des unausgesetzten Kämpfens der Einzelmenschen gegeneinander sind Kriege zwischen Gruppen und Völkern – wie es bereits zweimal als quasi „Kampf aller gegen alle" so furchtbar offenbar wurde.
Noch etwas ist wichtig: Vom Tiermord zum Menschenmord ist nur *ein* Schritt! Durch den – von Ärzten genährten – bösen Aberglauben, daß der Mensch Tierfleisch zur Ernährung nötig habe, durch die Greuel der Jagd, durch die Kulturschande der Vivisektion und andere Brutalitäten hat der Mensch stets schändlich die Macht über seine jüngeren Tierbrüder mißbraucht, statt sie alle liebevoll zu leiten. Durch die täglichen Massenmorde und vorherigen Qualen von lebensfrohen, unschuldigen Tierwesen hat die Menschheit eine unheilbrütende Atmosphäre in der unsichtbaren Welt geschaffen, die aus Furcht, Haß und Schmerzen der hingemetzelten Geschöpfe besteht. Sie hängt (dem Seher sichtbar) als eine monströse schwarze Giftwolke über der Erde – stets bereit, ihre grausige Flut zu entladen! Die Folgen sind offensichtlich. Der Mensch begehrt Erbarmen von seinen „Göttern" – obwohl er den weniger ent-

wickelten Geschöpfen, denen er einen „Gott“ bedeutet, keine Gnade erweist. (Siehe Kap. 12 und 39)

Außerdem ist es sinnlos, äußere Reformen ins Werk setzen zu wollen, ohne die menschliche Natur von innen her zu reformieren. Werden Erwachsene und Kinder zur echten Überzeugung gebracht, daß wirkliches Glück nur auf dem Boden verstehender Güte zu allen Wesen erblühen kann, werden Macht-Mißbräuche durch persönlichen, sozialen, kirchlichen und politischen Egoismus leichter verschwinden. Töricht wäre ein Gärtner, der sein Blumenbeet von Giftpflanzen reinigen wollte, indem er diese oben abschneidet, statt sie mit der *Wurzel* auszurotten. Oder ein Arzt, der nur eine Wunde des Patienten verbindet, ohne die innere Krankheitsursache zu behandeln.

Wir stehen in einer gewaltigen Zeitenwende — am Beginn des Wassermann-Zeitalters – mit seinen vielen, riesigen Geburtswehen. Wir stehen daher im Zeichen einer gigantischen „Generalreinigung“, einer enormen Auswirkung von Massenkarma (siehe Kap. 2); denn die Menschheit soll möglichst bald ohne schwere karmische Bürden, die oft noch aus Atlantischen Zeiten stammen, in die große, neue Epoche eintreten. Die meisten Menschen werden erschreckend davon überrascht, kaum imstande, dazu Stellung zu nehmen. Auch all die Hemmungslosigkeits-, Unsicherheits- und Suchterscheinungen sind Zeichen der „Großen Wende“. Irgendwie sind alle zu Suchenden geworden, denn die gefährliche Ungewißheit auf allen Seiten rüttelt sie aus vagem Dämmern auf und greift hart in ihr innerstes Wesen ein, auch wenn viele es sich nicht eingestehen.

Um die Menschheit nicht ohne Beistand in dieser krisenreichen Zeit zu lassen, wurde vor 100 Jahren – durch Gründung der Theosophischen Bewegung – ein Teil der esoterischen Urwahrheiten, die vorher wegen der menschlichen Unreife verhüllt waren, der Öffentlichkeit zugänglich gemacht. Sie haben die Macht, Menschen zu Überwindern des großen Chaos zu machen und zu Fackelträgern, welche die tiefe Finsternis ihrer Umwelt durchlichten können. Denn durch die esoterischen Lehren – die Synthese wahrer Religion, Wissenschaft und Philosophie – erhalten sie das Wissen von den universalen Zusammenhängen und damit das Mittel, alle quälenden Probleme schlagartig zu lösen.

Die „Adepten“ leiteten als Hüter des „Geheimwissens“ damit (speziell in der Europäischen Geistesgeschichte) eine neue Ära ein. Denn bisher waren nur einzelne Teile der geheimen Lehre in den ägyptischen, chaldäischen, persischen, griechischen und römischen Mysterienschulen unter Schweigegebot gelehrt worden — so wie später in gnostischen, freimaurerischen und rosenkreuzerischen Geheimbünden. Oder einzelne wurden von ihren initiierten Lehrern geschult.

Durch die Gründung der Theosophischen Bewegung wurde das lange Schweigen aufgehoben und allen Suchenden die echte Beantwortung der drängenden Fragen gegeben: „Woher komme ich, wohin gehe ich, und wer wohnt dort oben über den goldenen Sternen?"

Obwohl die Hüter des Mysterienwissens die Gefahren kannten, okkulte Geheimnisse preiszugeben, die in unberufenen Händen wie Atomkraft in Kinderhand wirken können, übernahmen einige die Verantwortung. Denn sie wußten, daß der unausdenkbare Segen, der einem wertvollen Pionier-Menschheitsteil damit gewährt wurde, mächtig die Schäden überragen würde, welche selbstsüchtige Elemente durch Mißbrauch anrichten.

Vor diesem Zeitpunkt hatte die Adepten-Hierarchie (siehe Kap. 55) fortlaufend Sendboten zur Erde geschickt, die (unter anderem) auch Religionen gründeten und den Völkern die ihrer Mentalität und ihrem Zeitalter gemäßen Kenntnisse vermittelten. Jedesmal wurde *ein* besonderer Aspekt der „Göttlichen Weisheit" in den Brennpunkt gestellt – meist in verschleierter Form und der Menge nur durch Gleichnisse verständlich. Jedoch *nun* wurden die esoterischen Wesenskerne, die Essenzen *aller* großen Religionen und Philosophien, in *einem* grandiosen Ideengebäude zusammengefaßt. Dieses wurde mit neuen „Meister"-Mitteilungen verbunden und durch hochgeschulte Forscher erweitert und erklärt, so daß in der modernen Theosophie ein lückenlos logisches, majestätisches Ur-Weltbild dasteht, das alle Lebensprobleme erhellt und darum hoch-erlösend ist.

Die Theosophie gleicht dem weißen Lichtstrahl des Spektrums und jede Religion einer der prismatischen Farben. Jeder farbige Strahl wird einmal von dem reinen, transparenten LICHT der Ewigen Ur-Wahrheit aufgesogen werden. Die Theosophie bietet fünf Meister-Schlüssel des Ewigen Wissens dar:

1. Die Lehre von der Göttlichkeit und Unsterblichkeit jedes Menschen.

2. Die Lehre von der Evolution des Bewußtseins durch alle Naturreiche bis zum Menschen, zum Übermenschen und zu einem Göttlichen Wesen.
3. Die Lehre von der beständigen Wiederverkörperung als dem Mittel, wodurch die Evolution exakt ihre Ziele erreicht.
4. Die Lehre vom Karma (Gesetz von Ursache und Wirkung), welche die Menschen als alleinige Schöpfer und Lenker ihrer Geschicke zeigt.
5. Die Lehre von den Adepten und dem von ihnen gelehrten Höhen-Pfad.

Die Theosophie erleuchtet alles Geschehen im Universum bis in die Ur-Gründe und weist den kausalen Ablauf alles individuellen und Weltengeschehens auf. Ihre Kosmogonie schildert, wie das Universum nach einer unfaßbar langen kosmischen „Welten-Nacht" (Pralaya) jedesmal wieder zu einem neuen kosmischen „Welten-Tag" (Manvantara) ersteht, wie aus der „Ur-Materie" (Mulaprakriti) die sieben Ebenen der All-Natur in 49 Dichtigkeitsgraden aufgebaut werden und wie die ungeheuer vielfältigen Lebewesen nacheinander ins Dasein treten. Sie zeigt den Entwicklungsweg der „Göttlichen Funken" (Monaden), die der UR-FLAMME entspringen und als Menschen sich einer mühvollen, äonenlangen Pilgerschaft durch den vorbereiteten Stoff unterwerfen. Wie sie zuerst unzählige Verkörperungen in den unteren Naturreichen annehmen, bis sie schließlich die Menschenwürde gewinnen und sich allmählich mittels vieler läuternder Inkarnationen zu Übermenschen und später (in einer neuen Oktave) zu Ebenbildern ihres Göttlichen „Vaters" (ihres „Sonnen-Logos") entwickeln.

Die „Uralte Weisheit" gibt auch eine atemraubende Schau auf deren Entwicklungsfelder und Wohnstätten, die zahllosen Sternen- und Sonnen-Systeme im Weltall. Sie schildert auch, wie *unser* Schöpfer-„Gott" – ein Sonnen-Logos unter sehr vielen – zuerst alle Archetypen für Sein System erschuf und dann Seine Pläne mittels Planetenketten, Runden, Weltperioden, Wurzel- und Unterrassen durchführt. Dieser Entwicklungsplan, der sich nur zum kleineren Teil auf *physischen* Globen vollzieht, bietet ein äußerst faszinierendes, philosophisch-hochbefriedigendes Studien-Objekt. Es ist so großartig-vollkommen, daß man fassungslos davor steht. Jedes einzelne Geschöpf ist in den Augen der EWIGEN LIEBE ein einzigartig-kostbares Wesen und wird sorgfältigst seinen herrlichen Zielen zugeleitet. Keines kann während seiner langen Pilgerreise nur für einen Augenblick vom Göttlichen Herzen herabfallen.

Weiter berichtet die Theosophie von der Existenz zahlloser Scharen von Engeln und Naturgeistern – den „Devas" – welche den planetarischen und interstellaren RAUM mit ihrer unsichtbaren Gegenwart erfüllen und eine Parallel-Entwicklungslinie zur Menschheit bilden. Als eine glänzende Hierarchie überirdischer Wesen führen sie den Schöpfungsplan in der Natur aus und nehmen auch — als Karma-Walter, Ritual- und Schutzengel – eng am menschlichen Leben teil. (Siehe Kap. 30, 48 und 49)

Die Theosophie berichtet ferner von der Bedeutung des Aufstiegs und Verfalls von Zivilisationen. Die okkulte Geschichtsforschung ist imstande, in der „Akasha-Chronik" – dem „Gedächtnis des Logos" – zu lesen. Hier lebt die Vergangenheit in unvergänglichen Aufzeichnungen – und ebenso die Zukunft. Metaphysiker erklären stets, daß Vergangenheit, Gegenwart und Zukunft (als das EWIGE JETZT) gleichzeitig im Göttlichen Bewußtsein existieren und nur aufeinander folgen, wenn sie sich in Zeit und Raum manifestieren. Vor dem hellsichtig-geschulten Forscher liegt das „Buch der Zeit" aufgeschlagen. Die Vergangenheit von Jahrhunderttausenden ist ihm gegenwärtig. So ist *diese* Forschung von den Mängeln frei, die dem historischen Studium anhaften. Denn sie schöpft aus der unmittelbaren Wirklichkeit und geht exakt dem „Goldenen Faden" nach, der die menschlichen Kulturen miteinander verbindet. (Siehe Kap. 36)

Die Gesamt-Entwicklung geht unter dem Gesetz der Reinkarnation vor sich, das unfehlbar-gerecht alles regelt. Es gibt dem Menschen durch *viele* Leben überreiche Zeiträume zur Verfügung, bis er – unter totaler Dienstbarmachung des persönlichen Ichs für die Seelenzwecke – sein nächstes Ziel, das Gottmenschentum, erreicht.

Mit dem Reinkarnationsgesetz ist das Kosmische Gesetz von Ursache und Wirkung (Karma) verknüpft, das alle menschlichen Handlungen und Unterlassungen während sämtlicher Leben zu einer unlösbaren Kette bindet. So wie nach den physischen Naturgesetzen keine Ursache ohne die entsprechende Wirkung bleibt, schafft das *geistige* Naturgesetz (Karma) allen menschlichen Handlungen ihre exakt-entsprechende Vergeltung. Das Verhalten der Menschen wirkt in weite, künftige Zeit-Epochen hinein; denn vieles von dem in *einem* Leben Verursachten kann erst in späteren Existenzen seine Auswirkung finden. Der Mensch ist also der alleinige Verursacher seiner Geschicke; und er bestimmt durch sein Tun und Lassen sämtliche Glücks- und Unglücksumstände seiner kommenden Inkarnation und darüber hinaus. Es gibt keine „Erlösung" oder „Verdammnis" als die, welche wir selbst verhängen. Nur das Wissen vom Karma-Gesetz erklärt die unzähligen Daseinsrätsel und versöhnt uns mit der scheinbar-schrecklichen Ungerechtigkeit des Lebens. Nichts als die *daraus* strömende Gewißheit kann unseren Gerechtigkeitssinn hindern, das Leben, die Menschen und auch ihren Schöpfer zu verdammen!

Unreifen Seelen erscheint das gefährliche Dogma, sie könnten ihre Sündenlast am Fuß des „Kreuzes" niederlegen, verlockend. Jedoch *kein* Übeltäter erlangt durch seinen Glauben an das falsch-verstandene „Sühnopfer Christi" die Lösung seiner Schuld. Denn das Universale Welt-Gesetz von Ursache und Wirkung kann nicht für ihn aufgehoben werden.

Jeder Mensch schafft sich unter der karmischen Wirkung selbst den stürmischen Leidens-Ozean, in dessen Wogen er oft zu versinken droht. Alle sozialen Ungleichheiten beruhen auf karmischen Realitäten (was aber *kein* Rechtfertigungsgrund für hartes oder hochmütiges Verhalten ist). Die echten Ursachen von politischen und sozialen Grausamkeiten, Epidemien usw. liegen tief in den selbstsüchtigen Gefühlen und Gedanken der Menschen, die sie unaufhörlich hinausjagen. Haß, Besitzgier, Genußverlangen und die daraus stammenden Brutalitäten gegen Mensch und Tier schaffen alles Leiden und Übel – als Quellenursachen, die (in Zusammenballungen) dann die Form von Kriegen und sonstigen Katastrophen annehmen.

Das EWIGE GOTTES-PRINZIP im ALL muß absolute Harmonie und Gerechtigkeit, Weisheit und Liebe einschließen. Jedoch ein „Gott", der die menschlichen Wesen nur für die kurze Zeit *eines* Lebens erschaffen würde – gleich, ob sie den Körper eines Reichen, Begabten und Glücksgesegneten zu bewohnen hätten oder den eines Armen, in jeder Hinsicht Elenden, der sein grausames Schicksal ja *dann nicht verdient* hätte, wäre eher ein vernunftloser Feind als ein „Gott".

Jedoch die karmische Nemesis behütet das Gute und vergilt das Böse – so lange, bis das Gleichgewicht im Weltall hergestellt ist. Denn das ewige Ziel des Kausalgeschehens ist die Harmonie in allen Welten des Geistes und Stoffes. Die (reifemäßig oder karmisch bedingte) Unwissenheit über diese Realitäten ist noch ein großes Leiden schaffender Faktor im heutigen Abendland. Manche glauben an die willkürlichen Wege eines „Unerforschlichen Ratschlusses Gottes", andere an mechanisches Zufallsgeschehen. Doch alle stehen verwirrt vor den Lebensgeheimnissen und klagen die große „Sphinx" an. Aber es gibt keinen erstaunlichen Zwischenfall, kein freudiges oder trauriges Ereignis, ohne daß dies alles auf unser eigenes Verhalten in diesem oder einem anderen Leben zurückginge. Nur ein philosophischer Geist, der einen anderen *vernünftigen logischen* Grund für die grausamen Ungerechtigkeiten überall und immer anzugeben wüßte, hätte ein Recht, die kosmischen Tatsachen von Karma und Reinkarnation zu verwerfen. Das Kausalgesetz garantiert einen allseitigen Fortschritt für jeden Menschen – bis zum Ziel der UNIO MYSTICA. Unablässiges Wachsen an Macht, Liebe, Weisheit, Schönheit, Freiheit und Glückseligkeit ist unsere Bestimmung, so daß *alle* Menschen ihre eigenen Erlöser in jeder Welt und Verkörperung sind. Und wir können die Zielerreichung erheblich beschleunigen oder verzögern.

Warum erinnert man sich nicht *dir*ekt seiner früheren Existenzen? Der wesentliche Grund ist, daß kein Mensch leben und sich normal entwikkeln könnte, wenn er stets die ungeheure Erinnerungsbürde auf sich wuchten fühlte! Er würde sich tragisch-irritiert mit seinen früheren Existenzen identifizieren und könnte nicht die deprimierenden Wirkungen ertragen, welche ihm durch das Bewußtsein einer sehr schuldbehafteten Vergangenheit entstünden. Die Erinnerung würde auch zu Rache-Impulsen gegenüber vormaligen Gegnern führen, wenn er sie in *diesem* Leben als solche wiedererkennen müßte. Abgesehen von den schmerzlichen Gefühlsverwirrungen, in die seine jetzt veränderten Beziehungen zu geliebten Menschen ihn stürzen würden, wenn er sich *jetzt* an die gemeinsame Vergangenheit erinnerte. Z. B.: Geschwister, Vater und Tochter, Mutter und Sohn oder Freunde gleichen Geschlechtes, die im vorigen Leben Liebende oder Eheleute waren! Darum ist das zeitweilige Vergessen eine nötige Einrichtung. Man muß, wie Goethe sagte, „frisch-gebadet“, also von den Erinnerungen freigewaschen, wiederkehren und kann dabei an den „Lethe-Fluß“ der griechischen Mythologie denken. Der physische Grund des Nichterinnerns ist das *jetzige* Gehirn, das ja keine Erinnerungen eines früheren Lebens in sich aufgezeichnet trägt, weil es nicht mit den früheren Gehirnen identisch ist.

Jedoch das unsterbliche „Ego“ (siehe Kap. 2) – der ewige Mensch, der wir in Wirklichkeit sind – besitzt das Wissen von seiner ganzen Vergangenheit. Dieses kann aber nur dann wirksam werden, wenn das persönliche, sterbliche Ich ihm ganz untertan wurde. Könnten wir uns als ein Ego, ohne die Störungen seiner unreinen, unruhigen Persönlichkeiten, manifestieren, würden wir *alles* Wissen *reflektieren* können.

Und das ist der Fall bei den höchstentwickelten Weisen und Vollendeten unserer Menschheit, die ihre Vergangenheit und die anderer Menschen wie ein offenes Buch vor sich ausgebreitet sehen. Intuitive Wahrnehmungen, traumhafte seelische Anklänge an das in anderen Zeiten Erlebte bilden die Vorstufen zu dem völligen Erinnern, das uns allen zu eigen sein wird, wenn wir das eng-persönliche Ich zum Diener des Höheren Selbstes gemacht haben. Bis dahin können wir aus unseren Fähigkeiten und Mängeln, aus Sympathien und Abneigungen ausgezeichnete Schlüsse über unsere früheren Leben ziehen.

In abnormen Fällen kann man vorzeitig etwas erfahren. So geschieht es bei Somnambulen, die plötzlich fremde Sprachen sprechen und künstlerische oder mentale Fähigkeiten zeigen, die im normalen Zustand fehlen. Dies kann aus medialer Beeinflussung stammen, aber auch aus solchen Rückerinnerungen, was dann großes Erstaunen der Umwelt hervorruft.

Das theosophische Weltbild gibt weiter präzisen Aufschluß über die unsichtbaren Welt-Ebenen: von der ätherischen, astralen, mentalen, kausalen bis zur Intuitionswelt und zu Nirvana. (Siehe Kap. 27) (Übrigens ist der Nirvana-Begriff in der Theosophie und dem wahren Buddhismus ganz verschieden von dem moderner Orientalisten mit ihrer Buchstabenübersetzung von „Auslöschung“, was sie mit einigen Richtungen des entstellten Südlichen Buddhismus gemeinsam haben.) Nirvana ist jedoch die höchste von Gott-Menschen erreichbare Bewußtseinsstufe, die Ebene des „REINEN SEINS“, der himmlischen Energien in vollster Offenbarung. Es bedeutet die Löschung der niederpersönlichen Prinzipien. Es ist das zu höchster Lebendigkeit und Macht gesteigerte DASEIN, die intensivste Seligkeit, die unverhüllte Glorie, wonach alle Mystiker sich sehnen.

Die Theosophie gibt weiter Aufschluß über die Daseinszustände nach jedem „Tod“. Nach einer astralen Läuterungszeit, die durch das „Fegefeuer“ des Katholizismus angedeutet ist, gehen wir in unser „Paradies“ ein, um die irdischen Erfahrungen zu assimilieren und sie zu Eigenschaften und Kräften umzuwandeln, die wir bei der nächsten Verkörperung als „angeboren“ vorfinden. Außerdem ist das jahrhundertelange Leben in diesem „Devachan“ eine wundervolle Erholungspause. Jeder Mensch hat, wenn die physische Lebensbürde wieder einmal von ihm genommen ist, das Anrecht auf eine Periode vollkommener Ruhe und Glückseligkeit. Das göttliche Gesetz hat diese für ihn vorgesehen; sie ist ohne Erinnerung an schmerzliches Geschehen in der letzten Verkörperung. Nur das, was echtes, edles Glück bewirkt, lebt hier in seinem Bewußtsein. Der Mensch erlebt diesen Zustand zwischen zwei Verkörperungen in einer selbstgeschaffenen Umwelt von allem Schönen und Kostbaren, was er je erstrebt hat, und in Gemeinschaft mit Menschen, die er in den irdischen Leben wahrhaft liebte – jedoch, weil ohne Erinnerung an Negatives, trübungs- und schattenlos. Er erlebt in langen Zeiträumen „reinen Entzückens" die Erfüllung aller Sehnsucht in jeder Richtung edlen Strebens und tiefer Liebe.

Wenn der feierliche Augenblick des physischen Todes eintritt, sieht der Mensch sein vergangenes Leben in allen Details vor sich. Er erkennt die Zusammenhänge von Ursachen und Wirkungen. Er erblickt sich, unbeeinflußt von Selbsttäuschung und Schmeichelei. Er überschaut sein beendetes Leben wie ein Zuschauer, der nochmals in die verlassene Arena zurücksieht und begreift die Gerechtigkeit der erlebten Leiden. Sehr hochstehende Menschen überschauen hierbei viele oder sämtliche Leben und erkennen dann das Karmagesetz in seiner ganzen majestätischen Universalität.

Ebenso hat der Mensch beim Erwachen aus dem Himmelsfrieden – beim Antritt eines neuen Erdenlebens – eine Vorschau auf dessen ungefähren Verlauf und begreift die dahinführenden Ursachen. Spirituell reifen Menschen wird eine gewisse Wahl betreffs ihrer neuen Verkörperung gelassen, sodaß sie es z. B. in der Hand haben, ihr Karma durch eine Inkarnation unter sehr schwierigen, leidvollen Umständen zu beschleunigen.

Weiter wird die Entwicklung der Tiere auf unserem Planeten gezeigt, die einst essentiell auch die unsere war. Die Anthropogenesis der theosophischen Wissenschaft beweist unbestechlich, daß die Tiere wahrhaft unsere „Jüngeren Brüder" sind – *nicht* etwa seelenlose Werkzeuge zu menschlicher, grausamer Selbstsuchtbefriedigung.

Okkulte Chemie und Physik lehren – als Zweige der Theosophischen Wissenschaft – die verborgen wirkende Entwicklung von Stoff und Kraft und haben zahlreiche Erkenntnisse vorweggenommen, die jetzt von modernen Naturwissenschaften schrittweise erobert zu werden beginnen.

Betreffs der Entwicklung des LEBENS (siehe Kap. 8) zeigt die Theosophie, daß die große Fruchtbarkeit der Natur mit ihrer scheinbarsinnlosen Formenverschwendung nur bezweckt, immer brauchbarere Körperwerkzeuge für das stets aufwärtsstrebende LEBEN zu bauen. Millionen von Toden und Abbrüchen dienen nur zur Erschaffung neuer Körperformen, die dem Urtypus immer näher kommen. Nichts wird je verschwendet, denn die Materie bleibt unzerstört bestehen; und das aus den Organismen scheidende LEBEN erscheint in Körpern der folgenden Generation wieder. In der Menschenwelt gilt dieses Prinzip als die Reinkarnation. Jedes Menschenleben ist Göttlich und stets *individuell* unvernichtbar! Die Theosophie verneint ganz entschieden die Möglichkeit der Rückverkörperung eines Menschen in ein Tier! Die bisherige „Krone der Schöpfung" – der Mensch – ist ein kunstvoll-zusammengesetzes Wesen. Nur sein unterstes Prinzip (der physische mit dem Ätherkörper) ist bis jetzt *voll* entwickelt, während die anderen sechs, die mit den unsichtbaren Natur-Ebenen verbunden sind, erst halb, bruchstückhaft oder keimhaft im Werden stehen und noch nicht als selbständige Bewußtseinsträger *funktionieren*. Alle Sieben ganz zu vollenden – mit dem Ziel des Gott-Menschen – ist der Evolutionszweck!

Die Theosophie berichtet ferner von der „Hierarchie der Adepten" (siehe Kap. 55) und der weiter ausgedehnten „Großen Weißen Bruderschaft". Die Erstere ist eine hoch-erhabene Körperschaft von Gott-Menschen, die nach Erreichung *jenes* Zieles an der Schwelle zur Göttlichkeit stehen und physischer Verkörperungen enthoben sind. Anstatt sogleich in die Nirvanische Seligkeitsregion einzugehen, bleiben *diese* noch freiwillig auf Erden und bringen das mächtige Opfer, sich als Bindeglieder zwischen GOTT und Menschen darzubieten und die Erdenentwicklung (gemeinsam mit gewissen Engel-Kategorien) zu leiten. Sie suchen unaufhörlich mit ihren gewaltigen Kräften das Karma der Welt zu mildern, so weit es im Rahmen des Kosmischen Gesetzes möglich ist. Ohne ihr enormes, wohltätiges Wirken auf allen Lebensgebieten würde die Menschheit sich in trostloser Einsamkeit befinden und nur in undenkbaren Zeit-Äonen der dreifachen Leidenskette entfliehen können. Diese „Älteren Brüder" garantieren durch ihr Vorhandensein die Erreichung ihres grandiosen Zustands für **alle**.

Hinter und in der Theosophischen Bewegung stehen machtvolle Kräfte. Denn einige dieser Adepten haben die Theosophie in ihrer

heutigen Gestalt durch einige Schüler auf die Erde gebracht. Die Theosophische Bewegung ist so umfassend, daß alle ehrlich Strebenden ihren Platz darin finden können, *wenn* sie nur den Ersten Programmpunkt – die universale Bruderschaft – verwirklichen, mögen sie auch an religiöser und mentaler Wesensart, an Bildung, Temperament, Rasse, Herkunft, Geschlecht usw. verschieden sein. (Liberal-Katholische Kirche und Co-Freimaurerei gehören, trotz theosophischer Züge, nur indirekt zur theosophischen Sphäre. Denn diese schließt keine Riten ein.)
Seitdem diese wunderbare Bewegung ihre Arbeit aufnahm, üben die theosophischen Begriffe einen immer intensiveren Einfluß auf den kulturellen Standard der Menschheit aus und haben die geistige Gesamt-Atmosphäre entscheidend befruchtet. Sie werden nicht nur durch die theosophischen Mitglieder selbst verbreitet, sondern auch durch viele abgespaltene Gruppen, die manche Teilaspekte des theosophischen Weltbildes (teilweise rein) – aufnahmen, z. B. Anthroposophie, Neugeist, Rosenkreuzergruppen und andere halb-okkulte und mystische Sekten. Darüber hinaus sind in Wissenschaft, Literatur und anderen Künsten starke Anklänge sichtbar, die den theosophischen Einfluß direkt oder indirekt aufweisen. Dieser wirkt stets auf Vereinigung hin und drängt zu den Ur-Gründen, den großen Synthesen, wodurch die rein-analytische Betrachtung auch in der empirischen Forschung vereinendere Maßstäbe annimmt. In Filmen und Romanen ist oft die Wiederverkörperungsidee zu finden. In manchen Ländern, wo dieser gewaltige Strom nie durch politische Diktaturen unterbrochen wurde, gibt es nicht mehr viele Menschen, die noch nichts von Karma und Reinkarnation gehört haben – was auch durch regelmäßige Rundfunksendungen erreicht wird.
Beachtenswert ist für hellsichtige Forscher die stete Einwirkung des theosophischen Wissensstromes auf das Unterbewußtsein großer Menschenmengen, die ohne direkten Kontakt dennoch intuitiv davon angerührt und für höhere Denk- und Gefühlsrichtungen empfänglicher werden.
Alle aber, die sich diesem herrlichen Einfluß *bewußt* und *dankbar* öffnen, finden durch das Wissen von der totalen Gesetzmäßigkeit aller Dinge den souveränen, sicheren Halt und können den Nöten und Gefahren des Daseins zuversichtlich, hilfreich und mit Würde begegnen.

Ein hochbedeutender, esoterischer Aspekt ist der „Uralte Heilige Pfad" – der in der Bibel als „der schmale Weg" erwähnt ist. Dieser

Pfad wird eines Tages von *kompromißlos*-Strebenden an der Hand eines „Meisters“ beschritten. Denn bestimmte Adepten bilden (meist nicht-physisch) menschliche Schüler heran, um sie intensiver als Mitarbeiter verwenden zu können. Der PFAD ist mit viel Opfer und Anstrengung verbunden, aber auch mit wachsendem Glück, das durch das Erwachen des „Spirituellen Bewußtseins“ entsteht. Das Licht des EWIGEN erfüllt den Schüler mit Stärke, den vielen Schwierigkeiten zu begegnen, die dieser Höhenweg unvermeidlich mit sich bringt – welches aber das begeisterndste Abenteuer ist, dem ein kühner Geist sich hingeben kann. Später erlebt er dann durch Initiationen einige Bewußtseinsausdehnungen, sodaß er an überphysischen Erkenntnissen und transcendenten Kräften zunimmt. Diesen PFAD sind alle Adepten und Eingeweihten der Erde gewandert und wurden dadurch Heilande der Menschheit. Jedoch die Wirksamkeit der Theosophie beschränkt sich nicht auf solche spezielle Pioniere, sondern schließt alle Menschen ein, welche die Merkmale des PFADES zu einem starken Faktor ihrer Lebensführung machen. Durch die grandiose Inspiration für Herz und Verstand werden sie von Grund auf verwandelt; und alle in ihnen ruhende Größe und Kostbarkeit wird überraschend schnell erweckt. Jeder, der sich hingebungsvoll den esoterischen Lehren widmet, ist ein „Neugeborener“. Er hat sein Antlitz bewußt dem Ewig-Wahren, dem Ewig-Guten und dem Ewig-Schönen zugewendet und wirkt durch sein bloßes Dasein segensreich auf die nahe und fernere Umwelt ein.

Die Theosophie erlöst ihre Schüler von den Hemmungen und Verkrampfungen verkehrter Denkweisen und führt sie zum Bewußtsein ihres edlen, geistigen Königtums, wodurch ihnen viele Inkarnationen voll fruchtloser Mühen und Leiden erspart werden. Weil der esoterische Schüler die *wesentlichen* Dinge erfassen lernt, löst er sich von der irdischen Leidensbrandung und hilft vielen anderen, den erlösenden Strand zu gewinnen.
Buddhisten und Hindus leben in ihrem Grundwissen von Reinkarnation und Karma meist ohne sinnlose Auflehnung gegen Schicksalsnöte, während die Christen oft weder im Sinn ihrer religiösen Ideale leben noch ihr Geschick gelassen hinnehmen. Daher auch die hektische Unzufriedenheit und Brutalität des Daseinskampfes in den westlichen Ländern. In den karmawissenden Ländern ist – trotz vieler Entartungen der Urlehre und fanatisch-ideologischer Kriegshändel – die Verbrechenzahl relativ gering. Schon der Einfluß einer *Grundlage* von esote-

rischem Wissen würde viel segensreicher sein als die nutzlose Verstandes- und Gedächtnisschulung in unseren Erziehungssystemen. Je mehr Menschen den entscheidenden Schritt tun, ihr Verhalten nach den theosophischen Richtlinien des wirklich Guten, Wahren und Schönen umzugestalten, desto stärker wird ihr Einfluß auf die Gesamtmenschheit. Er wird dann zuletzt zur Macht von ganzstaatlichen, inneren Umstellungen und zur Denkrichtung eines ganzen Planeten. Dies war stets der Evolutions-Weg und auch unserer Menschheit vorgezeichnet.

Als *Resümee:* Die Studierenden und Praktizierenden der esoterischen Ur-Wahrheit erklären, daß das einzige, völlig sichere Medikament gegen alle Leiden in dem Wissen über die (im Abendland fast verschütteten) Gesetze der ALL-NATUR besteht, die als Karma, Reinkarnation und die unendliche, *individuelle* Entwicklung aller Wesen zusammengefaßt sind. Eine Lebensführung im Einklang mit diesen Urgesetzen bedeutet gleichzeitig, deren schmerzender Gewalt zu entrinnen. Dies geschieht durch die gleichen logischen Folgerungen wie bei den *physischen* Naturgesetzen. Nur Menschen, deren Leben sich auf diese fundamentalen *geistigen* Tatsachen gründet, können sich aus Schicksalsfesselungen, quälenden Unsicherheiten und Ängsten befreien und wahrhaft-dauernd glücklich werden. Wenn ein Mensch dieses uralte Wissen mit seinen Konsequenzen tief in sich aufgenommen hat, bringt es ihn eines Tages in Berührung mit dem EINEN LEBEN, mit der GOTTHEIT, dem Ur-Quell und Ziel alles Lebendigen – und er erreicht mit Hilfe seines „Meisters" die U N I O M Y S T I C A.

Sobald jemand tief seine echte Einheit mit allem Leben erfahren hat, kann er nicht mehr ein anderes Wesen bewußt verletzen oder (etwa durch Fleischgenuß) töten lassen. Später ist ihm auch unbewußt nichts Böses mehr möglich, denn er wird zu einem Zentrum für alle Kräfte des GUTEN; und nichts Dunkles kommt mehr aus seiner Natur. Diese in ihm erwachende Universale Güte (das Christusprinzip im Menschen) führt ihn dahin, alle und alles liebend zu umfassen; und sein Wahlspruch lautet: „Für alles, was lebt, lebe ich." In diesem Zustand geistiger Einheit sind alle Probleme der Welt wie wesenloser Nebel zerronnen.

Hell und klingend tönt der Ruf der Theosophischen Bewegung heute über die Erde. Laut und deutlich ertönt er aus Vorträgen, Kursen und jeder Schrift ihrer reichhaltigen, faszinierenden Literatur. Insofern sind *unsere* Generationen überaus glücklich und geborgen zu preisen!

Jeder, der die Theosophie hoch und heilig hält und brüderlich-gütig zu allen Geschöpfen lebt (was auch Vermeidung *jeder* negativen Nachrede bedingt) steht unter sorgfältiger Beobachtung gewisser „Meister" der Uralten Weisheit. Selbstlos dienende Autoren, Leiter und Verkünder in dieser Bewegung sind meist Schüler von Adepten und arbeiten unter ihnen. Abgesonderte Studierende der Esoterik verfallen (bei fehlender geistiger Reife) leicht in Irrtümer, Selbstüberhebung und auch dunkle Magie. Im Zusammenwirken solcher, die „Guten Willens" sind, liegt besondere Stärke und Sicherheit. Gemeinsame Anstrengungen *können* Wertvolles leisten – doch *nur*, wenn *alle* ehrgeizlos und frei von versteckter Geltungssucht sind – was selten erreicht wird. Darum erblühen oft kostbare Blüten in abgeschiedener Stille.
Sehr viel gibt es für alle Menschheitsfreunde zu schaffen, um die Welt zu überzeugen, daß sie nur durch volle, *praktische* Anerkennung der Universalen Bruderschaft den Weg finden kann, den mörderischen Existenzkampf aufzugeben, der die Menschen trotz großartiger technischer Fortschritte ununterbrochen in Kriege und wachsendes Elend stürzt. Dies ist die Haupt-Aufgabe der theosophisch-Strebenden. Inspiriert von den unsichtbaren Gründer-Adepten dieser Bewegung, sind sie überzeugt, bei stets vermehrten Anstrengungen ihr Ziel in künftigen (beschleunigten) Inkarnationen relativ schnell zu erreichen, indem sie auch immer unpersönliche Nachfolger heranzubilden suchen, die das Wissen unverfälscht weitertragen. Sie wollen stets nichts als die erlösende Urwahrheit weitervermitteln und so das schwere Karma der Welt vermindern, damit die Menschheit eher einer Ära von bleibendem Frieden und wirklichem Glück entgegengehen kann.

Literaturnachweis:

C. Jinarajadasa „Die okkulte Entwicklung der Menschheit"
H. P. Blavatsky „Der Schlüssel zur Theosophie"
C. W. Leadbeater „Die Meister und der Pfad"
G. Hodson „Meditationen über das okkulte Leben"

2. Ego und Persönlichkheit – die unsterbliche Menschenseele und ihr irdisches Instrument

Bei dem Versuch, die Begriffe „Ego und Persönlichkeit" zu definieren, *ergreifen* wir das Haupt- und Kernproblem des menschlichen Lebens. Denn unser gesamtes Leben und gewiß auch das von menschenähnlichen Wesen aller anderen bewohnten Globen ist im wesentlichen Sinn nichts anderes als der Schauplatz des unablässigen Kampfes zwischen der geistigen und der materiellen Menschennatur oder seiner „zwei Seelen", von denen Goethe (vgl. Kap. 43) sagte:

> „Zwei Seelen wohnen, ach, in meiner Brust,
> die eine will sich von der anderen trennen.
> Die eine hält in derber Liebeslust
> sich an die Welt mit klammernden Organen.
> Die andere hebt gewaltsam sich vom Dust
> zu den Gefilden hoher Ahnen."

(Gemeint sind, nach Goethes Aussage, die geistigen, nicht die physischen „Ahnen". In der theosophischen Literatur erscheint das Höhere Selbst des Menschen oft als das „Ego" und seine materielle Natur als seine „Persönlichkeit" mit den Komponenten des konkreten Denkvermögens, der persönlich-irdischen Gefühle und des dicht-physischen Körpers.)

In den untermenschlichen Naturreichen dominiert die Materie, der Geist ist noch eingekerkert. In den übermenschlichen Reichen regiert souverän der Geist, mit allem Substantiellen unter seiner Herrschaft. Die Menschheit ist so die eigentliche Frontlinie dieses Ringens. Da im Menschenherzen der feurigste Kampf auszufechten ist, wird hier auch der höchste Sieg gewonnen! Unaufhörlich werden die aus der Materie fließenden Kräfte des „Chaos" gegen die Regierung des Kosmischen Urgesetzes aufgestellt. Sie beeinflussen den Menschen, ein eng-persönliches statt eines universalmotivierten Lebens zu führen, aus egoistischen Gründen zu handeln, statt für das Wohl der Gesamtheit mitzuwirken. In diesem nie-endenden Kampf fällt der Mensch fortwährend. Doch da jeder Fall Schmerz und neue Begrenzung erzeugt, vereitelt diese Angriffsmethode des Chaos allmählich ihre eigenen Ziele. Denn der Mensch forscht, durch Schmerz und Begrenzung bedrängt, immer mehr nach der Ursache seiner Leiden, und durch Schlußfolgerungen lernt er, wenn auch zuerst nur „unbewußt".

Während dieser Schulung verliert die Versuchung, seinem *persönlichen* Ich zu leben, ihre Macht und die Vision des Universallebens – was schattenlose, reine Glückseligkeit bedeutet – steigt in seinem Bewußtsein auf. Langsam lernt der Mensch, daß auch die attraktivsten (nur für sich erworbenen) physischen, seelischen und mentalen Güter unvermeidlich schwinden und Unzufriedenheit bringen. Da der unentwegte Kampf zwischen Ego und Persönlichkeit – mit dem Ziel schließlicher Vereinigung – das alleinige Mittel zur Erreichung der Vollendung ist, kann also das Menschheitsstadium als die Kampffront des Universums bezeichnet werden; daher die Schwierigkeit des menschlichen Lebens. Wenn auch die Mühsale, Leiden und Nöte des Menschen sehr groß und peinvoll sind, seine „Belohnung" ist herrlich und übersteigt alle Imagination. Denn nach gewonnenem Kampf besitzt der Sieger unwiderstehliche Stärke, geht in überirdische Seligkeit und in die Ur-Schönheit ein und lebt im Ewigen Frieden.

Um das Wesen des Egos zu zeigen, müssen wir in unausdenkbare Fernen zurückgreifen – zu der Zeit, als unser Sonnensystem von seinem „Vater-Gott" quasi erschaffen wurde. Dieser, eine machtvolle „Flamme", nahm eine Anzahl von im „Urgrund" ruhenden „Göttlichen Funken" (Monaden) in seine Wesenheit auf und sprühte sie in seinen Schöpfungs-Raum aus. Sie waren dazu bestimmt, durch einen langen Evolutionsweg, der dem von ihm selbst vor Zeit-Äonen gewanderten Pfad gleicht, sich zu seinen vollkommenen Ebenbildern zu entwickeln. Friedrich von Schiller poetisierte den gewaltigen Vorgang mit den Worten:

> „Freundlos war der große Weltenmeister –
> fühlte Mangel, darum schuf er Geister,
> sel'ge Spiegel seiner Seligkeit."

Diese „Funken" besitzen als die neugeborenen „Kinder" ihres Himmlischen „Vaters" auf ihrer eigenen Göttlichen Ebene ein statisches All-Bewußtsein, sind aber unfähig zu eigenschöpferischem Tun, weil ihnen das individuelle Bewußtsein fehlt. Um dieses und viele andere Kräfte durch viel „Druck" und „Reibung" zu erwerben, müssen sie die äonenlange Pilgerreise in die materiellen Welten antreten. Diese werden während ungeheurer Zeitperioden als Entwicklungsfelder für die Monaden erschaffen, indem zuerst die sieben Ebenen des Systems mit ihren Unterabteilungen erbaut werden und dann – mittels der Devascharen – allmählich die enorm-vielfältigen Formen des Mineral-, Pflanzen- und Tierreiches entstehen. (Siehe Kap. 48)

Alle diese von der allgemeinen Göttlichen Lebenswoge beseelten Geschöpfe entwickeln sich von unten herauf durch beständige Aufwärtsbewegung aus indifferenzierten zu immer spezialisierteren Wesen. Wachstum ist somit in den untermenschlichen Reichen mit einer immer intensiveren Spezialisation verknüpft. Dieses Prinzip gilt sowohl für die Körperformen als auch für das innere Bewußtsein. Auch bei dem letzteren ist auf dem gesamten Weg eine nach oben immer deutlichere Spezialisation zu sehen, wodurch das Reagieren auf Einflüsse zunimmt. Diese im Pflanzenreich als vages Empfinden erscheinende Fähigkeit wird im Tierreich zu einer mächtigen, definitiven Gefühlskraft verstärkt; und alle gewonnenen Erfahrungen werden in einer fortdauernden Erlebnis-Zusammenfassung („Gruppenseele" genannt) aufgespeichert. Die Essenz der von den vielen Tier-Haupt- und Unterarten erworbenen Erfahrungen wird also in den „Gruppenseelen" aufbewahrt, wodurch die erblichen Instinkte zustandekommen.
In den höheren Tieren wird die Spezialisierung durch die Anfänge der *mentalen* Kraft verstärkt und geht so Seite an Seite mit einer zahlenmäßigen Verringerung der Tiere, die zu den sich ständig spaltenden und an Zahl größer werdenden Gruppenseelen gehören. Schließlich kommen die Spaltungen und Spezialisierungen einmal zu dem Punkt, wo eine Gruppenseele nur noch aus einigen sehr verschiedenen Wesen besteht, *zuletzt* aber nur noch aus *einem* Tier; und jetzt ist die „Egogeburt", die „Individualisierung" möglich.

Zu diesem Zweck müssen wir uns wieder zu den auf der zweithöchsten Göttlichen Ebene (Anupadaka, siehe Kap. 27) „wartenden" Gottesfunken zurückwenden. Wir konzentrieren uns jetzt auf *eine* Monade und ihren Entwicklungsweg. Sie, wie alle anderen, hatte zu dessen Beginn aus jeder der fünf unteren Welten *ein* Atom an sich gekettet, in diesen fünf Atomen stetig die aus jeder Ebene gezogenen Erfahrungen komprimiert und sie auf die Weise vorbereitend für ihr künftiges Hauptwerk (das im Menschenreich) vorausgesandt. Diese „Permanenten Atome" wurden also nacheinander in bestimmte Mineral-, Pflanzen- und Tier-Gruppenseelen ausgeschickt, um in ihnen sehr viele Erfahrungen zu machen. *Weil* die Monade *so* von Anfang an (mittels der Permanenten Atome) in einer Reihe von *bestimmten* Wesen lebt, können besonders die höheren Tiere quasi als sich inkarnierende Einzelwesen betrachtet werden. Dies ist leicht an einem Hunde- oder Katzenwurf zu beobachten, der aus sehr ausgeprägten kleinen „Persönlichkeiten" besteht. Denn die Gruppenseele dient nur zum Zusammenhalten der *Erfahrungen*. Hieraus lassen sich auch die vielen Ungerechtigkeiten in den Tierschicksalen erklären – was natürlich nicht im Geringsten das sehr böse Karma aller Tiermißbräuche (auch durch Fleischessen) mildert.

Wenn die „Permanenten Atome" endlich ein auf dem Höhepunkt *seiner* Entwicklung stehendes Tier beseelen, das sich durch hingebende Liebe für seinen menschlichen Freund und die Denkanstrengung, ihn zu verstehen, bis dahin gebracht hat, strömen als Antwort auf das Ringen des Tieres gewisse mächtige Einflüsse aus der hohen Welt der Monade selbst hernieder, die den vorhin erwähnten Punkt herbeiführen, wo das Tier sich von seiner Gruppe abtrennt, um als ein selbständiges Wesen seine Laufbahn der Unsterblichkeit anzutreten. War das Tier ein Hund, so bleibt es noch einige Inkarnationen lang in einem solchen Körper, obwohl er kein Hund mehr, aber auch noch kein Mensch ist. Das *letzt*-entscheidende Ereignis tritt ein durch eine enormverstärkte, blitzartige Kraftergießung der betreffenden Monade aus der „Spirituellen Welt", wodurch dieser Ur-Strahl von Oben sich mit dem Tierleben „vermählt", das sich von unten durch alle Naturreiche heraufgearbeitet hat. Die „Geburt" des menschlichen Egos erfolgt dann unmittelbar. Aus der bisherigen Gruppenseelensubstanz des Hundes wird der menschliche Kausalkörper gebildet: als Bewußtseinsträger des „neugeborenen" Egos, in dem alle Erfahrungen der *nun* beginnenden individuell-menschlichen Inkarnationen aufgespeichert werden. So hat eine Monade – ein Strahl der GOTTHEIT – sich eine „Seele" geschaffen, um ihre menschliche Evolution zu beginnen. Die Existenz des Egos in einem Wesen macht den ungeheuren, unüberbrückbaren Unterschied zwischen dem großartigsten Hund (oder Katze, Elefant, Pferd, Affe usw.) und dem niedrigsten „wilden" Menschen aus. Denn im letzteren wohnt bereits, zwar noch latent, der individuelle Gottesfunke, während in den erwähnten fünf Wesen nur das höhere Tierleben wirkt. Die „Individualisierung" bedeutet daher die Geburt einer viel höheren, neuen Art von Bewußtsein. Dieses hat seinen Sitz im Kausalkörper. Auch erschließt sich nun der Eintritt in eine neue höhere Welt von

Möglichkeiten und Kräften. Alle vorherigen Stufen waren nur vorbereitend für diese Geburt in eine viel mächtigere Region.
Das so „geborene" Ego ist ein sehr hohes Wesen. Es hat drei Residenzen, durch die es in direkter Verbindung mit seinem Monadischen Ursprung steht: Die Atmische oder Nirvana-Welt, die Buddhische oder Intuitions-Welt und die Kausal- oder Höhere Mentalwelt, in der sich sein dauernder Kausalkörper befindet. So wie aber die Monade einst ein Fragment von sich (das Ego) in diese drei oberen Welten senden mußte, um dort Fuß zu fassen, muß nun auch das „neugeborene" Ego einen Wesensteils *von sich* in die drei unteren Welten schicken, um durch das Ringen mit dem dichtesten Stoff alle Kräfte auszubilden, die zum Gewinn von individuellbewußter Liebe, Weisheit und schöpferischer Macht nötig sind. Dieses vom Ego in die niedermentale, astrale und physische Welt abgesandte Bruchstück ist also die menschliche Person mit ihren physischen, seelischen und Denkfähigkeiten. Sie muß sich durch die nötigen furchtbaren Widerstände seitens der Materie mit solcher Vehemenz in den Kampf mit der Materie stürzen, daß sie sich bald mit dem physischen Dasein identifiziert und ihren Göttlichen Ursprung vergißt – wodurch alles „Böse" entsteht.

Der herabgesenkte Wesensteil des Egos erscheint aber nicht nur in *einer* Persönlichkeit, sondern in sehr vielen – einer nach der anderen – zur Inkarnation in den unteren Welten. Hierbei werden zum Zweck starker Ausprägung beider Ur-Pole – des „männlichen" und des „weiblichen" Prinzips – diese aus ihrer Einheit im Ego geschieden, so daß männliche und weibliche Persönlichkeiten in wechselnden, drei bis sieben Inkarnationen umfassenden Reihen von einem Ego herabsteigen.
Nachdem in jedem Himmelsleben die durch die „Permanenten Atome" im Kausalkörper gespeicherten Ergebnisse aller Erfahrungen, Erfolge und Fehlschläge assimiliert wurden, werden sie bei jeder neuen Geburt des Egobruchstücks in einer neuen Person essentiell auf *diese* übertragen, so daß der Mensch sich jedesmal mit mathematischer Genauigkeit in allen Details in *der* Lage befindet, die er sich selbst in seinen vergangenen Leben geschaffen hat. Er hängt darin wie in den Maschen eines selbstgeknüpften Netzes, solange, bis er dem materieverstrickten, persönlichkeitsbefangenen Dasein und den Fehlern der Selbstsucht abschwört und vollbewußt in das freie, himmlische Licht der Ego-Welt – seiner wirklichen Heimat – eingeht. (Näheres in Kap. 29.) Ein Choral sagt dazu: „Die Heimat der Seele ist droben im Licht."

St. Paulus schildert im Römerbrief ergreifend diesen Kampf:
„Wollen habe ich wohl, aber vollbringen das Gute finde ich nicht. Denn das Gute, was ich will, tue ich nicht, sondern das Böse, was ich nicht will, das tue ich. Wenn ich aber tue, was ich nicht will, so tue ich dasselbe nicht, sondern die Sünde, die in mir wohnt. Ich habe Lust an Gottes Gesetz nach dem inwendigen Menschen. Ich sehe aber ein anderes Gesetz in meinen Gliedern, das widerstreitet dem Gesetz in meinem Gemüt und nimmt mich gefangen in der Sünde Gesetz."

Die physischen Leben bestehen nur zu dem Zweck, diesen Urkampf bis zum vollen Sieg auszufechten. (Vergleiche auch die Ritter- und Drachensymbole.) Dies ist die Erklärung, wie eine Persönlichkeit dazu kam, ein irdisches Instrument des ungeheuer größeren Wesens genannt zu werden, welches das Ewige Selbst oder Ego in jedem Menschen ist. Jede neue Person wird dem Filmstreifen oder der Perlenkette der Gesamt-Inkarnationsreihe hinzugefügt. Eine Verkörperung kann so wechselvoll, glücklich oder traurig sein wie möglich, aber sie ist nur ein vorübergehender „Tag", der bald einem folgenden, heraufsteigenden neuen „Tag" Platz machen wird.
Solange ein Mensch noch nicht die volle Verbindung mit seinem Ego erlangte, die ihn all seine Verkörperungen detailliert überschauen läßt, erhält er nur jedesmal zwischen dem Ende eines Himmelslebens und dem Abstieg in eine neue Verkörperung einen Einblick in das, was ihm sein voriges Leben einbrachte und was künftig im Umriß mit ihm geschehen wird. Er erhält blitzartig einen Rückblick und eine Vorschau; und zeitalterlang bilden diese Lichtblicke die einzigen Momente eines voll-wachen Bewußtseins. Sie drängen ihn, als mächtige Impulse, zu der neuen Verkörperung, um in ihr weiser und edler im Sinn der Höherentwicklung zu werden. (Gereifte Egos haben betreffs der Art des neuen Lebens ein Mitspracherecht.)

Hier noch die Antwort auf eine Frage: „Wirkt das Ego in seinen verschiedenen ‚Strahlen', oder ist er in jeder Persönlichkeit der gleiche?" („Strahl" bedeutet hier den permanenten Grundton der Monade, siehe Kap. 22.)
H. P. Blavatsky sagt hierzu: „Der Stern, unter welchem ein menschliches Wesen im Urbeginn ‚geboren' wird, wird für immer sein Stern bleiben, während des ganzen Zyklus seiner Inkarnationen eines Manvantaras.
Aber dies ist nicht sein astrologischer ‚Stern'. Der letztere hat es mit

der Persönlichkeit, der vergänglichen Wohnung des spirituellen Egos, zu tun, der erstere aber mit der ‚Individualität', dem Ego selbst. Der Engel jenes Ego-Sternes wird der leitende, überstrahlende Engel in *jeder* neuen Wiedergeburt der Monade sein. Die Monade selbst ist der wesentliche höchste Teil seiner Natur. Erst bei der letzten erhabensten Initiation, wenn der Adept seinem strahlenden Ur-Bild gegenübersteht und mit ihm vereint wird, lernt er dieses kennen und erkennen."

So bestimmte also der Erzengel des „Vater-Sternes" – einer der „Sieben Geister vor dem Thron" – (siehe Kap. 48) den „Strahl" der Monade und ihres ausströmenden Egos. Jedoch, obwohl dieser „Strahl" (sowie, schwächer, auch der „Unterstrahl") fundamental in uns wirkt, müssen wir uns *auch* auf den anderen fünf entwickeln; und dies geschieht durch die vielen Persönlichkeiten, deren kosmische Einflüsse von einer Inkarnation zur anderen wechseln. (In jedem Leben ein anderes Horoskop!) Dies bedeutet, daß zwei der Göttlichen Attribute stets vorherrschend sind und immer klarer hervortreten. Doch auch die anderen werden im Lauf unserer Verkörperungen durch die einzelnen Persönlichkeiten entwickelt.

Das Ego nimmt von den illusorischen Daseinsformen seiner Inkarnationen *so lange* nicht viel Notiz, bis sie für seinen Gesichtspunkt eine würdige Gestalt annehmen. Es ist an den belanglosen Ereignissen und Handlungen des Alltagslebens wenig beteiligt, sondern nur inspirativinteressiert an der vorherrschenden *Richtung* unseres Strebens. Es sendet ja auch jedesmal nur einen kleinen Wesensteil in eine Person; und da dieser beim *Durchschnitts*menschen rettunglos in eigennützige, materielle Interessen verstrickt ist, die von der sternenhellen Natur des Egos völlig abweichen, gewährt es dem niederen Leben der Person keine große Beachtung. Die Persönlichkeit hat eine Verbindungslinie mit dem Ego (Antahkarana), einen schmalen „Gang zwischen dem Niedermentalen und dem Kausalen; und auf dieser Linie empfangen wir Intuitionen, Inspirationen und Erleuchtungen. Ebenso künstlerische und philosophische Impulse und alle echte Neigung zu edler, selbstloser Lebensführung. Die meisten Menschen bemühen sich noch wenig, diesen Verbindungsweg zwischen dem Höheren und dem niederen Selbst zu benutzen. Doch die menschliche Entwicklung *besteht* aus dem Eröffnen dieses Weges, damit das Ego sich mittels dessen behaupten lernt und schließlich seine letzten Persönlichkeiten so regieren kann, daß diese das Ego auch auf den unteren Ebenen würdig zum Ausdruck bringen.

Der noch ganz unentwickelte Mensch (und auch der Entartete) hat praktisch fast keine Verbindung. Der Initiierte am anderen Ende der Skala hat die völlige Vereinigung erreicht. Zwischen den beiden Extremen leben Menschen aller Stadien. Alle Egos sind in eigenen Werdeprozessen begriffen; daher trifft man sie auf sehr verschiedenen Stufen an. Die Meinung, daß das Ego in seinen drei eigenen Welten (Nirvana-, Intuitions- und Kausalebene) keine echte Einheit *für sich* sei, ist jedoch falsch. Doch *ein* wichtiger Aspekt seines Wesens kann *nur* durch ein Versenken in die dichtesten Welten vor sich gehen. Nur dadurch gelangt es zu einem vollbewußten Ausdruck seiner vielfältigen herrlichen Kräfte. *Ein* Zweck des Ego-Abstiegs ist also, bestimmt und entschieden zu werden, damit alle vagen, schönen Gefühle sich zu definitiven Entschlüssen und Taten kristallisieren. All seine Inkarnationen bilden zusammen einen äonenlangen Prozeß, mittels dessen es sich Lebendigkeit, Bewußtseinsschärfe, *starkbewußte* Liebe und Tatkraft erwirbt. Jede zeitweilig absteigende Persönlichkeit ist hoch-spezialisiert und dazu bestimmt, eine gewisse Eigenschaft oder Fähigkeit in einer Rasse oder Unterrasse herauszuarbeiten; und nachdem wird deren wertvolle Stubstanz vom Ego absorbiert. Dieser Vorgang wiederholt sich beständig aufs neue. Jede Persönlichkeit verbreitet etwas von ihrer besonderen Note über das ganze Wesen des Egos, wenn ihre positiven Essenzen von ihm aufgenommen werden; und das Ego wird dadurch immer lebendiger und klarer.

Alles dies ist jedoch nur *eine* Seite seiner Entwicklung. C. W. Leadbeater schreibt zu der anderen Seite in „Die Meister und der Pfad“:
„Das Ego hat noch ganz andere Möglichkeiten des Fortschritts, von denen wir hier unten nichts wissen. Es lebt sein eigenes Leben unter seinesgleichen – unter den großen Arupa-Devas, unter vielen Arten herrlicher Engel, in einer Welt weit über unserem Gesichtskreis.“
Friedrich von Schiller schildert das Ego wundervoll in seinem großen Gedicht „Das Ideal und das Leben“. Er nennt das Ego hier „Die Gestalt“. Es heißt darin:
„Nur der Körper eignet jenen Mächten, die das dunkle Schicksal flechten. Aber frei von jeder Zeitgewalt – die Gespielin seliger Naturen – wandelt oben in des Lichtes Fluren, göttlich unter Göttern, die Gestalt. Jugendlich, von allen Erdenmalen frei – in der Vollendung Strahlen – schwebet hier der Menschheit Götterbild, wie es stand im himmlischen Gefild, ehe noch zum traur'gen Sarkophage die Unsterbliche herniederstieg.“

Wir sehen in diesen herrlichen Versen genaue Übereinstimmung mit dem Urwissen – ein Beweis, welch unmittelbare Verbindung mit den Ewigen Wahrheiten auch dieser große Dichter durch direkte Intuition und Inspiration hatte, in einer Zeit ohne exakte Literatur darüber. (Siehe auch Kap. 43)
Wie stellen wir uns das Reich des Egos weiter vor, mit der Persönlichkeit verglichen?
Eine der ersten Tatsachen: Es ist eine Welt der Schrankenlosigkeit gegenüber dem Gefängnis der Person. Im Verhältnis zur freien Wahl des Egos kann die der Person fast mit einem Finger verglichen werden, der – in einem Mauerspalt – sich kaum bewegen kann. Nicht viel von einem Menschen kann durch einen so gefesselten „Finger" ausgedrückt werden. Aber *dieser* „Finger" ist, auch wenn er frei wäre, ein so schwaches Fragment des Egos, daß alles, was er – im Fall des Durchschnittsmenschen – von der Ego-Natur ausdrücken kann, praktisch sehr wenig ist.

Zuweilen kann jemand sehr stark zu hohem, abstraktem Denken oder künstlerischem Entzücken geneigt sein oder vor Liebe und Hingabe überströmen, wozu kein äußerer Anlaß besteht. Hier *ist* ein Antrieb vom Ego; es wird dann gerade ein besonderes Interesse an seiner Person nehmen. Das Ego ist keineswegs nur nach seinem irdischen Instrument zu beurteilen. Ein Ego von lebens-praktischer Anlage kann vielleicht im Physischen eine großartigere Rolle spielen als ein anderes – höher entwickeltes –, dessen Energien sich mehr auf die Kausal- und Buddhi-Ebene konzentrieren. Daher haben *nur*-physisch-orientierte Personen oft eine unzureichende Schätzung vom *wahren* Wert anderer Menschen. Z. B. wird jemand, der sein Leben der praktischen Wohltätigkeit widmet, oft als stärker dienend angesehen als ein anderer, der sich z. B. stets hingebungsvoll meditativ bemüht, die bösen, selbstsüchtigen Gedankenströme auf Erden durch seine Liebeskraft zu neutralisieren – also eigentlich das Übel an der Wurzel anpackt, statt bei den Zweigen. Aber *jeder* Dienst hat seinen Platz im Großen Liebeswerk: Wundenvorbeugung und -Heilung. Diese Unterschiede der Aufgaben hängen mit den „Strahlen" zusammen, von denen keiner mehr oder weniger wert ist als ein anderer.

Das Ego ist helles Licht, es lebt in einer Region himmlischen Glanzes. Die Persönlichkeit in der Dunkelheit der niederen Welten ist nur ein schwaches Abbild davon. Das reflektierte Licht des Mondes ist mit dem

Licht der Persönlichkeit zu vergleichen – in unserer Welt, wo „alle Dinge nur Schein und wie die Schatten eines Traumes sind". Ein Haupt-Erfordernis, um die Verbindung mit der strahlenden Ego-Welt zu gewinnen, ist – neben unblutiger Lebensweise und helfender Liebestätigkeit – regelmäßige tiefe Meditation. Einheit und Universalität sind die Daseinsbedingungen, in denen das Ego lebt. Willkürliche Konstruktionen der „ich"- und „du"-Spielarten stammen vom konkreten Verstand, der genötigt ist, die Dinge in gesonderte Teile zu zerlegen, um sie zu erfassen. Sie müssen von ihm erst klassifiziert werden, ehe er sie als eine Einheit verstehen kann. (Analyse und Synthese.) Unsere Gemüter zerstören die Einheit der Welt. Der Raum wird ein Gegenstand der Bemessung und die Zeit einer der Berechnung.
Trennungsschranken fallen in der Egowelt fort. In jener Welt haben Zeit, Raum, Aufeinanderfolge, Ursache, Wirkung und Entwicklung wenig Bedeutung. Die Persönlichkeit fühlt sich einsam. Sie muß sich erst Gefährten suchen, um Freundschaft und Liebe zu empfinden. In der Ego-Welt empfindet man in einer wunderbaren, hier nur matt vorstellbaren Weise, alle Wesen als geliebte Variationen der eigenen Natur.

Es gibt also eine Welt jenseits der irdischen, wo das starre Zeugnis des Verstandes ebenso annulliert wird wie das Zeugnis der Sinne oft vom Verstand ad absurdum geführt wird. Unsere Sinne sagen z. B., die Sonne wandere um die Erde, der Raum sei leer und vieles andere. Aber wie der Verstand weiß, ist das Gegenteil der Fall. Ähnlich ist es, wenn wir das durch den Verstand erlangte Wissen über spirituelle Dinge mit dem Egowissen vergleichen. *Eine* Ego-Erkenntnis ist: „Der, welcher sein Leben erhalten will, muß es verlieren." (Bei Goethe: „Alles muß in Nichts zerfallen, wenn es im Sein verharren will.") Aber das ist keine Wahrheit für einen noch nicht vom Intuitionslicht durchstrahlten Verstand. Da die Heimat des Egos eine Welt reiner Seligkeit ist, bedeutet das Wort „Wachstum" in diesem wunderbaren Sinn ein Zunehmen von Entzücken. Das Wachstum im Ego-Bewußtsein bedeutet Zunahme des Lebensgefühles, Zunahme von Seligkeit, Zunahme des Einheitswissens; und das heißt wiederum die immer intensivere Fähigkeit, sich dienend und freudig zu verströmen – auf irgendwelche Arten!

Wirkliches Wissen wird nicht durch verstandesmäßige, grobe und ungenaue Vorstellungen erlangt und ist von wahrer Erkenntnis weit entfernt. Wir kennen z. B. unseren Freund aus Schlußfolgerungen, die dem mentalen Bild entstammen, das wir uns als Person von ihm machen. Doch es wäre abwegig zu behaupten, unseren Freund *so* in einem erschöpfenden Sinn zu kennen. Das Wissen vom Egostandpunkt her entsteht aus einer Identifizierung mit dem Freund. Auf der Ego-Ebene gehen wir in einer hier unfaßbaren Weise in unseren Freund ein; und dieses Kennen von *Innen* her – mit all seinen verborgenen Handlungsmotiven – ist wirkliches Wissen!

Das Ego kennt nicht Trennung, Einsamkeit oder Sorge irgendwelcher Art. Es braucht nur an jemand oder etwas zu denken, und unverzüglich verbindet sich der Mensch oder der Gegenstand mit seinem eigenen Wesen.
Ursache und Wirkung, Innen- und Außenseite, Subjekt und Objekt, Vergangenheit und Zukunft sind vom Standpunkt unserer unsterblichen Seele plumpe, wertlose Begriffe. Denn sie sind ja nur die Vorder- und Rückseite *desselben* Gewebes. Aber solche Ausdrücke haben wiederum wenig Sinn in einer Welt, wo Ursache und Wirkung im *Persönlichkeitssinn* nicht vorhanden sind. Sie schließen ja Dualität, Aufeinanderfolge ein. Jedoch Dualität und Aufeinanderfolge haben kaum Platz und Bedeutung auf jener Ebene. (Siehe Kap. 29)

Lange ehe wir uns der Budhhi- oder Intuitions-Ebene voll bewußt sind, empfangen wir schon oft Widerspiegelungen von ihr. Dann dringen echte Intuitionen in unser tägliches Leben durch. Obwohl die meisten Botschaften aus der Kausalwelt stammen, erhalten wir auch hier und da einen Strahl wirklicher Erkenntnis des „Ewigen Geistes" aus der Buddhi-Ebene. Diese unschätzbaren Erleuchtungen bringen ein Wissen, das nach Gefühl und Erfahrung absolut wahr ist, obwohl wir oft nicht gleich imstande sind, intellektuelle Beweisgründe dafür anzuführen. Doch die Erkenntnis ist leicht zu prüfen. Ist es eine wahre Intuition, so wird sie von segensvoller Dauer sein. Ist es nur ein Impuls, so wird dieser, weil flüchtig, hinschwinden. Eine echte Intuition ist mit Selbstlosigkeit verbunden und trägt keine persönlichen Wünsche mit sich. (Siehe Kap. 23)

Durch drei Arten kann das Ego mit der Persönlichkeit Verbindung erhalten: Die Höhere Vernunft wird im konkreten Verstand – im Mentalkörper – reflektiert. Buddhi-Intuition, die Universale Weisheits-Liebe, wird im Astralkörper – dem Wirkungsort persönlicher Gefühle – widergespiegelt. Auch eine Verbindung zwischen Atma, der Nirvanawelt, und dem physischen Gehirn ist möglich. Sie kommt durch eine mächtige Willenskraft zustande, welche – ohne Schwierigkeiten zu beachten – direkt auf das Ziel losstürzt und es dann mutig erobert.

Für die meisten Strebenden ist der einfachste Weg zu bewußter Vereinigung mit dem Ego, Vernunft und Verstand zu vereinen, indem sie vom konkreten zum begrifflichen Denken übergehen – von der Analyse zur Synthese. Der kürzeste Weg ist die Vereinigung des Astralkörpers mit dem buddhischen Vehikel. Die Fähigkeit dazu entsteht als Ergebnis großer Leiden in vorhergehenden Leben. Die auf dieser Linie Erfolgreichen erreichen also ihr Ziel im Wesentlichen durch die Intensität ihrer Liebe und Hingabe. In solchen Fällen kommt die *mentale* Entwicklung *später* zu dem Punkt, wo der Verstand mit der Vernunft vereint wird. In *jedem* Fall aber besteht das Ziel darin, die Vereinigung mit dem Ego zu erlangen und die Persönlichkeit so zum echten Werkzeug der Höheren Natur zu machen. Ein solcher Vorgang ist meist nicht konkret festzustellen, er zeigt sich aber durch ein wunderbar-verändertes Verhalten.

Welches sind nun die Kennzeichen eines solchen Siegers?

Er ist voller *Kraft,* die sich als Fähigkeit zur starker Konzentration auf das HÖCHSTE auswirkt, weiter als die Stärke zu dienenden Liebestätigkeiten, als die Macht zu klaglosem Dulden, und die zur Kraftübertragung auf andere. Er ist voll unpersönlicher *Reinheit,* die in seinem Menschheitsdienst Anerkennung verlangende Wünsche für das eigene Ich verbannt und ihn sich nur als „eine helfende Kraft in der All-Natur" empfinden läßt. Er ist voll Weisheit, das heißt voll kristallklarer Unterscheidung für das Wesentliche. Diese erleuchtet seinen Blick für die Erkenntnis der Ewigen Dinge und die Herrlichkeit des PFADES. Er ist voll *Liebe,* voll inniger, glühender Sympathie, die sich wie Sonnenglanz auf alle Wesen ergießt – wärmend, heilend, tröstend, nie (ob direkt oder indirekt) ein Geschöpf verletzend. Seine Liebe ist zartes Mitgefühl und beständige freudige Hilfsbereitschaft, die bei jeder Berührung mit jemandem die Frage im Herzen bewegt: „Wie kann ich dir dienen?" Er ist voll des heiligen Friedens, den (nach „Licht auf den Pfad") „nichts stören kann und in dem die Seele wächst wie die heilige Blume auf den stillen Lagunen". Dieser Friede ist die glückliche Gewißheit, daß im Licht des Ewigen „alles gut ist"; und in ihm findet keine Gegnerschaft mehr eine Stätte. Weiter lebt er in der

„herrlichen Freiheit der Kinder Gottes"; und die Beschränkungen von Raum, Zeit, Kausalität und Materie haben nur noch wenig Bedeutung für ihn. Er ist frei von Begehren nach Besitz und Rang, sowie von persönlicher Empfindlichkeit mit ihren schwächenden, unwürdigen Leiden. Er ist stets voll innerer Freude, die mächtig über Kümmernissen thront und sein Leben stark und klar durchläutet. Beglückend ist sein Erlebnis, wie er seine Bewußtseinserweiterungen erreicht und der UNIO MYSTICA immer näher kommt. (Siehe Kap. 58, 59, 60)

Die UNIO MYSTICA tritt vollendet ein, sobald die jeweilige Persönlichkeit ganz im Ego aufgegangen ist, und wenn das Ego selbst, mit allen Schätzen seiner langen Pilgerreise beladen, diesen Erfahrungsreichtum der Monade darbringt und bewußt in ihr untertaucht. Dann ist der Kreislauf, die mühsame Pilgerfahrt beendet und die Apotheose von hoch-individuellem Eigenbewußtsein *und* Göttlichem All-Bewußtsein hergestellt. Der einst „verlorene" und nun vollkommen gewordene „Sohn" kehrt zum Herzen des „Vaters" zurück, bereit, sich zu einem Schöpfer-Logos wie sein „Vater" zu entwickeln, falls er das wünscht. (Siehe Kap. 50) In der „Offenbarung Johannes" heißt es: „Die Erlösten des HERRN werden wiederkehren mit Jauchzen. Sie kommen mit Freuden und bringen ihre Gaben."

Diese Betrachtungen sollen mit Äußerungen von Gottfried von Purukker abgeschlossen werden:
„Der Mensch ist ein Pilger der Ewigkeit. Er entsprang dem unsichtbaren Teil des Kosmischen SEINS in Äonen, die so weit zurückliegen, daß die Menschheit, mit Ausnahme übermenschlicher Weiser und Seher, alle Erinnerung daran verloren hat. Er kam hervor aus der Kosmischen Matrix als ein nicht eigenbewußter Gottesfunke; und nach äonenlanger Wanderung durch all die verschiedenen Welten wurde er schließlich zu einer eigenbewußten Wesenheit, wie wir ihn jetzt kennen. Der Mensch ist wesentlich den „Göttern", den Kosmischen Sterngeistern, stammverwandt. Das Universum ist unser Ursprung; und deshalb sind wir in unserem tiefsten Inneren alles, was „Der Grenzenlose Raum" ist ein anderer Ausdruck für das „Eine Leben". Dieser GRENZENLOSE RAUM, dieses EINE LEBEN ist unsere Heimat. Unser tiefstes Gefühl sagt uns daher, daß alles wohl mit uns steht."

Aber: Was hindert das Licht daran, den Menschen zu erleuchten? Was hemmt die Tätigkeit des Inneren Gottes? Es ist das In-den-Vordergrund-Stellen des Persönlichen. Alle Übel stammen von diesem Per-

sönlichkeitsdrang her. Kein Übel kommt von der Individualität, welche Göttlich ist – unser unteilbares Ewiges Selbst, welches nie Tod oder Verfall kennt. Sondern alles Übel kommt von dem Persönlichen, dem Kleinen, Niederen, Gemeinen, das eine dichte, undurchdringliche Atmosphäre um unser Wesen legt, die kaum von etwas anderem durchbrochen werden kann als von unsterblicher Liebe. Geltendmachen der Persönlichkeit, Selbstsucht und Eitelkeit sind die Eigenschaften, welche die Offenbarung der Göttlichen Energien in uns hindern. Sie lassen den Menschen so verkümmern, daß er nicht einmal *den* Kräften Ausdruck geben kann, die er schon jetzt besitzt.
Wollen wir innerlich wachsen, müssen wir konsequent das Eng-Persönliche von uns werfen. Um unpersönlich zu werden, müssen wir alles Beengende ablegen und so unsere Grenzen unausgesetzt weiten.
Wie kann das Kücken dem Ei entschlüpfen, ohne die Schalen zu zerbrechen? Wie kann der Mensch sich erheben, ohne die Schalen seiner irdischen Ichheit zu zerbrechen? Wie kann der Innere Gott sich offenbaren, es sei denn, daß der Mensch über das Armselige, das Kleine, Beschränkte – mit anderen Worten – über das Persönliche hinausgestürmt sei und es hinter sich gelassen habe? Im Unpersönlichen liegt die Unsterblichkeit, im Persönlichen der Tod. Deshalb müssen wir immer wachsen, uns ausdehnen und erheben, das werden, was wir im tiefen INNEREN sind! Die „Götter" rufen uns unaufhörlich zu – nicht mit menschlichen Worten, sondern in jenen unhörbaren Symbolen, die das Menschenherz als geistige Sehnsucht, als Liebe, als Selbstvergessen wahrnimmt – und der ganze Sinn dieser lautlosen Botschaft ist: Komme höher herauf!
Welch selige Empfindung ist es, unsere tiefe Verwandtschaft mit allem zu fühlen, was lebt und in diesem Fühlen zu handeln – in jener Erkenntnis, daß wir ja auch wesensverwandt mit den Hohen Göttlichen Wesen sind, die das Grenzenlose ALL lenken und hüten! Und wir können Zwiesprache halten mit ihnen, wenn wir erst einmal lernten, mit unserem Inneren Gott zu reden.
Ein menschlicher Geist ist wahrlich eine todlose Wesenheit; und diese ist auf einer ewigen Pilgerschaft begriffen – unbegrenzt im Raum und ewig in der Zeit. Sie schreitet von Wohnung zu Wohnung, bald hier, bald da, überall lernend. Die Erde ist eine solche Wohnung. Jede Sphäre, jeder lebentragende Globus in den Himmelsräumen ist eine andere Wohnung des ALLSELBSTES in uns.
Und so entfaltet sich in zyklischen, unaufhörlich wiederkehrenden Perioden der G e i s t in ewigem Werden – vom Spirituellen zum Über-

spirituellen, um später in unahnbaren Fernen zum Göttlichen zu werden.

Ist es das Ende seiner Entwicklungsmöglichkeiten, wenn er den unfaßbaren Seligkeits- und Machtzustand Nirvanas erreicht hat? Nein! Er schreitet ewig fort, sein Wachstum und seine Entwicklung finden nie ein Ende. Wir können jene erhabenen Ideen nicht in stammelnder menschlicher Sprache zum Ausdruck bringen. Unsere Phantasie versagt völlig bei Begreifungsversuchen; und wir können nur tastend hinweisen auf diesen Entwicklungspfad, welcher nach beiden Richtungen ins Ewige, ins Unendliche hinausführt – ohne Ende, wie er keinen Anfang hat.“ (Vergleiche auch Schiller: „Die Größe der Welt.“)

Literaturnachweis:
C. Jinarajadasa „Ego and Personality“
H. P. Blavatsky „Die Geheimlehre“
G. v. Purucker „Lebensfragen im Licht esoterischer Weisheit“
C. W. Leadbeater „Die Meister und der Pfad“
Van der Leeuw „Götter in der Verbannung“
A. E. Powell „The Causal Body“

3. Theosophische Erkentnisse über das Mysterium der Geschlechter

Viele Probleme der Gegenwart und ihre Lösungen hängen vom rechten Verständnis des Geschlechtsgeheimnisses ab. Allerdings – Männer und Frauen des Geheimnisses zu entkleiden, das sie füreinander darstellen, wäre so verhängnisvoll wie das LEBEN selbst seines Wunders zu berauben; und glücklicherweise würden Versuche dazu an ihrer Unmöglichkeit scheitern. Je tiefer wir in die Mysterien des LEBENS eindringen, desto kostbarer werden uns seine tiefen Rätsel; und das gilt auch von dem des Geschlechtes.

Äußerlich gesehen: Wenn intensive physische Pionierarbeit in einem Volk geleistet wird, liegt der Akzent auf dem männlichen Aspekt. Doch sobald ein gewisses Maß an sicheren, friedlichen Lebensumständen geschaffen ist, erscheint der typisch-weibliche Einfluß. Diese zarteren Qualitäten werden dann – von beiden Geschlechtern – zum Ausdruck gebracht. Wollen wir also eine ausgeglichene Zivilisation haben, müssen die spezifisch-weiblichen Kräfte mehr genutzt werden. Bei hochentwickelten Menschen haben ihre männlichen und weiblichen Seiten schon ein gewisses Gleichmaß. Aber zwischen Durchschnittsmann und -frau besteht noch ein erheblicher seelischer Unterschied.
Zwischen Mann und Frau gibt es kein „Größer" oder „Geringer", aber auch keine absolute Gleichheit. In jedem Lebensbereich sind die Interessen beider voneinander abhängig. Doch wegen des jetzt meist auf den männlichen Standpunkt gelegten Hauptgewichtes soll auch einmal der Platz der Frau im Göttlichen Plan betrachtet werden. Ein Adept sagte: „Von der Erhebung der Frau hängt Befreiung und Erlösung der Welt ab. Erst wenn die Frau ihre Versklavungsbande sprengt, wird die Welt eine Ahnung von dem erhalten, was sie wirklich ist."
Diese Erhebung wird nicht von außen errungen und bedeutet nicht bloße Emanzipation. Die Frau muß selbst ihr wahres Ideal und ihren wesensgemäßen Beitrag zum Allgemeinwohl entdecken.
Es wäre für die Frau kein Gewinn, zum herrschenden Einfluß zu gelangen; das wäre nur eine Verschiebung der Probleme. Wirklich nötig ist kameradschaftliche Ergänzung, nicht Herrschaft von Mann *oder* Frau. Ihre vereinte schöpferische Kraft ist ja nicht auf das Physische beschränkt, sondern führt hinauf in die Welt der Gefühle und Ideen. Zusammen können beide höhere Bewußtseinsbereiche berühren und in ihnen mehr und besser gestalten als jeder allein.

In der westlichen Zivilisation trat eine Veränderung des Männer- und Frauen-Ideals ein. Das ältere Bild eines überheblichen, befehlenden Mannes mit dem Gegenstück einer unselbständigen, demütigen Frau ist vernünftigeren Ansichten gewichen. In wirklich-primitiven Stämmen – zum Unterschied von degenerierten Resten alter Kulturen – besteht ein gutes Gleichgewicht zwischen Mann und Frau. Im Existenzkampf sind sie sich so notwendig, daß trotz Arbeitsteilung keine weibliche Unterordnung aufkommt. Und wenn, nach den Ethnologen, das Matriarchat eine ältere soziale Form als das Patriarchat ist, muß die Frau in früheren Zeiten oft eine Art Führerschaft besessen haben. Als die Menschheit später zu einer komplizierteren Sozialstruktur überging, wurde die Auffassung über die Frau – wie folgt – verändert: Ihre Fähigkeit, Kinder hervorzubringen, wurde ehrfürchtig als eine Form von Magie betrachtet. Sie gewann so eine mysteriöse Bedeutung, und man ließ sie in behüteter Zurückgezogenheit leben. Der intensiv-lockende sexuelle Reiz wurde ebenfalls als eine Art Zauberkraft angesehen, um dessentwillen die Frau gefürchtet wurde. So verlor sie an Freiheit. Denn das Gefürchtete muß beherrscht und das Verehrte beschützt werden. Daraus entstanden die vielen Geschlechts-Tabus. Gleichzeitig wurde es nach Erleichterung des Existenzkampfes zu einem Zeichen von Rang und Wohlstand, wenn ein Mann die weiblichen Familienmitglieder ein behütetes, müßiges Leben führen lassen konnte (woraus auch Polygamie und Harem entstand). Die Frau wurde zum Symbol von Status und Besitz *und* alles Dunkel-Geheimnisvollen. Sie galt als bewegliches Vermögen *und* lockende Verführerin. Durch diese falschen Vorstellungen wurde die Frau von je gehindert, ihre echte Rolle in der Welt zu spielen. Viele Bräuche stammen noch aus den dunklen Tagen von Aberglauben und Zauberei, z. B., daß Frauen in Gotteshäusern ihre Häupter bedecken.

Im Orient bestand immer eine seltsame Doppeleinstellung: Eine wundervolle Verehrung der Frau als Mutter, verbunden mit Minderbewertung der Frau im gesellschaftlichen Leben. Die große Bedeutung des weiblichen Elementes wird aber anerkannt. Jeder „Gott“ des Hindu-Pantheon hat seinen weiblichen Aspekt – Shakti –, durch den er wirkt. Im Westen zeigt sich das weibliche Element nur noch in der Anbetung der Mutter Jesu. Die frühen Darstellungen des „Heiligen Geistes“ als von weiblicher Natur sind vergessen; und aus dem Troubadour-Ideal der „Dame Sophia“ (des weiblichen Gottes-Aspektes) wurde eine oberflächlich-romantische Ritterlichkeit. So hat die westliche Weiblichkeitsvorstellung jetzt weniger von Geheimnis und Verehrung an sich, aber mehr verwirklicht wird das Kameradschaftsideal.

Die Folgen der doppelten Ansicht von der Frau als irgendwie göttlich *und* minderwertig haben sich als tragisch erwiesen. Durch Beschränkung ihrer Tätigkeiten und das aufgezwungene Minderwertigkeitsgefühl wurden ihre psychischen Kräfte bald in *einen* engen Kanal gelenkt: Geschlecht und Kindesgeburt. Die Frau fand heraus, daß sie durch das sexuelle Element eine Machtpolitik mit dem Mann spielen konnte; und durch starke Betonung der Geburtsschmerzen trachtete sie nach seiner Anerkennung. Dies brachte in späteren Generationen die Furcht vor der Geburt hervor, die eine überragende Ursache für die Geburtsnöte ist.

Die Stellung der Frauen hat stets stark variiert. In Zeiten aggressiver Ausdehnung eines Volkes vermindert sich ihr Einfluß, aber das höchste *kulturelle* Niveau wurde stets nur erreicht, wenn ein hohes Weiblichkeits-Ideal bestand – wie im *alten* Griechenland und im *alten* Indien. Der Ausschluß der Frauen aus den nationalen Belangen führt immer zu einer Erschöpfung der Rasse, wie im späteren Indien, in mohammedanischen und lateinamerikanischen Ländern.

In den USA bewahrten die Frauen sich stets eine hohe Stellung. Ihr Wert blieb anerkannt, weil die Erinnerung an ihre unbestreitbaren Pionierfähigkeiten im neuen Land noch im Gedächtnis ist. So gab es weniger hartnäckige Vorurteile zu bekämpfen. Aber sie scheint dort ihre wirklichen Verantwortlichkeiten noch nicht zu erkennen. Sie versucht zu oft, den Mann durch das Geschlechtsblendwerk zu beherrschen und verleitet zur Verehrung eines vulgären Flitterglanzes, statt der kultivierten Anmut, die ihre wahre Größe sein sollte. Denn eine Haupt-Sphäre der Frau ist die ganze Welt der Kunst, der Kultur, der Inspiration. In den englisch-sprechenden Ländern, in Skandinavien, China, Rußland, im westlichen und östlichen Deutschland hat die Frau Emanzipation erlangt. Aus besserer Erziehung kam ihre Forderung nach Tätigkeitsbereichen zur Übung ihrer Kräfte, und so wurden ihr allmählich fast alle Berufe geöffnet. Die Frauen begannen auch, ihre Rolle in Politik und Verwaltung zu spielen; die entsprechenden ungerechten Gesetze wurden fast ganz entfernt. Aber diese neue Freiheit hat noch nicht zu einem echten Verständnis für die Bedeutung der Weiblichkeit geführt. Sie war meist eine Reaktion auf das Vorurteil von einem weniger intelligenten Wesen, doch kaum ein Versuch, Spielraum für ihre *wesentlichen* Aufgaben zu schaffen.

Heute sehen wir zwei Hauptmeinungen: Einerseits die, welche die Freiheit der Frauen unterdrücken will, um ihre Tätigkeiten auf die häusliche Sphäre zu beschränken, und die zweite, welche einen aggressiven Feminismus verteidigt. Die Vertreter der ersten sind so vom Wert des häuslichen Lebens überzeugt, daß sie jedes Abschweifen der weiblichen Energie in andere Kanäle eine Gefahr für die Sicherheit des Heimes nennen. Die Vertreter der letzteren schätzen den Wert des femininen Einflusses so sehr, daß sie ihn in *jeder* menschlichen Tätigkeit sehen möchten.Hier liegt der wahre Weg zwischen den Extremen. Das Pendel schwingt von einer Seite zur anderen, die daraus entstehenden Gefahren liegen auf der Hand. Durch bloßes Nachahmen des Mannes verliert die Frau leicht das Wissen von ihren einzigartigen

Fähigkeiten. Weil sie durch den Druck der beiden Weltkriege sah, daß sie männliche Arbeit leisten *kann*, meint sie nun oft, daß sie wie ein Mann arbeiten *solle*. Aber Frauen in männlicher Kleidung mit maskulinen Gewohnheiten, die grobe Männerarbeit fordern und auf ihre Unabhängigkeit pochen, erwecken ein Heimweh nach dem Weiblichen, Anmutigen und Zarten. Das Pendel wird einmal zum heilsamen Gleichgewicht kommen.

Erleichterung der Hausarbeit durch Mechanisierung und helfendes Eingreifen des Staates wird immer mehr einen tiefgehenden Einfluß auf die Stellung der Frau in der künftigen Sozialen Ordnung haben. Kliniken für die vor- und nachgeburtliche Zeit und freie medizinische Hilfe befreien die Frau von Bürden. Versicherungen, freier Unterricht usw. entlasten die Eltern. Durch die vermehrte Freizeit öffnen sich bei guter Nutzung große Möglichkeiten zur Zusammenarbeit von Männern und Frauen. Man neigt schon dazu, das Schwergewicht auf die Kameradin und Mitarbeiterin zu legen. Individuell-gereifte Männer und Frauen wollen nach ihren eigenen Ideen und nicht mehr nach alten, willkürlichen Regeln leben.

Die Frau kann der menschlichen Gesellschaft auch nicht voll dienen, solange noch wirtschaftliche Abhängigkeit vom Mann nötig ist. Wenn eine Frau sich durch Ehe abhängig macht, sollte das aus eigener Wahl geschehen, weil sie es als beste Auswirkung ihrer Fähigkeiten erkennt. Doch muß stets anerkannt werden, daß sie ebenso in eine ausgedehntere Sphäre gehen kann, um als ein Bürger in der Welt zu arbeiten, nicht nur als weibliches Wesen.

In welchem Licht sieht die Theosophie diese schwierigen Probleme? Dem Ganzen liegt ein bestimmtes Prinzip zugrunde. Jeder Mensch ist essentiell Göttlich – ein Göttliches Ebenbild und von der gleichen Natur und Substanz seines Schöpfers. So ist der Mensch als reiner Geist *beides:* Vater-Mutter, der Göttliche Hermaphrodit, weder maskulin noch feminin. Er enthält alle Kräfte embryonal und latent. Die Evolution ist das Mittel zur Entfaltung dieser Kräfte; und es gibt keine Höhe, die er nicht ersteigen kann. Er ist primär ein geistig-schöpferisches Wesen und wächst unaufhörlich der Vollkommenheit entgegen. Das tut er durch die Reinkarnation, indem er zu vielen Leben zur Erde zurückkehrt – oft als Mann, oft als Frau. Die Erfahrung in *beiden* Geschlechtern ist nötig, um seine Kräfte voll zu erwecken. Die Wahl des Geschlechtes wird stets durch sein Karma bestimmt.

So sind Mann und Frau in der Essenz wesensgleich. Unterschiede er-

geben sich nur aus den verschiedenen Erfahrungen, die sie im jeweiligen Geschlecht machen. Als Mann und Frau – verschieden, doch einander ergänzend – ist keines dem anderen über- oder unterlegen, sie sind zur Zusammenarbeit bestimmt. Es gibt auch eine sich ergänzende Polarität der Bewußtseinsträger auf den einzelnen Ebenen, wobei der Mann im Physischen und Mentalen vorwiegend positiv ist, und die Frau auf der Gefühls- und Intuitionsebene. Im Physischen baut die Frau bei Erschaffung des Kindes den Körper, der Mann übermittelt den Lebenskeim. Doch auf der Mentalwelt erbaut der Mann den Gedankenbau, während die Frau ihm meist aus spiritiellen und psychischen Welten den schöpferischen Keim vermittelt (Muse). Das Ego-Bewußtsein ist geschlechtslos. Der Ewige Mensch entwickelt sich durch beide Geschlechter, da er maskulin und feminin ist und den Extrakt seiner männlichen und weiblichen Erfahrungen in sich behält. Nach uralter, okkulter Tradition hat die Menschheit sich einmal aus einer doppelgeschlechtlichen Gestalt entwickelt und kehrt am relativen Ende wieder zu dieser Form, als dem Ausdruck geistiger Vollendung, zurück. Im Universalleben des Göttlichen ist weder männlich noch weiblich überwiegend, sondern es ist eine ausbalancierte Einheit zwischen all den polaren Gegensätzen da.
Der „Meister der Weisheit" (siehe Kap. 55) ist heute schon ein wahrer „Androgyn" und seinem Wesen nach keinem Geschlecht zugehörig – obwohl er aus okkulten Gründen fast immer einen männlichen Körper wählt.

Wenn jemand Hunderte von Leben überschritten hat, verschmelzen sich die männlichen und weiblichen Seiten seiner Natur. Manche höherentwickelte Menschen erscheinen schon heute in ihrem denk- und gefühlsmäßigen Wesen als Vorläufer jenes späteren, ausbalancierten Hermaphroditismus der vollkommenen Menschheit. Dies erklärt die bisexuelle Anlage gewisser Menschen. Sie ist heute unter wertvollen Menschen nicht ungewöhnlich und kann in künstlerischen, intellektuellen und spirituellen Temperamenten auftreten. Entsprechend der wachsenden Macht des unsterblichen, inneren Menschen beginnt sich bei ihnen der Dualismus (die männlich-weibliche Konstitution der geistigen Natur) in jeder Inkarnation stark auszudrücken. Die Männer sind dann intuitiver und sensitiver als normal, und die Frauen kühner und bewußt-schöpferischer im Denken und Handeln. Beider Zuneigung richtet sich auf beide Geschlechter. Für solche Menschen ist es nötig, ihre Schöpferkraft auf jeder Ebene *richtig* zu gebrauchen. Das heißt, sie müssen das *physisch*-sexuelle Leben (wenn überhaupt) normal verlaufen lassen, während das innere schöpferische Leben sich unabhängig vom Geschlecht offenbaren kann. Diese Temperamente haben in der Jugend Schwierigkeiten, die nicht beseitigt werden, wenn man den Knaben drängt, härter zu sein, oder das Mädchen zu weiblichem Charme zwingen will. Sie können ein ganz normales Leben führen, wenn ihre seltsam-ausgeglichene Wesensart respektiert wird; und man muß sie in ihren doppelten Zuneigungen gewähren lassen. Doch muß ihnen aus okkulten Gründen dringend geraten werden, sich *physisch* im Rahmen des Geschlechtes zu halten, das sie *jetzt* haben!

Die Erklärung des homosexuellen Problems dagegen ist folgende: Offenbar hat ein Mensch, der gerade eine größere Anzahl von weiblichen Geburten durchlief, Schwierigkeiten, wenn er plötzlich ein männliches Leben beginnen muß. Seine Neigung geht durch lange Gewohnheiten weiter zu männlichen Personen; und er kann im ersten maskulinen Leben sogar in der Drüsenstruktur ein stark-femininer Mann werden. Ebenso kann umgekehrt eine sehr maskuline Frau entstehen. Im Physischen können oft Zwischenzustände erscheinen. Auch hier befreit die okkulte Tatsachenerklärung diese Menschen nicht von der Notwendigkeit, das Geschlecht *des* Körpers anzuerkennen, in dem sie geboren wurden; und sie betont die Wichtigkeit, das Beste aus dieser Inkarnation zu machen, wenn nicht eine Menge Zeit und Kraft schmerzlich-sinnlos im Kampf gegen Unvermeidliches verschwendet werden soll. Denn die mutige Annahme der Umstände ist der erste Schritt zur Überwindung ihrer Schwierigkeiten. So entsteht ein Verständnis der vielen Geschlechtsprobleme aus dem Studium des menschlichen „Auseinanderfallens" in zwei getrennte Hälften und seiner allmählichen Entwicklung zum Göttlichen Hermaphroditen. *Spirituell* bleibt der Mensch immer androgyn, denn der Ewige Geist spinnt souverän das Gewebe seiner Lebensreihen.

Die Trennung der Geschlechter hat unschätzbare Werte. Durch die Erfahrungen des Liebes- und Familienlebens werden viele edelste Tugenden erweckt. Die Ehe war stets eine der hervorragendsten Gelegenheiten zur Charaktererziehung. Die Ehe in ihren vielen glücklichen und unglücklichen Phasen schafft die Möglichkeiten, viele karmische Schulden aufzuladen, doch auch zu bezahlen. Die Partner können aus der teilweisen Vereinigung lernen, die ersten Schritte des Erwachens ihrer

Göttlichkeit zu machen, was die Menschen zur bewußten Vereinigung mit allem Lebendigen führt. Vergleiche auch den Wunsch vieler Liebenden, „die ganze Welt zu umarmen"!

Das Phänomen „männlich und weiblich" ist nicht nur physisch. Es ist auch die Reflexion eines der großen Paare der Gegensätze – Geist und Stoff, Tag und Nacht, positiv und negativ usw., ohne die sich nichts im Weltall offenbart. Alle Wesen und Tätigkeiten haben eine zweifache Natur. Wir sind stets beides: Geist und Materie, Leben und Form. Als Mutter der Kinder ist die Frau Erschafferin der Form. Doch wenn sie Künstler inspiriert, weckt sie Leben. (Das bezieht sich auch auf andere Berufe.) Diese Dualität ist überall zu beobachten.

Obgleich das Leben in männlichen oder weiblichen Körpern gewisse physische Funktionen einschließt, und obgleich der Körper auch teils die der Gefühle und des Verstandes mit-beeinflußt, kann doch die geistige Wesenheit selbst sehr tief an Tätigkeiten interessiert sein, in denen die Charakteristika des anderen Geschlechtes dominieren. So ist es unbedingt falsch, Mann und Frau auf bestimmte Tätigkeitsgruppen zu beschränken, nur auf Grund des jetzigen Geschlechtes.

Da alle Wesen in einem Sonnensystem „Kinder" ihres Göttlichen Schöpfers sind, lebt in ihren Herzen eine tiefe Verwandtschaft, die das ganze System zusammenhält. Aber während das Göttliche Leben sich im Verlauf der Weltenschöpfung in unzählige Wesen ergießt – durch alle Ebenen bis zur physischen Welt –, wird Gefühl und Wissen von der fundamentalen Einheit aller Wesen immer mehr verdunkelt. Im Physischen drückt sich die verborgene Verwandtschaft als ein Drängen nach Vereinigung aus, wodurch das Leben in *einem* Wesen durch ein Verweben die beglückende Verschmelzung mit dem Leben in einem *anderen* Wesen sucht; und dadurch wird der Keim, der Lebensfunke übertragen. Dies ist die Ursache der Schöpfung auf allen Ebenen. Je höher die Ebene, desto größer das Entzücken der Vereinigung. Der Mensch erkennt noch selten die Grundursache dieses inneren Drängens. Aber selbst in Unwissenheit gebraucht er den richtigen Namen – *Liebe.* Dieser Drang treibt ihn, einen Partner zu suchen; und diese Beziehung erweckt in jedem einen gewissen Grad von Liebe und karmischer Verpflichtung. Zuerst offenbart sich die Liebe mehr als sexuelles Verlangen. Aber im Lauf der Verkörperungen weckt die Erfahrung der Liebe die höheren Fähigkeiten des Menschen, bis zum Selbstopfer. Wenn in ihm das Ahnen von der Einheit alles LEBENS und seiner eigenen Göttlichen Natur erwacht, geschieht das, weil er immer mehr über das Geheimnis der Liebe lernt.

Die Flamme schöpferischer Kraft, die beim „Verlieben" zweier Menschen erweckt wird, *kann* dieselbe Energie auf den höheren Ebenen entfachen. In „Eine Studie über das Bewußtsein" sagt Dr. Besant:
„Die erlösende Intuition der Buddhi-Ebene, wodurch wir direktes Wissen erlangen, ist schöpferisches Leben in höchster Potenz. Dieses Leben kann mit dem schöpferischen Feuer verbunden werden, was erscheint, wenn wir in Liebe entflammen. Wenn wir unsere Liebe von Selbstsucht reinigen könnten, würde sie in uns ein erhabenes Bewußtsein wecken, das uns in himmlische Regionen erhebt und zu Stromwegen für die Ausstrahlung des Göttlichen Lichtes macht."
Dies ist auch der Grund für die sakramentale Bedeutung der Ehe und die ewige Natur eines echten Liebesbundes.
Das schöpferische Leben ist stets geistiger Natur. Die Befruchtung von Pflanzensaaten und die Empfängnis eines Kindes finden unter *einem* Universalen Gesetz statt. Die Kindesempfängnis hängt nicht vom Willen der Eltern ab, sondern von den Bedingungen für die Verkörperung einer Seele und wird vom Gesetz des Karma gelenkt (siehe Kap. 30). Das Entzücken der Liebesvereinigung ist ein Abglanz aus den Tiefen seiner Wurzeln. Grundsätzlich nochmals folgendes: So wie die Oberfläche eines Dinges einige Strahlen des Farbenspektrums abstößt und andere absorbiert, nimmt der männliche und der weibliche Mensch manche Aspekte des Göttlichen Lebens zur Verarbeitung auf und beachtet andere weniger. Die Frau verkörpert allgemein mehr Gefühl und Intuition und der Mann mehr Willen und Intellekt. Es sind verschiedene Methoden, die von den männlichen und weiblichen Prinzipien in uns gebraucht werden. Aber weil stets beides in uns lebt, benutzen Männer wie Frauen auch oft die Methoden des anderen Geschlechtes. Der schöpferische Impuls ist in seiner Quelle spirituell. Er rauscht aus seiner Göttlichen Welt über die menschliche Psyche bis zum Körper und dem Feld der Sinneserfahrungen. Dort wird er eingekerkert, weil der Mensch der Sklave seiner Sinnesfreuden wird. Aber wenn der Impuls für *bewußt*-schöpferische Zwecke benutzt wird (mental, emotionell *oder* physisch) erfüllt die menschliche Psyche sich mit reiner Stärke, und Wille und Geist können in großer Schöpferkraft mit ihr zusammenarbeiten.

Die Ehe-Rituale entstammen dem unbewußten Bemühen, den menschlichen Akt der Schöpfung mit dem entsprechenden Kosmischen Impuls in Beziehung zu bringen, der die ewige Vereinigung zwischen den erwähnten Paaren der Gegensätze für die Zwecke der Göttlichen Schöpfung ist. Der Schöpfungsakt beim Menschen ist ein physischer Ausdruck jener machtvollen Energie, die in der okkulten Literatur „Kundalini" genannt wird. Dies ist eine Universale Kraft von solcher Potenz, daß größte Vorsicht nötig ist, um sich nicht durch ihren Mißbrauch zu verletzen. Ihre zerstörende Wirkung ist der medizinischen Wissenschaft bekannt, besonders den Ärzten, die mit den vielen Neurosefällen zu tun haben; denn sie entspringen meist dem Mißbrauch dieser Kundalini-Energie. (Siehe Kap. 37)

Richtig verstanden und transmutiert, wird die Kundalini-Kraft verwendet, um höhere, übersinnliche Kräfte zu wecken und den Körper für deren Ausdruck zu schulen. Sie ist dann der Elektrizität zu vergleichen und liegt gewöhnlich schlafend im Ätherkörper über der Wirbelsäule. Stellen wir uns vor, eine elektrische Leitung von viel höherer Voltstärke als bisher würde in ein Haus gebracht, ehe die erforderlichen Drähte, Schalter und Lampen in Ordnung sind. *Vor* dem Dasein einer ganzen Ausrüstung, die stark genug ist, um die neue Voltstärke zu tragen, wäre die Benutzung der Elektrizität äußerst gefahrvoll.
Als Vergleich: Im Menschen entstehen die „Drähte" eines verfeinerten Nervensystems, das die höhere „Voltstärke" *dieser* okkulten Lebensströme tragen kann, durch unausgesetzte, völlige Selbstlosigkeit und Liebe. Dies verfeinert buchstäblich Nervensystem und Ätherkörper, wodurch ein Stromweg gebaut wird, durch den die höhere „Elektrizität" sicher geleitet werden kann. Sie kann dann gewisse ätherische und astrale Zentren oder „Chakras" beleben, welche die Organe zum Ausdruck der neuen, okkulten Kräfte darstellen, so daß (bei totaler langer Abgeschiedenheit) Hellsehen und Erforschen der unsichtbaren Welten möglich wird. Das wird von altersher von hohen, spirituellentwickelten Okkultisten gelehrt und ausgeübt.

Ein anderer Aspekt: Die Liebesvereinigung ist der einfachste Weg, das „Feuer der Schöpfung" konzentriert zu erleben (siehe auch Kap. 21). Wenn der Mensch spirituell erwacht, vermehrt sich seine Glücksfähigkeit. Während der „Wilde" ungestraft seinen Trieben folgen kann, weil seine Gefühls-Voltstärke niedrig ist, kann der sensitive Mensch unter der sexuellen Spannung zusammenbrechen, wenn die Kraft, mit der er sich einläßt, zu groß ist für seine zu schwachen „Drähte" der Liebe und Selbstlosigkeit. Der einzige Schutz gegen so entstehende Neurosen ist, ein Versinken in die sexuelle Sphäre zu vermeiden und wirkliche Liebe auszubilden.

Eine vage Intuition von diesen Wahrheiten hat den Menschen dazu geführt, auf einem Göttlichen Ursprung nicht nur der Liebe, sondern auch der Ehebräuche zu bestehen. Er fügte dem Liebes-Gesetz Regeln zu, die für seine Soziale Ordnung nötig schienen. Als die Lebensumstände sich änderten, wollte man nicht gewisse sanktionierte Gesetze umändern. Sie haben noch ihren Wert für die „Große Masse", beschränken jedoch die Höherentwickelten und stellen einen zu niederen Standard für sie auf. Denn die so verschiedenen Anschauungen über die Liebe stammen weniger aus Zeitströmungen als daß sie einfach verschiedene Grade des geistigen Erwachtseins ausdrücken.

Alle so verschiedenen Fähigkeiten werden durch die Reinkarnation deutlich erklärt. Die Hindu-Kastenlehre gründete sich ursprünglich darauf, daß Menschen, die schon viele Leben auf Erden verbrachten, größere Verantwortungen zu tragen bekommen. Heute wird auch von Erziehern und Psychologen anerkannt, daß die Menschen in vier Hauptgruppen einzuteilen seien. Z. B. sprach C. G. Jung oft von vier psychologischen Typen. In vielen Ländern werden bereits Erziehungssysteme mit „Zweigen" für drei Arten von Kindern benutzt – die mit handwerklicher, die mit technischer Eignung und die, deren Fähigkeiten für ein akademisches Studium geeignet scheinen. Der vierte (noch seltene) Typ wird meist kaum anerkannt. Die theosophischen Lehren über die menschliche Natur unterstützen diese Idee. Allgemein entsprechen jene Typen denen, die hauptsächlich
1. unter dem Einfluß der Sinne stehen,
2. unter dem der Öffentlichen Meinung,
3. unter dem des philosophischen Denkens,
4. unter dem eines erhabenen Idealismus.

Die erste Gruppe lernt am besten durch Handarbeit. Diese Menschen ertränken das Denken im Gefühl, können aber als Handwerker schöpferisch wirken. Die zweite Gruppe zeichnet sich durch rationellen Verstand aus und meistert Gefühle durch Denken; sie ist praktisch und erwerbstüchtig. Die dritte befaßt sich mit abstraktem Denken und weiten Synthesen und hat oft einen gut-entwickelten sozialen Sinn. Die seltene vierte Gruppe hat ein gewisses Maß von spiritueller Erleuchtung erlangt. Natürlich überschneiden sich die Gruppen häufig.

Jede Gruppe hat ihre charakteristische Einstellung zu Geschlecht und Ehe. Der Urgrund zur Ehe war und wird immer sein: *Liebe*. Aber sie wird unterschiedlich empfunden. Bei meist durch Gefühle bestimmten

Menschen dominieren die Sinnesfreuden. Dies kann, außer dem Rein-Physischen, starke Gefühle und einen Schönheitssinn einschließen. Etwas reifere Personen dieses Typs verlangen ungestüm, daß ihr Liebesgegenstand Körperschönheit hat. Da diese flüchtig ist, schwindet diese Liebe leicht hin und wechselt häufig ihr Objekt. Sie besteht oft bei unvergeistigten Künstlern. Sie können große Höhen und Tiefen erreichen, zu ihrem Wesen gehört Wankelmütigkeit. Sie sollten sich bemühen, auch die Seelenschönheit zu lieben und niemandem Leid zu verursachen. Denn ihre Liebe ist nur echt, solange sie dauert.
Bei anderen hat der konkrete Verstand den Vorrang und beherrscht zeitweise die Sinne und seelischen Gefühle. Die Liebe dieser Menschen wird durch Fragen von Prestige, Familieninteressen und Geld beeinflußt. Die westliche „Konvenienz"-Ehe kennzeichnet diese Eheform, deren Beständigkeit durch Vernunft und Sitte garantiert wird. Gefährlich kann eine nicht genügende Würdigung der Gefühlswerte sein, wenn ein Partner anders geartet ist, dessen Unbefriedigtsein dann die Beziehung trübt. Diese Menschen müssen ihren etwas kalten Gesichtspunkt durch Toleranz und warme Empfindung auflockern. Sie können gute Fortschritte durch selbstlose Gewissenhaftigkeit im Eheleben erreichen.
Mit dem Auftreten höhermentaler Kräfte erwacht bei beiden Typen intuitives Verständnis und die Fähigkeit, altruistisch zu handeln. Sie erzeugt in beiden Geschlechtern fähige Organisatoren, klardenkende Erzieher und ideale Beamte (siehe auch Kap. 10). Die Liebe zwischen solchen Typen ist viel dauerhafter als die der anderen. Sie gründet sich auf tiefe Verwandtschaft der höhermentalen und buddhischen Natur der Liebenden. Sind diese kostbaren Fähigkeiten einmal erwacht, dauern sie fort von einem Leben zum anderen. Wenn Liebende, die ein solches Band schufen, sich in künftigen Leben wiederbegegnen, leuchtet ihre innige Verwandtschaft unmittelbar auf und überrennt alle widrigen Umstände von Umgebung, Alter und Geschlecht. Sie werden ihre Liebesbeziehungen in *allen* Formen erleben – als Eltern und Kind, Geschwister, unerfüllt-Liebende, Eheleute oder Freunde. Solche Liebe kann kein Unrecht begehen. Sie braucht auch keine Eile, weil sie „weiß", daß ihr die Ewigkeit gehört.

Sehr wenige Menschen haben schon die Herrlichkeit des vollen, geistigen Bewußtseins und die Synthese aller Liebesformen in der Liebe zum Göttlichen LEBEN selbst erreicht. Denn dazu gehört bewußte Vereinigung mit allen Wesen und ein Zustand spiritueller Erleuchtung; und

sie bedeutet dann die Vollkommenheit der wahrhaft Heiligen und Weisen.
Aber es gibt bereits viele Menschen, die glühend zu diesem Zustand emporstreben. Auch für sie können keine Regeln gelten, sie sind sich selber das Gesetz. Sie werden nie gegen die LIEBE sündigen, denn sie erkennen diese als höchstes Gesetz und nicht von Menschen erschaffen.
Was ist mit den Unverheirateten? Ein Kommentar über Sozialreform sagte, daß die Welt nie die Entwicklung ihres sozialen Sinnes erlangt hätte ohne die planmäßig geleitete Energie der Unverheirateten, und verwies z. B. auf den hohen Beitrag der klösterlichen Institutionen zur Philanthropie und Erziehung. Da die schöpferische Energie ihre Wurzel im spirituellen Zentrum hat, kann sie in *alle* segensreichen Kanäle geleitet werden. Wenn eine unverheiratete Person das tut, Selbstbemitleidung und Überflüssigkeitsgefühle verbannt und sich freudig-hingebungsvoll allen widmet, die bitter-notwendig diese liebevolle, helfende Güte brauchen, wird dieser Mensch ein erfülltes, glückliches Leben führen, mit weiten Ausdrucksfeldern für seine schöpferischen Energien und Gefühle.

Ein weiterer Aspekt: Der menschliche Leib ist aus Zellen erbaut. Wenn diese nicht gesund und lebensstark sind, kann der Körper nicht gedeihen. Ähnlich die Familie, als kleinste staatliche Einheit, die normale Grundlage des sozialen Lebens. Das Kind braucht dringend ein Heim und elterliche Fürsorge; und die Eltern sind glücklicher durch diese Permanenz ihrer Beziehung. Bei denen, die ihr sexuelles Leben in der Ehe mit Würde und intelligenter Zurückhaltung lenken, erlangen die ästhetischen und geistigen Werte die Vorherrschaft. Für alle reinkarnierenden Seelen (Eltern und Kinder) ist solche Selbsterziehung äußerst wichtig. Der seelische Reifegrad der nächsten Generation hängt von der kulturellen Stufe des Familienhintergrundes ab. Der richtige Platz der Frau ist von großer Bedeutung.
Noch zwei Gesichtspunkte: Soll sie nur Gattin, Hausfrau und Kinderpflegerin sein? Oder soll sie ihren Platz in der Welt einnehmen im Wettbewerb mit dem Mann und die Kinderfrage nur als einen Zwischenfall nehmen?
Weiter: Welche Hilfe kann die Theosophie in den Problemen der unglücklichen Ehen und des neurotischen Zusammenbruches geben?
Geistig ist kein Unterschied zwischen Mann und Frau. Weil aber der physische Leib den Astral- und Mentalkörper mit-beeinflußt, neigen die Menschen zu Eigenschaften, die ihr *jetziges* Geschlecht widerspie-

geln. Im Prinzip bedeutet die Gleichberechtigung der Geschlechter, daß kein Mensch Beschränkungen erleiden oder zu einer ihm nicht gemäßen Lebensführung gezwungen werden darf nur auf Grund seines gegenwärtigen Geschlechtes.
So wie der Mann oft die Wahl zwischen verschiedenen Laufbahnen hat, soll auch die Frau wählen können zwischen einem Dienst an der Öffentlichkeit oder an einer Familie. Die beiden sind nicht immer unvereinbar, aber wenige Frauen können gleichzeitig ohne Gefahr zwei berufliche Tätigkeiten erfüllen. Hier müßte der Mann natürlich die Hausarbeit mit ihr teilen. Bei kinderlosen Frauen oder solchen, deren Kinder bereits das Heim verließen, wäre es leicht möglich. Eine weitere Lösung ist eine befriedigende Halbtagsarbeit.
Weiter: Kinder können nur einen kleinen Erfahrungskreis bewältigen; daher sollten sie behutsam in die größere Welt entlassen werden. Ihr Recht ist es, die Gesellschaft beider Eltern zu haben und ein Heim, das für sie ein warmer Ort ist, wohin sie sich vertrauensvoll zurückziehen können, wenn die äußere Welt sich erschreckend und verwirrend zeigt. Wenn eine Mutter ihren Kindern die liebevolle Fürsorge entzieht, verwirkt sie ihr Geburtsrecht, denn der persönliche Kontakt ist für die Kinder äußerst wichtig.
Sehr viel muß in der Zukunft noch getan werden, um Beschränkungen zu entfernen. Die Hausarbeitslast wird immer mehr vermindert, um die Frau vor Erschöpfung zu bewahren und ihr das Gefühl von Unterdrückung zu nehmen, so daß sie dann auch als „Hausfrau" noch andere wichtige Aufgaben erfüllen kann. Es gibt viele Sphären, in denen der weibliche Einfluß nötig gebraucht wird. In allen Institutionen, die Frauen, Kinder, Erziehungsreformen, Kunst aller Zweige, sowie die Verschönerung des Heimes betreffen, sollten Frauen einen entscheidenden Beitrag leisten.
Betreffs unglücklicher Ehen sollte sicher Vorbeugung das Hauptprinzip sein. Es muß stets dringend vor übereilten, leichtfertigen Heiraten gewarnt werden. Eine schreckliche Tatsache ist in unserer Zeit die unnatürliche Überbetonung der Sexualität. Die Wahrheit ist, daß die Geschlechtssphäre nur die unterste Offenbarung des Schöpferischen im Menschen darstellt. (Siehe Kap. 21) Dem sexuellen Verlangen sollte nicht ohne echte Liebe nachgegeben werden. Jedoch dieser Erlebnishunger ist durch die künstlich geschürte „Sexwelle" übermächtig geworden, meist von wirklicher Zuneigung getrennt. (Vgl. Kap. 26 u. 31) Von jedem vernünftigen Menschen muß kategorisch erklärt werden, daß dieses weder normal noch ideal ist, sondern das Ergebnis von ver-

kehrten, öffentlichen Zuständen, von der ungesunden Unterstützung, die eine gewisse Psychologie dem Sexuellen gewährt und der ungebührlichen Betonung des Sex in Film und volkstümlicher Literatur, vor allem aber von einer dahinter stehenden gewissenlos-geldgierigen Industrie. Ein Heilmittel liegt in einem idealeren Familienleben. Wenn die liebenden Beziehungen zwischen Eltern und Kindern sich richtig und schön auswirken, wird die Sexualität keine so falsche Wichtigkeit einnehmen. Die menschlichen Energien finden dann durch gemeinsame Familientätigkeiten einen glücklichen, schöpferischen Ausdruck. Darum ist es so wichtig, daß die Eltern Freunde ihrer Kinder sind und deren vernünftige Interessen teilen. Hier ruht die größere Verantwortung wieder auf der Frau. Wenn sie weise, verstehende Liebe besitzt, wird sie ihre Kinder vor viel Unheil bewahren und ihnen eine gute Einstellung zur Liebe, sowie ein psychisches Gleichgewicht einflößen, wovon ihre späteren Liebesbeziehungen glücklich beeinflußt werden.

Aber selbst da, wo schon Ehetragödien entstanden sind, gibt es Linderungsmittel. Ein Verständnis der uralten Weisheiten über Karma und die Ewigkeitsbestimmung des Menschen hilft, das lähmende Gefühl von Schuld und einem verfehlten Leben zu erleichtern. Hier bietet sich auch oft für die Frau eine befriedigende, soziale Hilfsarbeit an viel elenderen Personen. In der Hauptsache sollten wir uns bemühen, den *jungen, gutwilligen* Menschen zu helfen, damit sie weise handeln und richtig wählen. Die moderne Jugend ist weniger sentimental als die Älteren, aber oft ehrlicher gegen sich und andere. Sie will nicht mehr autoritären Gesetzen folgen, sondern nach Richtlinien entscheiden, die durch eigene Vernunft und Erfahrung geprüft werden und ihren inneren Idealen entsprechen.

All unserem Denken über das Geschlechtsmysterium sollte seine Grundbedeutung als steter Hintergrund dienen. Das beständige Suchen nach dem „anderen Teil" ist nur eine Reflektion der okkulten Wahrheit von der „früheren" hermaphroditischen Natur des Menschen.

Das Ausschauen nach einem geliebten und verehrten Menschen muß aber auch als ein Aspekt des ewigen Suchens nach GOTT erkannt werden, denn die Vereinigung mit dem geliebten Menschen beglückt uns nur so sehr, weil wir in ihm einen Göttlichen Wesensstrahl lieben!

Hier braucht die neue Generation – zumindest in ihren edleren *Typen* – die theosophischen Lehren, auf denen sie ihre Ansichten aufbauen kann. Diese jungen Leute, welche bald führend in die Welt treten, werden vielleicht keine neuen, starren Ehegesetze schaffen. Aber wenn sie einem Liebesproblem gegenüberstehen, werden sie in der Lage sein, ziemlich weise Entscheidungen zu treffen, *falls* sie nicht den niederen, zerstörenden Strömungen (Drogen und Pornographie) unterliegen. Sie werden in ihrem Ringen stets an Verehrung füreinander gewinnen und lernen, immer die wahre *Liebe* hochzupreisen –als das einzig-gerechtfertigte Mittel, um Mann und Frau miteinander zu verbinden.

Literaturnachweis:
G. Hodson „The Kingdom of the Gods"
G. Hodson „The Miracle of Birth"
Clara Codel „The Creative Power"
C. W. Leadbeater „The World Mother"
Van der Leeuw „Das Feuer der Schöpfung"

4. Metaphysische Ursachen der menschlichen Krankheitsleiden

Krankheit ist eine natürliche Folge von Unvollkommenheit, sie liegt in der Natur eines Sonnensystems – sonst könnte sie nicht existieren. So wie diese ganze Schöpfung in der Entwicklung begriffen und gegenwärtig noch sehr unvollkommen ist, gilt Krankheit auf jedem Planeten als *ein* Ausdruck jener Unvollkommenheit. Sie könnte schon im Mineral aufgefunden werden – so wie sie im Menschen-, Tier- und Pflanzenreich überall vorhanden ist. In den frühen und mittleren Stadien der Evolution ist Krankheit eine unabänderliche, universale Erscheinung.

Hinter jedem *physischen* Leiden steht eine *Bewußtseins*krankheit, die sich in den Symptomen jener Krankheit ausdrückt. Alle an Krebs Leidenden und andere Personengruppen, die mit einer gleichen Krankheit geschlagen sind, werden durch die Gemeinsamkeit ihrer Beschwerden miteinander verbunden. Ein volles Verständnis der Wirkung von Krankheitskarma ist nicht nur durch Studium von Einzelfällen zu finden. Gruppenkarma und -Krankheit muß ebenfalls beachtet werden. Krankheit ist der menschlichen Natur eigen und wird fortdauern, bis ein gewisser Standard geistiger Vollkommenheit erreicht ist. Ein wirklicher Heiler sollte also im Wesentlichen *diese* Entwicklung des Einzelnen und der Allgemeinheit beschleunigen, damit *der* Vollkommenheitszustand rascher entstehen kann. Die Krankheitsleiden lenken – als mahnender Ausdruck der Stimme der ALL-NATUR – die Aufmerksamkeit der Menschen (unbewußt) auf ihre Übertretungen hin und steuern jenem Endziel entgegen. Ohne Krankheit in all ihren Varianten würde die Gewinnung von Vollkommenheit sich sehr viel länger hinauszögern.

Der Heilende muß deshalb aufhören, die Krankheit *an sich* als etwas „Böses" anzusehen, sondern eher als die Wirkung bestimmter Kosmischer Gesetze, die im End-Effekt nur Nutzen hervorbringen. Er darf auch nicht in einen Irrtum mancher Grüblernaturen verfallen, und zwar in den des Nichthandelns als Folge eines gewissen, philosophischen Denkens. Er muß alle Schmerzen stillen, soweit es in seiner Macht liegt, aber sich auch klar darüber sein – und die Leidenden entsprechend belehren –, daß alle Krankheit in ihrem wesentlichen Zweck segensreich ist. Auf dem Felsen dieses Wissens muß diese Forschung und Praxis immer gegründet sein.

Zuvor etwas Grundlegendes: Das Getrenntsein von Planeten und Sonnensystemen in Zeit und Raum ist eine Illusion. Der Kosmos ist ein GANZES. Die Eigenschaften der ALL-NATUR auf *einem* Globus gehören (trotz konstitutioneller Verschiedenheiten) stets dem Gesamt-Kosmos an. Der Forscher sollte nicht versuchen, das Problem in allgemeinen Maßstäben von Zeit, Raum und Trennungsfaktoren zu lösen, sondern das Sonnensystem als eine sich entfaltende Totalität vor Augen haben. Nur von diesem Gesichtspunkt aus kann man auch das Rätsel der einzelnen Teile erfassen und eine makellose, unangreifbare Philosophie begründen.

Karma bewegt sich mit jeder „Lebenswoge" von einem Globus zum anderen, von einer „Globenkette" zur anderen und bindet miteinander Entwicklungspläne, Sternensysteme und Kosmoi. Es ist das fundamentale Gesetz hinter allem. In der Region des ABSOLUTEN SEINS gibt es kein auswirkendes Karma, doch in allen manifestierten Welten wirkt es wohltätig. Es übt einen fortwährenden Druck – dem Höchsten und Vollendeten zu – aus und strebt stets zu dieser Zielerreichung hin. Am Ende, wenn Systeme, Globenketten, Globen mit ihren Bewohnern dem relativen Ziel näherrücken, wird die Krankheit im gleichen Verhältnis schwinden. Sie wird dann immer subtiler und weniger dicht-physisch, da sie sich gleichmäßig mit dem Reifen des menschlichen Bewußtseins *umwandelt*. Das Studium der Ursachen, Zwecke und Heilungsmöglichkeiten der Krankheit und die Auswertung der Ergebnisse beschleunigt daher die Evolution der Menschheit.

Die Wurzel jedes Krankheitsfalles liegt grundsätzlich im Widerstand des Menschen gegen die Bemühung des Egos, seine Persönlichkeit zu lenken, in der Weigerung, der Stimme des Gewissens zu folgen.
Diese Wurzel-Ursache wirkt in zwei Hauptklassen: Der erste besteht aus *dem* Karmatypus, der die direkt-aktive Wirkung des Eigensinns der Persönlichkeit, mit ihrem bewußten Sichverschließen gegen die Stimme des Höheren Selbstes ist. Diese Krankheitsursache entsteht also aus Sünden der Tat, jenen falschen Handlungen, die dem Einheitsprinzip entgegenstehen. Die zweite Ursache ist solches Karma, das aus dem Erfahrungsmangel eines noch „jungen" Egos und daher seinem Versagen, die Person richtig zu führen, stammt, also aus den Sünden der Unterlassung, der Selbstverwöhnung und mangelnder Disziplin.

Die Sünden der *Tat* haben *aktives* Krankheitsleiden zur Folge, während die der *Unterlassung* latente Krankheits-Dispositionen erzeugen, die sich als aktive, physische Beschwerden auswirken können – oder auch nicht. Sie zeigen sich besonders als Charakterschwächen, als das Fehlen *der* Eigenschaften, durch die eine gesunde Lebensführung zustandekommt. Totale Beispiele beider Klassen sind selten, da sie meist in Kombination auftreten. Jene Krankheiten, in denen die erste Klasse vorherrscht, reagieren mehr auf rein-physische Heilbehandlungen, während die der zweiten Klasse mehr psychologische Methoden erfordern.

Alle Menschen haben latentes Krankheitskarma, ihrem unentwickelten Charakter entsprechend. Das Vorhandensein einer latenten Krankheit bildet eine beständige Gefahrenquelle. Die Entwicklung der medizinischen Wissenschaft muß darum stark auf vorbeugende Methoden gerichtet werden. Das künftige Erziehungssystem wird Wege in dieser Richtung einschlagen. Die Unterrichtsziele werden darauf wirken, die Eigenschaften auszumerzen, welche die negatives Karma erzeugenden

Taten hervorbringen, und den Einzelnen in Ausübung gegenwirkender Energien zu schulen, die das schädliche Karma umwandeln und endlich neutralisieren. Als Ergänzung werden noch physische Mittel angewandt, um die Krankheitsgefahr aus dem Körper zu treiben. Hier gilt der „paradoxe" Grundsatz, daß Krankheit kuriert werden müsse, ehe sie entsteht. Denn das Kind muß zur Ausstoßung der latenten Krankheit erzogen werden.
In Fällen, wo das Karma so hartnäckig ist, daß es scheinbar alle Mühen unwirksam macht, sollten die Behandlungen unentwegt fortgesetzt werden. Besonders die vom Patienten selbst unternommenen ethischen Anstrengungen sind vorbeugend betreffs späterer Inkarnationen. Obgleich der jetzige krankheitsbeherrschte Menschheitszustand es noch erfordert, daß die Medizin sich auch auf Heilung *aktiver* Leiden konzentriert, sollte das nur eine zeitweilige Phase sein. Wenn das allgemeine Karma der Menschheit unter dem Einfluß vergeistigender, altruistischer Bewegungen leichter wird, werden alle Leiden empfänglicher für Kuren werden.

Krankheit wird niemals nur durch Medikamente von der Erde verschwinden, sondern viel eher durch das Fortschreiten spiritueller und okkulter Erziehung, die zum Wissen von den latenten Krankheitsfaktoren und den Maßnahmen zu ihrer Beseitigung hinleitet.
Man kann das Karma sozusagen „auffangen", es umwandeln und sogar neutralisieren, *bevor* es physischen Ausdruck als aktive Krankheit findet. Im *letzten* Sinn sind nur geistige Kräfte und geistiges Wissen wirklich fähig, Krankheit zu heilen. Die vielen Heilungen, welche die medizinische Wissenschaft in unseren Tagen erzielt, gelingen *nur* in den Fällen, wo das betreffende Karma wirklich erschöpft ist. Unter *anderen* karmischen Bedingungen versagt die ärztliche Kunst unvermeidlich, was überall und immer „unerklärlicherweise" zu beobachten ist.

Während geringere, ansteckungsmäßig oder durch Unvorsichtigkeit auftretende Krankheiten nicht immer einen Ursprung aus *früheren* Leben haben, hat chronische Krankheit immer ihren vorinkarnationsmäßigen Aspekt. Ihre Wurzel kann tief im Mentalkörper liegen. Solche tiefverwurzelte Leiden können in vielen Inkarnationen wiederkehren. Ihr Ursprung befand sich in *bewußten* Verletzungen bestimmter Göttlicher Prinzipien, in denen noch verharrt wird trotz des Täters Wissen von ihrem sündhaften Charakter. Ein Beispiel davon ist die

Grausamkeit, welche regierende Herrscher und ihre Beamten in früheren Jahrhunderten gewisser Zivilisationen kennzeichneten. Sie entstammte noch einem vorigen „Wilden"-Zustand, aus dem die Täter sich schon definitiv herausentwickelt hatten. Diese waren also bei einem Stadium angekommen, in dem die Stimme des Egos sich bereits hörbar machte. Als sie nachdem ein Verhalten fortsetzten, das – karmisch gesehen – im „Wilden" relativ harmlos war, verleugneten sie die Stimme des Höheren Selbstes. Im Christentum heißt es „Die Sünde gegen den Heiligen Geist". Jene Stimme spricht im Namen der UR-EINHEIT, des Ur-Prinzips im Universum. Grausamkeit ist eine böse Verletzung der EINHEIT. *Zivilisierte* Grausamkeit aber ist eine *bewußte* Verleugnung. Das Karma solcher Taten wirkt auf Verstand und Körper zurück. Grausamkeit in irgendwelcher Form ist die allgemeinste Ursache von Krankheitsleiden. Das ist der Grund, warum Krankheit an sich oft so bitter-grausam erscheint.

Die stärkste Gegenkraft aller Krankheit ist die Anerkennung der Einheit alles Lebendigen und ihr Ausdruck durch Liebe und Dienst. Allen Leidenden sollte daher dieses Ur-Gesetz, das durch Liebe, Güte und Barmherzigkeit verwirklicht wird, nahegebracht werden. Dies ist die direkteste Methode, dem überphysischen Ausdruck solcher Vorgänge entgegenzuwirken und die physischen Kuren zu ergänzen. Für die meisten Leidenden ist es einfach erforderlich, hilfreiche Liebe zu entfalten und echtes Wohlwollen auf alle Wesen auszustrahlen, besonders auf ihre Umgebung. In der Zukunft wird Krankheit auf diese Weise geheilt werden. Der Leidende wird meditativ selbst den Charakterfehler entdecken, der seine bösen Taten ermöglichte, oder einen spirituellen Lehrer konsultieren — und sich dann zurückziehen, um die nötigen Eigenschaften zu entfalten.
Es werden sich *Mengen* von Leidenden unter einem geistigen Lehrer versammeln, der sie belehren wird, ihre eigenen Kräfte zu lösen und *die* höheren menschlichen Attribute zu entwickeln, in denen sie mangelhaft sind. Die Menschen müssen quasi aus der Krankheit heraus *erzogen* werden. Ihr Begriff von den Lebens-Werten muß sich wandeln.

Das intensive Verlangen nach nur-physischer Existenz und ihren Vergnügungen und das leidenschaftliche Festhalten daran entspringt einem falschen Begriff von den W e r t e n. Diese verblendende Begierde ist auch heute speziell eine katastrophale Zivilisationserscheinung. Sie ist eine andere Wurzelursache von Krankheit. Denn die starke Konzentration auf das Körperdasein verstärkt die Anfälligkeit gegen Krankheiten erheblich. Die Abendländer entfliehen seit langer Zeit verhängnisvoll der Kontrolle ihrer Höheren Natur — durch die glühende Intensität, mit der sie sich an das Körperdasein klammern und nach physischen Gütern, Freuden und Erfolgen trachten. Dadurch richtet das Bewußtsein des Menschen seinen Brennpunkt nach außen auf die irdische Sphäre, die er so in seiner Skala der Lebenswerte am höchsten stellt. Die Umkehrung dieser Einstellung ist dringend erforderlich; und zu diesem Zweck wird der „geistige Heiler" stets Leidenschaftslosigkeit und Ablösung von den Sinnesgegenständen einprägen, sowie das Wissen vom wahren Zweck der vielen Verkörperungen. Animalische Befriedigungen sind betreffs ihrer karmischen Wirkungen in den frühen Entwicklungsstadien weniger ernst zu nehmen als in den späteren, wenn schon ein Wissen von der wahren Bedeutung des Lebens vorhanden ist. Der Grad, in dem eine Handlung bereits eine Verleugnung der Gewissensstimme ist, entscheidet als wesentlicher Faktor die Stärke und Dauer seiner Krankheit. Der entwicklungsmäßige Stand der Patienten muß deshalb beobachtet werden bei dem Bemühen, Wesen und Umfang ihrer karmischen Verpflichtungen zu entdecken. Eine Klassifizierung der Karmatypen und ihrer entsprechenden Krankheiten wird künftig immens bedeutend sein. Hellsichtigkeit ist zum Erkennen der karmischen Verpflichtungen des Kranken nicht unbedingt nötig. Die edlere Fähigkeit intuitiver Diagnose, welche in die unsichtbaren Welten reicht, wird sich als völlig gleichwertig erweisen.

Ebenso wie es *einen* Grund-Irrtum als Quelle aller unheilvollen karmischen Reaktionen gibt, existiert auch *eine* Grund-Krankheit, die alle Krankheitsformen erzeugt. Der gemeinsame Grund-Irrtum ist die selbstsüchtige Lebenseinstellung. Sie ist die Folge des täuschenden Gefühls der Getrenntheit. Dieser Getrenntheits-Wahn aber steht an der Wurzel sämtlicher Verbrechen. (Siehe Kap. 1)

Karma findet stets seinen Gegenstand und erzeugt seine Wirkungen mit nieirrender Präzision Leben nach Leben. Die Verbindung zwischen den drei Körpern in der karmaerzeugenden Inkarnation und den karmisch beeinflußten Körpern der *folgenden* Verkörperung wird durch die „Permanenten Atome" hergestellt, welche das Schatzhaus des Karmas bilden, in dem die Handlungen und Erfahrungen jedes Lebens essentiell aufgespeichert werden. (Siehe Kap. 2)
Ein menschliches Leben entwickelt sich in kleineren Zyklen von sieben

Jahren, und jeder Zyklus hat sein angenehmes oder schmerzliches Karma. Krankheitskarma wird im selben Zyklus ausgelöst, der an der Reihe war, als die es erzeugende Tat im betreffenden vorigen Leben begangen wurde. Wenn die Handlungen von *einem* Sieben-Jahr-Zyklus in den nächsten fortgesetzt werden, wird in den folgenden Verkörperungen die entsprechende Krankheit sich ebenfalls im selben Zyklus fortsetzen. Umwandlungen dieses Gesetzes treten ein, wenn von Innen her Kräfte gelöst werden, wodurch der Täter sein Karma wohltätig beeinflußt, d. h. verändert. So können ein, zwei, drei oder fünf Jahre neutralisierenden, starken, ethischen Bemühens für zwanzig Jahre von Vergehen in die Waagschale fallen.

Das Werk des Egos ist es, Charaktereigenschaften zu entfalten und Kräfte zu befreien, die den Irrungen der Persönlichkeit entgegenwirken. Das geschieht wirkungsvoller, wenn die Person verständnisvoll mitarbeitet; und hierin liegt der Wert der echt-therapeutischen Erziehung. Alle Therapie sollte erzieherisch wirken, denn man kann ja dem Karma durch Liebestaten begegnen und es unwirksam machen, bevor es körperliche Wirkungen hervorbringt.
Diese Tatsache wird auch in umgewandelter Form von denen genutzt, die sich zu „Schwarz-Magiern" machten. Doch sie neutralisieren nicht, sondern halten nur zurück! Ihre Unfähigkeit, das Karma *wirklich* unwirksam zu machen, ist dem Umstand zuzuschreiben, daß ihr Leben und seine Motive zu einem Gipfelpunkt von Getrenntheit geworden sind. Das von ihnen zurückgehaltene Karma überschreitet später doch einmal die aufgerichteten Wälle und erreicht sie, wenn sie durch die Kosmische Macht in einem späteren Entwicklungszyklus wieder in die Einheit des Gesamt-Lebens zurückgezogen werden.
Wenn das Gesetz, das *sie* anwenden, von denen, deren Kraft die LIEBE ist, benutzt wird, kann also den Forderungen des Karmas begegnet werden, ehe es die Substanz des Körpers angreift.
Der diese Anstrengung krönende Erfolg hängt vom Liebesgrad und der Gesetzeskenntnis des Leidenden und des Heilers ab. Kein Mensch unter der Adeptschaft kann vollkommen in der EINHEIT leben, aber durch Schulung und Meditation kann schon vorher ein großes Maß erzielt werden. Man kann die karmischen Kräfte mit denen des Spektrums vergleichen. Eine Farbe kann weiß werden und dem Blick entschwinden, wenn sie mit ihrer Komplementärfarbe zusammentrifft. Widrige Karmakräfte können durch die im Gleichgewicht schwingenden entgegengesetzten Polaritäten unwirksam gemacht werden.

Aus dem Krankheits-Karma sollte ein tiefes Studium gemacht werden, so daß Kenntnis entsteht:

1. von dem als Ursache hinter dem Leiden stehenden schlechten Energie-Typus,
2. von dem guten Energie-Typus, durch den sie neutralisiert werden kann.

Dies ist eine Art von spiritueller Alchimie, die ein Weisheitsaspekt in künftigen Menschenrassen sein wird. Zum Erfolg ist es nötig, daß der Getrenntheitswahn in starkem Maß überwunden wird. Echtes Einheits-Bewußtsein ist das wunderbare Vorbeugungsmittel. Seine Macht durchdringt die Körper des Menschen und macht sie für chronische Krankheiten immun. Dieses Bewußtsein gehört zum Plan der Göttlichen Weisheit, welche „mächtig und sanft alle Dinge ordnet".
Die Ur-Lebenskraft der erhabenen EINHEITS-Ebene — auch Buddhi-Welt genannt — durchströmt alle Welten. Unter dem Einfluß einer intensiv-erlebten EINHEITS-Liebesempfindung erfolgt das Herabfluten jener spirituellen Christus-Heilungsenergie, welche die einzig-wirkliche Gegenkraft gegen jede Krankheitsstörung ist. (Siehe Kap. 32)

Der Mensch wendet immer Heilmittel nach seinem Reifegrad an. Die letzte Epoche menschlicher Evolution auf Erden wird den Menschen gänzlich frei von Krankheitskarma sehen. Er wird dann in ein hochintensives Erleben von der Einheit mit allen Wesen — und vor allem mit D E M, was hinter allem Lebendigen steht — eingetreten sein. Das jetzt seinem Ende nahende Zeitalter war eine Ära von sehr dichtem Materialismus — der jetzt noch seine stärksten Kräfte einspannt. Je mehr der Mensch aber fortschreitet, desto weniger materiell wird sich sein Karma auswirken. Als ausschlaggebender Faktor wird die alleinmenschenwürdige Lebensweise des Vegetarismus allgemein verbreitet sein, als die selbstverständliche Folge von jetzt noch wenig vorhandener Barmherzigkeit und ästhetischer Reinheit. Demzufolge werden die Heilmittel immer immaterieller, bis sie schließlich völlig geistig geworden sind.

Natürlich treten Ausnahmen in den Grundprinzipien ein. Der Krebs z. B. wurde nach theos.-okkulter Forschung, auf die Menschen herabgeschleudert, um rascher gewisse starke karmische Hindernisse wegzuräumen. Eines der schwersten Fortschrittshindernisse entsteht aus den

Verbrechentypen von schwarzer Magie, Blut-Riten, Sexualvergehen und Vampyrismus. Diese Sünden erreichten einen Höhepunkt in Atlantis, wurden aber — seit Atlantis in den Wogen versank — noch immer fortgesetzt. Das starke Vorkommen der Krebsleiden ist ein Ergebnis des intensiven Niederbrausens jenes Karmas, wogegen bisher noch kein durchgreifendes Mittel entdeckt wurde.

Der Mensch steht an der Schwelle eines neuen Zeitalters und muß die Kluft überbrücken zwischen den für die jetzige tief-materielle Epoche angemessenen Methoden und denen des heraufsteigenden ätherischeren Zeitalters. Zeichen dieser Umwandlung erscheinen bereits auf allen Seiten. Die Naturwissenschaft schreitet zusehens von grob-materiellen zu mehr ätherischen Begriffen und Versuchen vor (zumindest in ihren edleren Vertretern). Relativ bald wird sie auch zum Astralen, von dort zum Mentalen und endlich auch zum Spirituellen vorstoßen; und dann werden Wissenschaft und Religion — diese beiden großen Opponenten — aufs neue miteinander vereint sein. (Siehe Kap. 9)
Die Heilungsmethode der Zukunft ist noch schwierig zu erwerben, denn die jetzige Situation zwingt der Menschheit noch stets die Annahme von Kompromissen auf. Doch ist Vergeistigung im Denken, Fühlen und Handeln schon jetzt das Notwendigste. Aber ein spirituell-gesinnter Heiler kann der jetzigen Menschenmasse nur wenig mit seinen feineren Methoden helfen, solange die Patienten sich nicht von der vergröbernden Beschmutzung durch Tierfleisch, Alkohol und Tabak befreien wollen.

In allen solchen Studien sollte man sich des Ur-Prinzips erinnern, das beim Entstehen eines Sonnensystems regiert. Zuerst wird das Entwicklungsfeld umrissen und von allem anderen isoliert. Dann spricht der betreffende LOGOS das „Schöpferische Wort" aus, dessen Töne an vibrierender Kraft alles in sich tragen, was ER in Sich Selbst enthält. Ein Schöpfungssystem ist quasi der LOGOS Selbst — in Seinem *äußeren* Aspekt. Beim Entstehen eines neuen Sonnensystems wird der LOGOS sozusagen „wiedergeboren"; und bei dessen Ende hat Er sich etwas höherentwickelt. So auch mit dem Menschen, welcher der Logos seines eigenen Körpersystems ist. Seine Vehikel sind die äußeren Erscheinungsformen seiner Fähigkeiten.
Sogar seine Umwelt ist quasi eine Repräsentation seiner eigenen Natur. Denn eines Menschen Umgebung besteht nicht nur aus den Dingen an sich — wovon er viele mit anderen teilt — sondern auch aus

seiner Beziehung zu ihnen. Die Umwelt von zwei Menschen ist für sie keineswegs dieselbe, selbst wenn sie zusammenleben. So wie ein Logos wieder in Seinem „neugeborenen“ Planetensystem zu „leben“ beginnt, wird auch der Mensch beständig wiedergeboren, um sich weiter zu entwickeln. Seine Bewußtseinsträger auf jeder Ebene sind Ausdrucksformen von ihm selbst und seinen bisher erworbenen Eigenschaften.

Alle Materie, woraus seine Körper erbaut sind, entspricht exakt den Zuständen seines Bewußtseins. In Wirklichkeit ist also auch jedes Krankheitsleiden im inneren Bewußtsein verankert. Die beiden Hälften dieses bedeutenden Forschungsgegenstandes können also völlig zusammengeführt werden. Kein Mensch könnte irren, wenn in seinem Bewußtsein nicht die aus einer früheren Inkarnation herübergebrachten Saaten des Irrtums gelegen hätten.

Das Krankheitskarma ist also als zweifach anzusehen. Im *aktiven* Zustand verändert es Bau und Wesen des Körpers. Wenn es *latent* im Bewußtsein ruht, drückt es sich als ein Charakterfehler oder eine Anlage zu Irrtümern aus. In dieser Dualität liegt die Erklärung latenter Krankheiten ebenso wie die Erklärung der rätselhaften Immunität gegen bestimmte Ansteckungen.

Latente Krankheit ist immer der äußere Ausdruck einer Schwäche im beseelenden Bewußtsein — eines Mangels in der Natur des Menschen. Diese latente Möglichkeit braucht — wie gesagt — nicht unbedingt zur aktiven Krankheit zu werden. Denn in gewissen Fällen bietet die Art des Karmas dem Ego die Gelegenheit, den Schaden zu beheben, indem die karmische Verpflichtung ganz in den Bewußtseinsregionen ausgewirkt wird. Dies kann durch das Einbauen der Tugend geschehen, die an Stelle des ihr konträren Mangels tritt. Die Gegenwart latenter Krankheit ist immer eine Gefahrenquelle, weil sie den Menschen für Ansteckung empfänglich macht. Sie kann als ein beständiger Hemmschuh gegen seine Entwicklung wirken oder als ein verborgenes Abflußrohr für die Körper-Vitalität. Viele Menschen, die nie ganz gesund sind, leiden in dieser Weise, obwohl sie nicht aktiv-krank werden. *Sie* sind besonders empfänglich für den erzieherischen Aspekt der Theosophie. Denn die ALL-NATUR und ihr Karma kann ihnen ja gestatten, gewisse Verpflichtungen in den Bewußtseinsreichen zu erfüllen. Indem sie ihre Mängel entdecken und dies durch die erforderlichen Positiva ersetzen, die sich vor allem durch hilfreiche Liebestaten auswirken. In unserer Zeit wird die materielle Seite der Krankheit fast als die einzige behandelt. Zukünftig aber wird ihre Bewußtseinsseite für den Heiler am wichtigsten sein. Die Materie selbst ist dann entwickelter und so leichter durch die Bewußtseinswandlungen beeinflußbar. *Ein* Ergebnis wird *zuerst* sein, daß Charakterfehler noch ernstere körperliche Wirkungen haben als jetzt. Aber der Leidende wird sich auch durch die nötigen Bewußtseinswandlungen leichter heilen können. Die gegenwärtige Übergangsperiode ist interessant zu beobachten, denn es erscheint bereits die Neigung, den Bewußtseinsaspekt der Krankheit theoretisch und praktisch anzuerkennen. (Siehe die psychosomatische Medizin.)

Sobald daher die therapeutische Forschung die Studierenden die Prinzipien der materiellen Krankheitsseite verstehen gelehrt hat, sollte seine Aufmerksamkeit auch auf die Beschwerden in den Bewußtseinsregionen gelenkt werden. Er wird in den tieferen Schichten seines Gemüts seltsame Eigenschaften, besonders Hemmungen und Beschränkungen finden, welche Bau und Entfaltung des Körpers schädigend beeinflussen.

Die Wirkungen dieser tieferen Krankheitsursachen erscheinen hauptsächlich während der vorgeburtlichen Periode, wenn die Körper erbaut werden. (Siehe Kap. 31) Von diesem faktischen Gesichtspunkt ist alle Krankheit ursprungsmäßig vorgeburtlich, denn die im Bewußtsein liegenden Möglichkeiten zu Beschwernissen werden dort in die Körper eingepflanzt. Vorgeburtliche Zustände sind darum von äußerster Wichtigkeit. Ein Karma, das später, bei entsprechender vorgeburtlicher Bewußtseinserziehung, wenig oder kaum Leiden zu schaffen brauchte, schlägt sich oft schon durch ungünstige vorgeburtliche Umgebung als materielle Krankheit nieder. Bedeutende Zweige der medizinischen Praxis werden künftig in dieser Richtung arbeiten müssen.

Viele Menschen könnten also durch vorgeburtlich-vorbeugende Maßnahmen von der Notwendigkeit grob-physischer Krankheit errettet werden. Die im Mutterleib wachsenden Körper sind für spirituelle Einflüsse sehr empfänglich; und eine Abwandlung des ungefähr zugeteilten Karmas wird vom Ego viel leichter *vorher* als nach der Geburt vollzogen. Denn das Ego hat mehr Einfluß auf den Zustand seiner Körper in ihrem embryonischen Zustand als später. Da in dieser Periode die Krankheit in den Körper eingepflanzt wird, ist die Wichtigkeit geistigen Beistandes sowie harmonischer Umgebung während der Schwangerschaft sehr einleuchtend.

Regelmäßige Teilnahme an theosophischen oder tief-religiösen Zusammenkünften und auch Empfang von Sakramenten während der Schwangerschaft kann unschätzbaren Wert für Mutter und Kind bedeuten. Die Kirche der zukünftigen „Welt-Religion" wird spezielle Tätigkeiten unter direkter Inspiration der WELTMUTTER — des weiblichen Gottes-Aspektes — ausüben, die der Hilfe für werdende Mütter und reinkarnierende Egos geweiht sind. Der Wert solcher Arbeit und ihre Wirkung auf Gesundheit und Arzneikunde der Menschheit kann nicht überschätzt werden.
Keine Krankheit existiert über der Mentalebene — ob eines Planeten, Sonnensystems oder Kosmos. *Oberhalb* jener Ebene — in den Welten des EWIG-WIRKLICHEN – regiert Vollkommenheit, Schönheit, Glückseligkeit. Nur Unterschiede im Entwicklungsgrad können dort durch Umfang und Strahlung sichtbar werden. Spirituelle und pädagogische Heiler sollten deshalb dahin streben, das Bewußtsein des Patienten in die übermentalen Regionen zu erheben. Wenn das erreicht ist, wird die Vollkommenheit der Höheren Welten automatisch in den unteren reflektiert. Das Fluten von Energie aus dem Bereich des Christusbewußtseins (die Göttliche Weisheit in Tun und Denken) ist das sicherste Mittel, Karma zu neutralisieren, Irrtümer in Denken und Fühlen zu korrigieren und alle Vehikel in Gleichgewicht zu bringen. Fast jeder Patient könnte sich selber helfen, könnte er nur sein Bewußtsein in jene Regionen erheben, ihr Licht, ihre Kraft herabbeschwören und *voll* in seinem täglichen Leben auswirken lassen!

Die Aufgabe eines echten Arztes ist demnach dreifältig:
Er muß Mängel, Mißbildungen und Krankheiten des Körpers bessern und heilen. Er muß Verstand und Herz erziehen. Und er muß seine Patienten schulen, die heilenden Kräfte des Christus-Prinzips in ihnen selbst zu befreien. CHRISTUS ist selbst der größte Heiler der Welt. Jedoch das buddhische Licht — der „Christus in der Seele" — ist der große natürliche Heiler jedes Menschen. Durch Hilfe des in ihm leuchtenden spirituellen Lichtes kann der Mensch seine Irrungen sehen und das Wirken des Karmagesetzes, wodurch er leidet, verstehen. So erleuchtet und gestärkt, kann er die Kraft gewinnen, seinen Unzulänglichkeiten abzuhelfen, sowie die Kenntnisse erlangen, wie er den Anforderungen jenes Kosmischen Gesetzes zu genügen hat.

Noch einige praktische Beispiele: Der Krebs ist vor allem eine Krankheit, die aus Kraft-Mißbrauch entsteht — ein Leiden, zu dessen Erdul-

den besonders Menschen des Ersten „Strahles“ (siehe Kap. 22) geneigt sind. Diese Menschen unterwerfen sich oft andere Wesen. Unter anderem erzwingen sie durch magische Manipulationen die Dienste von Naturgeistern verschiedener Art, anstatt ihren Willen zur Höherentwicklung aller Wesen anzuwenden. Ein unverletzbares Gesetz der ALL-NATUR ordnet an, daß, wenn der das Unsichtbare verbergende Schleier durchbrochen wird, die so gewonnene Kenntnis und Macht *nur* zur Förderung des Göttlichen Planes benutzt werden darf. Aller Mißbrauch von okkulter Kraft, alle Herabwürdigung nicht-menschlicher Wesen, die er gewaltsam für eigennützige Zwecke gebraucht, zieht auf den Täter das schwere Karma hernieder, selbst einmal ein leidendes Opfer der dämonischen Wesenheiten zu werden, deren er sich bedient hat. (Siehe Challoner „Das Rad der Wiedergeburt“.)
Die dazu verwendeten okkulten Energien wirken per se schädigend auf ihn ein; und das Karma ihres Mißbrauchs hat meist schwere geistige Störungen zur Folge. Kundalinikräfte beeinflussen — wenn verkehrt benutzt — das Nervensystem in zerstörender Weise. Alle Krankheiten der Wirbelsäule können auf einen früheren Mißbrauch des „Schlangenfeuers“ zurückverfolgt werden. (Siehe Kapt. 37)
Das Karma des Mißbrauchs von Naturgeistern besteht also früher oder später aus gefährlichen Angriffen und Verletzungen durch astrale Wesen, etwa akuter „Alpdruck“ und Schlimmeres, während der Mißbrauch von Gefühls-Energien, etwa Ausschreitungen der Sexualität an sich — abgesehen von Magie und dunklen Ritualen — die Schleimhäute schädigt, welche die Durchgangswege des Körpers einfassen. Als Ergebnis wird „später“ auf jene Schleimhäute der betreffende Krankheitskeim gelegt. Zuerst wird der Astralkörper gestört und vergiftet und der physische Körper kommt bald in Mitleidenschaft. Krankheiten, die aus falschem Gebrauch des Verstandes stammen, neigen dazu, auf das neue zerebrospinale Nervensystem und besonders auf die Denk-Organe störend einzuwirken. Jeder Körperteil hat seine Entsprechung zu einem höheren Prinzip. Mißbrauch dieses Prinzips oder seiner Energien wirkt auf das entsprechende physische Organ. Alle karmischen Mängel und latenten Krankheiten ergeben sich aus dieser vorgeburtlichen Zeit im Inkarnations-Zyklus, während die Körper erbaut werden.
Moderne Psychologen können diesen Gegenstand nicht weit genug nach rückwärts verfolgen. Der Krebs z. B. beginnt in jedem Lebenszyklus durch Veränderungen des Mentalkörpers in den sehr frühen Tagen der Vorgeburtszeit, und zwar so: Ein Teil des Mentalkörpers

wird von den Devas aus Materie erbaut, die sich zuvor im Mentalkörper eines Menschen befand, der eine Sünde beging, die karmisch Krebs zur Folge hatte. So wird die Krebs-Schwingung hervorgebracht. Ein Teil der Substanz des Astralkörpers wird in der gleichen Weise vergiftet. Denn in direktem Zusammenhang mit den Vergehen, die diese karmischen Leiden hervorbringen, wird die Krebsschwingung in *diesem* Leben auch dem Astralkörper übermittelt, durch Stoffpartikel, die dem eines krebskranken Menschen entnommen wurden.
Ähnlich vibriert auch das physische Material, das den neuen Körper aufbaut, durch die Verbindung mit den üblen Orgien der Vergangenheit im Schwingungsgrad des Krebses.

Aber selbst unter diesen unheilvollen Bedingungen brauchen diese latenten Schwingungen nicht zur Tätigkeit aufzuflammen. Große Menschenmengen wandern unter diesen Bedingungen über die Erde und haben noch nie Krebs-Symptome gezeigt. Ein Leben nach dem anderen haben sie Gelegenheit, ihr Karma zu neutralisieren und die gefährliche Materie aus ihrem Körper auszurotten. Nur nach *mehrfacher* Versäumnis, dies zu bewirken, wird die latente Krankheit in den drei Körpern akut.

Ähnlich verhält es sich mit *all* den chronischen Krankheiten. Eine Empfänglichkeit dafür ist, wenn die karmaerzeugenden Taten irgendwann geschehen, immer vorhanden. Sie kann in den höheren Körpern und im physischen Leib aufgespürt werden. Im Letzteren ist sie meist im Blut zu finden.

Der Arzt trifft die Menschen in den verschiedensten Stadien bei der Auswirkung ihres Karmas an — von der latenten Periode der Krankheits-Empfänglichkeit bis zur akuten Aktivität, wenn schon die Symptome erscheinen. Daher erteilt der okkulte Forscher den entschiedenen Rat, alle Kinder so weit wie möglich auf latente Krankheit hin behandeln zu lassen. Man wird eine Technik entwickeln, wodurch die latente Krankheit so rasch wie möglich nach der Geburt entdeckt wird und Maßnahmen zu ihrer Beseitigung getroffen werden können. Geschultes Hellsehen ist wohl die ideale Methode bei solchen Untersuchungen. Aber es werden auch feinst-empfindliche, physische Instrumente entwickelt werden, wodurch die medizinische Wissenschaft latente Krankheiten schon während des ersten Lebensjahres feststellen kann.

So werden in Gegenwart und Zukunft als dringende Notwendigkeit Forschungszweige auszubauen sein, die sich mit der Anwendung spiritueller Hilfe für die Heilung der vielen Leiden befassen. (Siehe Kap. 32)

Literaturnachweis:
G. Hodson „New Light on the problems of disease"
G. Hodson „Health and the spiritual Life"
H. K. Challoner „The Path of Healing"
Adelaide Gardner „Vital magnetic Healing"
G. Hodson „Gesundheit und Krankheit in okkulter Betrachtung"

5. Die Theosophie in Beziehung zu Religion, Philosophie, Wissenschaft, Spiritismus, Psychologie, Sozialer Ordnung

In der Rat- und Rastlosigkeit der modernen Welt besteht bei unzähligen Menschen ein starkes Verlangen nach einem befreienden Überblick, der all das widerstreitende, bestürzende Geschehen zusammenhängend und verständlich erklärt. Die „Uralte Weisheit" bietet in ihrer allumfassenden Deutung der Lebensvorgänge diese Synthese dar. Sie befaßt sich vor allem mit den großen Feldern der Religion, Wissenschaft, Philosophie und Psychologie und findet in der heutigen Handhabung jedes dieser Felder tiefgehende Ursachen für die erschreckende Krise unserer Welt.

Vielen Theosophie-Studierenden erscheint die Beziehung der Religion zu dem großen Geheimnis am angemessensten. Sie sehen es *dann* als vorwiegende Aufgabe des Religiösen an, den Menschen die Notwendigkeit eines *eigenen,* tiefen Begreifens der Göttlichen Mysterien und *die* Auflösung der Nöte von *dorther* zu zeigen. Denn die tiefsten Fragen können nicht durch exoterische Religion beantwortet werden, sie lösen sich durch tägliche, echte Meditation. Die Theosophie weist weitgehend von Autorität fort und auf eigene Erfahrung hin. Sie will auch weniger begriffliche Antworten geben als dem Menschen eine neue – wenn auch uralte – wunderbare Denk- und Lebensweise künden, wodurch sie die nötigen esoterischen Entdeckungen unmittelbar *selbst* machen können. So wird die dogmatisch-gläubige Seite der Religionen von Theosophie-Schülern revolutionär behandelt. Zum Beispiel interessiert sie die historische Glaubwürdigkeit der christlichen Evangelien wenig, dagegen aber ihre herrliche mystische und psychologische Wahrheit!

Die Religion sollte nach theosophischer Ansicht im gesamten irdischen Entwicklungsfeld als vereinende, versöhnende Macht wirken, anstatt sich auf spezielle Tätigkeiten innerhalb kirchlicher Institutionen — mit zu wenig Anwendung auf andere Lebensgebiete — zu beschränken. Die Menschen trennen leider meist ihr religiöses Leben von ihren beruflichen, politischen, erotischen und sonstigen Sphären.

Ein Adept schrieb einmal: „Eine große Ursache der die Menschen verfolgenden Übel sind die Priesterkasten in allen Völkern. Blicken wir auf Indien, Christentum und Judentum. Die priesterliche Anmaßung machte sogenannte ‚Götter' zu Schreckgestalten für den Menschen und ihn zum selbstsüchtigen Frömmler, der alles außer seinem Glauben mißachtet. Der Glaube an falsche Götter machte oft zwei Drittel der Menschen zu Sklaven derer, die sie unter Vorspiegelung von Errettung täuschten. Jedes Böse wird verübt, wenn nur gesagt wird, der betreffende ‚Gott' fordere es. 2000 Jahre stöhnte Indien unter der Kastenlast, indes die Brahmanen sich an den Gütern des Landes bereicherten. Und die Anhänger Christi und Mohammeds brachten sich gegenseitig um zur Verherrlichung ihrer Mythen. Viel Elend wird fortdauern, bis zu dem Tag, an dem die Menschheit im Namen der Wahrheit und allumfassender LIEBE die Altäre ihrer erfundenen ‚Götter' zerstört."

Viele esoterisch-Strebende zögern, dem Ewigen, erhabenen URGRUND des LEBENS noch den Namen „Gott" beizulegen, wegen der degradierenden Vermenschlichung dieses Begriffes in Kirchen und Alltagsleben. Aus ihr entstand auch die gefährliche Situation, daß die Menschen jene selbstgeschaffenen Götter als Vorwand benutzen, um ihren eigenen karmischen Verantwortlichkeiten zu entfliehen. Jedoch die Theosophie klagt nicht nur an, sondern legt auch durch hellsichtige Forschung aus den exoterischen Religionen die unvergänglichen, universalen Wahrheits-Elemente frei.

Ab und zu wird die Theosophische Bewegung von christlichen Kirchen angegriffen — in römisch-katholischen Gebieten sogar noch durch gewisse Benachteiligung, z. B. bei Inseraten und Saalvermietungen, während Protestanten die theosophischen Begriffe mißdeutend verzerren. So erzählte kürzlich ein evangelischer Geistlicher seinen Hörern, man glaube dort, daß der Mensch nach dem Tod in Tierkörper eingehen könne. Irreführend ist auch die Meinung, die Theosophische Bewegung habe 1. kein ethisches System, 2. ein fixiertes Glaubensbekenntnis. Die Wahrheit ist 1. eine hohe Ethik von *umfassendem* Rang, 2. die Anerkennung der Universalen Bruderschaft als *einzige* Bedingung für eine Mitgliedschaft. Und sie stellt keine Dogmen auf. In ihr sind Angehörige sämtlicher Religionen und auch „Atheisten" ebenbürtig. Die Menschen sehen sich hier vor die unausweichbare Tatsache gestellt, daß ihre religiösen Auffassungen mit allen anderen gleichgestellt sind — einer Prüfung, der viele nicht gewachsen sind. Denn es bedeutet die Herausforderung alter Thesenwerte durch neue, hell-zündende universale Denkweisen. Hinter allen Glaubensmeinungen *muß* eine Ur-Wahrheit stehen. Theosophische Forscher sind von je unermüdlich bestrebt, diese gemeinsame Urwahrheit im Wesenskern aller Religionen und Philosophien zu entdecken und darauf ein universales, eben theosophisches Weltbild aufzubauen, das stets in lebendiger Ausdehnung begriffen ist. Auch heute suchen viele immer tiefer zu graben, immer neue erhellende Anwendungen der Theosophie zu finden, um sie dem grandiosen, klassischen Ideengebäude ergänzend einzufügen.

So hat sich in dieser Bewegung auch *ein neuer christlicher Denk- und Lebensstil* entwickelt. Am Beginn steht die Frage: *„Wer ist Christus?"* Heute wird auch öffentlich viel Nachdruck auf Leben und Lehre des Menschen Jesus gelegt, weniger auf einen Christus, den das Dogma als die Zweite „Person" der Göttlichen Trinität anzusehen fordert. Hochgeschulte theosophische Forscher legten verschiedene Schichten in der Deutung des Christus-Mysteriums frei. Zunächst gingen sie einen langen Weg, um die herrliche Realität des sogenannten „Universalen Christus" — das heißt, des KOSMISCHEN UR-LOGOS, des schöpferischen Aspektes der U R - G O T T H E I T – wiederherzustellen. (Siehe Kap. 53)

Diesen mit einem einzelnen, wundervoll-heiligen Menschen zu identifizieren, der vor 2000 Jahren über die Erde ging, war in alten Zeiten denkbar und nicht unnatürlich, denn die Leute glaubten ja, daß diese Erde das Zentrum des Weltalls sei, um welches sich Sonne, Mond und Planeten als leuchtende, lebenlose Gegenstände drehten. Als jedoch diese Theorie aufgegeben werden mußte und man in den Tiefen des Weltenraumes Myriaden von riesigen Sonnensystemen — außer dem

unserigen — entdeckte, wurde jene Christusidee der mittelalterlichen Kirche logisch unmöglich.
Seitdem ist man zu einer vorsichtigen Unbestimmtheit betreffs der Identifizierung Jesu mit dem Schöpfer und Regenten *aller* Sonnensysteme und all ihrer Geschöpfe übergegangen. *Dieser* – stets am Neubeginn eines Universums aus Ur-Geist und Ur-Substanz hervorgehende „SOHN“ der unerkennbaren, ABSOLUTEN GOTTHEIT heißt in den christlichen Schriften zu Recht „Der alleingeborene Sohn Gottes, Licht vom Licht, wahrer Gott vom wahren Gott“ und ebenso „Das Lamm, das geschlachtet wird von Anbeginn der Welt“ — wegen seines stets wiederholten Ur-Opfers der Sichkreuzigung an materielle Existenz, um dieses gewaltige Kunstwerk, das Universum, immer wieder ins Dasein zu bringen. ER ist das allgegenwärtige, schöpferische LEBEN in allen Dingen und Wesen und der ALLEINIGE GOTT!
Die heilige Wesenheit dagegen, welche wir heute *Christus* nennen, hat als einer der höchsten Adepten in der Hierarchie der Gott-Menschen auf der Erde jetzt das hoch-erhabene Amt des „Welt-Lehrers“ inne, welcher selbst oder durch Abgesandte alle Religionen gründet, und der — im Fall der *christlichen* Religion — durch die Person seines Schülers Jesus wirkte. Wir können in Ehrfurcht annehmen, daß dieser Christus aufs innigste mit dem Zweiten, dem Liebes-Aspekt unseres Sonnen-Logos vereint ist. (Näheres in Kap. 25, 54 und 52)
Weiter denken wir an den Christus-Aspekt in jedem Menschen — nach Paulus: „Christus in euch, die Hoffnung der Glorie“, den Göttlichen Wesenskern in uns, welcher durch den historischen Christus schon zur vollkommenen Herrschaft gelangte; und der in uns allen ringt, uns ebenfalls zu Gottmenschen umzuwandeln, das sichere Ziel *jedes* menschlichen Wesens. Wir alle leben auf physischen Planeten, um das Christus-Prinzip in uns voll-aktiv zu machen — durch die langsamen, sehr viele Inkarnationen dauernden Lebenserfahrungen, Prüfungen, Irrungen und Erfolge. *Das* war auch ein wichtiger Bestandteil des Ur-Christentums — bis zu seiner katastrophalen Verbannung aus der Kirchenlehre im Jahr 500!
Wir besitzen also einen sehr starken Schutz gegen selbstsüchtiges und törichtes Handeln — den Christus in uns, welcher wahrhaft „Der Weg, die Wahrheit und das Leben (in *diesem* Sinn) für uns darstellt.

Die Theosophie weist entschieden die unsinnige und gotteslästerliche Vorstellung von einer „ewigen Verdammnis“ ab. Die hierfür herangezogenen griechischen Wörter rechtfertigen solche Übersetzung keineswegs! Statt „Verdammnis" steht da nur ein zu fürchtendes „Gericht", und statt „ewig" nur „für ein Äon", das heißt ein Zeitalter.

Manche Aussprüche des Neues Testamentes beziehen sich auf den Kosmischen UR-LOGOS, andere auf den Welt-Lehrer Christus, manche auf Jesus und manche auf das Christusprinzip in uns. Daher die geistige Verwirrung!

Auch der Mutter-Gottes-Kult hat – von der Universalen Region bis zur untersten Ebene — seine hohe Bedeutung. Unter ihr ist der WEIBLICHE ASPEKT DER GOTTHEIT zu verstehen. (Vergleiche die Schlußworte in Goethes „Faust": „Das Ewig-Weibliche zieht uns hinan.") Weiter auch: Ein diesen Gottes-Aspekt verkörpernder großer Erz-Engel. Weiter: Die Mutter Jesu und anderer Heilande. Und zuletzt: Das tragende, erhaltende, „weibliche Element" in der ganzen Natur und in jedem Menschen.

Das Evangelium gewinnt sehr an Herrlichkeit, wenn es als ein mit historischen Begebenheiten verflochtenes Mysteriendrama angesehen wird — also von Geburt, Wachstum, Versuchungen, Kreuzigung und endlichem Triumph der Christus-Wesenheit in jedem Menschen. Durch viele falsch-verstandene symbolische Ausdrücke und falsche Üersetzungen ist *dieses* Mysteriendrama schwerer verständlich als andere.

Der Theosophie-Schüler sieht als Hauptziel des Christentums die Erweckung des Christus in uns. Wie heißt es?: „Trachtet zuerst nach dem Reich Gottes und seiner Herrlichkeit!" Und: „Das Reich Gottes ist inwendig in euch." Kostbare mystische Werte sind verletzt oder vernichtet worden. Die Theosophie ist bestrebt, die ursprüngliche innere Seite des Christentums zu erneuern, die dem Kult eines erfundenen, menschenähnlichen „Gottes" entgegengesetzt ist. Sie gewährt eine kristallklare Schau über die sich verflechtenden Bereiche des Kosmischen Christus, des mythischen, des historischen und des mystischen Christus – wodurch dem Christentum eine wunderbare Freiheit, ein herrlicher, zu Höchstem anspornender Glanz und Reichtum wiedergegeben wird. Dieses theosophische Christentum verneint natürlich die Möglichkeit, unter dem Vorwand einer „stellvertretenden Versöhnung" (welche *nie* so gemeint war), die karmische Verantwortung für unsere Taten wegzuscheuchen.

Die *Philosophie* („Liebe zur Weisheit") ist schon lange ein getrennt studiertes Universitätsfach. Die heute in ihr gegebene Darstellung des Lebens ist intellektuell, ohne die Kraft von Wärme und Poesie, im Gegensatz zur Antike und den Philosophen der deutschen „Romantik". Heute werden gewisse anarchistische Philosophiesysteme sogar als Argumentation im Kampf gegen jeweilige Gesellschaftsordnungen gebraucht.

Eine philosophische Struktur ist auch dann unbefriedigend, wenn sie, wie jetzt meist, exklusiv auf der Verneinung der anderen errichtet ist. Doch die philosophischen Systeme *sollten* — im Sinn einer höheren Geistigkeit — nur in der Peripherie von verschiedenen Punkten ausgehen und im Zentrum — in der Alleinigen Ewigen Wahrheit — zusammenlaufen.

Glücklicherweise können aber auch heute noch die antiken und deutsch-idealistischen Philosophien als akademische Studienfächer gewählt werden. Die Theosophie besteht in ihrer philosophischen Erklärung der Dinge im Weltall — wie die eben erwähnten — auf dem Prinzip, vom Universalen auf das Einzelne zu schließen: „Wie Oben, so Unten", während viele heutige Philosophen erklären, in umgekehrter Weise (von Unten nach Oben) zu Ergebnissen zu gelangen. Jedoch taten sie in Wirklichkeit oft das Entgegengesetzte. Denn sie fingen einen intuitiven Lichtblick von Universalen Wahrheiten auf und versuchten dann, ihn durch spekulative Argumente zu beweisen. Auch die heutige Philosophie ist (wenn nicht atheistisch fundiert) ein Feld, wodurch bei geeigneten Temperamenten Fragmente der höheren Bewußtseinszustände ins Gehirn strömen können, und in deren Licht sich viele Weltprobleme und Verwirrungen auflösen können. Sie ist ein äußerst wertvolles Entwicklungselement, denn das abstrakte Denken ist *an sich* positiv zu werten.

Die moderne *Wissenschaft* fordert kategorisch vom Menschen, er solle sich ihren begrenzten, jeweiligen Forschungsergebnissen gläubig anschließen. Sie untersucht sorgfältig die physischen Dinge und Erscheinungen, was in ihr fast eine Tendenz erzeugte, das gesamte Leben nur unter *diesem* Gesichtspunkt zu betrachten. Diese rein-materialistische Denkweise macht auch nicht vor der Astronomie und der Weltraumforschung halt. Dieses seit dem vorigen Jahrhundert festgewurzelte Schema führte so weit, daß z. B. Gelehrte behaupteten, das Gehirn produziere die Gedanken, wie die Leber die Galle erzeugt. Das große

Heer der Durchschnittswissenschaftler führt noch immer alle geistigen Elemente auf „zufällige“ physische Ursachen zurück, wogegen die Vorgänge *umgekehrt* sind! In erstaunlicher Naivität wird z. B. auch die unfaßbare Präzision der Sternenbahnen in dieses Schema hineingepreßt. — Die Naturwissenschaft wird ihre wirkliche Glorie erst erreichen, wenn sie ihre konkrete Tatsachenbeurteilung immer mehr mit der Erforschung der in den Körpern lebenden und wirkenden *geistigen* Wesen verbindet, die sich ihrer wechselnden Körperformen nur als Werkzeuge und Ausdrucksmittel bedienen. Nur an gewissen Punkten der Physik und Chemie berührt sich das theosophische Weltbild zuweilen mit der Experimentalwissenschaft. Die meisten Kontakte bewegen sich auf der Ebene der *Ausdeutung* von Naturgesetzen. Z. B. erreichte G. Hodson Übereinstimmungen mit Oxford-Professoren über die Auswirkung von Ätherkräften.

Theosophisch-Arbeitende bewundern tief die geduldige, gründliche Sorgfalt, mit der wissenschaftliche Pioniere langsam in diffizilere, überphysische Gebiete eindringen, die dem Höheren Okkultismus keineswegs neu sind. Im übrigen gilt auch für *berufene* Wissenschaftler, daß sie meist faszinierende Neuentdeckungen intuitiv aus der Kausalebene aufnehmen, um sie dann mühevoll dem Laboratoriumsbeweis zu unterziehen. Jedoch das LEBEN selbst besteht nicht aus Dingen, sondern aus unserer Einstellung zu ihnen.

Nun zum *Spiritismus.* Er ist keine neue Bewegung, sondern wurde stets, auch in alt-griechischen und römischen Zeiten, und im Mittelalter praktiziert. Als moderner Ursprung gilt Amerika. Sehr bekannt wurde er ab 1848, als es der kleinen Käte Fox gelang, sich durch Klopfsprache mit unsichtbaren Wesen zu unterhalten. Von da an verbreitete er sich überallhin. Man experimentierte mit ihm, eine reiche Presse publizierte bejahende und verneinende Berichte. Manche Kreise gaben ihm die Bedeutung eines neuen wissenschaftlichen Forschungszweiges. Andere machten eine Art Religion daraus und hielten die Mitteilungen für eine neue Erkenntnisquelle, für eine Brücke zwischen Himmel und Erde. In Frankreich wurde er von Alain Cardec mit einer abgewandelten Reinkarnationsbewegung verbunden. Die *Theosophische* Bewegung befaßte sich stets mit der Erklärung *sämtlicher* rätselhafter Erscheinungen der All-Natur. Während sie dem Fortleben nur eine Teil-Aufmerksamkeit widmet — weil sie es mit einem ungeheuer-weiten Arbeitsgebiet zu tun hat —, bildet es für die Spiritisten das einzige

Interesse. Sie beurteilen die Theosophische Bewegung meist nach deren Ansichten über das Fortleben. Z. B. glaubte Sir Arthur Conan Doyle, die Theosophen sollten ein Stoßtrupp des Spiritsmus werden und war enttäuscht, daß sie keinen Eifer für diese Rolle zeigten. *Sie* sind viel mehr an Zweck und Sinn des LEBENS selbst interessiert als an seinem vielfältigen Mechanismus. Ihre Leidenschaft gilt der inneren Orientierung an die Ewige Wirklichkeit, statt der Erforschung des meist schädlichen Phänomenal-Okkultismus. Noch aus einem anderen Grund nehmen sie die Sache nicht so glühend wichtig. Es ist die Rolle des „Todes“ als bloßes Zurückziehen der Seele von einer ihrer vielen Persönlichkeiten. Ein physischer Tod ist ja nur *ein* solches Ereignis in diesem äonenlangen Vorgang. Theosophie-Schüler meinen auch, man solle nach dem Tod eifrig mit dem „Sterben“ fortfahren, d. h. mit dem Zurückziehen der Seele auch vom Ätherischen und später vom Astralen, statt sich an die Erde zu klammern und mit spiritistischen Zirkeln zu plaudern. Die Theosophie rät sehr begründet, nicht eine fragwürdige Gemeinschaft mit „Toten“, sondern meditativ das direkte Erleben der Unsterblichkeit zu suchen — ohne jenen falschen „Trost“. Leser spiritistischer Literatur klagen oft über die banal-platten Botschaften der Leute von „drüben“. Doch deren Gespräche auf Erden waren von genau dem gleichen Genre. Wert- und eindrucksvolle Dinge sind aus jener „Geisterwelt“ kaum zu erwarten. Denn bei *höher*-stehenden Menschen vollzieht sich das erwähnte Zurückziehen der Seele rasch, so daß sie sehr bald einem Umgang mit der physischen Welt entrückt sind. Viele Botschaften kommen gar nicht von „Toten“. Erinnerungen und Erwartungen der Anwesenden vermitteln dem Medium oft ein glaubwürdiges Scheinbild des ersehnten Toten. Auch erscheint häufig ein abgelegter Astralkörper, an dem noch vage Erinnerungen des längst „im Himmel“ befindlichen Menschen haften, sodaß bei „Galvanisierung“ durch einen Zirkel wertlose Äußerungen von ihm kommen — abgesehen von Naturgeistern, die sich oft spielerisch als einfache oder berühmte „Tote“ produzieren. Bei der Mediumschaft gilt außer Schädigung des Mediums durch öftere verrenkende Verlagerung des Ätherkörpers Folgendes: Es ist für Medien und Teilnehmer höchst gefährlich, sich diversen unsichtbaren Personen auszuliefern. Lehrer der Theosophie werden oft von medialen Menschen um Hilfe angerufen, die sich Nervenzusammenbruch, Geistesgestörtheit oder Besessenheit zugezogen hatten. Andere Schäden sind Größenwahn, Exaltiertheit, extremer Dogmatismus.
Das alles gilt auch für magische Experimente.

Zwar dienen alle Erlebnisse einer Wissenserweiterung; jedoch weist die theosophische Literatur ständig darauf hin, daß das Allein-Erstrebenwerte die *höher-okkulten* Seelenkräfte sind, wie Inspirationsempfänglichkeit, Intuition, geschultes Hellsehen u. a. – als bleibende, beherrschte, natürliche Funktionen des Höheren Selbstes, *nicht* aber ein krampfhaft-sporadisches, unzuverlässiges Herumexperimentieren des persönlichen Ichs! Um ein echter Weiser und Heiliger zu werden, muß man ganz dem stärkstmöglichen Dienst am Mitmenschen leben und sich dabei regelmäßiger, hoher Meditation hingeben, ohne persönliche Wünsche, einschließlich nach solchen psychischen Fähigkeiten. Letztere kommen *zum* richtigen Zeitpunkt in einer geläuterten, ungefährlichen und zuverlässigen Form von selbst. Zweifellos haben manche edlere Formen des Spiritismus vielen Menschen Beweise für das Fortleben nach dem Tod verschafft; und auf der sozialen und ethischen Seite wirkt er mit zur Bildung „eines Kernes der Universalen Bruderschaft". Jedoch Spiritismus und Theosophie sind sehr verschieden und können nicht verschmolzen werden.

Gewisse Kontakte bestehen auch zwischen Theosophie und der modernen *Psychologie.* (Siehe Kap. 21) Letztere nahm neben medizinischen Zwecken auch eine spekulative Entwicklung, besonders im Hinblick auf die menschliche Phantasie. Von ihr sagt der Psychologe: der mit der Welt zerstrittene Mensch kann zweierlei tun: Entweder bricht er aus seinem Kreis von Umständen und Pflichten in einen anderen aus oder er bildet sich innerlich eine sublimere Betrachtungsweise, mit dem Erschaffen neuer Werte, in deren Licht seine Lebensumstände tröstlich unwichtig werden. Nach *dieser* Theorie würden auch die sich sehr gleichenden Mythen und Leitbilder der Weltreligionen aus den gleichen psychologischen Bedürfnissen — dem kollektiven Unbewußten - heraus projiziert. Die Theosophie zeigt jedoch, daß jene „Leitbilder" etwas ausdrücken, was auf einer höheren Ebene tatsächlich *real existiert!* Denn der Mensch ist ein Mikrokosmos des Universums und reflektiert im bewußten und unbewußten Denken bruchstückhaft das mächtige Drama des Makrokosmos, d. h. der Ewigen Wirklichkeiten, die unabhängig von Wunschträumen vorhanden sind! Z. B. benutzen viele die Adepten-Idee als Material für ein tröstendes Phantasiegebilde. Doch das schafft nicht die Tatsache aus der Welt, daß jene herrlichen Wesenheiten wirklich leben und unfaßbar große Dienste für Menschheit und Einzelne leisten! Die Psychologen stellen auch oft die

Realität erforschbarer überphysischer Welten als quasi Phantasien hin. C. G. Jung bezog sich oft auf die Theosophie, doch in etwas ungenauer Weise. Einmal schrieb er: „Die Theosophen sind eine extremmachtvolle Bewegung, Gestalten wie Madame Blavatsky und Dr. Besant sind, obwohl scheinbar verstreute Inseln im Ozean der Menschheit, in Wirklichkeit die Gipfel einer gewaltigen unterseeischen Gebirkskette, und gewiß gibt es Millionen überzeugter Theosophen." Die Theosophie hat — als völlig logische Erklärung aller Daseinsrätse – *nur* erlösende Kraft und erzeugt *keine* Konflikte!
Den psychologischen Begriff vom „Unbewußten" versteht die Theosophie unter fünf Aspekten: 1. Das höhere, ewige Selbst des Menschen (Ego). 2. Den gesamten Bereich der überphysischen Welten. 3. Die Tätigkeiten unseres Bewußtseins auf jenen Welten. (Diese drei Aspekte korrespondieren mit der Jung'schen Ansicht vom „Unbewußten" als einem noch unentwickelten „Bewußten".) 4. Das instinktive Denk- und Gefühlsleben als Niederschlag *entweder* eines schon gewohnheitsmäßigen Lebens im Höheren Selbst, *oder* des Unterwerfens an atavistische, automatische Triebe. 5. Die „Permanenten Atome", welche uns Impulse aus entfernter Vergangenheit zuführen. Sie stellen auch den wunderbaren Mechanismus dar, der bei der Empfängnis des Menschen — seinem Karma entsprechend — die Gene auswählt. Jedes dieser fünf Elemente ist, wenn auch anders benannt und gewertet, teilweise in den psychologischen Schulen enthalten. Z. B. wird das Urgesetz von den Zyklen in der Psychologie reflektiert durch die Bedeutung, die sie Kindheitserinnerungen zuschreibt. Theosophisch gesehen, wird — da ja ein einzelnes Leben einen Abriß der Gesamtentwicklung durch frühere Inkarnationen darstellt — in den frühesten Kindheitsjahren das Karma der Vergangenheit nochmals durch gewisse Fakten geballt zusammengefaßt.

Wertvoll wirkt die Psychologie in der Träumedeutung. Die zuweilen geäußerte Meinung, Träume seien meist Erinnerungsbruchstücke an astrale Erlebnisse, ist nicht immer stichhaltig. Denn der Durchschnittsmensch ist im Schlaf sehr in selbstzentriertem Denken versunken und wenig wach für objektive, astrale Umgebungen und Ereignisse. Jedoch auch bei wirklichen Erinnerungen ist es psychologisch bedeutungsvoll, *welche* Erlebnisse ins Wachbewußtsein herübergebracht werden. Auch dies weist auf den Gemütszustand des Träumenden hin, den die Psychologie aus Träumen erforschen will. Man sollte diese Elemente

der Traumdeutung nicht gegeneinander ausspielen, weil ja beide Geltung haben.
Das Ziel der theosophischen und des psychologischen Forschers ist ein einheitliches Ich. Das Leben der meisten Menschen bricht sich in viele Stücke, ohne einen geordneten, inneren Mittelpunkt, wo alle Kreise zusammenlaufen. Der „Wagenlenker" hält nicht alle Zügel in den Händen. Aber: wo ist er, und wo ist der Punkt in uns, zu dem alles konvergieren sollte? Die Theosophie sagt, er solle nicht in der Persönlichkeit liegen, also nicht in den physischen, emotionellen und niedermentalen Elementen, sondern in dem weit höheren Bereich der Unsterblichen Höheren Natur, wo die konvergierenden Linien quasi ins Unendliche weitergeleitet werden. Dahin führen eine unermeßliche Reihe von kleineren, immer steigenden Zielsetzungen, welche jenen zentralen Punkt auf immer höhere Bewußtseinsgipfel verlagern. Bei Erreichung jedes Gipfels tritt ein Moment seligen Friedens ein, und dann — wird das Klimmen fortgesetzt. (Siehe „Licht auf den Pfad")
Darum müßte der Psychologe einen Patienten im Zustand seelischer Auflösung nicht in eine deprimierende Vergangenheit zurückführen, sondern ihm die begeisternde Überzeugung von seiner herrlichen Bestimmung, ein Gottmensch zu werden, einprägen und ihm den Blick für seinen nächsten Bergesgipfel eröffnen. Die Theosophie hat es durchweg mit kosmischen, universalen Begriffen zu tun, die jedoch nie von detaillierter, praktischer Anwendung zu trennen sind. Die Psychologie bewegt sich auf dem Gebiet einer einzelnen, sterblichen Persönlichkeit und erreicht damit auch häufig großartige, hilfreiche Erfolge. Jedoch das theosophische Wissen über die Evolutionsvorgänge gibt eine atemraubende Schau auf unfaßbare, unermeßlich-lange Zeiträume mit unzähligen Reinkarnationen. Sie versetzt damit sämtliche menschlichen Beziehungen und Symbole auf einen ungeheuer ausgedehnten Schauplatz, während der Psychologe sich nur mit dem Drama einer *einzigen* Inkarnation befaßt. Die Psychoanalyse kann auch zuweilen gefährlich eine Schicht von Konflikten bloßlegen, die in der jet igen Person des Patienten noch keineswegs erweckt werden dürften. Das theosophische Weltbild zeigt das „Unbewußte" als eine Schatzkammer von enormen Potenzen, die nur während vieler Inkarnationen unter völlige Kontrolle gebracht werden können. Die Natur eines Menschen als einer ewigen Individualität kommt also nur durch viele aufeinanderfolgende Persönlichkeiten zur Vollendung. Dieser Vorgang ist ein Teil des Vollendungsprozesses des Menschheits-Ganzen und dieser wiederum ein Teil der Entwicklung des gesamten Son-

nensystems, welches gleichzeitig mit dem des Universums selbst verläuft. So stellt sich das Gesamtbild mit gewaltigen, unvorstellbaren Höhen und Tiefen dar.

Die Theosophie bezweckt, den seelisch-Kranken zur Selbstheilung durch konstruktives Denken und Fühlen zu bringen, mit dem Hauptfaktor der Liebe zu GOTT und den Menschen. Denn psychologische Probleme kann man nicht in Isolierung lösen, sondern es muß durch lebendiges Mitempfinden mit anderen ein liebevolles Verständnis der menschlichen Natur errungen werden, was sich jeder psychologischen Technik entzieht, jedoch der einzige Weg zu Harmonie und Lebensfreude ist.

Was die Soziale Ordnung betrifft, sieht der Theosophie-Schüler die Welt mit ihren Rassen und Zivilisationen als eine gigantische Lehranstalt mit vielen Klassen, die der Einzelne in vielen Leben nacheinander absolviert. Keine Lektion dieser wunderbaren Lehranstalt ist vergebens oder geht verloren, denn alles aus Erfahrung Gelernte wird stets auf die Person des nächsten Lebens übertragen. So liegen hinter jedem Baby die Entwicklungsresultate langer Zeitalter, um in *diesem* Leben, je nach den karmischen Umständen, zum Ausdruck zu kommen. Die das Kind umgebenden Menschen beeinflussen es durch Worte, Taten und noch mehr durch Gedanken und Gefühle, also durch das, was sie innerlich *sind!* Unbewußt erhält das Kind aus der Denk- und Gefühls-Atmosphäre seiner karmischen Umgebung den Hauptimpuls, dem Leben zuversichtlich entgegenzugehen *oder* sich in feindlichem Mißtrauen gegen die menschliche Gesellschaft zu verschließen. Weiter: Kinder verlangen Schutz vor den zerstörenden Dingen des Daseins. Aber das Leben ist voll davon; und es nutzt wenig, das Kind vor schmerzhaften physischen Erfahrungen behüten zu wollen. Notwendig ist, ihm das Vorbild einer ruhig-mutigen, verständnisvollen Haltung zu unvermeidlichen Schwierigkeiten zu geben. Eine landläufige Ansicht über das Wesen der Erziehung ist, das Kind zu einem „Guten Bürger“ zu machen. Jedoch dies bedeutet oft, es dem sozialen Chaos eines Konkurrenzkampfes zu überliefern, den wir durch unseren Egoismus geschaffen haben. Von überragender Bedeutung ist, daß nur Menschen mit hoher sittlicher Reife, in denen das Ego bereits einen entscheidenden Einfluß hat, Lehrer werden sollten — welche so eine glückliche schöpferische Beziehung zu ihren Schülern errichten können, so daß sie dem Lehrer freudig auch in lästige Lernbereiche folgen. Meist erhalten die Kinder durch das Lehrpensum zu viele Impulse, können nicht damit fertig werden und gehen irgendwie in Defensive, so daß Indolenz oder Disziplinlosigkeit entstehen.

Der Unterschied zwischen einer Schule und der großen Kosmischen Lehranstalt des LEBENS besteht darin, daß die schulischen Tätigkeiten genauen Regelungen unterliegen, wogegen die Menschenseelen nur unter dem Ur-Gesetz von Ursache und Wirkung (Karma) stehen und der Einzelne darin völlige Willensfreiheit besitzt. Diese wird allerdings oft von staatlicher oder religiöser Seite zu unterbinden versucht. In diktatorisch regierten Ländern und in gewissen Kirchen wird etwa behauptet, viele Probleme seien durch ihre aufgestellten Definitionen und Dogmen bereits gelöst; und alles weitere Forschen wird unterdrückt. An sich ist keine menschliche Gemeinschaft vor solchen Aufoktroyierungen sicher. Wo dann Beschränkung sich in einem sehr starken Grad festsetzt, ist es, besonders bei der damit verbundenen Unterdrückung, karmisch erforderlich, daß die exquisiteren Geister des Zeitalters, die am meisten Freiheit in ihrem Dienst für die Welt benötigen, nicht in diktatorischen Gemeinwesen geboren werden; und wenn letztere in ihrer Tyrannei verharren, erleiden sie später wahrscheinlich einen katastrophalen Schwund an wirklich großen, genialen Geistern. Freiheit schließt vielseitige Experimente ein. In jedem Menschen fließt ein Strom von seelischen Energien, der nach Ausdruck sucht; und wenn er keinen konstruktiven Ausdruck bekommen kann, wird er einen destruktiven finden. Darum ist es gut, daß man die „Asozialen" heute nicht nur bestraft, sondern ihnen möglichst ein konstruktives Ventil für ihre Energien zu verschaffen sucht. Wir schaffen aber keine echte Freiheit für unsere Mitmenschen durch bloße Antityrannei — schon gar nicht durch die als äußerst schädlich erwiesene „antiautoritäre Erziehung" —, sondern durch verstehende Helfertätigkeit im Rahmen unserer Lebensumstände — geistig, seelisch, physisch. Wenn wir dadurch immer mehr gefangenes Leben in Erwachsenen und Kindern freisetzen, wächst *unsere* Freiheit, immer ausgedehntere Hilfspositionen zu erlangen.

Der Anarchist behauptet, durch Entfernung der staatlichen Gesetzesordnungen eine bessere Welt erschaffen zu können, weil der Mensch ja von Natur „gut" sei. Doch ohne das Wissen von Reinkarnation und Karma können auch die edleren Typen wenig ausrichten. Denn die Menschheit kann *nur organisch* ihren selbstgeschaffenen karmischen Zuständen entwachsen. Eine klassen- und gesetzlose Gesellschaft ist jetzt noch nicht möglich. Jedoch jedem Einzelnen werden, wenn er zu kühnem, kompromißlosem Dienst am Großen Ganzen gewillt ist, geheimnisvoll Gelegenheiten in die Hände gespielt, und er gewinnt Einfluß. Mißbraucht er ihn, wird er später in der Lebens-Schule zurückversetzt. Zuweilen verschafft sich jemand durch langes, leidenschaftliches Verlangen eine spezielle, starke Position oder Befugnis, wofür er noch nicht ganz reif war. Er überzieht dann sein Konto auf der Bank des LEBENS und wird schon in dieser Inkarnation sehr schmerzhaft zurückgeworfen, sobald er seine Macht nicht mehr gewaltsam halten kann.

Unsere Umstände entsprechen stets unserer Vergangenheit. Grausamkeit an Menschen und Tieren zieht uns karmisch in Unglück, Verkrüppelung, Hungersnöte oder Konzentrationsläger. Jedes Gefühl von Neid, Haß oder Abneigung trägt dazu bei, uns ein Billett für die Frontlinie einer bösen Massenkatastrophe zu besorgen. Das Menschheits-Gros befindet sich in einem unaufhörlichen Prozeß, weiser, unpersönlicher, ehrenhafter und barmherziger zu werden; und im entsprechenden Grad werden äußere Gesetze und Einschränkungen gelockert. In einer fernen Zukunft wird im persönlichen und staatlichen Leben eine jetzt noch unbekannte Freiheit walten — mit wenigen, angenehmen Arbeitsstunden und weiten Möglichkeiten für segensreiche und beglückende freiwillige Tätigkeiten. Der gegenwärtige Weltzustand ist ein genauer Spiegel des Reifezustandes der Durchschnittsmenschen-Natur. Aber die Menschen wollen nicht in diesem Spiegel ihr eigenes Antlitz erkennen, sondern stets das ihrer jeweiligen Regierungsform, einer fremden Macht oder einer drückenden Organisation. Immer, meinen sie, nur andere seien zu tadeln. Jedoch niemand kann sich auf weitere Sicht seiner Verantwortung entziehen. Das Ganze ist ein mehr psychologisches Problem des Versagens und des Mangels an Sympathie füreinander. Der Mensch überschreitet nur *allmählich* seine selbstgeschaffenen Fesseln in Form von Gesetzen und sozialen Barrieren. Eines fernen Tages wird er sogar die religiösen Lehren und Vorschriften durch das selbstleuchtende, spirituelle Gesetz in seinem Inneren ersetzen. Jedoch, obwohl dann auch eine entsprechende glückliche, freie und friedvolle soziale Ordnung entsteht, wird sie doch kein Ende darstellen. So wie die NATUR nie stillsteht und all ihre wunderbaren Schöpfungen immer durch noch vollendetere ersetzt, können wir auch noch keiner endgültigen sozialen Ordnung entgegensehen.

Die moderne Theosophie besitzt einen tiefen Einfluß auf das zeitgenössische Denken in allen Kulturgebieten. In ihnen sind überall nichtzugegebene Entlehnungen aus der theosophischen Literatur zu entdecken. Wenige Theosophie-Schüler haben Reichtum oder weltlichen Ruhm. Aber viele sind in Positionen mit Verantwortung und Einfluß; und sie durchdringen ihre Arbeitssphären mit der Würde, dem Glanz und Frieden der Esoterischen Weisheit. Große Einflußkraft hat die Theosophie durch die Vertiefung kultischer Orden, indem sie deren ewige Werte und kosmische Hintergründe enthüllt. Die Theosophische Bewegung hat das uralte Wissen von Reinkarnation und Karma im Abendland mit Methoden verbreitet, die den westlich-praktischen Verstand ansprechen. Statt des östlichen Sehnens nach Befreiung vom „Rad der Wiedergeburt" stellt man dem wenig mystischen Europäer und Amerikaner die klare Idee hin, daß unsoziales Handeln einmal sicheres Leiden zur Folge hat. Oft ist es schwierig, Abendländer, die sich von kirchlichen Thesen und Geboten lösten, von der Notwendigkeit zu überzeugen, anderen Wesen Gutes zu tun. Die echte mystische Ursache dazu ist bei ihnen oft ziemlich verschüttet; und sie brauchen eine konkrete Begründung. Diese liefert die Theosophie, indem sie durch eine einfache Darstellungsform von Reinkarnation und Karma allen Menschen einen Ansporn gibt, gütig, cooperativ und harmonisch zu handeln. Jedoch ein tieferes, umfassendes Verständnis von der vollkommenen Ordnung, Weisheit und Gerechtigkeit im Universum, was ernste theosophische Schüler, speziell die leitenden, sich erwerben, gibt diesen eine enorme Beharrlichkeit, Kraft und Sicherheit.
Die Theosophische Bewegung hat auch immer politische Verfolgungen unbeirrt unterirdisch überstanden, sowie andere Krisen und Schädigungen innerhalb ihrer Reihen, welche andere Bewegungen vernichtet hätten. Das gilt auch oft für theosophische Arbeiter im Einzelnen. In einem ihrer Klassiker heißt es: „Dein Wille muß sein wie gehärteter Stahl, wenn du den Pfad betreten willst." Man sollte hinzufügen „biegsamer Stahl".
In diesem Geist arbeitet die Bewegung — ruhig, ohne Fanatismus. Ihre Vertreter wirken manchmal durch eine gelassen-zuversichtliche Einstellung zum Weltgeschehen beinahe aufreizend auf andere. Aber man hört auch sagen: „Ich liebe an den Theosophen, daß man mit ihnen *alles* besprechen kann." Man sollte sich nicht darauf verlassen, doch im Allgemeinen sind sie wirklich tolerant, offenen Sinnes und bereit, anderen mit aufmerksamer Sympathie zu begegnen. Die Theosophische Bewegung wird noch auf lange Zeit keine Massensache sein,

denn sie bietet keine Attraktionen wie Ruhm, Ehre, Macht, materiellen Gewinn. Im Gegenteil, solche Dinge werden oft der GROSSEN SACHE freudig geopfert. Ihre Hauptaufgabe ist, unsichtbar die Gedankensubstanz der Welt im spirituellen Sinn umzuwandeln. Und das ist eine nie endende Aufgabe.
Welche Ansicht auch jemand von dieser Bewegung, ihrem Wert und ihren Zielen haben mag, sie ist doch eine der faszinierendsten und segensreichsten in der modernen Geistesgeschichte, von deren Literatur und Absichten die Öffentlichkeit entschieden viel besser unterrichtet sein sollte.

Literaturnachweis:
Hugh Shearman „Modern Theosophy"
Dr. A. Besant „Eine Studie über das Bewußtsein"
Dr. A. Besant „Das Rätsel des Lebens im Licht der Theosophie"
Dr. G. Arundale „Du – von Ewigkeit zu Ewigkeit"
C. Jinarajadasa „Practical Theosophy"

6. Theosophische Forschungsergebnisse über die wahre Bestimmung des Menschen

Wie wenig weiß der Mensch! Die moderne empirische Forschung muß immer mehr die Unermeßlichkeit des Unentdeckten zugeben. Trotz aller Fortschritte fangen die Menschen erst an, tastend die entscheidenden Probleme über Welt und Menschheit zu lösen. Diese lauten etwa: Wer bin ich? Wer und wo ist GOTT? Wie ist Seine Natur? Was geschieht nach dem Tod? Gibt es einen Göttlichen Plan? Und wie ist er beschaffen? Alles das verdichtet sich zu noch drängenderen Fragen: Warum leide ich? Warum sind meine Lebensumstände so und nicht anders? Warum unterscheiden sich die Menschen so stark an Charakter, Temperament und Fähigkeiten?
Religionen, Wissenschaften, philosophische und psychologische Systeme versuchen zum Verständnis darüber zu gelangen. Jedoch ihre Ideen-Rahmen erscheinen eng und ausschließlich, ihre Zeitmaße viel zu kurz

und ihre Erforschungsversuche der Dinge „hinter dem Schleier" von mangelnder Tiefe. Wirkungen werden beobachtet, doch keine Ursachen! Aber die Welt *muß* auf der Schwelle des neuen Zeitalters umfassender in die Geheimnisse des so rätselhaften Daseins eindringen!

Die wirkliche Erhellung mit ungeahnten Perspektiven ist im Licht jener grandiosen Synthese aller Religionen und Philosophien zu gewinnen, die als „Die Uralte Weisheit" (Theosophie) bekannt ist. Ihr Studium hat unzähligen Suchenden ein lückenloses Verständnis des Daseins und so die Kraft zu einem edlen, glücklichen Leben gebracht. Diese Esoterische Universale Weisheit liegt im Herzen jeder echten Religion.

Während aller Zeiten haben Religionsgründer und -lehrer weisen Gebrauch von Symbolen, Allegorien und Geheimsprachen gemacht, um gewisse Kosmische Wahrheiten — außer vor Wenigen — zu verbergen. Hoch-initiierte Weise teilen mit, daß bisher nur ein gewisser Teil der Ur-Wahrheit über GOTT, Universum und Mensch enthüllt wurde, weil die heutige Menschheit als Gros noch auf einer relativ-frühen Stufe in der langen Entfaltung ihrer Bewußtseinskräfte steht. Theosophie-Studierende sehen aber heute schon ein faszinierendes Bild des gewaltigen Weltenplanes, wodurch die erstaunlichen großen Zusammenhänge in einer scheinbar-chaotischen Zeit beglückend aufleuchten.

Hier soll ein Umriß dieses mächtigen Panoramas folgen – mit der Bitte, diese vielleicht fremdartigen Kenntnisse zunächst als begeisternde Arbeits-Hypothese anzunehmen. Doch nur durch ernste Versuche, diese Ideen zu *leben,* können sie erprobt werden und ihren ungeheuren Wert als das ewige, beglückende, allumfassende Weltbild offenbaren.

Die „Uralte Weisheit" lehrt: Alle Menschen sind im Wesentlichen Göttlich! Der Unterschied zwischen Menschen, Adepten und Sonnen-Logoi ist nur einer des Grades. Die herrlichste ewige Wahrheit ist die „Einheit des Lebens", wodurch die Bruderschaft zur Grundtatsache in der All-Natur wird. Vom „Primitiven" bis zum genialen Weisen oder Heiligen besteht eine ununterbrochene Stufenleiter. Sie führt bis zum Adepten hinauf und später zum Status eines Sonnen-Logos. So umfaßt die Menschheit Wesen von verschiedensten Stufen, die alle langsam einer relativen Vollkommenheit entgegenwandern. Eine Anzahl ist durch Erfahrungen sehr vieler Leben und besondere Anstrengungen reifer als die anderen. Andere stehen nahe vor der Vollendung eines Übermenschen, und eine kleine Minderheit hat diese bereits erreicht. Solche sind u. a. die Gründer von Religionen und gehören alle zur Hierarchie der „Meister der Weisheit". (Siehe Kap. 55) Diese leiten heute wie stets die Menschheit, wenn auch meist hinter der Szene des Weltgeschehens und *vor allem* im Rahmen des Karmagesetzes! *Sichtbar erscheint einer,* wenn Zeit-Umstände und genügend reine menschliche Sehnsucht das ermöglichen. Das LEBEN ist nicht allein eine Bruderschaft der *MENSCHEN,* sie umschließt alle lebenden Geschöpfe. Unsere Entwicklungslinie ist aber *auch* mit einer parallelen Linie von Wesen verbunden, die eine unsichtbare Hierarchie von „Devas" bilden. An deren Spitze stehen neun mächtige Engel-Ordnungen — in der Christenlehre Seraphim, Cherubim, Throne, Herrscher, Fürstentümer, Gewalten, Erzengel und Engel genannt. Am untersten Ende tanzen die Naturgeister: Gnomen, Salamander, Nixen und Luftelfen. (Siehe Kap. 48) Sind dies nun Kindheitsmärchen und Mythen — mit überlegenem Lächeln abzutun?

Wir wissen und sagen: N e i n !

Während Zeit-Äonen entwickelten sich die *jetzt* als Menschen auftretenden „Monaden" durch die Erfahrungen von Mineral, Pflanze und Tier. Das Menschheits-Gros befindet sich auf halbem Weg zwischen früheren Primitivstufen und vollkommenem Menschentum. Ein Gefühl für ungeheure Zeitmaße ist nötig, um diesen gewaltigen Plan der Geistesentfaltung von früheren „Einkerkerungen" bis zu einem völlig „befreiten" Göttlichen Wesen zu erfühlen. (Hier muß auch die *Existenz unzähliger anderer Planeten-Welten als* Lebensschauplätze betont werden, die alle autonom für sich bestehen.) Während der Reise durch die Naturreiche ist das, was stirbt, immer nur die Form. Das *Leben* wird durch dieses „Sterben" stets befreit, um in besseren Körper-Organismen wieder zu erscheinen.

Im Zyklus der menschlichen Entwicklung gilt folgendes: Nur die Persönlichkeit (MASKE) stirbt. Nach ihrem Tod und der in einem glückseligen Paradies verbrachten Verarbeitung der Erfahrungen setzt der ewige „Geistige Mensch" den Entwicklungsgang fort und erscheint in einer neuen Person unter anderen Bedingungen. Doch stets gemeinsam mit Vergangenheitsgefährten, zu denen er durch magnetische Bande von Liebe, Abneigung oder gleichen Interessen hingezogen wird. Es gab vordem Menschheiten, die inzwischen zu wunderbaren, unfaßlichen Welten und Zuständen übergegangen sind. Aber es gibt auch die kommenden Erden-Menschheiten: Zuerst die nächst-jüngeren Brüder unserer eigenen „Familie", die Tiere. So wie „Ältere Brüder" uns

helfen, sollen wir die „jüngeren Brüder“ in ihren vormenschlichen Erfahrungen freundlich unterstützen, nicht aber sie hinmetzeln! Es ist eine unübersehbare, fortdauernde Kette.
Die faszinierendste Naturtatsache ist die eines unermeßlichen Planes, der von unserem mächtigen Sonnen-Logos verwirklicht wird. ER lebt und webt in jedem Partikel seiner „Schöpfung“ und bleibt gleichzeitig außerhalb von ihr — transzendent *und* immanent.

Was ist der Mensch? Er ist ein ewiger Geist mit einer jeweiligen „Persönlichkeit“. (Siehe Kap. 2, 8, 23 und 24) Der uralte Rat „Mensch, erkenne dich selbst!“ ist heute so wertvoll wie einst. Denn das Höhere Selbst und dessen irdisches Spiegelbild studieren, bedeutet, in ein Wissen von unserem Göttlichen Ursprung hineinwachsen. Nur durch universale Schau können wir unsere wirkliche Beziehung zu den vielen Dingen in Zeit und Raum, die wir oft viel zu wichtig nehmen, in wahrer Perspektive werten. Über die Dualität des Menschen als Geist und Körper hinaus ist es viel korrekter und hilfreicher, in Schwierigkeiten zu sagen: „ich bin ein unsterblicher Geist und habe einen Körper.“ Und der Mensch besitzt nacheinander viele Körper. Aber er ist nicht nur dual, sondern eine Trinität. Man denke an die „Dreieinigkeit“ in jeder Religion und Philosophie. Der ewige Menschengeist tritt (als Göttliches Ebenbild) ebenfalls dreifach auf: als Wille, Liebe und Vernunft, die Reflektionen der Gottes-Aspekte, welche z. B. als Shiva, Vishnu und Brahma in Indien, als Osiris, Isis und Horus in Alt-Ägypten und als Vater, Sohn und Heiliger Geist im Christentum erscheinen. Das irdische Instrument des Menschen, die Persönlichkeit, ist auch dreifach, indem sie diese Aspekte in ihrem konkreten Verstand, ihren Gefühlen und dem physischen Leib widerspiegelt. Dieses dreifache Werkzeug des Geistes ist — auch nach Goethe in seiner Klage über die „zwei Seelen“ – ein beschwerlicher Partner, der leider stetig Dinge tun will, die wir, die ewigen Geister, keineswegs wollen. Des Körpers sind wir uns bewußt, aber von den anderen Persönlichkeitsdritteln wissen wir nur, daß wir denken und fühlen. So wie es ein ungeheures Gebiet *unentdeckten* Wissens über das Universum gibt, so auch über den Menschen, der nach dem uralten Axiom „Wie oben, so unten“ ein Universum in Miniatur ist. Er benutzt außer dem physischen Leib auch einen astralen und einen mentalen Körper von feinerer Substanz. Diese letzteren durchdringen einander und den physischen Leib, ragen aber weit über ihn hinaus. Ein hellsichtiger Mensch sieht diese Ausdehnung (Aura) als eine uns umgebende wolkige Eiform, die, in ständiger Bewegung, fortwährend ihre Farben wandelt, je nach den auftauchenden Gedanken und Gefühlen. Der Heiligenschein auf alten Bildern ist der edelste Teil der Aura. Die jedem Menschen eigene, sensitiv empfundene „Atmosphäre" geht von der Aura aus. Daher üben gewisse Menschentypen, die intensiv das Gleiche denken, z. B. religiöse oder politische Versammlungen, eine so starke Wirkung aus. Der Einfluß kann eine niedere Art von Massensuggestion sein, bis hinauf zu einem hohen Typ konzentrierten Denkens. Also liegen unermeßliche Möglichkeiten zum Guten in dieser ständigen Einwirkung der Menschen aufeinander. Denn es ist die noch wenig verstandene stärkste Kraft des Menschen. Ihre höchste Macht entsteht, wenn sie bewußt einem edlen Ideal gewidmet wird. Wenn etwa bei qualifizierten Gottesdiensten ein hoher Standard erreicht wird, beeinflußt die geschaffene Atmosphäre lebendig die nahe und ferne Umgebung. (Siehe Kap. 35) Bei einer hohen Zeremonie, einer Dramenaufführung, einem Konzert oder Vortrag von gutem Rang sehen wir nur das Physische. Aber das wirkliche Werk geschieht durch die unsichtbaren Bewußtseinsträger der Anwesenden, durch den vitalen Stromweg der Aura. Aus den verwobenen Astral- und Mentalkörpern der vielen Personen wird eine zusammengesetzte Aura gebildet. Sie erfüllt das Gebäude und erstreckt sich weit darüber hinaus, als ein mächtiges Instrument für bestimmte Denk- und Gefühlstypen. Aber der Mensch selbst ist der unsterbliche Geist, der durch diese Körper wirkt, der sie bei jedem „Tod" abwirft, um mit neuer Verkörperung neue Bewußtseinsträger aufzunehmen. Sein Erkennen der Vorgänge wird mit zunehmender Reife klarer, und ein gewisses Ewigkeitsbewußtsein stellt sich ein, die Vorstufe zur Erinnerung an Vergangenheit und etwas Zukunftsschau. Während ein Leben dem anderen folgt, werden seine Körperinstrumente immer feinere Werkzeuge für die sich entfaltende Göttlichkeit, die er immer stärker repräsentiert, bis er als ein Gott-Mensch in unbegreifliche Macht- und Bewußtseinszustände eintritt. Von diesen Ebenen strahlt er dann Hilfe und Führung für seine jüngeren Brüder aus.

Es gibt zwei verwobene Urgesetze im Universum — Karma und Reinkarnation. Karma bedeutet die stetige Folge von Ursache und Wirkung in allen Welten. „Was der Mensch sät, das wird er ernten." Charakter und Umstände des Menschen sind so seine eigene Schöpfung — Ergebnis seiner Mühen, Erfolge und Fehlschläge in vergangenen wie im jetzigen Leben.

Die *Reinkarnation* (siehe Kap. 7) ist das Mittel zur Auswirkung des Karmas, indem man immer wieder in neue geeignete Körper eintritt, um der Vervollkommnung entgegenzureifen. Die ewigen Grundprinzipien sind: 1. Alles Leben ist eins. 2. Alle Menschen sind im Wesentlichen Göttlich. 3. Nur die Form stirbt. Vom Atom bis zum Universum entweicht das Leben beständig dem Tod in neue Formen, die seiner nächsten Stufe angemessen sind. 4. Der Mensch hat freien Willen, dessen gute oder böse Anwendung stets seiner Stufe entspricht. 5. Alles, was *ein* Wesen störend beeinflußt, berührt auch das GANZE, so wie ein ins Wasser geworfener Stein Kräuselwellen auf der ganzen Oberfläche erzeugt. Durch Wiederherstellungen des karmischen Gleichgewichtes entstehen neue Verwicklungen, die nach Neuordnung rufen. Das setzt sich fort bis zu einem – relativen – Ende. *Karma:* In uns liegt eine lange Erbschaft aus den in unteren Naturreichen verbrachten Zeit-Äonen. Tiere haben nur ein gewisses Karma durch die „Permanenten Atome", weil noch keine Individualität besteht. Doch die Gruppenerfahrungen kulminieren schließlich im gewaltigen Ereignis der „Geburt" einer Seele, der Menschwerdung. Der neue Mensch entwickelt sich auf einem von den sieben „Strahlen". (Siehe Kap. 22) Diese Spezialisierung kennzeichnet jeden in allen kommenden Leben und wird besonders markant, wenn er sich dem Adepten-Stadium nähert. Dann hat Karma ein Ende. Die Motive eines „Vollkommenen" kommen aus überpersönlichen Ebenen und stimmen völlig mit dem Göttlichen Willen überein. Im Pendelschlag des täglichen Lebens sehen wir nur die äußersten Auswirkungen des Karmas. Sehr viele „ungerechte" Ereignisse stammen wurzelhaft aus ferner Vergangenheit. Immer gehen Gedanken den Handlungen voraus. Sogar „spontane" Handlungen entstehen durch langes, vorhergehendes Denken und Fühlen in einer Richtung. Mit dem Wachstum von Verständnis und starkem Willen mildert der Mensch die üblen Einflüsse ab und gestaltet durch *aufbauendes Verhalten* eine schönere Zukunft.

Das Karma gleicht einem langen Seil aus vielen Fäden, das unrein und verwickelt wurde, als es in die materiellen Tiefen kam. Aber sobald Menschen durch Erfahrung und Schulung aufsteigen, reinigen sich ihre Karma-„Fäden" und ordnen sich aus der Verwirrung; und das Seil erscheint als ein schön und symmetrisch gemusterter Ausdruck des Göttlichen Willens.
Dem theosophischen Blick zeigt sich das Leben nicht als ein sinnloses Chaos. Er führt zum tiefen Verstehen aller scheinbar ungerechten Ge-

schehnisse und schließlich zur völligen Lösung der großen Weltgeheimnisse.

Das menschliche Dasein, nur als die kurze Spanne *eines* Lebens gesehen und sehr oft unter physischen, seelischen und geistigen Qualen verbracht, müßte Auflehnung gegen seine Ungerechtigkeit auslösen. Doch es ist bewundernswert, daß angesichts dieser grausamen Mißstände die menschliche Rasse so geduldig und heroisch ist. Diese aus den Widerwärtigkeiten erstehende Kraft stammt aus einer inneren „Sicherheit" des Ewigen Menschen, der „weiß", daß sein Erdenleben nur eines von vielen ist und daß jedes Hindernis, von Unbequemlichkeit bis zur Katastrophe, dem Seelenwachstum dient. Zuerst nimmt er es unwillig, später zuweilen kühn auf sich, wobei er sich in gefährliche Situationen stürzt — auf Wegen, „die Engel zu beschreiten fürchten". Es gibt einen noch größeren Heroismus, der geduldig *ein ganzes Leben* voll Mangel, Leid, Enttäuschung und Einsamkeit andauert — und der angesichts dieser Lebens-„Ungerechtigkeiten" von einem starken, unbewußten Wissen des segensreichen Zweckes der Schmerzen zeugt. Der theosophische Beobachter sieht (aus eigener Erfahrung) in diesem unbewußten Vertrauen der Menschen auf ein „Gutes Gesetz" ihre „Anerkennung" der ewigen Tatsache, daß die Welt sich im *jetzigen* Stadium noch mehr durch schmerzliche als durch freudige Umstände entwickeln muß.
Muß man *immer zu diesem Planeten* zurückkehren? Der das unsichtbare GESETZ Studierende entdeckt bald, daß die NATUR nie verschwendet. Alles Schlimme, vom Insektenstich bis zu Erdbeben oder Weltkrieg, spielt seine Rolle in den Läuterungsvorgängen. Da unser Planet Erfahrungsmöglichkeiten in riesiger Fülle bietet, wird *vor* Übersiedlung zu einem anderen (völlig verschiedenen) Planeten erst voller Gebrauch von *diesem* gemacht.
Das einzige Gerechtigkeits-Faktum wird von der Reinkarnation geliefert. Die Völker des Orients haben dieses Wissen — wenn auch oft entstellt — nie verloren. Zuweilen haben Menschen bruchstückhafte Erinnerungen an frühere Leben, was zeigt, daß diese Fähigkeit auch bei ihnen steigt. Der Grund für Mängel und Täuschungen darin wie auch für das gänzliche Fehlen der Erinnerung ist der: Das, was sich erinnert, ist der wirkliche Mensch, das „Ego". Astral- und Mentalkörper und Gehirn können — da *in jedem Leben neu* — nur sehr unklar *reflektieren,* was als Wissen im Ego ruht. (Siehe Kap. 8) Nur auf der Ego-Ebene werden diese Erfahrungen aufbewahrt. Erst wenn ein Mensch egobewußter wird, kann er sich direkt seiner Taten und Erlebnisse von

„früher“ erinnern. Oft hört man bei unreifen Menschen von Erinnerungsblitzen, die phantastisch-unglaubwürdig wirken. *Dies* unterscheidet sich total von der wissenschaftlichen Methode des hoch-stehenden *geschulten* Sehers und gehört zu einer primitiven astralen Wahrnehmungsform, die eine natürliche, doch unzuverlässige Funktion der kindhaften Menschheit in Atlantis war, aber heute nieder-atavistisch ist. Ein kleiner Menschheitsteil beginnt sich jetzt zu einem präziseren Hellsehtyp zu entwickeln, das Ergebnis der Persönlichkeitsbeherrschung durch das Ego, den wirklichen Bewahrer „früherer“ Erlebnisse. Durch eine bestimmte ethische Disziplin *und* sehr langes, ganz abgeschiedenes, sowie unblutig-reines Leben werden evtl. Bedingungen für zuverlässiges Hellsehen möglich. Die Vollkommenheit des Genies, Heiligen oder Heros erfordert sehr viele Leben; und immer werden bessere Bedingungen *nur* durch besten Gebrauch der *jetzigen* Gelegenheit erworben. Ein starker Geist, ein edles Herz und ein schöner Körper wird uns nur zu eigen, wenn wir unseren *jetzigen* Zuständen soviel Selbstlosigkeit, Schönheit und echte Kultur abringen wie möglich! Jedes ehrliche Streben bringt größere Gelegenheiten im nächsten Leben. Das *Genie* z. B. eines Plato, Leonardo, Goethe, Shakespeare, Wagner oder Einstein kann nie das Produkt *eines* Leben sein, sondern vieler Inkarnationen. Zuweilen sind solche Menschen durch ein spezielles Einströmen der Egokraft schon *sehr früh* fähig, ihren Körper so zu regieren, daß der geistige Genius sich offenbaren kann. Dann steht ein unerklärliches „Wunderkind“ vor der erstaunten Welt. Das Genie, ebenso wie der Heilige, zeichnet sich auch durch eine starke Leidensfähigkeit aus. Wie das Genie die *Blüte* eines künstlerischen oder wissenschaftlichen Ringens darstellt, so ist der *Heilige* die Apotheose einer im glühendem religiösem Streben verbrachten Lebensreihe. Der „gute Mensch“ baut unentwegt seiner Natur die nötigen Eigenschaften ein: Selbstlosigkeit, Barmherzigkeit, höhere Vision und die Stärke „alleinzustehen“. Ein anderer Typus ist der *Heros* oder *Märtyrer.* Hier zeigt sich Mut, Ausdauer, leidenschaftliche ideale Hingabe und oft Mißachtung bitterer Verfolgung. Jeder nach dem Hohen ringende Mensch löst bald sein Karma; und in dieser oder folgender Verkörperung werden seine Lebensumstände sich, je nach Anstrengung, ändern. Bei einer übergroßen karmischen Schuld kann die ersehnte Veränderung erst eintreten, wenn der Bitterniskelch restlos willig getrunken ist. Vom *erwachten* Menschen wird bedingungslose Annahme der karmischen Prüfungen verlangt. Das bedeutet Nichtaufbäumen gegen Nöte — aus der Erkenntnis, daß wir die Bande selbst schufen und sie nur selbst lösen können. Oft ruft das Gefühl von direkter Verantwortlichkeit in einem Menschen große Kraft wach, es mit einer sehr argen Situation aufzunehmen, und dann ändern sich seine Umstände in kurzer Frist. Jeder erhält die verdiente Gelegenheit; und sie ist stets sorgfältig auskalkuliert, um ihn zu fördern, *falls* er sie richtig benutzt! In jedem Lebensproblem ruht eine magnetische Kraft, die seine Lösung heranzieht und in unserer Natur die Stärke zur Verwandlung von Schwierigkeiten in schöpferische Gelegenheiten weckt, die dann neue glückliche Umstände schaffen. Das GESETZ ist vollkommen, und der Mensch selbst der Richter.

Was die persönlichen Beziehungen betrifft: Meist verbindet uns eine lange vergangene Geschichte mit unseren Nächststehenden. Diese Bande lassen die früheren Fäden wieder aufnehmen. Karma führt uns zusammen, durch Bande von Liebe oder Haß. Diese beiden Extreme sind die stärksten Magneten und enthalten die Saat für weitere karmische Verflechtungen. Wir kommen zu Menschen, die uns helfen und inspirieren, und zu anderen, denen *wir* beistehen sollen. Oft sind solche Erfahrungen schmerzvoll und oft glücklich. Sie dienen aber immer dem Seelenwachstum und der Auflösung früherer Dissonanzen. Eifersucht, Empfindlichkeit, Besitzgier und andere Selbstsucht können nur in der Schule *enger,* oft peinvoller Beziehungen auftreten. Nur bei ihrem langsamen Verschwinden wird das Leben mit unserer Umgebung wirklich glücklich. Menschen treffen sich auch wegen eines früheren gemeinsamen Werkes. Nicht immer sind unsere Familienmitglieder unsere geliebtesten Menschen. Wir finden oft viel mehr Sympathie und Verständnis für „Fremde". Trotz vieler inniger Bande zwischen Blutsverwandten wird oft jemand in eine Familie geboren, nur um eine Schuld an einem ihrer Glieder zu zahlen oder durch ein Leben mit unsympathischen Geschwistern etwas zu lernen. Wir kennen diese unerklärlichen Zu- und Abneigungen. Da ist der schwierige Chef, der unangenehme Lehrer, der streitbare Bruder oder irgendein anderes typisches „schwarzes Schaf". Wir treffen sie aus sehr weisen Gründen! *Und die Zuneigung?* Wie oft trifft man einen „Fremden", eine Sympathie aus unergründlichen Tiefen flammt auf. „Wir kannten uns zuvor!" In allen Leben „gleichen" sich die Augen. Aus diesen „Fenstern der Seele" erklären sich die seltsamen Wiedererkennungen. Die gleiche Seele schaut aus den uns vertrauten „Fenstern". Das Wissen von Karma schaltet ein zu persönliches Besitzgefühl aus. Das eigentliche, ewige Band existiert zwischen den Egos, und es kann zeitweilig durch die flüchtige Persönlichkeit etwas von jener großen Liebe widerspiegeln.

Zwei eng-verbundene Egos werden sich nicht immer als „Liebende“ begegnen. Das Karmagesetz oder eine gemeinsame Arbeit führt sie auch als Eltern und Kind, als Geschwister oder Freunde zusammen, so wie das Schicksal es fordert. Das Wissen von solchen wechselnden Beziehungen ist sehr inspirierend. Wie ausschließlich-beengend ist oft die Ansicht über Ehe und Elternschaft! Aber die menschlichen Bande unter diesen erweiterten Perspektiven zu sehen, vermehrt die Tiefe unserer Liebe.
Der Mensch sehnt sich unaufhörlich nach seinem Ewigen Selbst, das niemals seine spirituelle Heimat im „Herzen des Vaters“ verließ und stets nur Fragmente in eine Verkörperung sendet. Diese Sehnsucht erscheint oft als ein Gefühl von Unvollständigkeit oder dem Verlangen, den richtigen „Geliebten“ zu finden. Immer ist es spirituelle Unzufriedenheit, man sucht nach GOTT und möchte IHN in Natur, Kunst, Idealen oder einem geliebten Menschen schauen. Einen wirklichen Gefährten finden, ist eine große Möglichkeit zu geistigem Erwachen und Charakterdisziplin — ob es zu sogenanntem Glück führt oder nicht. Der Wunsch danach reflektiert das menschliche Suchen nach seinem himmlischen Selbst, das eins mit dem VATER bleibt. *Hier* ist das tiefste Wesen der Liebessehnsucht, warum sie das zentrale Thema im Menschenleben ist. Mystiker erleben sie am Ur-Qell, Künstler schildern sie in vielen Gestalten, und durch ihr Gesetz bleibt die Welt bevölkert. (Siehe Kap. 30) So klärt sich vieles Dunkel-verwirrende dieser beunruhigenden Dinge auf.

Was ist Vererbung? Manchmal bringen talentierte Eltern begabte Kinder hervor, oder sogar ein Genie scheint auf einen Ahnen zurückführbar zu sein. Aber *meist* stammt es aus Ahnenreihen, in denen nichts von seiner herrlichen Gabe nachweisbar ist. Bestürzt fragt man dann: „woher hat es das Kind? In seiner Familie ist nicht eine Spur von Genie!“ Diese „Anomalie“ ist ein unbeantwortbares, geneologisches Problem. Doch im klaren Licht des Reinkarnationsgesetzes entsteht ein erleuchtendes Bild — als ob ein Kaleidoskop bei neuer Umdrehung ein geordnetes Muster annimmt. Also: Genie und Talent gehören nicht dem Verstand, den Gefühlen und dem Gehirn zu. Diese sind nur Ausdruckswerkzeuge für die Eigenschaften des ewigen Egos, nicht deren Schöpfer. Gehirn, Astral- und Mentalkörper existieren ja nur für *einen* Lebenskreislauf. Nach jedem Tod wird ihre Erfahrungsessenz im Ego gesammelt, das in glücklichen Himmelswelten eine neue Persönlichkeit zur weiteren Entfaltung seiner Kräfte vorbereitet. Dies geschieht immer wieder. So werden auch gewisse starke Neigungen und Fähigkeiten geformt. Nach einer Anzahl von Leben wird der Kulminationspunkt erreicht, wodurch das große Talent und endlich das Genie aufflammt. Die Vererbung wird also völlig überbewertet! Durch die Elternschaft werden *nur physische* Tendenzen, Mängel und Vorzüge übertragen, die *aber gerade* karmisch benötigt wurden. Natürlich werden diese nicht immer unseren Wünschen entsprechen. Sie stammen ja aus früherem Karma und liefern genau die für die Seele nötigen Möglichkeiten. Die *Seele* schuf sich ihre geistigen, seelischen und physischen Eigenschaften. Der sich wiederverkörpernde Mensch wird stets zur Geburt zu Eltern geleitet, die in karmischen Beziehungen mit ihm stehen *und* ihn *auch* mit dem geeigneten Körper-Mechanismus versehen, ebenso wie mit der geeigneten Umgebung. Gewisse körperliche Züge begünstigen z. B die Entwicklung zu musikalischer oder mathematischer Begabung.

Moralische Schwächen: Der „Ewige Mensch" kann nicht Fehler haben oder schlecht sein. Er ist entweder noch „jung", hatte also noch wenige Erdenleben, oder er ist in gewissen Eigenschaften noch unausgebildet. Eine Person kann im Sexuellen oder durch Trunksucht unbeherrscht sein, weil das Ego noch nicht genug Stärke entwickelte, um Verstand, Gefühle und Körperwünsche in Zucht zu halten. Zwecks dieser Bemeisterung wird ihm im nächsten Leben ein physischer Körper mit ererbten Schwächen zugewiesen, wodurch das Ego gezwungen wird, sich äußerst anzustrengen und Selbstbeherrschung zu gewinnen. War diese erfolgreich, ist eine weitere Inkarnation *von dieser Art* nicht mehr nötig, da ja der Zweck physischer Inkarnationen *nur* das Seelenwachstum ist. Durch ein entsprechend-gutes Karma kann jeder Eltern bekommen, die ihn mit einer prächtigen Erziehung und Umgebung versehen und *selbst* Menschen mit sehr ähnlichen Fähigkeiten sind. Letztes ergibt dann den Trugschluß, solche Begabungen für „ererbt" zu halten. Doch wenn ein Kind den Eltern überhaupt nicht mental ähnlich ist und ganz andere Wege verfolgt, sind die „Experten" ratlos. Aus all dem folgt, daß die Eltern ihre Kinder keineswegs „besitzen" können, sondern im Verhältnis von zeitweiligen Führern oder Freunden zu ihnen stehen. Sie können oft von ihrem Kind lernen, das ja in vielen Fällen eine „ältere Seele" sein kann. Die „Gaben" sind keine solchen, sondern Ergebnisse langen Strebens, das schließlich zur kostbaren Blüte gelangte.

Menschen, die wir zärtlich lieben, sind Freunde von altersher; und die, welche wir nicht mögen, sind alte Gegner oder Rivalen, oder vielleicht nur von einem antipathischen Typ. Doch die meiste Disharmonie beruht auf früheren karmischen Beziehungen. Etwas Verständnis läßt sie uns überwinden und das Gefühl der überpersönlichen Bruderschaft wecken, welche vollkommen wird, wenn der erleuchtete Mensch sein Göttlichkeitsbewußtsein gewinnt. Im Licht des Karmagesetzes erkennen wir, daß alle Orte, Umstände und Menschen in unserem Leben als wichtige Faktoren unseres Schicksals und Wachstums Bedeutung haben. Durch rechtes Reagieren auf LEBENS-Situationen tragen wir Vergangenheit ab, formen die Gegenwart und schaffen die Zukunft. Das Reinkarnationswissen führt zur Gewißheit der noch fernen Vollkommenheit *aller* menschlichen Wesen. „Ihr sollt vollkommen sein, so wie euer Vater im Himmel vollkommen ist", sagt die Bibel, und das kommt uns fast unmöglich vor. Dennoch erscheinen von Zeit zu Zeit Gestalten, die, nach Leben und Werken zu schließen, schon eine Vollkommenheit besitzen. Solche sind z. B. Buddha, Christus, Sri Krishna. Andere folgen ihnen auf dem Fuß.

Auch heute hören wir von „Vollkommenen" und Theosophie-Schüler nennen sie „Meister der Weisheit" oder „Adepten". Ein solcher ist aus dem menschlichen in das übermenschliche Reich geschritten. Während seiner letzten Leben erlebte er fünf große Bewußtseinsausdehnungen (Initiationen). Nach Durchschreiten der Fünften liegen sieben Wege des Dienstes vor ihm zur Wahl. *Einer* ist, ein „Meister" auf Erden zu werden. Ein Teil *seine*s Werkes ist dann, Schüler auf dem Probepfad bis zur „Annahme" und später durch die Einweihungen zu führen. Ein *solcher* Adept hat den Zustand erreicht, wo Reinkarnationen nicht mehr nötig sind, weil er alles gelernt hat, was menschliches Leben lehrte. Doch um zu helfen, bleibt er freiwillig verkörpert und bringt damit ein äußerst schweres Opfer. Das Werk der Meister besteht in der Betreuung der Gesamtmenschheit und ihrer Einzelabteilungen. Sie arbeiten mit den Engeln vieler Grade zusammen und auch mit außerplanetarischen Wesenheiten unseres Sonnensystems. Die Öffentlichkeit wurde (im Abendland) zuerst durch die „Geheimlehre" mit dem Meister-Wissen bekannt. Dies ist ein mächtiges Werk von hoher Bedeutung, das 1899 von H. P. Blavatsky herausgegeben wurde, die, mit ihrem Kameraden Oberst Olcott, die Theosophische Bewegung gründete. Später ist dann durch H. P. Blavatsky's erste große Nachfolger eine wundervoll-ergänzende, systematische Literatur entstanden, welche das theosophische Weltbild in seiner ganzen, universalen Herrlichkeit darstellt.

Trotz verschiedener Wachstumsstufen gibt es etwas, dessen alle Menschen bedürfen. Sie brauchen eine geistige Leitung, die den Weg weist, wenn sie ihn auch aus eigener Kraft gehen müssen! Eine Antwort auf dieses starke Verlangen ist jetzt die große Anzahl von Büchern und „Botschaften“ aus dem Unsichtbaren — von spiritistischen, meist wertlosen Aussagen bis zu seltenen Instruktionen aus hohen Inspirationsebenen. Der Mensch hat keinen Maßstab für diese Publikationen außer *seiner* Unterscheidung. Aber gerade durch das Sichten des Echten vom Unechten entwickelt sich sein Gefühl für geistige Werte. Er lernt, seiner inneren Urteilskraft zu trauen. Dieses Vertrauen wird sich in den kommenden Leben immer mehr verstärken, denn im letzten Sinn muß der Geist *allein* stehen. Das bedeutet aber nicht, daß es keine Hilfe gäbe. Christi Worte „Siehe, ich bleibe bei euch alle Tage bis an der Welt Ende“ haben einen exakten Sinn und gehen parallel mit kostbaren Lehren anderer Religionen. *Er* beeinflußt — unterstützt von Adepten — unaufhörlich aus unsichtbaren Ebenen unsere schrecklich zerrüttete, verstörte Welt. Trotz vieler Selbsttäuschungen geben doch persönliche Erfahrungen und die Weltgeschichte zu viel Zeugnis von geistiger Führung, um ignoriert werden zu können. An Hand des theosophischen Wissens gewinnen wir eine erleuchtende Einsicht in das Wesen und Wirken der Adepten und schauen sie als die wahren Inspiratoren der Menschheit. Denn unsichtbar — fast unbekannt — existiert eine „Innere Regierung der Welt“, welche unsere Geschicke nach einem großartigen Entwicklungsplan verwaltet. Sie besteht aus den bisher edelsten Früchten der Menschheit, die sehr viele Leben im menschlichen und im übermenschlichen Reich hinter sich haben. Das Wirken der „Inneren Regierung“ ist einer der bedeutendsten Teile des „Großen Planes“.

Diese „Okkulte Hierarchie“ ist der Kern einer sich um sie ausbreitenden umfangreicheren Organisation — „Die Große Weiße Bruderschaft“ genannt —, deren Glieder zum Teil noch in der äußeren Welt ihre Dienste vollbringen. Die „Okkulte Hierarchie“, das machtvolle Innere Herz, besteht aus den vollkommenen „Meistern“. Ein „König“ regiert sie, von dem als vom „Herrn der Welt“ gesprochen wird. Die „Große Weiße Bruderschaft“ erstreckt sich in weitem Umfang bis zu denen, die erst bis zur Ersten Einweihung kamen und ihre „jüngsten“ Glieder bilden. Obgleich das hier Gesagte nur eine ungenügende Darstellung ist, kann es doch als Einführung in einen Gegenstand von gewaltigster Bedeutung dienen.

Der zur Einweihung führende „Pfad“ führt durch die Stufen der „Schülerschaft“ zur Initiation und Mitgliedchaft in der „Großen Weißen Bruderschaft“ — wonach der Initiierte schließlich nach der Fünften Einweihung ein Glied der „Okkulten Hierarchie“ wird. Hier ist also der majestätische Standort aller Erhabensten auf diesem gewaltigen Höhenpfad. (Siehe Kap. 55) Die großen Welt-Religionen haben in ihren esoterischen Lehren immer eine intensive Schulung enthalten für die, welche bereit waren, sich ihren Forderungen zu unterziehen. Jesus gehörte z. B. zu einer „Essäer oder Essener“ genannten Gruppe, die ein einfaches Leben voll Aufopferung und Disziplin (mit Vegetarismus) führte. Die eigentliche Natur der „Bergpredigt“ zeigt, daß sie eher für wenige als für viele bestimmt war. Der Buddhismus hatte seine Innere Lehre für die wenigen Bereiten. Auch andere große Lehrer gaben ihre *allgemeine* Belehrung der Menge; und damit diese sich nicht durch Mißverstehen der tieferen Lehre schädigen konnte, wurde *jene* für die Reifen und Beharrlichen zurückgehalten.

Verfolgen wir die Verkündung der Esoterischen Weisheit bis in ferne Zeitalter, so scheint es, daß infolge des verstärkten Materialismus und der Komplizierung des Lebens die direkten Wege zu diesen Wahrheitsschätzen und ihren Lehrern in *unserer* Ära immer verdunkelter geworden sind. Jedoch unter geistig-Erwachten, denen orthodoxe Lehren religiöser und wissenschaftlicher Art nicht mehr genügen, entsteht jetzt zunehmend das Verlangen nach echtem Verständnis von Wesen der GOTTHEIT und ihrer eigenen Bestimmung. Ihr Suchen führt sie dann einmal zu einem Buch, einer Person oder Menschengruppe, wo in heutiger Ausdrucksweise vom „Pfad“ gesprochen wird.

Zweierlei ist wichtig: 1. Wenn der „Pfad“ in der Vergangenheit eine spirituelle Wahrheit war, muß er es auch heute noch sein! 2. Die so vielfältigen Ratschläge in Büchern und Vorträgen zwingen den Menschen jetzt mehr als je, seine eigenen Unterscheidungskräfte zu entfalten, sodaß er schließlich seinen eigenen Weg findet. Er wird dann so rasch wie möglich in diesem oder folgenden Leben zu dem hohen Lehrer geführt (wenn auch meist nicht physisch), von dem er fühlt, daß er irgendwo existieren muß.
Vieles muß allein getan werden. Aber die, welche schon weit auf dem „Pfad“ gegangen sind, sagen aus, daß der Suchende niemals wirklich allein ist. Sie berichten, daß die „Vollendeten“ von ihrer hohen Ebene aus die Lichtfunken sehen, welche in den Herzen aller wahrhaft

suchenden Menschen strahlen. Diese tastenden Lichtfunken sind den Meistern also sichtbar und können nicht unbemerkt bleiben. Und darum wird eines Tages der Meister sich seinem neuen, lange beobachteten Schüler offenbaren — und zwar durch unmißverständliche Ereignisse, die dessen Karma und der Linie seiner künftigen Entwicklung angemessen sind. Darüber gibt es viele echte Zeugnisse! Es ist ratsam, über diesen wunderbaren Gegenstand zu lesen und nachzudenken und – während man zunächst die Beurteilung zurückhält – eine innere Antwort zu erwarten. Sie wird im Herzen des Menschen aufblitzen, der nach den uralten Regeln ausharrt, welche jetzt auch in neuzeitlicher Sprache – für alle zum Lesen und für viele zum Befolgen – geschrieben wurden. Am kostbarsten und verständlichsten sind sie heute in zwei unschätzbaren kleinen Büchern zu finden „Licht auf den Pfad" und „Zu Füßen des Meisters". Beide wurden von Adepten inspiriert.

Einmal – vielleicht noch in diesem Leben – wird der Suchende sich auf dem „Pfad" wissen, wohin er geleitet wurde, ob er sich dieser Leitung bewußt war oder nicht. Aber es liegt in der Natur dieses größten, herrlichsten aller Abenteuer, daß lange Zeiträume entstehen, wo er sich allein in diesem Ringen fühlt. Jedoch, ebenso sicher, kommen die Zeiten, wo er jenseits alles Zweifels weiß, daß er durch unsichtbare Mächte zu dem „Pfad" geleitet wurde, der ihn eines Tages zum Tor der „Ersten Großen Einweihung" führt. Dies ist der bedeutendste Meilenstein im gesamten Verlauf der menschlichen Erfahrungen. Der Initiat erlebt unfaßbare Bewußtseinserweiterungen und erhält gewisse „Schlüssel des Wissens" über die Mysterien des Weltalls. Die Einweihung findet statt, wenn nur noch wenige Leben vor ihm liegen, während derer der Kandidat vorher ein „Probeschüler" und dann ein „Angenommener Meisterschüler" wird. Ganz wichtig ist, daß die Initiation *immer* das Resultat eines langen, intensiven Ringens des Menschen darstellt. Sie bedeutet eine immense Ausdehnung und Erschließung seines ganzen Wesens, die mit hoher Beseligung verbunden ist; und er erhält damit den herrlichen Segen des „Königs" und die Mitgliedschaft in der „Großen Weißen Bruderschaft". Hier beginnt er aus dem Menschenreich hinauszuschreiten und erreicht – nach vier weiteren Initiationen- das Übermenschenreich. Je nach Typus und Notwendigkeit wählt er nun einen der „Sieben Pfade des Dienstes", von denen jeder einen speziellen Weg des Zusammenwirkens mit der „Okkulten Hierarchie" darstellt (siehe Kap. 55). In *jedem* Fall arbeitet er nun ganz mit dem Ur-Willen zusammen.

Dies alles scheint unglaublich schwer zu sein. Aber viele aus unserer Menschheit haben es bereits unternommen und siegreich durchgeführt. Geistiger Wille, rückhaltlose Liebe, klare Vernunft, Demut und auch ein gewisser Humor, der das Gefühl für richtige Proportionen sichert, werden den Suchenden zu seinem Weg führen und dort leiten; und es sind überall große und kleine Helfer da, die ihn freudig unterstützen. Es sei jedoch dringend gewarnt, eine „okkulte Schulung" von einer Person oder Vereinigung anzunehmen, die dafür Bezahlung erwartet – weil es *dann unecht* ist!

Nur der Saum eines gewaltigen Themas konnte hier berührt werden. Der Suchende sollte weiter forschen und mit anderen Ideen austauschen. Vor allem sollte er in seinem Herzen tief über die hier im Umriß gezeigten Urwahrheiten nachdenken. Dann werden sie in der Stille zu lebendig-schöpferischem Leben erwachen, und die Bestimmung des Menschen in Zeit und Ewigkeit wird ihm bald immer klarer werden. Die Theosophische Bewegung ist die „Mysterienschule" der Jetztzeit und enthüllt viel mehr als die berühmten Institute der Antike. Auch hat sie den Vorteil, daß ihre Anhänger nicht abgeschlossen leben müssen, sondern weit verstreut auf dem ganzen Planeten leben und wirken können.

Literaturnachweis:
C. W. Leadbeater „Ein Textbuch der Theosophie"
G. Hodson „Vital Questions answered"
Natalie Hammond „Man's Destiny"
C. R. Groves „On Order and Purpose in Evolution"

7. Die Reinkarnation im Schöpfungsplan als Lösung aller Lebensrätsel

C. Jinarajadasa sagte einmal über dieses Thema: „Die *Reinkarnation* bewirkt, daß die Menschengeister durch viele sukzessive Verkörperungen zu immer universaleren, edleren Denk- und Fühlensfähigkeiten aufsteigen. Die *Evolution* bewirkt, daß vielfältige, immer bessere Körperformen zum Gebrauch dieser Geister entstehen. Diese beiden Gesetze sind die rechte und die linke Hand des ‚GROSSEN WELTENBAUMEISTERS'. Das Lebensrätsel ist im Licht *eines* dieser Gesetze nur halb-gelöst. Sie sind als unzertrennliche, sich ergänzende Wahrheiten zu studieren."

Wir kennen die *christliche Unsterblichkeitsauffassung*, wonach bei der Kindesgeburt stets eine neue Seele erschaffen würde. Diese erschiene hiernach plötzlich, käme von nirgendwo her, um diesen Körper zu bewohnen. Sie ist zuweilen mit herrlichen Kräften von Geist, Seele und Körper „begabt" – verbunden mit glücklichen Lebensumständen. Öfters jedoch liegen die Verhältnisse so traurig und hemmend, daß man – etwa bei einem Australneger- oder Verbrecherkind – mit Recht sagt: „Es hatte von Anfang an nie irgendwelche Chance." Von dem in einer *einzigen* kurzen Lebensspanne geschehenen Verhalten hinge *dann* eine Ewigkeit von Seligkeit *oder* Höllenleid ab, sodaß aus kurzzeitlichen, endlichen Ursachen unendlich wirkende Ergebnisse entstünden – was total unbarmherzig und vernunftlos erscheinen muß!
Die Popularisierung der *„Evolutionslehre"* revolutionierte nicht nur das wissenschaftliche Denken unseres Zeitalters, sondern beeinflußte auch bald viele Gesichtspunkte in anderen Lebensgebieten. Man erkannte nun, daß nichts plötzlich ins Dasein tritt, sondern daß jede Lebensform das Ergebnis eines Entwicklungsprozesses darstellt und die Gewißheit weiterer Entwicklung in sich trägt. Die Gesamt-Welt befindet sich so in einem stetigen Aufstieg von niederen, einfachen Formen zu höheren, schöneren Gebilden, welche die vielfältigen Geistes- und Seelenkräfte mit zunehmender Präzision ausdrücken. Gleichzeitig bereitete sich eine andere Denkumwandlung vor. Die *spiritistische Bewegung* demonstrierte befriedigend die Tatsache, daß das Durchschreiten der Todespforte keine übernatürliche Veränderung hervorruft. Der Mensch ist nach dem „Tod" der gleiche wie zuvor – mit gleichen Erinnerungen, Interessen, Tugenden und Lastern. Er wird durch diesen Übergang weder für einen ewigen Himmel noch für eine ewige Hölle reif.

Diese beiden Lehren – die naturwissenschaftliche und die spiritistische – brachten Umwandlungen über die Vorstellung von Diesseits und Jenseits. Man beachte z. B. die Kirchenpredigten vor etwa 50 Jahren. Der Nachdruck lag stark auf der Vorbereitung für den Tod und das „Jüngste Gericht", verbunden mit drohenden Schilderungen einer qualvollen, ewigen Hölle. Heute geschieht das selten; viele Geistliche sprechen von einer echten Weiterentwicklung auf der „anderen Seite", wodurch auch böse Menschen geläutert und schließlich für die Himmelsgefilde bereit gemacht werden können.

Hier erhebt sich nun die logische Frage: Wenn eine beständige Weiterentwicklung geplant ist, warum sollte sie dann nicht *hier*, sondern auf der „anderen Seite" stattfinden? *Denn* die Schule des Erdenlebens gibt die *wesentlichen* Lehren und Entwicklungsbedingungen. Die nötigen *weiteren* Lektionen können doch *nur* unter den *gleichen physischen* Zuständen gelernt und Missetaten ausgeglichen werden! (Siehe Kap. 2, 8, 10, 15) Dies führt zu dem uralten esoterischen Wissen über die Lebens- und Todesprobleme:

Da der Körper, in dem der Mensch wohnt, die Frucht eines zeitalterlangen Prozesses *physischer* Entwicklung darstellt, muß dann das gleiche nicht auf den *Menschen selbst* zutreffen, der sich dieses Körpers *bedient?* Muß es nicht erst recht eine Entwicklung der *Seele* geben, die gleichzeitig, parallel mit der Evolution ihres physischen Körpers verläuft? Dann ist es natürlich nicht das erste Mal, daß jeder in die irdische Lebensschule kam, und es wird keineswegs das letzte Mal sein. Auf der sehr langen Pilgerreise der *Seele* vollzieht sich der Fortschritt – ebenso wie in einem kurzen Erdenleben – durch unablässigen Wechsel, jedoch von *Lebens*-Tagen, an denen wir auf einem physischen Planeten arbeiten, und von *Lebens*-Nächten, in denen wir nach Abwerfen des Körpergewandes und einem kurzen Zwischenweltaufhalt in die selige Ruhe des „Himmels" versinken – bis wir zu einem neuen „Tag", d. h. zu einer neuen Verkörperung „erwachen". Und dieser Kreislauf wiederholt sich fort und fort, bis die Vollkommenheit eines Adepten gewonnen ist.

Die Reinkarnation in sehr vielen aufeinanderfolgenden Körpern ist die *wirkliche* Lösung der Lebensprobleme. Sie ist für Studierende des Höheren Okkultismus keine Hypothese, sondern (für viele) erlebtes Wissen, das den Erkenntnissen der größten Weisen und Mystiker aller Zeitalter entspricht.

Was aber sucht Erfüllung und Vollendung? Was ist der Mensch in Wirklichkeit?
Die Naturwissenschaft berichtet, daß die Kräfte in jeder Lebensform

bereits am Anfang verborgen liegen. Aus der Eichel erwächst ein Waldes-Gigant, aus der Keimzelle ein menschlicher Körper. Welches sind nun die latenten Fähigkeiten der menschlichen *Seele*, die in ihr von Urbeginn zur Manifestation drängen? (Denn der Mensch steht erst inmitten seiner Entwicklung.) Rückert sagt: „In jedem ist ein Bild des, was er werden soll. Solang' er das nicht ist, ist nicht sein Friede voll." Die Antwort liegt in einer allen Heiligen Schriften gemeinsamen, wunderbaren Verkündigung. Die Bibel sagt: „Gott schuf den Menschen ihm zum Bilde." Etwas Geheimnisvolles in ihm teilt die Göttliche Vollkommenheit und Ewigkeit. Es ist der embryonisch in uns schlummende Gottesteil. Ihm entstammt die *drängende* Sehnsucht, die uns auf der großen Reise unaufhaltsam vorwärts treibt. Schiller sagt: „Drum, edle Seele, entreiß' dich dem Wahn, und den himmlischen Glauben bewahre! Was kein Ohr vernahm, was die Augen nicht sah'n, es ist dennoch das Schöne, das Wahre! Es ist nicht draußen, da sucht es der Tor. Es ist in dir, du bringst es ewig hervor."

Die *individuelle Unsterblichkeit* begründet sich durch das sichere Wissen im Bewußtseinsgrund des Menschen. Die Bhagavad-Gita sagt: „Nie ward geboren der *Mensch, sein* Dasein nimmermehr endet! Anfang und Ende sind Traum. Nie hat berührt ihn der Tod, wenn der Körper verschwindet im Schaum." Sein Körper stirbt, ja wandelt sich in jedem Augenblick. Aber er selbst existiert als der Ewige Geist in all seinen Körpern – „gestern", „heute" und „morgen".
Beobachten Sie die wechselnden Lebensumstände des *jetzigen* Lebens, wobei Sie doch stets das gleiche Bewußtseinszentrum blieben, obwohl dieses oft Wandlungen erfuhr, die es enorm veränderten! Sollte Ihr unveränderliches Selbst dann nicht jene „Tod" genannte Umwandlung überleben, so wie es die große „Geburt" genannte Umwandlung durchschritt? Denn die Uralte Weisheit (Theosophie) sagt aus, daß die Geburt die andere Seite des Todes ist und daß die unsterbliche Seele nicht „geboren" werden kann.

Was aber wird geboren und stirbt? Immer nur unser lebendiges „Kleid, das die GOTTHEIT den Menschen gibt, damit sie in diesen wechselnden Gewändern stets aufs neue die intensive Schule der Lebenserfahrungen betreten können und so langsam lernen, die kostbaren Kräfte und Möglichkeiten ihres inneren ‚Gottes' zu aktivieren". Die Eichel erwächst zu einem Eichbaum und die Menschenseele zu einem Göttlichen Wesen; und in beiden Fällen sind lange Zeitperioden und Wandlungen nötig. „Wir haben hier keine bleibende Stätte, aber die zukünftige suchen wir." Das heißt doch, daß wir uns alle bewußt oder unbewußt unaufhörlich sehnen nach direkter Vereinigung mit der herrlichen, ewigen Wesenheit unseres inneren „Gottes". Diesem Ziel arbeiten wir uns Leben nach Leben entgegen. Dies ist die große Ur-Wahrheit. Ein inneres Wissen davon läßt oft Menschen ihr schweres Leben geduldig, mutig, fast heiter ertragen. Die menschliche Größe beruht auf seiner Ewigkeit und Göttlichkeit, seiner unbegrenzten Vervollkommnungsfähigkeit durch sehr viele Inkarnationen voll akuter Prüfungen.

Vom *Göttlichen Ursprung alles Lebens heißt* es, daß der GROSSE EINE in der Manifestation zu DREI wird. Ebenso wirkt der Mensch gleichzeitig auf drei Arten – Denken, Fühlen, Handeln. In der irdischen Person liegt der Keim *jener* machtvollen Dreieinigkeit latent; und durch die Erziehung der vielen Leben mit ihren weise geleiteten Erfahrungen lernt er langsam, die Kräfte *jene*r Göttlichen Dreieinigkeit zur Aktivität zu erheben. Der „Fall" des Menschen bringt – als Abstieg des Egos in den Zyklus menschlicher Erfahrungen – in den ersten und mittleren Stufen einen zeitweiligen Triumph der Materie, mit all den irrenden Verstrickungen und Vergehen. Aber während eine Verkörperung der anderen folgt, beginnt der Ewige Mensch, sich die Materie zu unterwerfen und siegreich-sündlos in ihr zu leben, sodaß er ihre Kräfte dann in geläuterten Persönlichkeiten umwandelt, beherrscht, verklärt und erlöst. So wird er schließlich ein „Vollkommener" – „Gott und Mensch zugleich".

Warum sind wir *so verschieden?* Unfaßbar ungleich tritt die Ewige Wesenheit in Erscheinung. In vielen scheint sie gar nicht da zu sein. Doch hier ist keine Verschiedenheit der inneren Göttlichkeit, sondern der schon erlangten Entwicklungsreife, also des „Alters" der Seele. Denn in der riesigen *Seelen*-Familie ist es wie in den irdischen Familien mit ihren Unterschieden. Wir sehen Menschen von ganz geringer Mentalentwicklung, wie der nur bis fünf zählende „Wilde", dessen Gedächtnis nur von einem Tag zum anderen reicht, und daneben Intelligenz-Riesen wie geniale Wissenschaftler und Philosophen. Ebenso haben manche Menschen kaum ein Gefühl für Recht und Unrecht, für Mitleid und Ehrenhaftigkeit. Daneben stehen wundervolle, mystische Liebes-Naturen und Heilige. Weiter das ganze Heer von Unfähigen, aus denen keine Erziehung in *einem* Erdenleben etwas Nützliches machen kann. Daneben eine kontrastierende Schar von schöpferischen Künstlern, Organisatoren und anderen Genies. Wir schauen bewundernd auf die genialen Menschen und wissen, daß unser Aufwärtsweg uns auch einmal auf solche faszinierende Höhen und darüber hinaus führen wird. Aber wir sollten mit kluger Geduld und Barmherzigkeit auf die „kleinen Kinder“ in unserer Menschheitsbruderschaft blicken, denen wir immer helfen müssen.

Das Leben wird mit diesem Wissen überaus faszinierend. Werden wir aber später all unsere geliebten Menschen wiederfinden? Der Fragende versteht noch nicht das Wesen der Welten erschaffenden und erhaltenden LIEBE. Sie hält schon als chemische Anziehung Atome und Moleküle zusammen; und wenn sie im Menschen leuchtet, kann nichts ihr widerstehen! Wir lieben unsere Freunde, weil wir sie vor Zeitaltern lieben lernten! Jedes Leben stärkt und festigt das Band. Denn wir bewegen uns auf unserer langen *Lebensreise* der vielen Einzelverkörperungen in Gemeinschaft mit geliebten Gefährten, von denen manche stets bei uns sind und andere nur dann und wann. Doch es ist nicht immer die gleiche Beziehung. Einmal ist sie die der Ehe, später können dieselben Menschen im Verhältnis von Eltern und Kind, von Geschwistern oder Freunden stehen. Was ist eine enge Beziehung anderes als ein spezieller Weg, eine andere Seele nahe kennenzulernen? Es ist auch viel reizvoller, dieser Seele auf *allen* Wegen, in allen Spielarten der Liebe zu begegnen, statt nur in einer einzigen.
Viele Unterschiede gibt es – von Rasse, Glaube, Stand und Geschlecht. Sie sind nur oberflächlich und bilden wechselnde Klassen in der Lebensschule, die uns stets neue Ausblicke und Erfahrungsbereicherungen verschaffen. Diese werden im „Himmel“ tief verarbeitet und erscheinen in künftigen Inkarnationen als „angeborene“ Charakteristika und Fähigkeiten.
Ist einmal diese Wahrheit voll erkannt, wird der Gesichtspunkt über individuelle und soziale Probleme radikal verändert. Viele finden im Reinkarnationswissen sofort deren echte Lösung, z. B. die der Regierungsform, der sozialen und Justizreform, der Erziehung. Welches ist das stets akute Problem in der *Regierung* eines Volkes? Durch sichere Mittel die fähigsten Menschen zu finden. Das Reinkarnationswissen gibt kein fertiges System dafür, aber einen Maßstab zur Beurteilung des Kandidaten. Wer sind die „Älteren“ Seelen im Volk? (Denn verantwortliche Macht sollte in *ihren* Händen liegen!) Dies sind meist nicht die üblichen, ehrgeizigen, wohlberedten Politiker, sondern solche,

in denen Liebe, Weisheit und Macht am stärksten und gleichmäßigsten ausgebildet sind. Also die mächtigen, mitleids- und verständnisvollen Menschen, mit intensiver Entschlußkraft und Selbstlosigkeit! Und die „jüngeren Brüder"? Oft erwarten wir von ihnen zu viel – eine Geistesgröße und Selbstbeherrschung weit über ihre jetzige Kraft hinaus. Wenn sie uns schwer fallen und zur Landplage werden, steckt man sie in Gefängnisse und beraubt sie oft der Reste von Selbstachtung und Verantwortlichkeit. Das soll keine allgemeine Amnestie oder ein Fallen in das heutige (ebenso schädliche) Extrem der allzu laschen Behandlung der Übeltäter befürworten. Aber das Reinkarnationswissen würde helfen, weise mit diesen Unglücklichen zu verfahren, die mehr vom wirklich Guten überzeugt als unterdrückt werden sollten. Entwickelte „Ältere" Seelen sollten sie in Obhut nehmen. Denn für die an Seele *oder* Körper sehr jungen „Kinder" ist immer Verständnis, Geduld und selbstlose Güte notwendig.
Auch hier, wie überall, ist eine entscheidende Umwandlung zu erwarten, sobald die schmerzbringende, schmutzige Gewohnheit des Tierfleischessens der reinen vegetarischen Lebensform gewichen sein wird. Die Menschen schaffen sich durch dieses unbarmherzige Massenlaster (verbunden mit Alkohol und Tabak) grobe, ungesunde und unreine Körper *und* dementsprechend gleichzeitig grobe, unreine Astralkörper, (siehe Kap. 39) mit Neigung zu rohen, unbeherrschten Leidenschaften, denen unentwickelte „junge" Seelen leicht unterliegen. So brutale Verbrechen wie heute – und in so riesiger Zahl – würden in einer vorwiegend vegetarischen Welt quasi unmöglich sein.
Total verschieden würde auch die allgemeine Auffassung im *Erziehungswesen* sein. Eltern und Lehrer wüßten dann, daß ein Kind oft älter auf der großen Pilgerreise ist als seine Eltern und Erzieher; und daß sie verpflichtet sind, dem Kind in der Linie *seines* höheren Wachstums beizustehen, wenn auch seine Linie und Methode vielleicht kaum der *ihren* gleichen mag. Zu welcher Toleranz und Großzügigkeit werden alle Menschen gelangen, wenn sie sich das Ur-Wissen von der Reinkarnation tief zu eigen machen! Sie erkennen dann, daß in der „Aventgarde" der Nationen kein Volk dem anderen überlegen sein muß, weil es sich in Zivilisation, Hautfarbe usw. unterscheidet; und daß gerade in den vielen Charakteristiken der Nationen ihr Wertfaktor liegt – für die sie durchschreitenden Menschenseelen und für die universale Harmonie.
Auch die Rivalität der *Glaubensbekenntnisse* wird hinfällig, weil man sich endlich bewußt wird, daß es nie auf Buchstaben, sondern auf den

religiösen *Geist* ankommt; und daß das gleiche mystische Temperament, das jemanden jetzt zu einem andächtigen Christen machte, ihn früher vielleicht im Orient einen hingebungsvollen Buddhisten werden ließ. Was sind religiöse Systeme anderes als Wege zu GOTT? Und *alle* Wege sind SEIN!
Warum auch die Stufenleiter bei den Funktionen, welche die Menschen für das *Allgemeinwohl* erfüllen? Spirituell gesehen gibt es keinen wirklichen Unterschied zwischen den Tätigkeiten eines durchschnittlichen Staatsregenten und denen eines Straßenfegers mit seinem Karren. Beide sind für die Nation und deren Bürger notwendig. Und beide können (wenn nötig) ihre Rollen in der nächsten Geburt wechseln! Und betreffs des *Geschlechtes* wird es klar, daß weder Mann noch Frau dem anderen über- oder unterlegen ist, sondern daß sie nur einander ergänzende Eigenschaften haben. Wir sehen die Welt durch weibliche Augen anders an, als in einer anderen Inkarnation in einem männlichen Körper. Darum wechseln wir immer unser Geschlecht – nach drei bis sieben Verkörperungen. (Siehe Kap. 3) Während dieser Entwicklung werden allmählich die höchsten Qualifikationen beider Geschlechter in *einem* Über-Menschen vereint – im „Meister der Weisheit" oder „Adepten", der wir eines Tages alle sein werden. Wir sahen „Ihn" schon in vielen herrlichen Gestalten der Weltgeschichte, z. B. in der wundervollen Wesenheit des CHRISTUS (*unseres* „Heilands"), welcher den ganzen Mut und die glanzvolle Stärke idealer Männlichkeit *und* die zarte Güte und Schönheit idealer Weiblichkeit in sich vereint – beides in unfaßbare Potenzen erhoben.

Diese erhabene und *einzige* Lösung sämtlicher Lebensrätsel ist das allerälteste Wissen der Welt. Die alten Ägypter und Chaldäer lehrten es; es bildet die Grundlage im Hinduismus und Buddhismus. Im frühen Christentum war diese Ur-Wahrheit bekannt; und die großen Gelehrten der Früh-Kirche – die Gnostiker – lehrten sie als eine selbstverständliche Fundamental-Wahrheit – bis im 6. Jahrhundert am Koncil zu Kostantinopel das endgültige Verbot ihrer Verbreitung durch Mehrheitsbeschluß ausgesprochen wurde. Die Adepten-Hüter der „Uralten Weisheit" ließen es offenbar zu, daß diese Lehre aus bestimmten Gründen für einige Jahrhunderte im Westen in den Hintergrund geriet. Denn die Aufgabe, welche die jetzige Fünfte Unterrasse unserer Fünften Wurzelrasse (siehe Anhang 2) erfüllen sollte, bestand speziell darin, die schöpferische Tätigkeit im Menschen zu erwecken *und* ihn die große Lehre vom christlichen Wirken als Dienst zu lehren.

Das Wissen von der Wiederverkörperung vermindert jedoch scheinbar den Wert eines *einzeln*en Lebens. Denn unerwachte Menschen können leicht meinen: „Wenn ich mir auch irgendeine Fähigkeit jetzt nicht erarbeite, so habe ich ja die ganze Ewigkeit vor mir, in der ich sie pflegen kann."

Die Reinkarnation kann also die Initiative zu intensivem, kraftvollem Handeln im *Jetz*t hemmen. Weil aber in unserer Unterrasse der konkrete Verstand mit allen Auswirkungen stark entwickelt werden sollte, um mächtige, geistige Individualitäten herauszuarbeiten, die nur aus Kampf und Anspannung erwachsen, wurde (nach Dr. Besant) die ewige Tatsache von der Wiederverkörperung für eine Zeit der Allgemeinheit verdeckt und offiziell sogar aus der Kirchenlehre verbannt – obwohl sie in Europa nie ganz verlorenging. Sie wurde durch die „ketzerischen" Brüderschaften des Mittelalters den Suchenden verschleiert verkündet, sowie durch viele Philosophien und Geheimgesellschaften der Renaissance. Wegen ihrer klaren, gerechten Logik wurde die Reinkarnation stets von den edelsten Denkern intuitiv als selbstverständlich genommen. Wir erinnern an Lessing's „Erziehung des Menschengeschlechtes" oder Goethes „Gespräche mit Eckermann" und viele andere seiner Aussprüche (siehe Kap. 43). Schopenhauer hielt sie für die „natürlichste Überzeugung des Menschen, wenn er überhaupt vorurteillos denken kann". Bei vielen Dichtern erscheint sie als ein sehnsüchtiges Ahnen, bei anderen als definitive Feststellung – weil die Gewißheit einer Vollkommenheit für *all*e gerade bei wirklichen Poeten eine fruchtbare Stätte hat. Der englische Dichter Browning sagte zu seiner geliebten Frau, er könne für sie weder Bilder noch Statuen schaffen, denn „nur Verse erlaubt mir dieses Leben, andere Werke in anderen Leben, so Gott es will". Richard Wagner sagt im Parsifal über Kundry: „Hier lebt sie heut', vielleicht erneut, zu büßen Schuld aus früh'ren Leben, die dorten ihr noch nicht vergeben." Und Parsifal sagt über seine Namen: „Ich hatte viele, doch weiß ich ihrer keinen mehr." Nach teilweisen Zielerreichungen für unsere Unterrasse wurde der verhüllende Schleier wieder weggezogen und die Theosophische Bewegung kam 1875 durch einige Hüter der „Uralten Weisheit" ins Leben. Sie soll neben anderen wichtigen Aufgaben das erlösende Licht der Reinkarnation wieder allen Abendländern vermitteln.

Jetzt taucht die Frage auf: Warum erinnern wir uns nicht? Welchen Wert hat die ungeheure Vergangenheit, die dort gelernten Lehren und

die Neubegegnung mit früheren Geliebten, wenn keine Erinnerung zurückblieb?
Doch: die Erinnerung *bleibt* zurück – unsterblich, unzerstörbar! Nur, wo wohnt sie, was ist sie? Ihre *Einzelheiten* können jetzt nicht in unserem Besitz sein, weil unser *jetziges* Gehirn nicht damals gelebt hat! Um aber das Gehirn dazu zu bringen, Bilder von Ereignissen, an denen es nicht selbst teilnahm, zu *reflektieren,* müssen wir es langsam-sorgfältig abstimmen, in völliger Harmonie mit dem die Erinnerung bewahrenden Unsterblichen Selbst zu schwingen. Das geht nur mit einem hoch-entwickelten Gehirntypus, bei großer spiritueller Reife des Betreffenden. Daher kann ein wahrer „Yogi“ die direkte Erinnerung an seine Vergangenheit erwecken. Daß *dieser* geistige Reifezustand wegen des Liebes-Gesetzes und der Reinheit mit keiner Körperbeflekkung durch Tierfleisch, Alkohol, Tabak u. a. vereinbar ist, erscheint selbstverständlich. Jedoch auch beim Leben in einer bevölkerten Stadt ist eine Ausbildung dieser Fähigkeit fast unmöglich.

Bis zum direkten Wissen erinnern wir uns *praktisch indirekt* an unsere früheren Leben. Denn die Erfahrungs-Quintessenzen leben in uns fort, in Gestalt von Charakter, Fähigkeiten, Zu- und Abneigungen, was alles unmittelbare Resultate unserer früheren Erlebnisse sind. Dies ist das *eigentlich*-Wertvolle dabei, wie schon eine Betrachtung unseres *jetzigen* Lebens zeigt. Die Erinnerung an seine Erlebnisse geht großenteils verloren. Doch jeder Gedanke, jedes Gefühl, jede Tat, jedes Ereignis prägt dem erlebenden inneren Menschen Zeichen ein und verändert ihn irgendwie. So wie langvergessene Umstände *dieses* Lebens im Geist einer Versuchsperson erscheinen können, die ins *Unter*bewußtsein versenkt wird, liegt die Erinnerung der enormen Vergangenheit *aller* Leben dem Adepten offen, der sie aus seinem *Über*bewußtsein heraufholt. Wir werden uns erinnern, wenn das Wissen um frühere Erfolge keinen Übermut mehr in uns wecken und die Erinnerung an frühere Fehlschläge und grobe Sünden uns nicht mehr in verzweifelte Scham stürzen kann, wenn die Erinnerung an frühere Missetaten anderer gegen uns oder unsere Freunde uns nicht mehr rachsüchtig machen und die Erinnerung an unsere Erlebnisse mit geliebten Menschen uns bei Wiederbegegnung nicht mehr in gefährliche Gefühlsverwirrungen stoßen wird (weil wir ja dann in anderen Beziehungen zu ihnen stehen können als damals). Die Erinnerung darf erst kommen, wenn wir reif genug sind, um die ungeheure Vergangenheitslast ohne fatale Schädigungen zu ertragen.

Als *praktisches Ergebnis* des Reinkarnationswissens erkennen wir klar, daß es keinen *wirklichen* Tod, Verlust oder Fehlschlag gibt. In den Nöten hohen Alters oder Krankheitsleiden wissen wir, daß wir bald am Morgen eines neuen Lebens zu neuer Jugend, Schönheit und Stärke wiederkehren. Der *Mensch* ist nie krank, alt oder müde. Diese negativen Dinge gehören zum vergänglichen Körperhaus, in dem er wohnt, und das ihn elend beschränkt, obwohl es sein notwendiges Werkzeug ist.

Ein tiefes Erkennen dieses ewigen Gesetzes muß unseren *Gesamtausblick* überwältigend verändern und eine „Umwertung aller Werte" bringen. Die nur zum Körperleben gehörigen Interessen sind natürlich nicht wert, ihnen mehr Zeit und Kraft als unbedingt nötig zu widmen. Wohlstand, Soziale Stellung, Ruhm und Ehre können wir nicht durch die Todespforte in die neue Geburt hinüberbringen. Aber kostbare Kräfte des Geistes und Herzens, der Erfahrungs-Weisheit, die einen reinen, edlen Charakter schufen, gesponnene Bande echter Liebe mit anderen Seelen – alles das gehört dem wahren, ewigen Menschen zu und geht ihm nie verloren. Darum ist es so gewaltig wichtig, „Schätze im Himmel, nicht auf Erden", zu sammeln und jede Lebens-Situation auf ihren Wert für unsere unsterbliche Seele, statt für das Materielle, sorgfältig zu prüfen.
Im Licht unserer Unsterblichkeit sehen wir, daß keine „erfolglose" Anstrengung vergeblich war, daß jeder tapfer ertragene Fehlschlag einen Schritt nach oben bedeutet, und daß alle Mängel einmal überwunden sein werden. Wir werden dann unfaßbar edlere Wesen sein als das, was wir als sternensehnsüchtige Menschen so tief erwünschen.

Da besonders Europäer jetzt noch unwissend über diese Urgesetze sind, versäumen sie es, sich mit dem herrlichen Mut zu erfüllen, den die Gewißheit der grenzenlosen Unsterblichkeit gibt, und in der herrlichen Sicherheit zu leben, die aus dem Wissen unserer unendlichen Vervollkommnung entsteht. Oft versinkt ein Mensch, der sich wunden Herzens nach einer geliebten, unerreichbaren Tätigkeit sehnt, in seelenlosen Schlendrian und tut seine schicksalshaft bedingte Arbeit mißmutig als notwendiges Übel. Wüßte er die Wahrheit, würde er die Vision von der Schönheit seiner ersehnten Arbeit immer glühend erhalten und geduldig die Zeit erwarten, wo das Karma ihm ihr zu dienen gestattet. Doch inzwischen würde er seine jetzigen Lebensumstände so nützen, daß er seelische Kraft und Gleichgewicht daraus gewinnt.

Dies ist die Bedeutung des Gleichnisses von den „Talenten“ in der Bibel. Kleine Fähigkeiten und Gelegenheiten werden oft übersehen, aus Mangel an Wissen, daß alles Große mit kleinen Anfängen beginnt und daß Kräfte und Gelegenheiten sich durch Übung stärken, verschönern. Leben Sie nicht nur im Bewußtsein *dieses* Lebens-Tages! Die schrankenlose Flut der aufeinanderfolgenden Ursachen und Wirkungen bindet uns an das Vergangene. Heute sind wir das und haben jenes – aus Gründen früherer Verkörperungen. Sind unsere Geistes- und Herzenskräfte noch gering, so laßt sie uns bestmöglichst nützen, sie wachsen *dadurch;* und am nächsten Lebens-„Tag“ sind wir dann schon von Geburt in den erwünschten Fähigkeiten viel reicher als jetzt ausgestattet und prädestiniert.

Der *Charakter* kann ebenso zielbewußt entwickelt werden wie mentale Kräfte. Erhalten wir durch Nachdenken und Meditation eine intensive Vorstellung, was wahre Liebe, Weisheit, Schönheit, Seelenstärke ist, wird all das in uns eingebaut und führt automatisch zur Betätigung. Was wir so durch unermüdliche Übung gewinnen, ist für allezeit unser, wir müssen nie mehr *dafür* arbeiten. Es lebte schon immer in den Tiefen unseres Unsterblichen Selbstes, wir brauchten es nur zu erwecken und auszuwirken. Das ganze Ziel unserer äonenlangen Entwicklung ist, all diesen latenten Göttlichen Eigenschaften *aktiv-bewußten* Ausdruck zu schaffen.
Auch *gute Gelegenheiten* kommen nicht unverdient. Eine große Chance ist stets das Ergebnis vorhergehender Möglichkeiten, die erkannt und gut genützt wurden. Die ALL-NATUR (als das Karmagesetz) bewegt sich überall mit unermüdlichen logischen Schritten. Sie arbeitet gerecht-exakt und gibt jedem genau das, was sein Wollen und Tun verdiente. Sind in einem Kind großartige Kräfte als „Gaben“ vorhanden, erblühen ihm schon früh wundervolle Gelegenheiten, so liegen die Wurzeln stets in früheren Verkörperungen und zeigen damals geleistete treue Dienste und Opfer in *diesen* Gebieten an. Darum stets freudig vorwärts mit unserem jetzt scheinbar Wenigen! Es ist die Saat größerer Taten in kommenden Inkarnationen. Obwohl der Tod oft ein Leben voll erfolgversprechender Ziele und Pläne plötzlich abschneidet, bringt er doch *nicht* die strömende Flut des Wollens und der gelegten Ursachen zum Stillstand. Woran wir jetzt gehindert waren, dazu werden wir in größerem Umfang später imstande sein – in der glücklicheren Welt eines künftigen Zeitalters. Wir leben und leiden und streben; und ebenso wie der künftige Waldes-Gigant in der Eichel verborgen ruht,

lebt der künftige Heros oder Weise oder Heilige – ja der künftige Gott-Mensch – latent im jetzigen primitiven Menschen verborgen.

Unendliche Aussichten eröffnen sich, grenzenlose Möglichkeiten zum Lernen, Wachsen, zur Liebesentfaltung und Veredelung. Nichts in der Welt ist uns zu einer gegebenen Zeit unerreichbar. Kein Fehler ist irreparabel, keine Schwäche kann nicht in Stärke verwandelt werden. Es gibt keine uns karmisch entrissenen Dinge, die nicht einst zu uns zurückkommen, in noch beglückenderer und erhabener Form. Sorge, Verlust, Fehlschlag, Sünde – alles das ist vergänglich. Das wahre Ego des Menschen schaut immer das Antlitz des VATERS, ist immer eins mit GOTT. Darum ist seine Natur Kraft, Friede, Reinheit, Liebe, Weisheit, Freude, Freiheit, Schönheit! (Siehe Kap. 2 und 29) Wenn viele Menschen noch wenig davon zeigen, bedeutet das nur, daß die seelischen und physischen Gewänder ihres Unsterblichen Selbstes noch disharmonisch und unerlöst sind. Wenn wir jetzt noch unfrei sind und noch nicht ganz die herrliche Erbschaft antreten können, die „uns bereitet ist von Anbeginn der Welt", so können wir doch aus allen Kümmernissen und Fehlschlägen tapfer und geduldig lernen und das große „Buch des Lebens" studieren – den wahren universalen Tempel der Mysterien!

Was aber, wenn Sie im Leben *„versagt"* haben? Das kann gerade Ihr Heil bedeuten! Was rechnen Sie als „Erfolg"? Wohlstand, Ruhm, Ehre, hohe soziale Stellung ist alles wertlos – außer *vielleicht* als Stärkung von Willen und Ausdauer. Aber auch dies hätte eine katastrophale Wirkung, wäre damit die vermeidbare Vernichtung von Hoffnungen und Mühen anderer Menschen verbunden gewesen. Wir müssen genau erwägen, was uns Seelenkampf und *güti*ge Anwendung unserer Stellung an Seelenstärke, liebendem Verständnis und ausgedehnteren Sympathien brachte, wie weit *das* in uns bereichert wurde und *daran* unsere „Erfolge" und „Mißerfolge" messen.
Ließen Sie sich viele Gelegenheiten zum Menschendienst verlorengehen, begehrten Sie Adel des Denkens und Lebens, ohne aus gedankenloser Trägheit wirklich Ernst damit zu machen? Auch hier kann das Ihnen so betrübliche Versagen zum Heil dienen. Wir können stets Seelenadel gewinnen, wenn wir *selbstlos* danach trachten. Doch er wird durch Aufgeben der törichten Wünsche unseres kleinen Ichs erlangt, er kann nie ein Zierrat der Persönlichkeit sein. Unsere Gewissensbisse sind oft nur der enttäuschte Schrei einer Person, die das

schmückende Tugendgewand verloren sieht, wofür sie nicht den Preis bezahlen wollte. Solche Gewissensplagen können uns in nutzloses Bedauern versinken lassen. Jedoch die edlere Reue, **der nicht das verlorene** Tugendgewand wichtig ist, sondern die schwere Last menschlicher Leiden, die wir hätten mildern können, macht uns sofort aktiv und führt zum *selbstlosen* Betreten des jetzt klar gesehenen PFADES. Denn, nach „Licht auf den Pfad": „Der Weg muß um seiner selbst willen gesucht werden, nicht mit Rücksicht auf deine Füße, die ihn beschreiten sollen."

Seelenadel und -Schönheit besitzen, heißt, GOTT und Menschen dienen. Sie entstehen nicht aus eigennützigen Motiven. Oft hört man: „Welche Gelegenheiten habe ich verloren!" Es gibt nur *einen Weg*, die Charakterschwäche auszurotten, welche unsere Vision trübe und unser Streben kraftlos machte. Er ist: Mutig und geduldig in die noch fehlende Stärke hineinwachsen! Schauen Sie nicht nur suchend nach großen Gelegenheiten aus und bedauern Sie nicht große, verlorene Möglichkeiten, sondern suchen Sie standhaft nach den kleinen Chancen und ergreifen Sie diese unentwegt! Denn ohne Übung in den jetzt vorhandenen Alltagsmöglichkeiten wird sich Ihnen niemals eine große, beglükkende Aufgabe darbieten.

Mancher könnte denken: „Das klingt alles wahr und schön, aber was soll ich tun, wenn ein geliebter Mensch mir entschwunden ist und mein Herz sich sehnt, ihm die liebenden Dienste zu erweisen, die ich aus Stolz, Nachlässigkeit oder Mangel an Mut zurückhielt, als er noch bei mir war?" Wunderbar ist die Antwort der „Uralten Weisheit": „Du liebst diesen Menschen? Dann sei versichert: keine irdische und himmlische Macht kann zwischen deine und seine Seele treten. Nach einem Natur-Axiom muß ein Mensch das, was er liebt, einmal unvermeidlich erlangen! Ob der Liebesgegenstand unter oder neben ihm auf der Entwicklungsleiter steht oder hoch über ihm wie ein Adept, wenn er wirklich liebt, erreicht er eines Tages mit Gewißheit das, was sein Herz erfüllt." Wir werden unsere Geliebten in den strahlenden Himmelswelten nach dem „Tod" wiedertreffen, sowie in kommenden Leben auf der Erde; und jede neue Begegnung wird das Liebesband noch mächtiger werden lassen. Die Welt hat immer die Schicksale von großen Liebenden bewundert, wie die unsterblichen Geschichten von David und Jonathan, von Dante und Beatrice, von Romeo und Julia, von Damon und Phintias zeigen. Aber eine solche Liebe wird nicht in *einem* Leben geboren. Sie ist immer das plötzliche Wiedererkennen zweier Seelen, die sich schon seit Zeitaltern geliebt haben; und die Tiefe ihrer Hingabe und ihr entzücktes Ineinanderversinken ist die Frucht von vergangenen Verkörperungen liebender Kameradschaft, welche sie Seite an Seite verbrachten.

Wenn darum dein Herz dich verdammt wegen Versäumnissen an Menschen, die dahingeschieden sind, so denke daran, daß sie auf dem „Rad der Zeit" wieder zu dir zurückkehren werden, daß du ihnen dann das freudige Geschenk deiner Zuneigung und Dienste erweisen kannst, was du jetzt zum Teil unterlassen hast! Inzwischen tue es in Gedanken und Gefühlen! Bete oder meditiere täglich für sie! Ganz sicher wird diese Gedankenkraft sie erreichen und glückbringend und heilend auf sie einwirken – *wo* sie auch sind.

Und wenn ein Freund dich verletzt hat, so lasse diese Tat nicht eine Schranke zwischen euch errichten! Wenn sie erscheinen will, so brich sie mit schweigender Liebe nieder! Weil er dich einst liebte, muß er dich immer wieder lieben. Vielleicht tut er es jetzt noch in seinem inneren Herzen.

Und wenn du jemanden liebst, und deine Liebe wird nicht erwidert, so liebe immer weiter und schaue nicht nach sofort-sichtbarer Erwiderung aus! Dies wird deine Aufrichtigkeit und Selbstlosigkeit erproben. Allerdings – wahre Liebe *wird* stets einmal Erwiderung finden – und wenn nicht in *diesem* Leben, dann in den Welten nach dem „Tod" *und* in künftigen Inkarnationen. Voraussetzung ist, daß wir genug Stärke haben, unentwegt weiter zu lieben. Inzwischen jedoch frage dich ernsthaft: Ist es das Wohl, das Glück meines Geliebten, das ich wahrhaft wünsche, oder ist es großenteils meine *eigene* Freude, die ich begehre, indem ich von ihm geliebt werden möchte? Wäre ich auch dann froh und zufrieden, wenn ihm das Glück durch andere Hände als die meinen zuteil würde? Dies alles sind Antworten der „Uralten Weisheit" auf Fragen der Liebe.

Als Resumee dürfen wir festhalten: Wenn wir den soeben betrachteten Wahrheits-Ideen nachsinnen und sie tief verarbeiten, muß ein wunderbarer Mut in uns einströmen. Unser kleines Leben beginnt dann, die Herrlichkeit jenes weit größeren LEBENS widerzuspiegeln, dem wir wahrhaft zugehören. Laßt uns das kleine vergängliche Ich mit unserer Göttlichen Willensstärke regieren, damit –, nach „Licht auf den Pfad" – „der Krieger, das Ewige Innere Selbst, für uns kämpfen kann". Denn er, unser Unsterbliches Ego, ist ein Sohn des ALLERHÖCHSTEN, der

Ewigen Macht, Weisheit und Liebe, welche „mächtig und sanft alle Dinge ordnet“.
Und wir wollen freudig mit Pythagoras in die Welt hinausrufen: „Fasset Mut! Die Rasse der Menschen ist GÖTTLICH!“

Literaturnachweis:
C. M. Codd „Reincarnation, an answer to Life's Problems“
Dr. A. Besant „Reincarnation“
Dr. A. Besant „Karma“
Irving Cooper „Reincarnation, the Hope of the World“
Arthur Robson „Look at your Karma“

8. Möglichkeiten der Erinnerung an frühere Erdenleben

Von den vielen Göttlichen Natur-Gesetzen im Schöpfungs-Plan erscheinen besonders segensreich die Zwillingsgesetze von Ursache und Wirkung (Karma) und der steten Wiederverkörperung der Menschenseele auf physischen Planeten (Reinkarnation).
Das Wissen von der Wirkungsart dieser Fundamentalgesetze erklärt lückenlos, warum *ein* Mensch im Luxus geboren wird und ein *anderer* in Armut, und gibt auch die Gewißheit, daß elend-Unterdrückte in späteren Existenzen alles haben werden, was ihnen jetzt so bitter ermangelt. Ebenso, daß ein schwachbegabter Mensch während kommender Leben mentale Fähigkeiten aufbauen wird, die in ferner Zukunft zu einer wunderbaren Vollendung aufblühen.
Die Wiederverkörperung ist nicht, wie manchmal vermutet, eine speziell-indische Lehre – obwohl sie stets einen Grundteil der hinduistischen und buddhistischen Religion bildete. Tatsächlich ist das Wissen von der Reinkarnation *überall* aufzufinden. Ein authentischer Forschungsbericht erzählt z. B. von einem Austral-Neger, der heiter zum Galgen ging und auf die Frage wegen seiner Leichtfertigkeit erwiderte: „Oh, der schwarze Mann wird tot zu Boden fallen, aber ein weißer Mann wird später daraus hervorkommen, und der wird dann viel Geld zum Ausgeben haben.“

Die Reinkarnation wurde auch im alten Gallien gelehrt. Nach Julius Cäsar kannten die gallischen Jünglinge als Folge davon keine Todesfurcht. Das Gleiche hörte man in den Weltkriegen von japanischen Soldaten. Sie wurde auch im Alten Ägypten und von den Philosophen in Alt-Hellas verkündet. Pythagoras erzählte z. B. seinen Schülern, er sei ein Belagerer von Troja gewesen und später der Philosoph Hermotimus.
Das Reinkarnationswissen war auch in der Christlichen Kirche bekannt, bis es 500 n. Chr. durch Mehrheitsbeschluß von machtstrebenden Kirchenfürsten ausgemerzt wurde, wobei einige Stellen wohl versehentlich darin blieben. *Siehe* die Äußerung Jesu, als er gefragt wurde, ob Johannes der Täufer der wiedergeborene Elias sei: „Dieser ist Elias, der da kommen sollte." An anderer Stelle fragten seine Jünger wegen eines Blindgeborenen: „Herr, wer hat gesündigt, *dieser* oder seine Eltern, daß er blind geboren wurde?" Auch in der jüdischen Tradition ist diese Kenntnis zu finden. Talmud und Zohar erwähnen viele Reinkarnationsfälle.
Bei vielen Menschen dringen die Reinkarnationstatsachen rasch mit eindringlicher Gewalt ein; und Schopenhauer sagte: „Ich habe bemerkt, daß sie jedem sofort einleuchtet, der zum erstenmal davon hört." So glauben viele an das Natur-Faktum von der Ewigen Wiederkehr, es berührt ihre Seelen wie ein erlösendes Licht in tiefer Dunkelheit; und sie entdecken darin sogleich die logisch-klare Lösung aller Lebensrätsel. Andere wachsen in die tiefe Überzeugung davon hinein, wenn alle Fragen und anerzogenen Zweifel aufgelöst sind.

Eine Einwendung könnte ein Suchender gegen die Wiederverkörperung vorbringen, wenn sie ihm heute exakt von der Theosophie dargestellt wird. Es wäre die Frage: „Wenn ich schon in anderen irdischen Körpern gelebt habe, warum erinnere ich mich dieser Vergangenheit nicht?" Nun, keine Naturtatsache im Universum steht isoliert da. Jede ist mit anderen verknüpft – so ist es auch mit der Reinkarnation. Es gibt genügend Fakten allein physiologischer Natur, um jedem intensiven Denker zu beweisen, daß die Reinkarnation eine klare Tatsache ist, keine Theorie.

Zur Beantwortung der erwähnten Frage gehört die Voraussetzung, zu wissen, was wir mit Erinnerung *meinen*. Mit einer klaren Vorstellung vom Mechanismus der Erinnerung werden wir verstehen, warum wir uns *normalerweise* der vergangenen Leben nicht *direkt* erinnern. Denn die meisten „Erinnerungen“ sind zusammengezogene Inbegriffe oder Extrakte.

Wenn ich mich gestern in einen Finger schnitt und mich heute daran erinnere, werden zwei Elemente vorhanden sein:

1. Die zum Schmerz führenden Vorfälle, also Messer-Ungeschick, Bluten.
2. Die peinigende Empfindung des Schmerzes selbst.

Im Lauf der Tage tritt die Ursache in die Bewußtseins-Peripherie zurück, während der Schmerz als Wirkung noch im Zentrum steht. Später tritt auch die Erinnerung des Schmerzes nach hinten; und es bleibt keine *direkte* Erinnerung mehr zurück, jedoch ein *indirektes* Erinnern in Form einer inneren Tendenz, vorsichtig im Umgang mit schneidenden Geräten zu sein. Unser Leben ist voll solcher Vorgänge. Die Ursache ist vergessen und nur unter gewissen Umständen zurückentdeckbar, während die in eine Tendenz gewandelte Wirkung verbleibt. Hier unterstützt uns das Gehirn. Wir sprechen von ihm nur als vom *Aufzeichner* der Erinnerungen. Doch eine seiner nützlichsten Funktionen besteht im *Auslöschen* von Erinnerungen. Das Gehirn spielt also die Doppelrolle des Erinnerns *und* Vergessens; und ohne das letztere wäre ein normales Leben unmöglich! Wenn wir uns z. B. bei jeder Körperbewegung aller ersten kindlichen Bewegungsversuche erinnern sollten, samt dem vielen Zögern und mancher Schmerzen, wäre unser Bewußtsein so von Erinnerungen überwältigt, daß die Bewegung gehemmt oder unterbleiben würde. Ähnlich ist es mit jeder „automatischen“ Handlung, die einmal bewußt erlernt werden mußte. Nur weil wir das Erwerben einer Fähigkeit vergessen, können wir sie überhaupt benutzen.

Dies geschieht fortwährend im Bewußtsein. Es findet ein ständiger Prozeß der Umwandlung statt, so wie Kupfermünzen in Silber gewechselt werden. Dieses wurde (früher) in Goldmünzen umgewechselt, später in Banknoten und zuletzt in ein Scheckbuch. Ähnliches passiert mit allen Erinnerungen unserer Erlebnisse, Empfindungen und Gedanken. Sie werden in Kategorien eingeteilt und durch geheimnisvolle innere Vorgänge in Neigungen, Aversionen, Talente und Fähigkeiten verwandelt. Wir erinnern uns also *indirekt* einer Vergangenheit, wenn wir eine Zuneigung oder Aversion empfinden und eine Veranlagung oder Kraft zeigen, obwohl wir nicht mehr die Einzelumstände wissen, die dahin führten. Wenn ich einen englischen Brief schreibe, „erinnere“ ich mich indirekt meines englischen Unterrichtes – aber das ist keine buchstäbliche, sondern eine umgewandelte Erinnerung. Trotzdem – *ich erinnere mich,* indem ich jetzt alle Worte kenne; und ohne diese im Bewußtsein lagernden Erinnerungen könnte ich jetzt nicht die richtigen Ausdrücke für mein Denken finden. Wir vergessen die direkten Erinnerungen alle. Es wäre ja auch töricht, während des Schreibens die Erinnerung an den damaligen Lernvorgang heraufbeschwören zu wollen. Das Gehirn ist ein aufzeichnendes Instrument; es gestattet aber durch eine weise Göttliche Anordnung dem Bewußtsein nicht, seine Aufzeichnungen nach Belieben zu entrollen – außer in abnormen Fällen.

Ähnlich verhält es sich mit der Erinnerung an frühere Erdenleben. Es wäre zwecklos, diese durch unser mentales Gedächtnis erobern zu wollen (wegen des anderen Gehirns!) Doch können wir in unseren jetzigen Gefühlen, Denkweisen und Handlungstendenzen deutlich das Ergebnis der Vergangenheitskräfte sehen, die unser jetziges Ich gebildet haben. Wenn wir früheren Verkörperungen nachspüren wollen, müssen wir sorgfältig beobachten, wie wir gewohnheitsmäßig fühlen und handeln. Alle Gefühle und Handlungen können bis zu ihren ursprünglichen Ursachen zurückgeführt werden. Wir können tatsächlich aus der Beobachtung, wie jemand *von Natur aus* fühlt, denkt und handelt, Vergangenes zurückkonstruieren, wenn es in Durchschnittsart geschieht. Aber bei einem außerdurchschnittlichen Verhalten ändert sich die Sache. Da durchschnittliches Verhalten aus früheren Durchschnittserfahrungen stammt, müssen ungewöhnliche Handlungsweisen ungewöhnliche Ursachen haben. Das gilt sogar für jetzt. Wenn ein Redner einen tadellosen Vortrag in fremder Sprache hält, wird es die Hörer interessieren, wie er diese Sprachbeherrschung erwarb. Sehen wir also bei jemandem hervorragende *angeborene* Fähigkeiten, müssen wir eine lange diesbetreffende Aktivität in vergangenen Verkörperungen voraussetzen.

Jeder hat Durchschnittserfahrungen, die Durchschnittsfähigkeiten erzeugen – aber auch manche von überragender Art. Bei Prüfung der letzteren gibt es nur die Begründung der Reinkarnation.

Die stärksten Charakteristika sind die Zu- und Abneigungen des Menschen. Manche sind leicht erklärlich, es sind dann Sympathien und Antipathien, wie man sie der Umgebung und der Reife gemäß besitzt. Jedoch es gibt außergewöhnliche Neigungen, wie „Liebe auf den ersten

Blick". Zwei Menschen begegnen sich im „zufälligen" Strom ihrer Lebensgeschicke und kommen aus verschiedenen Enden der Erde. Sie „wissen" nichts voneinander, *kennen* sich aber sehr gut. Es wäre wunderbar, *allen* uns Begegnenden liebend entgegentreten zu können, aber das liegt noch nicht in unserer Natur. Was bringt uns nun aber dazu, uns in ein besonderes Menschenkind zu „verlieben"? Warum würden wir alles für jemanden opfern, den wir – in *diesem* Leben – erst ganz kurz sahen? Warum scheinen wir schon aus konventionellem Anfangsverkehr sein innerstes Wesen zu kennen? Spötter sagen, Liebe sei eben eine Form von Hysterie oder Irresein. Doch die logische Erklärung ist, daß bei einem äußerst starken, plötzlichen Gefühl zweier Menschen füreinander dies keine erste Begegnung ist, sondern die bisher letzte von vielen früheren Begegnungen. Wo und wann, ist für die Liebenden belanglos. Rudyard Kipling äußerte, die gütigen Götter ließen uns vor der Rückkehr auf die Erde stets aus dem „Strom des Vergessens" trinken, damit wir immer erneut die wonnevolle Empfindung des Leidenschaftserwachens für unsere Geliebten erleben können. Die „unverständliche" Haltung der Liebenden oder Freunde zeigt klar eine „Erinnerung" an frühere Leben, als sie sich liebend einander schenkten. Ebenso ist es mit ungewöhnlichen Abneigungen. Normale Aversionen sind aus der Lebens-Situation verständlich. Aber nehmen wir zwei sich zum erstenmal treffende Personen. Sie wissen nichts voneinander, und doch wird sich einer vom anderen durch ein seltsames Abwehrgefühl zurückziehen. Vielleicht tritt kein heftiges „Ich mag dich nicht!" auf, sondern ein „Es ist gewiß klug, wenig mit dir umzugehen." Oft streiten wir solche Warnung als ungerecht ab, schätzen den neuen Bekannten rein-verstandesmäßig ein und lernen sogar, ihn zu mögen. Wir vergessen den „Ersten Eindruck" oder schieben ihn als einen falschen Impuls beiseite. (Es gibt ja auch bloße Stimmungsschwankungen.) Doch oft zeigt es sich durch weitere Ereignisse, daß die ursprüngliche Aversion kein Impuls, sondern eine Intuition war. Denn nach Jahren des Verkehrs mit diesem „Freund" kann er uns plötzlich „in den Rücken fallen" und einen schlimmen Stoß versetzen. Dann denken wir an den „Ersten Eindruck" und wünschen, ihm gefolgt zu sein. Woher kam er aber? Der Geschädigte hatte schon „früher" unter diesem Gegner gelitten, sodaß die „Erinnerung" daran unversehens in ihm aufblitzte.

Noch merkwürdiger sind gleichzeitige Zu- und Abneigungen. Eine Dame äußerte über ihren Freund: „Ich liebe ihn, aber verachte ihn gleichzeitig." Viele Menschen sagen das täglich von ihren Gefährten.

Woher kommen solche widerstreitenden Gefühle? Die Lösung findet sich in einer Ballade von A. Henley, wo es u. a. heißt:

„Die ritterlichen Jahre gingen dahin –
mit der alten Welt zu Grabe.
Ich war ein König in Babylon und du eine gläubige Sklavin."

Die Ballade erzählt, wie der König „sah und nahm" und mit dem Mädchen herumspielte – um es schließlich zu verlassen. Doch sie liebte ihn tief und starb an gebrochenem Herzen. Sie stirbt voller Liebe *und* voll Groll; und da wir „ernten, was wir säten", erntet jeder bei der neuen Geburt auch gefühlsmäßig die Folge früherer Ursachen. Denn diesmal liebt der Mann tiefer und wünscht innig, sie solle ihm ganz gehören. Sie liebt ihn auch, gewährt ihm aber nicht sein Herzensverlangen. Er sagt nun:

„Der Stolz, den ich zerbrach, ist nun mein Leid,
denn er zertritt jetzt mich!
Der alte Groll überdauert den Tod,
denn du liebst, doch stößt mich zurück.
Mein Herz zerbricht durch dein hartes Gefühl,
und es zerbricht vergebens."

Weitere Verse erzählen noch von des Mannes Stolz auf seine glänzende Vergangenheit:

„Doch nicht eine Stunde wünscht' ich zurück
die Taten jenseits des Grabes,
als ich war ein König in Babylon und du eine keusche Sklavin."

Der Dichter schaut dann in poetischer Vision, daß diese Situation zwischen den Liebenden kein Ewigkeitsende sein kann. Es *muß* einmal wahre Liebe und tiefes Verstehen zwischen ihnen aufblühen. Es kann nur so weitergehen, wie es am Schluß der anmutigen Erzählung heißt:

„Alle Leiden enden in der Liebenden Glück,
wie jeder Weise es weiß."

In einem auf LIEBE erbauten Universum *kann* es nicht anders sein. Solche Ausbrüche der Gefühlsnatur könnte ein Dichter auf Grund *eigener* Erfahrungen verstehen. Aber was, wenn er auch Erlebnisse, die er nie hatte, völlig begreift? Dichter wie Goethe und Shakespeare erfühlten oft tiefste Empfindungen eines weiblichen Herzens und *auch* die verwickelten Reaktionen eines Verbrechers. Weiter: Viele Menschen behalten durch einmaliges Erleben einer Gemütsbewegung ein verständnisvolles Herz für alle zurück, die ähnliche Dinge erleben, während andere trotz wiederholter Erfahrung nicht weiser werden. Die Ersteren ziehen aus *einem* Erlebnis die *universale* Lehre und nehmen aus ihr schon andere Erfahrungen vorweg, die sie nicht mehr selbst zu erleben brauchen. Sie sind durch die Reife vieler Leben dazu fähig und können ihre Erfahrungen quasi bis zu algebraischen Formeln reduzieren, deren jede regelhaft alle ähnlichen Fälle einschließt. Ihre Gedanken und Gefühle sind wie Aphorismen – die Umwandlung vieler Erfahrungen in bleibende Quintessenzen.

Solche Quintessenzen aus ungewöhnlichen Erregungen charakterisieren einen großen Dichter. Je universaler seine Synthesen, desto größer wird er. Er gilt dann als Genie, aber was heißt das? Es gibt Genies in jedem Ressort des Kulturlebens. Sie zeichnen sich durch anomale Eigenschaften aus und sind mehr Menschen der Zukunft als ihres Zeitalters. Jedes ist in *seinem* Feld richtunggebend für künftige Generationen. Vor allem bewegt das Genie sich in weiten Synthesen. Die von großen Dichtern geschaffenen Gestalten sind oft quasi „Archetypen", z. B. bei Goethe, Shakespeare und Richard Wagner. Woher kommt diese wundervolle Begabung? Wie weit können Vererbungstheorien etwa das Genie erklären?

Nach der Darwin'schen Theorie fügt jede Generation einer von den Vorfahren übernommenen Eigenschaft etwas hinzu, bis bei *einer* Generation dieses spezielle Attribut (rätselhafterweise) voll in einem Einzelnen konzentriert wird und dieser als ein „Genie" erscheint.

Nach dieser volkstümlichen Theorie besaß z. B. ein Vorfahr von Goethe ein Bruchstück von dessen Genie und vererbte es an einen Nachkommen. Dieser fügte ihm etwas aus eigenen Erfahrungen hinzu. Beides übertrug er auf ein Kind – und so fort durch viele Generationen.

Goethe wäre *demnach* der starke Wasserstrahl, der einen Behälter platzen läßt, sobald der Wasserdruck einen gewissen Punkt überschritt. Dies die Schlußfolgerung der Darwin'schen Biologenschule aus Natur-Analysen. Doch die biologische Forschung hat längst weitgehend die Übertragung von *Eigenschaften* geprüft. Es wurde kein sicheres Beispiel dafür gefunden; und alle Zucht- und Kreuzungsversuche konnten keine Beweise bringen.

Eine spätere Biologenschule – die Mendelianer – kam zu einer anderen Theorie: Die Grund-Wesenszüge existieren schon in jedem Vorfahren; und sie müßten alle schon im ersten Stückchen lebender Materie dagewesen sein. Nichts wurde demnach diesen Grundfähigkeiten im Protoplasma hinzugefügt; und jedes Genie existierte potentiell darin, wenn es auch Jahrmillionen warten mußte, bis die geeignete Anordnung von

Erbfaktoren entstand. Die Natur hätte so die komplizierte Gehirnwindung Goethe's nicht erst aus den Gehirnen der Säugetiere entwickelt, sie war schon in einem Stecknadelkopf von Protoplasma vorhanden. Das Genie würde nur von Fesseln befreit, die es dort banden. Indem während vieler Generationen diese Befreiung durch Ausschalten der hindernden Faktoren vorbereitet wurde.

Die Darwin'sche Vererbungstheorie gilt schon lange als unhaltbar, weil ein Genie den *geistigen* Attributen seiner Ahnen quasi nichts verdankt! Nehmen wir mit den Mendelianern an, daß ein Genie durch Entfernung hindernder Faktoren nur „befreit" wird (von wem oder was?), bleibt das eigentliche Rätsel ungelöst! Die Mendel'schen Theorien kommen der echten Erklärung auch nicht näher. Alle Theorien spekulieren nur darüber, unter welchen Umständen das Genie sich zeigt, aber nicht, aus welchen *individuellen Ursachen!*

Die einzig-logische Erklärung für das Geheimnis des Genies ist das Reinkarnationswissen. Der Mensch ist eine unvergängliche, sich entwickelnde Seele und manifestiert sich stets aufs neue durch einen seinen Reifegrad entsprechenden Körper. So sind seine Mental- und Herzenseigenschaften nur die Ergebnisse seiner eigenen Erfahrungen in früheren Leben. Doch da er sie nur durch angemessene Werkzeuge ausdrücken kann, müssen Körper und Gehirn von einer exakt-passenden Art sein – so wie die karmischen Mächte sie auswählen! Also, des Menschen Geschick wird nicht durch blinden (nie existierenden) „Zufall" bestimmt, sondern er wird stets bei einem Elternpaar geboren, das karmische Verpflichtungen mit ihm auszumachen hat und ihm die nötigen physischen Vererbungsfaktoren liefern kann. Öfters haben Eltern und Kinder auf Grund geistiger Ähnlichkeiten auch ähnliche Eigenschaften, was leicht zu Vererbungstrugschlüssen führt.
Jede Fähigkeitsauswirkung hängt also von zwei Faktoren ab:
1. von einem Ego, das diese Fähigkeit in vergangenen Leben durch lang wiederholte Ausübung entwickelte,
2. von einem passenden Körper-Instrument, mit einer Konstitution, die die Manifestation der Fähigkeit ermöglicht.

Wenn also z. B. ein Genie einen Körper hat, dessen Erbfaktoren seinen Ausdruck hindern, muß es *jetzt* unoffenbar bleiben. Doch wenn andererseits die Natur tausend gut-geeignete Körper hervorbrächte, erstünden daraus keineswegs tausend Genies!

Zwei Entwicklungslinien müssen hier zusammenlaufen:

1. Die eines unzerstörbaren Bewußtseins, das viele Leben lang experimentiert und dadurch enorm-wissend, also „genial" wird;
2. Die einer durch Vererbung ausgewählten geeigneten physischen Struktur.

Mit diesem „Schlüssel" sehen wir, daß ALLE Genies sich ihrer früheren Leben „indirekt" erinnern – einfach durch ihre Leistungen.

W. A. Mozart zeigte schon als Kind bewundernswerte technisch-musikalische Fähigkeiten. Durch keine Erblichkeitstheorie ist auch zu erklären, was skeptische Kritiker so überraschte – Mozarts Interpretationen. Denn aus der Wiedergabe ist die *Seele* des Spielenden zu erkennen – ob sie klein oder erhaben ist, ob er erst ein oberflächliches Wissen vom Unendlichen LEBEN hat oder schon dessen innerstes Herz berührte. Mozarts Interpretation – spontan, ohne Lehrernachahmung – war die eines reifen, weisen Menschen, keines Knaben und bestürzte alle Hörer. Das esoterische Wissen zeigt, daß er eine Seele ist, die in vielen Leben intensiv zu Lebenshöhen aufstieg und auch die Tiefen berührte; und das erklärt sein Genie, das in *diesem* Fall besonders früh durchbrach. Noch vor seinen eigenen Werken zeigte sich in seiner Interpretation die Synthese seiner Erfahrungen. Er erzählte darin von Schmerzen und Wonnen eines hochgereiften Menschen, weil er oft schon beides erfahren und aufbewahrt hatte. Die musikalische Seele muß jedoch, um sich ausdrücken zu können, einen Körper (speziell ein Ohr) mit geeigneten Erbfaktoren erhalten, die durch karmische Mächte makellos ausgewählt werden.

Reinkarnation erklärt alle „unlösbaren" Rätsel. Friedrich Hölderlin z. B. gilt als der griechischste der deutschen Dichter. Er besaß von Natur jene typisch-griechische Seele und wurde lebenslang von sehnender „Erinnerung" an Hellas verzehrt. Ähnlich der englische Dichter Keats. Er wurde nicht in humanistischer Tradition erzogen, doch er sang mit echtgriechischem Temperament nicht wie ein christlicher Dichter, sondern wie ein kappadozischer Schafhirte. Zweifellos waren Hölderlin und Keats griechische Poeten gewesen und „erinnerten" sich durch ihre Art indirekt ihrer vergangenen Leben.

Eine kleine Analyse: Die westliche Kultur zeigt drei Haupttypen von „Rückwanderung" – nach Rom, Griechenland und Indien. Z. B. entspricht das englische Temperament sehr dem der alten Römer. Viele englische Historiker gleichen den Römern Sallust, Tacitus, Livius; und

französische Geschichtsschreiber haben stark-griechische Züge. Interessant ist auch der Vergleich Tennyson/Vergil.
Die griechische „Rückwanderung" findet sich deutlich in einer glänzenden Schar genialer deutscher Dichter wie Goethe, Schiller, Lessing, Hölderlin, Novalis u. a. Sie brachten ihrem jetzigen Vaterland enthusiastisch die Botschaft „Zurück nach Griechenland!", weil sie den Wert der griechischen Kultur „kannten". Ihre Begeisterung war die freudige Hingabe an ein Erleben voll Entzücken und ekstatischer Frische, das sie einst kannten und in höheren Oktaven neu verkündeten. Sehen wir sie als reinkarnierte Seelen, die sich intuitiv an „früher" erinnern, erscheinen sie als Erstlingsfrüchte einer kommenden, glorreichen Menschheit.
Plato-Kenner entdecken platonische Vorstellungen beim Emerson-Studium. Wenn auch Emerson nicht die originelle Kühnheit Plato's selbst besaß, könnte man doch einen seiner Alexandrinischen Schüler in diesem sehen. Emerson wollte kein christlicher Priester werden, sondern bahnte sich *seinen* mühevollen Weg, um seine Botschaft von der „Weltseele« und vom „Überselbst« zu verkünden. Altvedantische Philosophen sind leicht in Kant, Fichte und Hegel zu erkennen und ein buddhistischer Philosoph in Schopenhauer. Alle wendeten sich zu ihren früheren Idealen zurück und äußerten sie prächtiger als zuvor. Wenn tiefere menschliche Wesenszüge sich in einem exzellenten Werk der Philosophie, Kunst oder Wissenschaft offenbaren, sind es stets Tendenzen aus früheren Leben. Denn solche Meisterschaft könnte nicht aus dem kurzen, bisherigen Leben stammen!

Die Reinkarnation in Wirkung auf große Menschengruppen ist attraktiv. Vergleiche die Beziehung der englischen Rasse zu den alten Römern. Doch hier und da lebt auch in ihr ein Sprühregen früherer Hellenen, wie in Byron, Ruskin und allen, die die griechische Lebensfreude fühlen und sich wie in der Fremde vorkommen. Wenn ein früherer Hellene (gleich wo er jetzt lebt) nach Süditalien oder Griechenland kommt, wird er sich „erinnern" in der innigen Vertrautheit mit dem verborgenen Geist von Bäumen, Seen, Hügeln. Er wird sich glühend an Sonnenschein, Orangenhainen und Wasserfällen entzücken, welche die Botschaft der Natur dort so erhaben verkünden. Auch Menschen, die im Mittelalter etwa in Spanien, Italien oder Deutschland lebten, empfinden Vertrautheit beim Besuch ihres früheren Geburtslandes. Überraschend schnell verstehen sie seine „Seele". Bei anderen tritt dieses geheimnisvolle Gefühl evtl. in Ägypten, Indien oder Japan auf. Wo immer es erblüht, da ist „Erinnerung" an frühere Leben. Die französische Mentalität zeigt viele alt-griechische Eigenschaften, z. B. mentale Klarheit und unpersönliches Sehen der Dinge „so wie sie sind". Viele griechische Egos sind in den USA am Pazific zu sehen – mit dem fröhlichen Temperament des Vor-Perikleanischen Zeitalters; und doch waren ihre heutigen Vorfahren neu-englische Puritaner. In Amerika leben frühere griechische Sophisten – in den zahlreichen Newthought-Schriftstellern. Es erscheinen die gleichen Züge – gesunder Verstand, nützliche Einfälle und riesiges Vertrauen zu ihren geistigen Allheilmitteln. Der einstige Mangel an *tieferer* Weisheit kehrte zurück als eine nur fragmentarische Kenntnis vom Wesen des Göttlichen Geistes. Doch so wie die Sophisten das „Goldene Zeitalter Griechenlands" erstehen halfen, sind jene jetzt Wegbereiter für die Universale Theosophie. Die meisten Inder waren in den letzten Leben kaum in anderen Ländern, aber oft trifft man welche, die indische Traditionen verwerfen und begierig *westliche* Fortschrittsideen ergreifen. Wenn ein solcher nie in England lebte, strengorthodox erzogen wurde und doch für die Denksitten westlicher Nationen kämpft, ist es gewiß ein aus Europa inkarniertes Ego. Faszinierend sind auch solche, die aus Hellas nach Europa inkarnierten, um die Ära der Kunst einzuführen. Man kann leicht griechische Künstler in den italienischen Meistern der bildenden Künste wiedergeboren sehen. Der Kult ist nicht, wie einst, der Pallas Athene und anderen Griechen-Göttern geweiht. Jetzt verleihen sie der Madonna und den Heiligen ihre himmlischen Kronen. Gewiß zogen italienische Meister ihre geniale Pinselführung aus einer griechischen Vorgeburt. Auch wurden wohl glänzende römische Porträtisten in der englischen Schule wiedergeboren.

Erschütternde Eindrücke erscheinen in späteren Inkarnationen als seltsame Zu- und Abneigungen. Oft stammt die Furcht vor Reptilien, Feuer, schneidenden Geräten usw. aus solchen Ursachen. Solche Gefühle ergeben sich aus Gemütserschütterungen durch einen früheren gewaltsamen Tod. Die Folgen erscheinen nun als unbeherrschte Schrekken oder Unbehagen durch das, was damals die Erschütterung hervorrief.

Oft sind sonderbare Gemütseinstellungen eines Menschen zu einem anderen auf ein früheres Leben zurückzuführen, z. B. das Phänomen eines 12jährigen Mädchens, das belehrend um ihre Mutter besorgt ist. Als seien die Rollen vertauscht und sie habe die beschwerliche Pflicht, die eigene Mutter zu erziehen. Oft fügt ein Mann seiner Frau tiefen

Kummer zu, und sie kann ihm nur barmherzige Liebe erweisen, wenn sie ihn quasi als ihr Kind ansieht. Das ist die „Erinnerung" an ein Leben, wo er wirklich ihr Kind war und eine edlere Natur zeigte. Erheiternde „Rückerinnerungen" kann es geben, wenn zwischen dem letzten und dem jetzigen Leben ein Geschlechtswechsel stattfand. So war ein Mädchen, das es strikt ablehnt, mit Puppen zu spielen, meist während einiger Leben an die *männliche* Inkarnation gewöhnt. So manches Mädchen grollte ihren weiblichen Kleidern, ehe sie sich darein ergab. Aus Gesicht und Haltung vieler Frauen sind die Merkmale voriger männlicher Leben abzulesen. Dasselbe trifft auch auf Männer zu, die Denk- und Gefühlsgewohnheiten ihrer letzten weiblichen Leben aufweisen. Diese psychologischen „Rätsel" entstehen, wenn die Menschen sich indirekt „erinnern" – zwar durch Gewohnheiten und Haltungen, aber offensichtlich.

Auf die Frage „Warum erinnern wir uns nicht vollständig?", gibt es zwei Antworten:
Die erste: Es ist nötig und segensreich, daß wir uns nicht direkt erinnern, bis wir reif genug sind, die Erinnerung zu tragen. Wir sind nicht dafür gerüstet, solange wir noch ungünstig oder gefahrvoll dadurch beeinflußt werden könnten. Die meist deprimierende Vergangenheit würde Gegenwart und Zukunft nur verderblich beeinflussen. Solange wir nicht reifemäßig unberührbar von dieser Einflußsphäre bleiben, würden unsere Charaktere geschädigt und elend verunsichert. Zum Beispiel: Fortwährend werden Menschen durch karmische Verflechtungen zusammengeführt, die einander „früher" Leid zufügten. Da die Kräfte von Liebe und Haß stark-bindend für künftige Inkarnationen wirken, müssen frühere Gegner jetzt miteinander leben und arbeiten, um den alten Groll durch gegenseitige Anpassung auszulöschen. Wer könnte das aber, *wenn* er stets die lebendige Erinnerung vor sich hätte, wie böse der andere ihn früher behandelt hat? Ein anderer Fall: Menschen, die einander „früher" leidenschaftlich als Mann und Frau liebten, werden später in *andere* Verhältnisse zueinander gebracht – als Eltern und Kinder, als Freunde, Geschwister usw. Niemand wäre imstande, die veränderte Beziehung zu dem geliebten Menschen ohne tragische und schmerzliche Gefühlsverwirrungen und moralische Fehlhandlungen zu ertragen, *wenn* er sich jener Vergangenheit bewußt wäre! Wie unmöglich wäre es auch für ein Kind, sich heiter – harmonisch in seinem neuen Leben zu entwickeln, *wenn* es sich stets erdrükkend der Riesen-Erinnerungslast seiner früheren Leben bewußt und

davon bedrängt würde! Und das trifft auf alle Lebensalter zu. Wie stark werden wir ja schon in *diesem* Leben durch unsere jetzige Vergangenheit tyrannisiert! So ist es unerläßlich, daß ein Schleier über den Aufzeichnungen unserer vergangenen Leben liegt, die uns ja auch in unserem *jetzigen* Stadium nur kläglich berühren könnten, denn wir waren ja früher schwächer, törichter, unentwickelter, also bedeutend unsympathischer als heute! Solange wir uns gefährlich mit der Vergangenheit identifizieren würden, wird sie uns verborgen gehalten – außer *indirekt* durch die geschilderten Tendenzen und „Gaben".

Jedoch die *direkte Erinnerung* wird dann kommen, wenn wir uns von unseren früheren Persönlichkeiten geistig distanzieren können. Erst wenn wir die Vergangenheit ohne schmerzliche Verwirrung überschauen können – wie aus der Perspektive eines sachlich-unparteiischen Richters – wird uns die direkte, detaillierte Erinnerung an die ganze Vergangenheit geöffnet (außer in gewollten Ausnahmefällen; siehe Challoner „Das Rad der Wiedergeburt"). Aber immer wird Schwermut uns überkommen, wenn wir rückschauend sehen, wie oft und schwer wir uns versündigt haben!

Der zweite Grund für das Nicht-Erinnern früherer Inkarnationen ist von technischer Art. Das Ich, welches fragt, warum es sich nicht erinnert, hat ja nicht in der Vergangenheit gelebt! Immer ist es die Seele, die gelebt hat – nicht dieses vergängliche Ich mit seinen vielen Beschränkungen. Aber ist denn dieses Ich nicht jene Seele? Nein, bei den meisten Menschen keinesfalls. Denn der Durchschnittsmensch als die hier lebende Person ist meist nur ein Attributenbündel von Land, Geschlecht, Glauben, Stand und Umgebung. Aber die Seele ist unsterblich, sie empfindet nicht Vergehen, Tod oder Zeit. Sie ist weder Mann noch Frau, weil sie durch viele Geschlechtswechsel die Eigenschaften beider entfaltet. Sie ist weder Inder noch Amerikaner noch Deutscher usw.; und sie gehört keinem Land zu, obwohl ihre Persönlichkeit jedesmal einer besonderen Nation angehört. Sie kennt keine sozialen Unterschiede, denn ihr ist bewußt, daß es vor GOTT nicht Aristokraten und Proletarier, nicht Brahmanen und Parias gibt.

Es ist die *Seele,* die immer wieder ein Wesenselement von sich – als eine Persönlichkeit – für ein Leben aussendet, um Versuche und Erfahrungen zu machen. Durch diese Maske von Männern und Frauen mit ihren vielen Nationen und Berufen schaut sie in das materielle Leben hinaus. Sie beobachtet ständig und entfernt Vorurteile. Sie wählt aus den Erfahrungen ihrer Persönlichkeiten, welche Lemurier, Atlantier, Hindus, Ägypter, Perser, Griechen, Römer und Germanen waren, all-

mählich das Wertvollste heraus und schiebt anderes weg. Alle Wissenschaften, Künste, Religionen und Kulturen sind ihre Schulen, Werkstätten, Spielplätze und Studios. Ihr Patriotismus umfaßt eine unteilbare Menschheit; und ihr Glaube zielt darauf hin, mit GOTTES Entwicklungsplan zusammenzuwirken. Dieses ewige Selbst also hat die vergangenen Leben durchlebt, um durch das stete Ringen mit der trägen Materie ihre latenten Göttlichen Fähigkeiten zu lebendiger Potenz zu bringen und all-mächtig, all-liebend und all-wissend zu werden.
Wieviel von jener Seele sind wir nun bereits, die wir diese Erinnerungsfrage stellen?
Der Fragende ist nur eine Persönlichkeit, und diese hat ein *Gehirn*, auf dessen Zellen die Erinnerungen früherer Leben ja *nicht eingedrückt* worden sind. Die Erinnerungen befinden sich in dem Göttlichen, Ewigen Menschen, der nichts mit Zeit, Geschlecht, Konfession, Stand und Nation zu schaffen hat. Um sich vergangener Leben direkt zu erinnern, muß das Gehirn der *jeweiligen* Persönlichkeit zu einem vorurteilslosen, klaren Spiegel der Seele geworden sein, auf den die Erinnerungen der Seele *reflektiert* werden können! Bevor das aber möglich ist, müssen all die störenden Vorstellungen von Sterblichkeit, Zeit, Geschlecht, Rasse, Stand und Glaubensdogmen in Religion und Wissenschaft verschwunden sein. Solange wir in diese einengenden abergläubischen Gedankenkreise eingesponnen sind, halten wir die Verschanzungen aufrecht, die zwischen unserem Höheren Selbst und unserem persönlichen, engbegrenzten Ich bestehen.
Eine transzendente Bewußtseinsausdehnung und eine weit umfassende, unterschiedslose Sympathie muß erst gewonnen werden, bevor wie durch dunkle Wolken helle Lichtblitze unseres ewigen Selbstes durchbrechen können.

Es gibt keinen rascheren Weg zur Entwicklung dessen, was wir als zeitlose Göttliche Wesen sind, als herauszufinden, was unsere segensreichste Tätigkeit hier unten (im Beruf oder anderwärts) in *diesem* Leben ist und uns hingebungsvoll dieser Aufgabe zu widmen, in welcher Hingabe und Opfer zur beglückendsten Befriedigung wird. Dann erst steigt das wunderbare grandiose Bewußtsein der *Seele* ins Gehirn seiner Persönlichkeit herab und damit auch die direkte Erinnerung an alle vergangenen Leben. Meist wird das dann nicht mehr als wichtig empfunden, denn der Mensch kennt sich ja dann als das lebende Produkt seiner oft faden und trüben Erfahrungen. Wenn die Persönlichkeit immer hinaufstrebt und nach keinem anderen Licht verlangt als nach

dem, das ihren nächsten Schritt zur Vollendung ihres Werkes erleuchtet, wird langsam ein Hindernis nach dem anderen in einem „Läuterungsfeuer" hinweggebrannt. So wie die Sonne immer mehr Wolken zerstreut, je höher sie steigt, weiß dann die betreffende Persönlichkeit mit der Überzeugung der Sonne von ihrer Licht-Natur, daß (nach einem theosophischen Klassiker) „die Seele eines Menschen unsterblich ist und daß ihre Zukunft die eines Wesens ist, dessen Wachstum und Herrlichkeit keine Grenzen hat".
Dann kommen die direkten Erinnerungen in unser Bewußtsein – *falls* wir das dann noch wünschen! Viele Menschen werden sie allerdings als ein kostbares Studienmaterial zur Erforschung des Karmagesetzes dankbar begrüßen.

Es gibt sehr viele Kentnisse, die für den Menschen wertvoll und segensreich sind. Aber nichts Grandioseres kann uns zuteil werden als das sichere Wissen von der Ewigen Entwicklung der Seele, welche ihre Vollendungsziele durch immer wiederholtes Eintauchen in die materiellen Welten – unter dem Gesetz der „Ausgleichenden Gerechtigkeit" gewinnt.
Dieses herrliche Wissen ist in unserem Zeitalter öffentlich für alle Suchenden bereit, wenn sie nur intuitiv genug sind!
Zu dem erwähnten raschesten Weg gehört an allererster Stelle, sich zu allen lebenden Wesen – ohne Unterschied – wie ein hilfreicher, liebender Bruder einzustellen.

Literaturnachweis:

C. Jinarajadasa „How we remember our past Lives"
G. Hodson „Reincarnation, Fact of Fallacy?"
K. H. Challoner „Das Rad der Wiedergeburt"
C. W. Leadbeater „Der Mensch – Woher? Wie? Und wohin?"
Dr. A. Besant „Die Uralte Weisheit"

9. Der Konflikt zwischen Religion und Wissenschaft im Abendland und seine echte Lösung

Unser Universum wird durch ewige, vollkommene Gesetze regiert; und da wirkliche Wissenschaft und wirkliche Religion auf ihnen basieren, kann kein echter Konflikt zwischen ihnen bestehen. Beide können nur durch menschliche Unzulänglichkeit in einseitige Entartungen geraten, wodurch ein künstlicher Zwiespalt mit unheilvollen Folgen entstehen muß.

Sobald Wissenschaft *nur* Wissenschaft und Religion *nur* Religion sein will, wird eine gegen das Universalgesetz verstoßende Trennung gezüchtet. Zwei verschlungene Göttliche Aspekte werden von ihren irdischen Erscheinungsformen abrupt auseinandergerissen und gelangen dann in den bösen Zustand, der sie antreibt, einander bitter zu bekämpfen, weil jede die andere als menschenschädigend ansieht. Dieser tragische Konflikt – Wisenschaft und Religion als feindliche Brüder – verursachte jahrhundertelang die Zersetzungserscheinungen und Katastrophen im Abendland. Wir verfolgen nun an Hand historischer Tatsachen, wie es dazu kam, und suchen den Versöhnungsweg zwischen den großen Antipoden zu zeigen.

Das scheint fast unmöglich; denn die Religion im Abendland ist allgemein so sehr zu einem Dogmenglauben erstarrt und die Wissenschaft so seelenlos-mechanisch geworden, daß die Kluft unüberbrückbar scheint. Im Orient entstand ein viel geringerer Konflikt. Die religiösen Praktiken der Hindus und Buddhisten erscheinen wissenschaftlich-gründlich, und ihr Leben verläuft nach Vorschriften, die auch untere Volksschichten verständig befolgen, gesetzmäßig geordnet. Wenn sie den Devas der Elemente opfern, so wissen sie warum! Und wenn sie friedfertig, duldsam und heiter zu Menschen und Tieren sind, so stammt das meist aus ihrem Jahrtausende alten Wissen vom Karmagesetz. Sie wissen auch, warum sie sich verehrend mit den Engeln der Gestirne verbinden. Die indischen Veden sind eine systematische Zusammenstellung ihres Wissens von GOTT und den Dingen im sichtbaren und unsichtbaren ALL. Die daraus gewachsenen philosophischen Systeme vereinen tiefe Gläubigkeit mit rationalistischer Logik. Und ihre direkten Wissenschaften wie Heilkunde oder Astronomie sind so religiös verwurzelt, daß nie Widersprüche entstanden und die große EINHEIT nicht zerrissen wurde.

Das war auch noch die antike Haltung des Okzident. Die Lehre des Pythagoras umschloß den ganzen Menschen. Er lehrte Induktion und Deduktion und zeigte den Europäern, wie ein Wissen vom Universum nur durch das Streben erlangt wird, die Welt-Geheimnisse von Geist *und* Materie her zu ergründen, indem man von den weltbeherrschenden Wahrheiten zu den von den Sinnen erkennbaren Teilaspekten übergeht. Darum stellten die Pythagoräer die Mathematik auf eine hoch-wissenschaftliche Grundlage und entwickelten aber auch die systematische Idee von der gesetzmäßig-regierten Erscheinungswelt. Sie lehrten, daß forschendes Studium stark zur Seelenläuterung dient. Darum trägt die griechische Wissenschaft eine so religiöse Note. Nach Pythagoras lehrte Sokrates über die rechte Haltung zu gelehrter Forschung; und wenn auch seine Methode zuweilen nicht praktisch endete, so wurzelte sie doch im echten esoterischen Wissen und wirkte im Sinn der „Großen Synthese". Plato erweiterte die Pythagoräischen Lehren und sprach auch von den hinter den Dingen stehenden „Ideen" oder „Archetypen" – den Noumena hinter den Phänomena. Dies wurde zur Grundlage des klassifizierenden Systems in der Biologie.
Plato hielt die Wahrheit für zu erhaben und universal, um sie *einem* System zu unterwerfen und beleuchtete nur einige Grund-Wahrheits-Aspekte über die ewigen Fragen. Auch er wollte nicht nur das Universale ahnend erfassen, sondern es auch in den Teilen ergründen. Auch er erkannte den Wert der deduktiven *und* induktiven Logiksysteme. Zum Zweck des präzisen Denkens förderte er das Studium der Geometrie und schrieb über seine Akademie: „Alle Nicht-Mathematiker sind ausgeschlossen." Wie Aristoteles als Nicht-Mathematiker in diese Akademie gelangte, ist unbekannt, doch war er jahrelang ein prominenter Schüler des Plato.
Für Plato war die Welt der „Ur-Ideen" – in der Theosophie die Kausal- oder Ursachenwelt – das wirkliche Universum und die materielle Welt nur dessen schattenhaftes Abbild. Folglich hatte seine Lehre eine etwas traumhaft-poetische Form. Aristoteles aber, der *Un*-Grieche (nach Humboldt) negierte bald diesen Aspekt und konnte diesen beständigen Aufflug in die transzendenten Regionen der Ideenwelt auf Schwingen der Intuition weder verstehen noch würdigen. Er beschränkte sich auf ein Wissen mit konkreter Grundlage, das exakt ausgesprochen werden kann. Er schritt zuerst auf der Straße der „harten Tatsachen«, bestand auf sorgsam-beobachteten Beweisen und lehrte, *alles* Wissen sei aus diesen Quellen zu erwerben. Seine Methode war, durch Induktion vom Studium der Teilaspekte zur Kenntnis des Alls

überzugehen. Er legte kanonische Regeln nieder, die beweisen sollten, wenn eine Hypothese „A“ wahr ist, müsse auch „B“ dies sein. Was aber dieses „Wenn“ bedeutet, zeigt sich z. B. daran, daß Aristoteles nach seiner Methode an die spontane Geburt junger Krokodile direkt aus dem Nilschlamm glaubte, Dieser „Vater der modernen Wissenschaft“ zweifelte auch nicht an der Flächenhaftigkeit der Erde, während Pythagoras und Plato in ihrer „traumhaften“ Weise zu dem Schluß kamen, sie müsse eine Kugel sein!

Das Ergebnis der von ihm veranlaßten Verbannung der Mathematik aus Plato's Akademie war der Beginn des Bruches zwischen Philosophie und Wissenschaft. Die „fünf platonischen Körper“ dienten vorher als die Achsen, worauf in allem Physischen zurückgegriffen werden konnte. Die moderne Wissenschaft (das Kind des Aristoteles) wurde *ohne* dieselben ein unsicheres Tappen nach Wahrheit, da sie nur von ungenügend verstandenen „harten Tatsachen“ ausgeht.

Aristoteles wurde von König Philipp von Mazedonien zum Erzieher seines Sohnes Alexander berufen, der bekannte, er verdanke diesem mehr als seinem Vater. Seine Zeitgenossen glaubten, daß Alexanders glühender Ehrgeiz durch den großen Wert, den Aristoteles auf Ruhm und Ehre legte, noch viel dämonischer entflammt wurde. Dadurch bestärkt, entfesselte der spätere Eroberer viele Kriege und trachtete sogar danach, als ein „Gott“ zu gelten. Das Zusammenerscheinen dieser beiden mächtigen Männer wirkte jahrhundertelang verhängnisvoll auf die politische und mentale europäische Geschichte ein. Als Alexander Alexandrien erbaute, legte sein Freund Ptolomäus darin die Grundlage der berühmten Alexandrinischen Bibliothek. Er gründete damit einen „Tempel der Musen“, die Geburtsstätte der heutigen Wissenschaft. Alexandrien wurde die weltliche Hauptstadt Ägyptens *und* die mentale Metropole Europas; und die Aristotelische Logik und Denkweise herrschte über drei Jahrhunderte. Dieses „Museum“ ersetzte bald die „Ägyptischen Mysterien“, welche Wissen und Weisheit vereint hatten. Von den „Mysterien“ getrennt, sank die exoterische Religion rasch zu einer Anzahl volkstümlicher Feste herab, die bei den kaum zwischen Jupiter und Cäsar unterscheidenden Römern zu Staatsangelegenheiten wurden. Von einem „guten Bürger“ wurde religiös nur gefordert, an den staatlichen Feiern und Opfern teilzunehmen und vor der Büste Cäsars und anderer „Götter“ zu räuchern.

Die damalige Philosophie kann daraus beurteilt werden, daß Alexandrien bald ein Brennpunkt modischer Ausschweifung wurde. In den bezaubernden Verführungen dieses Staates vergaßen sogar die dorti-

gen Juden ihren Patriotismus, obwohl sie durch inbrünstigen Glauben, feurige, religiöse Hingabe und kompromißlose Moral bekannt waren und lange versuchten, sich abseits zu halten und nicht vor Cäsars Bild Weihrauch zu opfern. Überdies glaubten sie fest, daß bald ein Messias-König in himmlischer Pracht bei ihnen geboren würde, um Israel vor allen Nationen zu erhöhen und es zu materieller Glorie zu führen.
Ein Messias erschien dann zwar in Christus, aber das Königreich, das *Er* Juden und „Heiden" brachte, war „ein Reich, nicht mit Händen gemacht", das „inwendige Reich Gottes", welches allen offenstand, welche die nötigen Herzenseigenschaften besaßen. Geld oder Macht hatte keine Bedeutung. Jeder wurde nach dem inneren Wesen, nicht nach Besitz beurteilt. Denn Lumpen können eine entwickelte Seele nicht verstecken und königliche Gewänder keinen Geistes-Adel verschaffen.

Christus brachte auch keine neuen Denksysteme, sondern lehrte die Menschen, Liebe und Dienst zu üben wie Er, nach dem Grundsatz „Der Größte unter euch soll euer Diener sein" und „Niemand hat größere Liebe als der, welcher sein Leben gibt für seine Freunde". Christus verkündete in seinen exoterischen Lehren die liebend-hilfreiche Einstellung zu allen Wesen, eine sehr hohe, reine, meist gleichnis-verhüllte Ethik. Er vermittelte aber daneben seinen „Jüngern" „die Geheimnisse des Reiches Gottes", also ein Wissen von der wahren Gnosis. Das heißt, er machte sie mit der Esoterischen Philosophie bekannt. Er lehrte also eine einfache Religion für die Massen und die „Göttliche Wissenschaft" für Wenige – ein weises, stets im Orient befolgtes Verfahren.

Jedoch die Kirchenfürsten, getrieben von der Auffassung, die christliche Lehre müsse in ihrer schlichten Form der ganzen Christenheit genügen und bedürfe keiner philosophischen Ergänzung (die dem Christenleben sogar schädlich sei), stießen später dieses uralte Gesetz um und verbannten die Gnostiker als Vertreter der metaphysischen Forschung aus der Kirche. Weil nun die philosophischen Lehren als Ketzerei verdammt und ihre Anhänger als Häretiker verfolgt wurden, verschwand der WEISHEITS-Aspekt aus dem Christentum. Durch dieses folgenschwere Vergehen – vereint mit dem Aristotelischen rein-materialistischen Studiensystem – ist der Trennungs-Konflikt zwischen Religion und Wissenschaft entstanden.
Kehren wir zur Gründung des Christentums zurück. Christus sam-

melte kraft seiner edlen, heiligen Lebensführung Scharen von diesseits-abgewandten Anhängern um sich, die von einem herrlichen Leben nach dem Tod überzeugt waren – im Glauben an den gewiesenen Pfad, den sie ohne Rücksicht auf Leiden wandern zu müssen meinten. Daß seine Lehre von der „Bruderschaft aller Menschen" sich so stark verwurzelte, stammte auch daher, daß Christus nach seinem „Tod" astral zu ihnen zurückkehrte und sie noch viele Jahre belehrte. Die Apostel wanderten umher, um diese Bruderschaftsbotschaft und Jenseitshoffnung zu predigen. Besonders unter Armen und Unterdrückten wurden begeisterte Gemeinschaften gebildet, wo jeder Besitz in den gemeinsamen Fonds geworfen wurde. So wurden Witwen, Waisen, Arme und Kranke unterstützt. Das Oberhaupt war ihr Guru-Bischof. Aus diesen Gemeinden erwuchs die Christliche Kirche.

Die Christen sonderten sich bald von ihren Zeitgenossen ab, die *sie* wiederum als Freudentöter verurteilten, weil sie ihre Vergnügungen verachteten. Das waren in Rom und Alexandrien Geld, Macht, Sinnenfreude; und das Volk liebte den Staat, weil er das förderte. *Christus* verachtete das natürliche Leben nicht, nur seine Anschauung war verschieden. Denn er war ja ein *Meister* der Natur und ihrer Kräfte! Doch die frühen Christen sahen die Sinnesobjekte grimmig als „Versuchungen" an; und ihr fanatischer Kampf gegen die „Heiden" war eigentlich ein Streiten gegen ihre eigene, noch unbezwungene niedere Natur. Sie hatten die jüdische Verehrung Jehovahs übernommen und fügten dieses Zurückschaudern vor der „Welt" hinzu, was Märtyrertum herausforderte. Die Juden wollten sich nicht vor Cäsar beugen, doch die Christen drohten sogar mit der Entthronung Jupiters. So wurden sie außer als Staatsverräter auch noch als Atheisten erklärt. Sie schätzten das Märtyrertum *und* erlangten es.

Nero brauchte nach dem Brand von Rom Sündenböcke und fand die Christen geeignet. Sie aber nahmen unter den Verfolgungen an Zahl zu. Die grausame Strenge gegen sie schuf Reaktionen bei davon ergriffenen (oder tief beeindruckten) Leuten, welche bald die Reihen der Christen vermehrten. So breitete sich das Christentum in jede Spalte des Römischen Reiches aus, sodaß Kaiser Diokletian bei seinen Unterdrückungsmaßnahmen Gattin und Tochter bei den Christen antraf. Die Kirche von Nicodemia wurde vernichtet, doch dafür wurde der Kaiserpalast verbrannt. Bald entdeckte man, daß diese Christen mit ihren suggestiven Begriffen – Glaube, Liebe, Hoffnung – eine mächtige Partei im Staat bildeten. Nach Abdankung Diokletians sah der vom Papst Sylvester bekehrte Konstantin als Purpurbewerber bald den

Vorteil, sich an die Spitze der christlichen Partei zu stellen. Das schaffte ihm zahlreiche entschlossene Menschen, die bereit waren, für ihn als christlichen Fürsten zu kämpfen. Seine Pläne wurden von Sieg gekrönt, und er bestieg den Thron der Cäsaren als der erste christliche Kaiser. Durch „Ironie des Schicksals" war die Mutter Konstantin's eine „Heidin", wie alle aristokratischen Familien. Darum nahm er eine Kompromiß-Politik ein. Da die Christen das philosophische Element entfernt hatten, besaß die „Heiden"-Partei alle bisherigen Schüler der antiken Lehrstätten, die aber ohne ihre mystischen Lehren waren. Die „Heiden" behaupteten daher, man könne sämtliches Wissen durch exakte Vernunftanwendung erlangen. Die Christen-Partei behauptete, alles Wissen sei in der Bibel und den Kirchen-Traditionen enthalten und GOTT habe hier alles nötige Wissen offenbart. Sie bestanden auf der Kirche als Hüter und Schiedsrichter aller Erkenntnisse. So entstand die Unterscheidung zwischen „heiligem" und „weltlichem" Studium. Das erste baute auf Offenbarung, das andere auf Denkkraft. Die Wissenspender waren *hier* die Kirchenväter, *dort* die Philosophen. Die Kirchenväter duldeten keine Opposition; und als herrschende Macht (mit dem Kaiser hinter sich) erzwangen sie die Durchführung ihrer Beschlüsse mit der zivilen Gewalt. Wo diese versagte, nahmen die Mönche sogar die Exekutive selbst in die Hand, wie die unter Bischof Cyrill, welche 414 die Philosophin Hypathia ermordeten. Ihr Schicksal 100 Jahre nach dem kirchlichen Aufstieg zu politischer Macht war eine Warnung für alle ein „profanes" Wissen Suchenden. Die Christen hatten nach schweren Opfern Macht gewonnen und waren entschlossen, sie anzuwenden. Die Kirche nahm so den Kurs für ihre künftige Laufbahn und wurde seither ein Stein des Anstoßes im mentalen Fortschritt Europas.

Der Islam wollte im 16. Jahrhundert diesen Zwiespalt ausgleichen. Die Moslems stimmten in der Betonung des EINEN GOTTES mit den Christen überein. Aber sie glaubten nicht (wie jene) an Sein unablässiges Eingreifen in das Schicksal Seiner Anbeter. Für sie verlief alles nach einem vorbestimmten Göttlichen Beschluß. So wurde Verzweiflung in Fatum-Glauben gewandelt und der Mut zu kraftvollen Taten geschaffen, die sie ja als ALLAHS Willen ansahen. Ihre Devise war: „Hilf dir selbst, Gott hilft dir weiter!" Sie glaubten (als eine fälschende Abwandlung des Karmagesetzes) an eine eiserne Schicksalskette, mit jeder Tatsache als einem Glied darin. So nahmen sie die Aristotelische Logik an, die ja auch aus Tatsachen ihre Schlüsse zog und vollbrachten

vieles – bis das gewaltige Sarazenenreich schließlich durch Uneinigkeit zerbrach.
Christen und Moslems beteten statt zu meditieren, und glaubten an ein Jenseitsleben; aber sie erbten die jüdische, stoffliche Ansicht davon *und* von dem persönlichen, auf Versöhnung wartenden „Gott". Beide glaubten an nur *einen* „Tag des Gerichtes" für alle Wesen und verloren durch Mehrheitsbeschluß unreifer Führender die Grundwahrheit von der Reinkarnation, dem ewigen Wissensgut. Dadurch verdunkelten sich beide Religionen in verheerender Weise; denn das klare Licht von der gütigen, logischen Gesetzmäßigkeit alles Geschehens verschwand aus ihnen, woran sie bis heute unheilvoll-torsohaft kranken. Die Christliche Kirche widerstand allen Versuchen, Elemente von Pythagoräischer Philosophie und indischer Mystik aufzunehmen. Im Gegensatz zum Orient wurden die Christen erschreckend intolerant. An Stelle dialektischer Siege griffen sie zu Schwert, Folterbank und Scheiterhaufen, um anderes Denken zu zerbrechen. Die Inquisition machte aus der Folter eine geschliffene Kunst mit kaltblütiger Grausamkeit, die kein Gleiches in der Geschichte kannte. All das war äußerst hinderlich für ein Wachstum freien, philosophischen und wissenschaftlichen Denkens.
Aber selbst die Schrecken der Inquisition konnten gewisse Wahrheiten nicht für immer unterdrücken. 1200 Jahre nach Hypathias Tod verkündete Giordano Bruno wieder die Pythagoräischen Lehren; und die Flammen seines Scheiterhaufens wurden zur Morgendämmerung der kommenden europäischen Wissenschaft. Die Buchdruckerkunst hatte eine mächtige Wissensverbreitung eingeleitet. Die Welt war von unerschrockenen Seglern wie Kolumbus geöffnet worden. Galileis Entdekkungen erregten brennpunktartig das gebildete Europa. Sein Herausfinden der Mondphasen durch ein Teleskop hatte das kopernikanische Weltbild bewiesen, trotz fanatischen, kirchlichen Widerstandes. Kepler und Newton schufen ein Rahmenwerk für die mechanischen Begriffe. Francis Bacon tat es für die mentalen Ideen. So wuchs die Wissenschaft Europas sprunghaft bis zum heutigen Stand. Man brachte sie teilweise auch in den Orient – allerdings zusammen mit dem unheilvollen Konflikt zwischen Heiligem und Weltlichem, Kirche und Akademie, Religion und Wissenschaft.

Diese Übersicht sollte zeigen, *wie* dieser Zwiespalt und die brennende Notwendigkeit für eine Versöhnung entstanden sind. Wie erwähnt, existierte sie kaum je in Indien, in den Veden und Smritas und in den

Buddhalehren. Aber auch Pythagoras, Plato, Hypathia und Giordano Bruno unterschieden nicht zwischen Religion und Wissenschaft; und wenn die Kirche Brunos Botschaft angenommen hätte, wären die blutigen Konflikte des 16. und 17. Jahrhunderts nie ausgebrochen.
Aristoteles spaltete sich also zuerst von Platos geistigem Hintergrund der „Ideenwelt" ab, um auf der Straße der „harten Tatsachen" zu landen. Und man könnte Russel zustimmen, daß „Aristoteles eines der schlimmsten Unglücke der Menschheit gewesen ist".
Die Wissenschaftler des 16. Jahrhunderts mußten in der drohenden Gegenwart der stark-gegnerischen Kirche arbeiten. So war es unvermeidlich, daß sie sich strikt an materiell-beweisbare Tatsachen hielten. Sie nahmen die Aristotelische Methode an und hängten sich an die bekannten Richtlinien: Länge, Breite, Tiefe, Gewicht, Zeit usw. Alles dem Entsprechende galt als exakte Wissenschaft. Sie glaubten, jedes Ding genau bestimmen zu können, wenn sie es zur Reaktionsbeachtung in ein Reagenzglas steckten. Für sie bestand das ALL aus 72 unzerbrechlichen „Bausteinen", die Alchemie galt ihnen närrisch – bis sie einmal alles durch einen zerstückten „Baustein", der seine Eigenschaften behielt, umgestürzt fanden. Materielle Dinge können genau gemessen werden, ebenfalls die durch Kräfte wie die Elektrizität erzeugten mechanischen Wirkungen. Hier hat die moderne Wissenschaft „Wunder" vollbracht. Ihre erfundenen Wege und Apparate, welche diese subtilen Kräfte aktivieren und steuern, sind bewundernswert. Der Mensch erschuf eine Maschinerie, mit der er quasi in einem Jahrhundert aus dem Ameisenstatus zu dem eines Elefanten anwuchs. In den mechanischen Bereichen ist er noch längst nicht auf dem höchsten Punkt angelangt.

Doch in den Phänomenen des LEBENS ist der Empiriker hilflos. Er kann alle Tiere klassifizieren, ihre Gewohnheiten, Vielfältigkeit, Anatomie und Physiologie studieren und beschreiben, aber das ist *alles!* *Wie* Gartenpflanzen ihre Elitefarben zaubern oder *wie* der Glühwurm sein kaltes Licht erhält, das sind z. B. unergründliche Dinge; und betreffs des überraschenden Tuns menschlicher Wesen sinkt sein Wissen zu Vermutungen herab. Sogar im Umgang mit feinster Materie und den zerstörenden elektrischen Kräften sieht er sich noch immer in einer Region, wo Materie entsteht und vergeht, und kann nicht umhin, ahnend die Grenzen – in deren stets verfeinerteren Formen – bis ins Unendliche auszudehnen. *Hier* trifft er auf die „Okkulte Forschung", die er meist noch nicht anerkennt, und wird so verwirrt, daß er zweifelt, ob es feste Naturgesetze gibt! Er hat das Ende der Newton'schen Straße erreicht, auf der er so zuversichtlich wanderte und spricht nun von „Unbestimmbarkeit" und „Wahrscheinlichkeit". Jedoch das menschliche Hauptproblem des „Todes" läßt ihn einfach verstummen.

Es gibt heute Gesellschaften für parapsychologische Forschung. Sie häuften einen solchen Betrag von Beweisen für das „Leben nach dem Tod" an, daß er Aufmerksamkeit erzwingt. Aber diese Forscher folgten auch nur den in Europa bekannten Wissenschaftsmethoden; und die Resultate zur Vernichtung des Materialismus stellten sich als nicht stichhaltig genug heraus. Jedoch auch Aristoteles könnte diese Forscher nicht anerkennen; und es ist höchste Zeit, daß sie zu dessen Meister Plato oder zu Pythagoras zurückgehen oder zu der QUELLE, aus der beide schöpften. Die moderne Wissenschaft leistete Ungeheueres, was ihren Anhängern stolze Befriedigung verschafft. Die bösen Erinnerungen an die christliche Folterbank bestehen ja noch; und obwohl aktive Feindschaft fast endete, blieb doch in wissenschaftlich-Arbeitenden ein Hang, die Religion als etwas Veraltet-Überholtes zu betrachten, was *allerdings* durch Dogmen wie die absurde Idee von einer „ewigen Verdammnis" noch stets genährt wird! Gleichzeitig steht fest, daß auch die durch die Wissenschaft gelösten Kräfte kein ungemischter Segen wurde. Als Beispiel diene die stets unmittelbare Gefahr der Verwendung von Atomkraft zu Zerstörungszwecken. Wenn Aristoteles uns einen Alexander gab, so hat die moderne Wissenschaft uns viele „Alexander" gegeben, die um Oberhand kämpfen. Viele religiöse Leute scheuen die technische Betrachtungsweise und wünschen die „Gute alte Zeit" zurück.

Bei den Extremen fehlt die echte, in einer erhöhten Mitte liegende Wahrheit. Religiöse Leute haben früher im Namen der Religion schreckliche Grausamkeiten verübt. Doch vielleicht hat der Mensch in einem Jahrhundert durch Wissenschaftsmißbrauch noch mehr Elend geschaffen, vergleiche die angewandte Technik durch furchtbare Mordwaffen schon während der letzten Kriege, die verbrecherischen Vivisektionsmethoden – auch die industrielle Naturverwüstung und vieles andere.

Weder Religion noch Wissenschaft sind an sich an diesen entsetzlichen Dingen schuldig, sondern die Trennung zwischen ihnen! Sie können (wie Säuren und Alkalien) zerfressend-zerstörend sein, aber – recht

gemischt – geben sie ein hoch-wohltätiges neutrales „Salz". Daher die dringende Notwendigkeit einer Versöhnung. Dies ist das heutige Weltproblem Nr. 1.
Jedoch, eigentlich besteht der Konflikt nicht zwischen Wissenschaft und Religion, sondern zwischen der „Wissenschaft des Sichtbaren" und der des „Unsichtbaren" – zwischen Physik und Metaphysik, empirischer und okkulter Wissenschaft. Der empirische Wissenschaftler muß zwar die Existenz von Kräften jenseits seiner Kreise zugeben, will sie aber erst anerkennen, wenn ihre Ergebnisse einer (für ihn) exakten Messung fähig sind. Er nennt sich gern einen „Agnostiker". So existiert auch für einen Blinden die Sonne nicht, aber wäre es für ihn vernünftig, das Licht als nicht-existierend zu bezeichnen? Hunderte von rätselhaften Dingen warten auf eine Erklärung, die dem Empiriker unmöglich ist. Anstatt mit jener agnostischen Haltung zufrieden zu sein, sollten wir diese „unerklärlichen" Dinge ernsthaft auf jede Lösungsmöglichkeit untersuchen.

Der Höhere Okkultismus bezeugt von je, daß das Universum eine ungeheure vieldimensionale Sphäre ist, wovon nur *ein* dreidimensionales Teil sichtbar wird. Unser Schöpfungssystem ist nicht ein zufälliges Gedränge von Atomen, sondern ein hoch-geordnetes, gesetzmäßig regiertes GANZES. In *diesen* Forschungen gibt es nicht Unbestimmbarkeit, Wahrscheinlichkeit, Wunder. Für einen Australneger sind die ohne Zugtier laufenden Wagen, elektrische Lampen, Radios usw. ja auch „Wunder". Die sichtbare Welt ist mit dem über das Wasser ragenden Teil eines Eisberges zu vergleichen, der ja nur etwa ein Siebentel des Ganzen ist. Wenn ein solcher den Golfstrom berührte, so stürzte das Schmelzen der unteren Teile das gesamte Gleichgewicht; und auch feinste Instrumente könnten das Phänomen nicht erklären. Materielle Dinge gehorchen den Messungen, aber im Grenzland, beim Zertrümmern eines Atoms, suchen wir tiefer in den „Eisberg" zu dringen, und die Resultate werden irrig. Was die Seelenforschung angeht, so können wir die Menschen klassifizieren und ihre Gewohnheiten in normaler Umwelt aufzeichnen. Und doch ist nicht vorauszusagen, was jemand zeitweilig tun wird, weil das Bewußtsein gewisse Schichten hat, die nicht durch bekannte Mittel zu durchdringen sind. Aber diese tieferen Regionen *existieren* und machen uns erst im höchsten Sinn zu *Menschen.*

Geschulte Okkultisten verkünden, daß sie die Dinge der jenen Schichten entsprechenden inneren Welt beobachten können und daß sie schon viele Gesetze jener transzendenten Welten erforschten. Sie sagen z. B., daß Gedanken „wirkende Dinge“ sind; weiter, daß der Mensch nicht stirbt, sondern einfach in die überirdische Welt eintritt, wo ihn nach einer Läuterung ein jahrhundertelanger glücklicher Himmelsaufenthalt erwartet, der die irdischen Erfahrungen assimiliert und in Anlagen und Kräfte verarbeitet. Daß er *danach* in einem neuen Körper wieder zur Erde zurückkommt, um u. a. sein „Konto“ mit den gleichen Freunden und Feinden auszugleichen. Weiter: Alles Leben ist ewig *eins*, obwohl in viele Teile zerlegt; und so ist die Beziehung aller Geschöpfe zueinander die einer Absoluten Bruderschaft. Der große theosophische Forscher C. W. Leadbeater sagte einmal: „Während die Theosophische Bewegung nicht das durch wissenschaftliches Denken erworbene Wissen negiert, betrachtet sie aber die *geistige* Konstitution und die ewigen Entwicklungsziele der Menschen nicht als wissenschaftlicher Spekulation zugänglich, sondern als Gegenstand methodischer okkulter Forschung. Diese bringt statt vager Theorien definitive Tatsachen. Vergangenheit und etwas Zukunft des Menschen können von *den* Strebenden erforscht werden, die sich durch spezielle Anstrengungen für dieses subtile Studium qualifizieren. Dann erweisen sich Vergangenheit und Zukunft als Teile eines einheitlichen Göttlichen Planes, der, so wie er in seiner ganzen Herrlichkeit dasteht, mit vernünftigen Religions-Lehren übereinstimmt und deren Wurzeln völlig erleuchtet. Jedoch ist die okkulte Forschung *nicht* von religiösen Lehren *abhängig*, weil die Wahrheiten über den PLAN durch die superphysischen Fähigkeiten bestätigt werden können, und zwar auf jeder Stufe. Diese sind, obwohl allgemein noch latent, schon von einer Anzahl von Forschern zur ordentlichen Tätigkeit gebracht worden.“

Solche Entdeckungen werden in wissenschaftlicher Form dargeboten. Jeder kann sie annehmen, der sie als ein in allen Teilen übereinstimmendes organisches Ganzes erkennt. Die Forschung geschieht auch in religiösem Geist. „Vergleichende Mythologie“ studierende Gelehrte vermuten, daß alle Religionen dem Aberglauben einer kindlichen Menschheit entsprängen, der allmählich zu Religionen erwächst. Der Okkultist jedoch sieht die gemeinsame Quelle als die Ewigen, Göttlichen Urprinzipien, woraus die Schöpfung aufgebaut ist. Er erklärt ferner, das Kind „Menschheit“ habe geistige „Eltern“, eine Hierarchie von Gott-Menschen, die aus jenen archetypischen Prinzipien die Welt-Religionen entwickeln und sie den Völkern und Zeitaltern je nach Nötigkeit vermitteln. Er erklärt außerdem, daß das Kind „Mensch-

heit“ von diesen „Eltern“ sorgfältig betreut wird, bis es in sein eigenes „Urbild“ hineinwächst.
Diese „Meister“ (mit dem gleichen Entwicklungsweg wie wir) werden oft als „Götter“ angebetet, aber diese Haltung ist (wie auch eine Vermenschlichung) falsch. Sie sind vollkommen gewordene Weise und Heilige, welche die Ursachen und Lösungen menschlicher Probleme aus *Erfahrung* verstehen. In ihnen kann es keine Spur von Zorn, Eifersucht, Ehrgeiz oder anderen Schwächen geben. Dieser Zustand ist die Bestimmung für uns *alle*, sie sind die lebenden Garanten dafür. Sie sind „allwissend“, weil ihr Bewußtsein unfaßbar viel umschließt. Sie sind „all-liebend“, weil sie eins mit der Liebe GOTTES sind. Sie sind „allmächtig“, weil sie alle Göttlichen Gesetze kennen und deren Kräfte handhaben. Aber da *jeder* Mensch ein Funke von der gleichen Göttlichen FLAMME ist, der *sie* entstammen, dürfen sie unser geistiges Wachstum nicht beeinflussend verstärken. Sie raten, helfen, inspirieren, sie wachen überaus liebevoll über uns und warten geduldig, bis wir unsere Lehren lernen. Die MEISTER (siehe Kap. 55) sind in ihrem hoch-erhabenen Zustand vollkommen glücklich. Sie überschritten die Notwendigkeit, einen Körper anzulegen, inkarnieren sich aber dennoch, um uns, ihren jüngeren Brüdern, den Uralten PFAD zu lehren, auf dem wir durch *eigenes* Bemühen zur Glückseligkeit gelangen.

Diese Uralten Wahrheiten von GOTT und Seinen Mittlern stellt der Höhere Okkultismus in einer überzeugenden Form zur Prüfung hin. *Der echte Weg* zur Versöhnung zwischen Religion und Wissenschaft *liegt in der Einbeziehung dieser* vom Höheren Okkultismus gelehrten *Ewigen Wahrheiten.* Aristoteles' „harte Tatsachen“? Ja! Aber nicht ohne Plato's Ideenwelt, welche Aristoteles verwarf!
Weil die moderne Wissenschaft es verschmähte, zu den Ewigen Urwahrheiten zurückzugreifen, um sich mit ihnen zu verbinden, ist sie oft in die Irre gegangen – mit den bitteren Resultaten, die wir jetzt sehen!

Der Höhere Okkultismus, welcher religiöse Wissenschaft oder wissenschaftliche Religion ist, hat SEINE EIGENEN Methoden und Maßstäbe. Er fordert volle Konzentration auf sichere Tatsachen, besteht jedoch *zuerst* auf geltungswahnloser, mentaler Reinheit und großer Selbstlosigkeit. Darum ist der von der Theosophischen Bewegung verkündete Okkultismus (im Gegensatz zum Nieder-Okkulten) immer ein Segen und nie ein Fluch! Denn jene Hüter des okkulten Wissens, die „Meister der Weisheit“, kennen die „Macht des Wissens“; daher geben sie ihre Kenntnisse nur den Würdigen. Dies ist auch die Erklärung, warum Christus seine höchste Weisheit nur einem inneren Kreis enthüllte und der Menge die einfach-klare Religion der Nächstenliebe gab. Darum fordert jeder Adept vor Annahme eines Schülers von diesem einen hohen Grad ethischer Vervollkommnung. Er ist äußerst bereit zu lehren, und die Verzögerung liegt nicht auf seiner Seite. Die Zulassungsbedingungen zur „Schülerschaft" sind heute durch zwei kleine Bücher „Licht auf den Pfad" und „Zu Füßen des Meisters" zu erfahren.

Dieses Beharren auf einem ethischen Hochstand des Schülers – was allgemein nicht beliebt ist – macht den großen Unterschied zwischen dem Höheren Okkultismus und der modernen Wissenschaft aus. Man lehrte im Abendland eine *falsch-verstandene* Gleichheit aller Menschen und ignorierte die Tatsache, daß eine auf gewissen Stufen leicht und natürlich zu befolgende Forderung für einen anderen – eine „jüngere Seele" – noch nicht möglich sein kann. Denn das Abendland hatte ja das Wissen von der Reinkarnation verlorengehen lassen. Wir sind alle Funken von der gleichen FLAMME – aber die Funken kommen *nicht zur selben Zeit* aus der Göttlichen FLAMME hervor. So gibt es unvermeidlich Unterschiede der Entwicklungsstufen. Alle sind *im Wesentlichen eins*, aber *nicht im Zeitpunkt ihrer Zielerreichung!*

Diese „Wissenschaft des Unsichtbaren" hat festgestellt, daß „Gedanken wirkende Dinge" sind, die uns durch die Schöpferkraft unseres Geistes zu Vervollkommnung oder Degradierung befähigen. Das hängt von der individuellen Entwicklungsstufe ab. Wegen mangelnder Bewußtseinsreife der Menschen gibt es heute so viel von dem, was niederer, Pseudo- oder Phänomenal-Okkultismus genannt wird. Darin wird ein Aspekt des Geheimwissens einseitig betont, oder einige okkulte Fragmente werden entstellt und angewendet, um rasch physische oder mentale Vorteile zu gewinnen. Die Theosophische Bewegung warnt ganz entschieden vor solchen Experimenten, da alle diese Seitenwege uns und andere schädigen, aber *gewiß nicht* das wahre, transzendente ZIEL erreichen lassen.

Geistig strebende Menschen sollten sich nicht durch Wißbegier oder um selbstsüchtiger Zwecke willen auf die Straße der „psychischen Kräfte" ziehen lassen. Darum heißt es in der theosophischen Literatur, der modernen Lehrstätte des Höheren Okkultismus:

„Habt kein Verlangen nach psychischen Kräften! Sie zu früh zu erlangen, hat viel Schlimmes im Gefolge. Oft wird ihr Besitzer auch irregeführt durch betrügerische Naturgeister, oder er wird eingebildet und glaubt, daß er sich nicht irren könne."

Astrale Künste oder „Siddhis“ anwenden können, stellt durchaus kein Zeichen einer spirituellen Entwicklung im Sinn des Höheren Okkultismus dar, sondern läßt meist nur darauf schließen, daß der Betreffende durch eine einseitige Konzentration eine Art „illegaler“ Herrschaft über gewisse untere Naturgeister errungen hat (siehe Kap. 5 und 18); und allermeist wird er dann so glühend und stark davon beansprucht, daß ihm für die *wahre* Höherentwicklung – welche *allein* zur Verbindung mit seinem Höheren Selbst *und* mit seinem wartenden *Meister* führt – kaum Neigung, Zeit und Energie übrigbleibt.
Meist führt der Besitz solcher abnormer Fähigkeiten automatisch zur Verwendung für egoistische Zwecke (wenn nicht direkt zu schwarzer Magie) ebenso wie Geld und Güter und andere Machtfaktoren mißbraucht werden. H. P. Blavatsky betonte oft, daß im Vergleich mit den Kräften, womit man auf diese Weise Berührung erhält, unsere Dynamit-Energien Spielzeuge seien. Da ihr Mißbrauch sich viel gefährlicher auswirken kann als jeder andere, ist es sehr wohltätig, daß die meisten Menschen noch nicht daran glauben.

Derjenige welcher den Raja-Yoga-Pfad beschreitet, den die Theosophische Bewegung lehrt, bringt durch rein-geistige Methoden – Wille, Liebe und Denkkraft – sowie durch eine disziplinierte Lebensweise (u. a. Enthaltung von Tierfleisch, Alkohol, Tabak und Rauschgiften) seine höhere Natur zu äußerst beglückender Macht und Wirksamkeit. Und er wird früher oder später von seinem Adepten-Lehrer unterrichtet werden, die „höheren Siddhis“ leicht und gefahrlos zum Segen der Menschheit benutzen zu lernen. Zu ihnen gehört auch die Fähigkeit zur Erforschung der von C. W. Leadbeater erwähnten Vergangenheit, Gegenwart und etwas Zukunft. Erst mit Gewinn *dieser* Stufe ist dann die *Vereinigung von Religion und Wissenschaft* im höchsten und vollkommensten Sinn *erreicht!*

Die moderne Wissenschaft hat – trotz ihrer Mißbräuche – ihren echten Anhängern großartig geholfen, den Verstand getrennt von den Gefühlen zu gebrauchen, oder – nach theosophischer Terminologie – ihren Astral- vom Mentalkörper zu lösen. Jedoch, solange die Jünger der Wissenschaft nicht das Verstandes-Denken mit der abstrakten Vernunft vereinigen und sich durch diese auch mit den intuitiven Seelen- und Liebeskräften verbinden, wird die Wissenschaft sich immer noch sehr oft als ein Fluch auswirken. Das heißt also, sie muß mit dem, was echtes religiöses Empfinden genannt wird, durchdrungen werden.

Wir müssen stets danach streben, alle Dinge zu dem hinter jedem stehenden Ur-Bild oder Archetypus zurückzuführen und durch Studium und Meditation den Großen PLAN zu erkennen, in welchem alle Ideen und Dinge von Urbeginn beschlossen sind.
Wir müssen lernen, die Vielen in dem EINEN zu sehen durch Wissenschaft und Okkultismus. Aber wir müssen auch ebenso den EINEN in den Vielen sehen. Dies ist das Herzensbestreben des mystisch-strebenden Menschen. Er zieht sich nach innen zurück, um die GROSSE WIRKLICHKEIT zu finden. Der wissenschaftliche Forscher weiß, der mystische Jünger fühlt. Beide stehen dem Herzen GOTTES gleich nahe; und beide sind notwendig in der Menschheits-Entwicklung. Aber sie müssen zusammenwirken.

Das denkende Gehirn als der Wissenschaftler, das fühlende Herz als der Mystiker und die verbindende schöpferische Hand als der Okkultist: alle sollten im Dienst für die Welt zusammenarbeiten. Das ist die Botschaft der *Theosophie,* das ist die Aufgabe ihres Werkzeugs – der Theosophischen Bewegung – welche die wahrhafte, einzigartige Versöhnerin zwischen Wissenschaft und Religion darstellt.

Literaturnachweis:
C. W. Leadbeater „Gedankenformen"
Plato „Phaidon"
Mabel Collins „Licht auf den Pfad"
Hugh Shearman „An Approach to the Occult"
Alcyone „Zu Füßen des Meisters"

10. Die Entwicklung der Menschenseele – vom Primitiven zum Gott-Menschen

Die Geschichte der Menschheit ist die von Ideen; und die Stadien, durch welche die Menschen vom primitiven zum zivilisierten Zustand aufgestiegen sind, sind durch den Einfluß gewisser großer Lehren zu

unterscheiden. Unter den Ideen der Europäischen Zivilisation herrscht die von der „Entwicklung der Formen“ vor, die im vorigen Jahrhundert durch Darwin eine neue Ära im abendländischen Denken einleitete. Obwohl zuerst nur mit „akademischem Interesse“ betrachtet, wurde bald ihr praktischer Wert anerkannt; und heute gilt sie zum Verständnis vieler Lebensprobleme als notwendig.
Trotzdem ist diese Entwicklungslehre *an sich* nur eine Theorie. Niemand hat so lange gelebt, um genügend Verbindungsglieder in der Entwicklungskette der Körperformen zu sehen, die ihn *bezeugen* ließen, daß diese Veränderungen tatsächlich stattfanden und daß diese Kette keine nur rationelle Annahme ist. Jedoch, diese Lehre wird überall als eine dynamische Formel angenommen, denn wie eine magische Leinwand vollbringt sie Wunder in der Welt des Denkens. Sie bringt ungleichartige Organismen in geordnete Gruppen; und man sieht eine aufsteigende Skala vom Element zum Protoplasma, vom einzelligen Wesen zum vielzelligen, vom wirbellosen Geschöpf zum Wirbeltier, zum Affen ... zum Menschen.

Jedoch, die Entwicklungsvorgänge können keineswegs als angenehm gelten; denn in den Naturmethoden sind viele erschreckende Unbarmherzigkeiten. Grausam und verschwenderisch, scheint sie ihre Geschöpfe oft nur ins Dasein zu bringen, damit sie einander verschlingen. Sie erzeugt mehr Wesen als im feurigen Kampf ums Dasein leben können. Sie baut, zerstört und baut wieder, nur damit ein *Typus* überleben soll, unbekümmert um Behagen oder Schmerz eines Einzelwesens. Die *Menschen* selbst, so stolz sie in ihrer eingebildeten Freiheit sein mögen, sind – von außen gesehen – auch nur Figuren in einem von *ihr* gespielten Spiel. Je vollständiger diese Entwicklungslehre aus den gesammelten Tatsachen herauskristallisiert wird, umso berechtigter erscheinen die Worte eines persischen Dichters

> „Ich kam in dieses Weltall und weiß nicht warum noch woher, gleich den vom Himmel fließenden Wassern. Ich gehe heraus gleich den Winden in der Wüste und weiß nicht wohin.“

Myriaden von Menschen glauben allerdings an einen liebenden Schöpfer und sind überzeugt, ER in Seinem Himmel würde alles richtig mit der Welt machen. Doch dieser Optimismus erfährt fortwährend rauhe Erschütterungen. Kein intelligenter, empfindender Mensch kann um sich schauen und dabei nicht eines anderen Dichters Vergleich des Lebens mit einem Drama zustimmen:

„Akt Eins – die Erd', von Weh die Bühne trüb,
euch ekelt's fast der Szenen her und hin.
Doch übt Geduld! Mag zeigen, der es schrieb,
im Fünften Akt des wilden Dramas Sinn!"

Weder die Idee von der Formentwicklung noch die von einer Göttlichen, willkürlichen Führung kann das menschliche Verlangen nach einer begeisternden, *gerechten* Anschauung vom Leben nur annähernd befriedigen. Die Evolutionslehre zeigt zwar einen prächtigen Prunkaufzug der Natur, hat aber keine frohe Botschaft für den individuellen Menschen, außer daß er das Beste aus seinem kurzen Dasein machen und sich stoisch mit dem Ausgelöschtwerden abfinden muß, wenn die „Natur" keinen Gebrauch mehr für ihn hat. Die andere Idee von der Göttlichen, unerforschlichen Führung spricht suggestiv von einem gerechten, liebreichen „VATER"; aber der denkende Mensch findet in der so mitleidlosen Kosmischen Ordnung keinen Raum für einen solchen „Gott".

Darum ist die Archaische Erkenntnis, welche kristallklar eine untrennbare, beglückende Beziehung zwischen Gott und Entwicklung, zwischen Natur und Menschen zeigt, gewiß der Prüfung wert; und dies ist das Wissen, welches die Esoterische Ur-Weisheit – heute als Theosophie bekannt – im Licht einer ewigen Natur-Tatsache neu-verkündet.
Es ist die von der Entwicklung des *Lebens*. Ebenso wie die Naturwissenschaft von einem unaufhörlichen Wandel der *Formen* vom Protoplasma bis zum Menschen berichtet, so versichert die *Esoterische* Wissenschaft, daß parallel-laufend ein sich wandelndes, wachsendes *Leben* existiert. Dieses hängt nicht von den Formen ab, obwohl es sich ihrer bedient. Es ist 1. unzerstörbar und 2. entwickelt sich unendlich.
Es ist unzerstörbar in dem Sinn, daß beim Vergehen eines Organismus das ihn beseelende Lebens-Element unvermindert zurückbleibt. Dieses behauptet sich und verwahrt – in der „Gruppenseele" – die Erinnerungen aller Erlebnisse, die es z. B. als eine Rose gewann. (Siehe Kap. 2) Später beseelt dieses selbe Lebenselement – ewigen Gesetzen folgend – eine andere Rose eines anderen Frühlings und gesellt die Erfahrungen jener Verkörperung zu der neuen usw. Darum: Bei jedem scheinbaren Tod eines Wesens – Kristall, Pflanze, Tier oder Mensch – überdauert stets das unzerstörbare Leben, wenn auch der Körperorganismus leblos wird und die Verfallsprozesse beginnen.

Weiter: Das Leben oder Bewußtsein entwickelt sich nach denselben Prinzipien wie ein Organismus. *Auch das Bewußtsein* ist zuerst unausgebildet, reagiert nur wenig auf äußere Anregungen; und die Einzelwesen sind sich nur weniger, schwacher Erfahrungen bewußt, die sie während ihrer Verkörperungen machen. Aber das Lebenselement einer Gattung schreitet unaufhaltsam von Stufe zu Stufe durch immer kompliziertere Organismen, bis es bestimmter und vielseitiger in seinen Funktionen wird.

So wie die physische Form sich vom Protoplasma zur Menschengestalt entwickelt, entwickelt sich auch das beseelende *Bewußtsein.* Die gesamte sichtbare und unsichtbare Natur bildet das Entwicklungsfeld für seelisches, empfindendes Leben; und dieser unendliche Vorgang vollzieht sich mittels aufeinanderfolgender Reihen von immer schöneren, fähigeren Körperformen. Diese weiten Schauplätze des sich entfaltenden Bewußtseins erstrecken sich vom Mineral- zum Pflanzenreich, vom Pflanzen- zum Tierreich und schließlich vom Tier- zum Menschenreich.

Die Wissenschaft vom unsterblichen *Leben,* das sich durch immer vollkommenere Formen manifestiert, beantwortet die den Biologen verwirrenden Fragen und stellt auch das Gesetz der „Vererbung" (siehe Kap. 8) an seinen richtigen Platz. Viele heute noch wissenschaftlich unerklärbare Tatsachen zeigen sich so als die Illustrationen von uralten Gesetzen der Natur. Alle existierenden Lücken werden ausgefüllt, die Evolutionslehre erhält ihre wahre logische Berechtigung.

Weiter zeigt das Wissen von der Entwicklung des *Lebens* die Natur als *nicht* verschwenderisch und grausam – denn nichts geht je verloren. Jede Erfahrung der sterbenden Organismen in den unteren Naturreichen wird unvernichtbar in der „Gruppenseele" aufgespeichert. Dieses durch viele okkulte Forscher beglaubigte Wissen beweist, daß die Ziele der NATUR nicht sind, das Leben durch den Tod zu zermalmen, sondern daß das Leben ewig über den Tod triumphiert, um schließlich unsterbliche Menschen hervorzubringen.

Im *Menschen* wirkt dieses Prinzip eines unvergänglichen, sich stetig entwickelnden Lebens sehr viel bestimmter und klarer. Denn der Mensch ist der Gruppenseele entwachsen, er ist ein individuelles Bewußtsein, eine unsterbliche Seele, die fähig ist, vom Körper gesondert zu leben. Jeder Mensch durchläuft diesen wunderbaren Entwicklungsgang; denn beim Übergang aus dem Tierreich in seine Existenz als eine individuelle Seele ist er noch schwach und chaotisch im Denkvermögen, vage-unbestimmt in seinem Verständnis vom Dasein und hat nur einen sehr engen Spielraum im Denken und Fühlen. Aber er entwickelt sich dann unaufhörlich vom Unbestimmten zum Bestimmten, vom Einfachen zum Vielseitigen, vom Chaos zur Harmonie. Des Menschen Aufstieg geschieht durch viele *individuelle* Inkarnationen, indem er beim „Tod" einen Körper verläßt, um nach einer langen glücklichen Himmelspause sein weiteres Leben in einem neuen Körper fortzusetzen. Und bei diesem Scheiden nimmt er die Erinnerungen aller erlebten Erfahrungen mit sich und speichert sie als „Permanente Atome" in seinem Kausalkörper – der bleibenden Residenz seines unsterblichen Selbstes – auf. Dieser Lebensaspekt wird beim Menschen Reinkarnation genannt. So wie alle Naturvorgänge aufgrund der Entwicklung der Organismen verständlich werden, wird alles, was den Menschen selbst auf dem von Leid und Freude überströmenden Lebensweg begegnet, im Licht der Reinkarnation begreiflich (siehe auch Kap. 23 und 30). So wie die physische Evolutionslehre alle Körperformen durch Art und Geschlecht, Klasse und Gruppe zu einer unzerbrechlichen Kette verbindet, vereint die Reinkarnations-Wahrheit alle menschlichen Erfahrungen und schafft das einzige, folgerichtig-logische Weltbild. Alle Rätsel werden durch dieses – Vernunft und Herz voll befriedigende – Tatsachenwissen, wie folgt, erklärt:

Man stelle sich vor, das Ziel der Menschenseele sei ein gigantischer Berg, Millionen klimmen zu diesem Gipfel, und sehr viele Tage werden benötigt, bevor ein Wanderer zu seinem großen Ziel gelangt. Während er so Tag für Tag klimmt, wandeln sich die Proportionen der Dinge unter und über ihm. Neue Düfte umwehen ihn, neue Aussichten grüßen seine Augen und sie passen sich immer neuen Horizonten an. Schritt für Schritt verändern die Gegenstände ihre Formen und Maße. Zuletzt, beim Erreichen des Gipfels, wird ein ungeheures Panorama sich vor ihm ausbreiten; und er wird jeden Teil des erstiegenen Weges klar sehen und nun erkennen, *warum* er sich in dieses Tal senkte und jene Felsspitze umkreiste.

Dies ist ein Symbol vom Ziel der wandernden Menschenseelen. Die Reisenden am Fuß des Berges sehen nur einen sehr beschränkten Horizont und erkennen wenig von dem langen, oberen Pfad. Sie stellen die „jüngsten" Seelen unserer Menschheit dar – die noch primitivsten, die heute vorzufinden sind. Nach dem Reinkarnationswissen sind dies „Kinder"-Seelen, die gerade erst in das *menschliche* Dasein eintreten,

die sich dieser Entwicklung unterziehen, um einmal „Vollkommene Seelen“ zu werden.
Zum Verständnis dieses Evolutionsprozesses wollen wir einen von ihnen Stufe für Stufe beobachten, während er den hohen Berg ersteigt.
Als erstes bemerken wir, daß diese „Kinder“-Seele zunächst eine Dualität darstellt. Denn dieser Mensch besteht aus „Seele“ und „Körper“. Als eine Seele stammt er von GOTT, als ein Körper vom Tier. Dem Körper haftet ein starker Instinkt der Selbsterhaltung an, der ihm durch den rauhen Daseinskampf seiner Tier-Vorfahren aufgeprägt wurde.
Als eine von GOTT ausgestrahlte Seele hat er schon schwache Intuitionen über Recht und Unrecht. Der Körper aber fordert gebieterisch von seinem Besitzer, selbstzentriert und egoistisch zu sein. Da dem Menschen noch der eigene Wille fehlt, um seine Entwicklung zu leiten, handelt er, wie der Körper es will. Darum ist in diesen frühesten Stadien der Seele ihre Vision vom Leben die des gesonderten Ichs. „Mein, nicht dein!“, ist dieses Menschen Handlungsprinzip. Gier beherrscht ihn, ein Durst nach starken, groben Gefühlen treibt ihn an; und er beachtet es wenig, daß er bei deren Befriedigung ungerecht und grausam zu anderen ist. Bei der Vernichtung von Schwächeren scheint er willensstark zu sein, aber in Wirklichkeit hat er – als Spielball einer tierischen Erbschaft, die er nicht zügeln kann – überhaupt noch keinen Willen. Er hat kaum mehr Willensfreiheit als das sich am reißenden Strom drehende Wasserrad. Er ist nur das Werkzeug eines blinden „Willens zum Leben“, welcher nicht der seine ist.
Myriaden von Menschen sind noch in diesem ersten Stadium. Ihre Schlauheit ist kaum schon Intellekt zu nennen. In ihren letzten animalischen Phasen sind Luxus und Behagen ihr Lebensziel. Das Universum um sie her ist ihnen bedeutungslos, und sie sind selten fähig, sich zu wundern oder zu begeistern. Wenn Dinge wie der Sonnenaufgang oder die Neuschöpfung der Welt im Frühling quasi zweimal geschehen sind, hören sie bereits auf, ihnen bewunderungswürdig und faszinierend zu erscheinen. Das Zentrum des Kosmischen Kreises liegt in ihrem engbegrenzten Ich, und sie kümmern sich nicht darum, ob ein anderes, wahreres Zentrum existieren kann.
Jedoch, jede dieser Seelen ist unsterblich und göttlich; und weil ihre Zukunft – nach einer theosophisch-mystischen Schrift – „die eines Wesens ist, dessen Wachstum und Herrlichkeit keine Grenzen hat“, ist es verständlich, warum in diesem ersten Stadium die Selbstsucht eine so vorherrschende Rolle spielen muß. Denn in den kommenden Stufen

muß der Mensch fähig sein, fest allein zu stehen auf der Basis eines konstanten Einzelbewußtseins, das er sich durch das Ringen mit der immer widerstreitenden Materie erwirbt. Zuerst muß er Initiative und Stärke entfalten. Er ist auf den Anfangsstufen schnell bereit, Vergeltung zu üben. Doch dadurch wachsen die Keime einer raschen Entschlußkraft. Er ist herrschsüchtig und brutal – jedoch die Anfänge intelligenter Fähigkeiten erwachsen aus der ausgeübten barbarischen List und Geschicklichkeit. Jedes Vergehen muß eines Tages in mühevollem Dienst an seinen Opfern gutgemacht werden; aber im Gesamten ist das bei diesen ersten Schritten angerichtete Übel geringer an Qualität und Macht als in späteren Stadien, wo die Intelligenz schärfer und die Gemütsbewegung mächtiger ist. In seiner ersten Entwicklungsperiode hat also die Selbstsucht ihren notwendigen Platz in der Anordnung der Dinge, denn sie gehört auch zu den Anfangskräften, die gebraucht werden, um „die Zinnen des Himmels aufzubauen". Diese Seelen, deren *„Jugend"* die Ursache ihrer Selbstsucht ist, sind in ihrer Essenz Göttlich und es ist kein *positives* Übel in ihnen. Die Laster ergeben sich aus dem Kampf ums Dasein und der noch bestehenden Abwesenheit von Tugenden.

JEDE Seele ist – als von GOTT stammend – ein von Natur „gutes" Wesen, welches tief in seinem Herzen ein dunkles Wissen von dem *einen* wahren Weg hat, obgleich er in seinen blinden, tastenden Versuchen, ihn zu beschreiten, lange Zeiten eher rückwärts als vorwärts zu gehen scheint. Gleich Pflanzen in einem Garten werden alle Menschen von ihrem Schöpfer gepflegt. ER kennt schon jetzt die Vollkommenen Seelen, die ER im Verlauf der Zeitalter durch Wachstum und Wandlung aus ihnen machen will.

So wie Goethe den Göttlichen HERRN im „Faust" sprechen läßt:

> „Wenn er mir jetzt auch nur verworren dient,
> so werd' ich ihn bald in die Klarheit führen.
> Weiß doch der Gärtner, wenn das Bäumchen grünt,
> daß Blüt' und Frucht die künft'gen Jahre zieren."

Leben nach Leben kommen diese Seelen zur Geburt – wechselnd in männlichen und weiblichen Reihen. Sie führen selbstsüchtige Leben, und für lange Zeit wird kaum eine Verbesserung in ihrem Charakter bemerkbar.

Doch langsam schleicht sich Unzufriedenheit bei ihnen ein. Der Verstand ist zwar noch zu stumpf, um die Beziehungen des Einzelnen zum GANZEN zu erfassen, und die Vorstellungskraft zu schwach, um zu erkennen, „daß der Mensch nicht vom Brot allein lebt". Aber zahllose natürliche Erschütterungen werden jetzt von den Lenkern ihres Karmas weise angewendet, um ihre egozentrische Zufriedenheit zu beunruhigen. Alter und Krankheit werfen drohende Schatten auf sie, welche einen philosophischen Geist wenig betrüben könnten. Verlust und Unfall liegen wartend am Weg, um sie rebellisch zu machen gegen ein Schicksal, das sie nicht verstehen. Bis zu der Zeit, wo ihre Herzen ein Ideal zu hegen beginnen, werden sie quasi von „Jagdhunden des Himmels" verfolgt. So werden sie für die nächste Stufe vorbereitet. Die Grundlagen ihrer künftigen Fähigkeiten sind gelegt, und es wurde eine bewußte Wesenheit geschaffen. Der Mensch steht nun fest auf einer durch Selbstsucht erbauten starken Basis.

Nun ist die Zeit gekommen, daß die Seele mit der Anstrengung beginnt, den Egoismus wieder abzuwerfen, denn jetzt und noch viel mehr auf den kommenden höheren Stufen wird dieser zum Anachronismus und hat später keine Daseinsberechtigung mehr. So eröffnet sich dem Blick der Seele die Vision ihrer nächst-höheren Stufe.
Je nach dem Seelentypus ist diese Vision entweder die des *Verstandes* oder die der *Gefühle*. Denn es gibt zwei Haupttypen von Seelen: den Typus, in welchem die Intelligenz das Gefühl überwiegt, und den anderen, in dem das Gefühl die Intelligenz überwiegt. (Das hat nichts mit dem jeweiligen Geschlecht zu tun.) Ein Typus ist nicht wertvoller als der andere. Beide sind Phasen, um in eine höhere, erhabenere Fähigkeit hineinzuwachsen, die der Intuition. Die Vision des dritten Stadiums ist ja die der *Intuition;* und zu ihr gelangen die Seelen entweder vorwiegend durch den Intellekt oder vorwiegend durch das Gefühl.

Betrachten wir zuerst die Seelen, deren Entwicklung hauptsächlich mittels intellektueller Tätigkeit vorsichgeht. In deren Vergangenheit ist zu sehen, daß schon im ersten Stadium viel Intelligenz aufgebaut wurde. Ihre Selbstsucht machte sie schnell und listig, Gelegenheiten zu ergreifen, die ihren Behagenszwecken dienen sollten. Diese Intelligenz wird nun von den karmischen Führern der Evolution in die Hand genommen. Der Mensch wird in Verhältnisse gestellt, welche die bloße Schlauheit in Intellekt verwandeln sollen. Die Folgen des schon von ihm gesäten Guten und Bösen werden beim Reifen dieses Menschen weise verteilt, um ihm Beschäftigungen und Interessen zu geben, die ihn nötigen, teilnehmend an Menschen und Wesen um ihn her zu den-

ken – außerhalb ihrer persönlichen Beziehung zu ihnen. Anstatt Erfahrungen nur noch in Bezug auf sein persönliches Wohl zu wägen, beginnt er jetzt, sie sachlich in Typen und Kategorien zu ordnen. Nach und nach fängt er an, eine physische und moralische Ordnung im Kosmos zu entdecken, die machtvoller als sein Wille ist. Jedes Naturgesetz wird zuerst von ihm gefürchtet, denn es scheint ihn nur hindern zu wollen. Später aber, mit mehr Erfahrungen über das Wirken solcher Gesetze, beginnt er, ihnen zu vertrauen und sich zu seinen Zweckerreichungen auf sie zu verlassen. Eine tiefe Neigung zum Nachdenken und Lernen erwacht in ihm, und er hat aufgehört, eine optische Linse ohne Eigenwirken zu sein.
Auf dieser Zwischenstufe ist zu bemerken, daß die noch stark in ihm regierende Selbstsucht die Tätigkeiten seines Verstandes entstellt. Er wird allmählich ein selbstgerechter Wissensmensch, ein Pedant sein, kämpferisch und voller Vorurteile. Neben seinem Intellekt wird sein Charakter deutliche Schwächen zeigen. Er wird oft Prinzipien der Lebensführung bombastisch verkünden, die er keineswegs schon auf sich selbst anwenden kann. Immer wieder wird auch sein Verstand versagen, und es wird ihm deutlich gezeigt, wie wenig er die Welt begreift. Denn da die Welt ja – als Verkörperung eines Göttlichen Planes – hoch über seinem Begriffsvermögen steht, ist der sie nur verstandesmäßig begreifen Wollende immer Mißverständnissen ausgesetzt. Dem entstehenden Übermaß an konkretem Intellekt fehlt noch die wahre Intelligenz, und er wird alle Dinge wie durch ein geschwärztes Glas sehen. Viele Leben werden verstreichen, während er langsam vorwiegend Verstandeserfahrungen gewinnt, die er zu einer echteren Vorstellung vom Leben verarbeitet.
Jetzt wird er auch begonnen haben, am intellektuellen Leben der Welt teilzunehmen; und auf der Schwelle zur nächsten Phase finden wir ihn vielleicht aktiv in Wissenschaft, Philosophie oder Literatur. Aber sein Intellekt hat noch eine stark-persönliche Note. Er muß unpersönlich und geläutert werden, ehe die nächste Vision – die der Intuition – ihm aufleuchten kann. Wiederum werden wir sehen, daß eine Unzufriedenheit in sein Leben eintritt. Die jahrelang mühevoll erbauten Ideengebäude werden eine nach der anderen zerbrechen, weil die Natur durch stets neue Tatsachen offenbart, daß seine Thesen nur teilweise auf Wahrheit beruhen. Die Welt, für die er sich mühte, wird ihn vergessen, und jüngere Forscher werden die ihm gebührenden Ehren empfangen. Er wird auch von bisher treuesten Freunden mißverstanden und vielleicht verlassen.

Aber dieses Leiden – die Ernte schlechter Saaten, die aus der Ungerechtigkeit gegen andere infolge mentaler Vorurteile entstanden – läßt dann eine hohe innere Reinigung in ihm entstehen. Die Seele lernt die große Lektion, um des Werkes und nicht um der Früchte ihrer Handlungen willen zu arbeiten. Jetzt kennt der Mensch die Freude der altruistischen Hingabe an das Suchen nach Wahrheit. Als ein befreiter Studierender aller Denk- und Lehrsysteme beobachtet er die All-Natur – „wie sie ist" –; und in einer großen mentalen Unpersönlichkeit löst er viele ihrer Geheimnisse. Von ihm kann dann mit den Pythagoräern gesagt werden, daß „ein großer Intellekt eine Schwelle zur Göttlichkeit ist". So dämmert ihm die Vision der Intuition herauf.

Nach der Beobachtung, wie Seelen durch den Intellekt zum Abwehren des Egoismus geschult werden, wollen wir als Zweites sehen, wie das gleiche Resultat für die erreicht wird, in denen die Gefühle den Verstand überwiegen. Zu diesen gehören auch die künstlerischen Typen. So wie das intellektuelle Temperament schon zuerst deutliche niedere Intelligenzzeichen gibt, ist zu sehen, daß die jetzt zu betrachtenden Seelen während des gleichen Stadiums sehr viel Empfindung zeigen. Es werden selten edle, selbstlose Gefühle sein, sie werden meist aus Lust und Eifersucht bestehen – mitunter mit etwas grobem religiösem oder künstlerischem Gefühl gemischt. Aber ein solcher Mensch wird allgemein sehr leicht durch Gefühle bewegt; und dieser Seelenzug wird nun von den Lenkern ihres Karmas aufgenommen, um ihn für das Betreten der nächsten Stufe vorzubereiten. Indem er zuerst egoistisch-unbekümmert um die Gefühle anderer seinen Wünschen und Trieben folgt, wird er Schwächere zwingen, die Sklaven seiner Gefühle zu sein. Aber die Leidenschaften und Besitzgefühle, womit er die umfaßt, die seinen Begierden dienen, werden ihn Leben nach Leben mit ihnen verbinden, bis er eines Tages entdeckt, daß sie für seine Wünsche noch weiter nötig, doch nicht mehr seinem Willen verfügbar sind. Allmählich wandeln sich seine unreinen Passionen in reinere Zuneigungen; und auch dann wird er karmisch stets wieder zu diesen Menschen gebracht, so daß seine Gefühle impulsiv zu ihnen strömen. Aber die ihnen früher zugefügten Vergehen werfen jetzt einen Schleier über ihre Augen, so daß er ihnen nun gleichgültig ist. Er wird gezwungen, sie weiter zu lieben und die früheren Verfehlungen durch Dienste an ihnen zu sühnen. Oft wird Verzweiflung seine einzige Belohnung sein. Wenn er grollend versucht, diese Bande zu zerbrechen, merkt er, daß dies nicht möglich ist. Er wird die Liebe verwünschen, doch nur, um immer wieder

mit seinen Opfergaben zum Altar der Liebe zurückzukehren.
Obwohl das Leben jetzt voller Enttäuschungen ist, wird er in seinen ernsteren Momenten bemerken, daß sein Gefühlsleben trotz dieser Leiden langsam einen neuen Sinn in ihm entwickelte. Er fängt hier und da Lichtblicke auf von einer nie-sterbenden Jugend in allen Dingen; und die alternd und traurig erscheinende Welt wird ihm unter bestimmten Gefühlseindrücken aufs neue so entzückend vorkommen wie damals, ehe das Leben ihm zur Tragödie wurde. Diese Lichtblicke dauern zuerst nur so lange, wie ein Liebesgefühl oder eine künstlerische Freude sein Wesen färbt, aber es kommt die Zeit, wo das Dasein selbst ihm zu einer Glücksquelle wird.
Leben nach Leben wird die durch Liebes- und Kunsterlebnisse genährte Empfindung wachsen, bis sie zu etwas Neuem, Wunderbarem erblüht – zu der LIEBE DES EINEN LEBENS. Dann offenbart die Natur in allen Wesen neue lebendige Werte, deren Bedeutung er nie mehr vergessen kann. Weil jetzt die Liebe zu GOTT, zu Menschen und zur Kunst ihn regiert, hat jeder Grashalm, jedes Blatt, jede Blume für ihn einen neuen hohen Sinn. Er sieht Schönheit dort, wo er sie nie zuvor sah. Alles Schöne um ihn her – ein Antlitz, ein Sonnenuntergang, eine Melodie – wird ihn geheimnisvoll mit denen verbinden, die er liebt, auch für ihn hört die Welt auf, ein leeres Blatt zu sein. Natürlich wird dieser Zustand entzückten Staunens oft unterbrochen, so daß Perioden kommen, wo die Welt verschleiert scheint. Doch der selbstgewobene Schleier muß zerrissen werden, wenn er zur „Vision der Intuition" gelangen will. Wiederum tritt auch in sein Leben eine Unzufriedenheit ein, darüber, daß die Erlebnisse der Liebe und der Kunst im letzten Sinn vergänglich sind. Geliebte und liebende Menschen werden von ihm genommen, wenn gerade das Leben in Blüte stand. Freunde, die er liebevoll idealisierte, werden diese Vorstellung durch ihr Verhalten vernichten. So grausam das alles scheint: es ist die Ernte von Saaten aus vergangenen Leben, aber ihr Reifen hat eine tiefe Bedeutung. Er hat bisher nicht die LIEBE als Göttliche Ur-Kraft geliebt, sondern ihren Schatten; nicht das Ideal der wahren, ewigen, makellosen Kunst, sondern sein wechselvolles Abbild. Er muß jetzt klarer sehen und wahrer fühlen. Auch der Charakter muß gefestigt werden, damit er nicht mehr von Begeisterung zu Depression schwanken kann. Auch darf er sich im religiösen Leben nicht mehr mit einem schwärmerischen Mystizismus begnügen. Die erhabene Größe der wahren Mystik leuchtet in ihm auf. Daher die unvermeidliche Läuterung durch Leiden. Die

Schlacken des Persönlichen werden verbrannt, bis nur das Gold Göttlicher Wünsche übrigbleibt. Er entdeckt dann, daß die beseligstenden Gefühle die sind, welche den Geist des Opfers in sich hegen. Nun steigt für ihn, der innerhalb seiner Gefühle geläutert wurde – so wie für den anderen Typus, der durch seinen Intellekt unpersönlich wurde – die Vision der *Intuition* auf.
Hierzu aus „Licht auf den Pfad“:
„Ehe die Augen sehen können, dürfen sie der Tränen nicht mehr fähig sein. Ehe das Ohr hören kann, muß es seine Empfindlichkeit verloren haben.“

Alle bis zu diesem Stadium gekommenen Seelen haben nun gelernt, daß der *höhere* Geisteszustand in Wirklichkeit nur mit äußerer Entsagung beginnen kann. Sie haben die Bedeutung des *Lebens* entdeckt, daß der Mensch ein Kind GOTTES ist und hevortrat, um ein Mitarbeiter seines VATERS zu werden. Auch wenn jemand sich seine innige Beziehung zum GANZEN noch nicht voll erklären kann, notwendig ist nur, daß er seine Bestimmung erkennt, ein Arbeiter an einem hohen Werk zu sein; und daß es wenig bedeutet, was ihm persönlich geschieht, solange nur dieses Werk seiner Vollendung entgegenschreitet. Er weiß, daß das Ziel für ihn irgendwelche hilfreiche Tätigkeiten an seinen Mitmenschen einschließt und daß dies unpersönlich, ohne Belohnungswünsche, von einem Geist freudigen Opfers erfüllt, ausgeübt werden muß. Er besitzt nun die Fähigkeit der Intuition, welche Verstand und Gefühle hoch übersteigt und die Urteile von beiden unfehlbar berichtigt. Er wächst so über den „gesunden Menschenverstand“ hinaus. Sein Maßstab für alle Dinge verändert sich in einem ungewöhnlichen Sinn, denn das Leben ist jetzt für ihn voller transzendenter Erfahrungen, von denen andere nichts wahrnehmen. Er unterscheidet auch einsichtsvoll jene unsichtbaren kausalen Faktoren, die in den menschlichen Beziehungen spielen; und daher ist seine Beurteilung „nicht von dieser Welt“. In allen Dingen fühlt und sieht er „Ein Leben“.
Bei stark-mentaler Veranlagung wird er gern in Wissenschaft und Philosophie die Synthesen herstellen; und in unseren Tagen wird er auch mit Enthusiasmus die theosophischen Lehren erfassen und verbreiten. Bei mehr gefühlsmäßiger Veranlagung wird er sich (neben dem letzteren) auch der Kunst oder der Philanthropie mit Hingabe widmen.

Die wundervolle EINHEIT DES LEBENS wird *vollständig* erst in der höchsten Stufe erlebt, aber als Vorbereitung werden Wissenschaft und Kunst, Religion und Philosophie ihm ewige Ur-Bilder aus dem Kaleidoskop des Lebens zuleiten – Archetypen des Denkens, von Gefühlen und Temperamenten. Diese sieht er überall um sich her; das irdische Leben erscheint ihm wunderbar umgewandelt, weil es wie in einem Spiegel Ur-Typen eines mysteriösen Reiches jenseits von Zeit und Raum und Veränderlichkeit reflektiert. Wie sagte Goethe?

„Alles Vergängliche ist nur ein Gleichnis,
das Unzulängliche – hier wird's Ereignis.
Das Unbeschreibliche, hier ist es getan –
Das Ewig-Weibliche zieht uns hinan."

Das „Ewig-Weibliche" – der Weibliche Aspekt der GOTTHEIT – lehrt den Steigenden jetzt aus allen Dingen intuitive Weisheit. Die Wissenschaft verkündet ihm die Einheit der Schöpfung; philosophisch erkennt er, daß der Mensch ein Bewußtsein ist, das eine eigene Welt erschafft, aber mit allen Wesen unlöslich vereint ist. Die Kunst offenbart ihm überall Jugend und Schönheit und die Religion flüstert seinem Herzen unaufhörlich zu, daß die LIEBE über allem anderen schwebt. Seine Sympathien gehen zu allen, so wie sein Wille immer zum Dienst an allen Wesen bereit ist.

Nun ist die Zeit nicht mehr fern, daß ihm die Vision des Reinen Geistes – *Atma-Nirvana* – aufleuchtet. Aber vor ihrem Portal tritt noch einmal eine diffizile Unzufriedenheit in seine Seele. Diese ist nicht mehr von persönlicher Art; denn die traurigen Ernten des Leides für getanes Übel sind vorbei und nur noch der Kummer um andere wirft Schatten über ihn. Auch wird die Unzufriedenheit nicht mehr durch Leiden um Vergänglichkeit verursacht; denn er besitzt das absolute, erlebte Wissen von der Unsterblichkeit aller Wesen. Er weiß, daß trotz beständiger Wandlung D A S hinter ihnen steht, was sich niemals wandelt.
Dennoch bedrückt ihn eine Unzufriedenheit, sie naht ihm jetzt in seinem Wirken. Denn – mit der Intuition als Führer – gelingt es ihm nun oft, Großes zu schaffen in dem Feld des Strebens, worin er aus früheren Leben besonders geübt ist. Als Dichter, Maler, Musiker, religiöser oder rein-theosophischer Lehrer, Mystiker, Philosoph oder Gelehrter wird er vielleicht eines Tages zu einem genialen Schaffenden. Aber obwohl seine Werke anderen wie Wunder erscheinen mögen, kommen sie ihm doch nur bruchstückweise wahr, schön und wirkungsvoll vor. Denn nur *er* sieht das Ideal, das er so gern herabbringen möchte, nur

er kennt sein schmerzliches Versagen. Das Leben lehrt ihn, sich mit matten Abbildern des Unerreichbaren zu begnügen. Bei diesem Aufsteigen verschmelzen dann Gelehrter, Künstler, Lehrer, Heiliger usw. zu *einem* neuen Wesens-Typ, der mit anderen, umfassenderen Augen schaut. Er hat die Reinheit des Herzens und die Unschuld der Hände in einem höheren Sinn wiedergewonnen und ist (nach Richard Wagner) „durch Mitleid wissend geworden". Er ist jetzt „Parsifal", der sein Erbe antritt.

Nach der Vision der Intuition gelangt er nun zur Vision des Reinen Geistes – *Atma-Nirvana.* Jedoch schon vor dieser Schwelle verbindet sich ihm Der, welcher ihn schon in manchen Leben beobachtet und unsichtbar ermutigt hat. Dies ist der „Meister", einer der „Ritter vom Heiligen Gral", die „Hierarchie der Adepten". In ihm findet der Jünger alle Ideale voll verwirklicht, die ihn stetig aufwärts gezogen haben; und Hand in Hand mit diesem „Vater in Gott" beschreitet er jetzt den „Uralten Heiligen Pfad", während der Meister ihm die „Vision des Reinen Geistes" enthüllt. Wie mag ein Geringerer als ein Adept wirklich darüber sprechen? Und doch, da Adepten sich schon oft unter den Menschen bewegt haben – da auch Krishna, Buddha und Christus diesen Göttlichen Zustand sichtbar offenbarten – kann jeder ihn ahnen. Jene Vision des Geistes ist die E i n h e i t. Eine Upanishad sagt:

> „Allein in diesem Universum kommt und geht ER.
> ER ist das Feuer, das Wasser durchdringt ER.
> IHN und IHN allein anschauend, trotz' ich dem Tod,
> Keinen anderen Pfad gibt es zu gehen."

Jetzt nähert sich der Menschengeist dem Zustand Göttlicher Vollkommenheit an Macht, Liebe, Erkenntnis und Schönheit. Jetzt schaut er, der zum Ziel seines Steigens kam, in jedem anderen nur die in ihm arbeitende, unsterbliche Seele. Er sieht in seinem „jüngeren Bruder" das, was er werden soll, nicht das, was er augenblicklich ist und tut. Es gibt für ihn weder hoch noch niedrig, denn in jedem Wesen sieht er einzig einen Strahl aus der Göttlichen URFLAMME. (Siehe Kap. 17.) Das Leben ist diesem Vollendeten hinfort ein Sakrament geworden und er dessen Priester. Mit machtvoll-liebenden Gedanken und Taten zelebriert er ohne Unterlaß dieses „Sakrament des Lebens" und „versöhnt" die Menschheit mit GOTT und GOTT mit dem Menschen. Er nimmt unaufhörlich den tiefen Kummer der begrenzten, sehnenden

Herzen in sich auf, reinigt ihn in seiner heiligen Seele und bietet ihn GOTT dar. Aus GOTTES strahlender Höhe bringt er den Menschen das hernieder, was allein jenes unaufhörliche Sehnen stillen kann. Er hat den Willen zu Eigenwünschen völlig aufgegeben und dadurch die herrlich-gewaltigen Ziele des EINEN LEBENS zu den seinen gemacht. Es heißt von ihm in einer Upanishad

„Im Universum untertauchend, wachse ich."

Er kennt sein Ich mit Entzücken nur als eine Linse in einem Unendlichen LICHT. Hinfort lebt er, der nun selbst zu einem Meister geworden ist, nur zu dem Zweck, daß GOTT SELBST durch ihn leben, durch ihn lieben und durch ihn handeln kann. Sein Herz wird nun im „Himmel" oder in der „Hölle" – wohin ihn seine Arbeit auch künftig tragen wird – immer inniger in Seligkeit flüstern:

„IHN kenne ich, den MÄCHTIGEN,
herrlich glänzend gleich der Sonne über alle Dunkelheit.
IHN und IHN allein anschauend, trotz' ich dem Tod.
Keinen anderen Pfad gibt es zu gehen."

So also sehen wir, die glücklichen Vorläufer eines neuen Zeitalters, das Leben im Licht einer ewigen Wahrheit – der Reinkarnation. So wie der Studierende der physischen Evolutionslehre die ganze Natur in einer Lebensleiter verbunden sieht und Himmel, Erde und Meer ihm von der beständigen Entwicklung Zeugnis geben, so sehen *wir* alle Menschen in dem Weg zu einem grandiosen Ziel vereinigt; und ihre Hoffnungen und Ängste, ihre selbstsüchtigen Taten wie ihre erhabenen Opfer zeugen uns von dem ewigen Vorgang des WERDENS. Das Leben und seine Erfahrungen haben aufgehört, uns wirr und unverständlich zu scheinen. Nicht länger wird die Welt das für uns sein, was ein Dichter sagte:

„Akt Eins, die Erd', von Weh die Bühne trüb,
euch ekelt's fast der Szenen her und hin."

Aber er sagt weiter:

„Doch übt Geduld! Mag zeigen, der es schrieb,
im Fünften Akt des wilden Dramas Sinn!"

Der Fünfte Akt liegt hier vor unseren Augen. Er besteht aus jener Vision des Reinen Geistes *Atma-Nirvana* – dem Zustand des REINEN SEINS – der vollkommenen, ewigen Glückseligkeit, welcher das sichere Erbe einer jeden Seele ist und welchem alle Menschen langsam entgegen wandern, denn:

„keinen anderen Pfad gibt es zu gehen."

Literaturnachweis:

C. Jinarajadasa „The Vision of Spirit"

Dr. A. Besant „Im Vorhof"

G. Hodson „The Pathway to Perfection"

N. Sri Ram „Evolution and Life"

G. Hodson „Soul's Growth through Reincarnation"

Rohit Melita „Evolution, the Law of Becoming"

11. Okkulte Einflüsse unserer physischen Umgebung in Form von Haus, Möbeln, Bildern, Büchern, Kleidung usw.

Dieses Essay soll einer durchaus praktischen Seite der theosophischen Wissenschaft gewidmet sein.

Theosophie-Studierende legen dem Einfluß der Umgebung ziemliche Bedeutung bei. Darunter versteht man gewöhnlich Umstände, in die man hineingeboren wurde oder die einem von außen aufgelegt wurden. Es gibt jedoch noch eine andere Umgebung, die wir uns selber schaffen. Nicht umsonst urteilt man von der Außenseite eines Hauses auf das Wesen seiner Besitzer; und im Wohnraum eines Menschen enthüllt er wirklich seine Natur. Denn dieser zeigt seine Vorlieben in Büchern, Bildern, Skulpturen, Möbeln, Teppichen und Blumen. Und alle diese Gegenstände wirken fortwährend auf ihn ein. Ein Mensch mit okkultem Wissen wird schon bei der Wahl eines Wohnhauses von Erwägungen mit-geleitet, die bei anderen nicht auftauchen. Letztere fällen ihre Entscheidungen hauptsächlich nach Größe, Mietpreis, technischen Anlagen, Nähe zu öffentlichen Verkehrsmitteln u. a. m. Jedoch das Studium der „Verborgenen Seite der Dinge" rät noch zu einigen weiteren Gesichtspunkten. So ist es bei einem *Eigenheim* wesentlich, so viel Raum wie möglich um dieses herum zu haben, so daß es von den

Nachbarhäusern etwas entfernt steht. Das bedeutet keine Verachtung gegen ihre Bewohner. Sie können eine angenehme Wesensart und Lebensführung haben; und dennoch ist es wichtig, die Vermischung der Schwingungen zu vermeiden. Man kann ja einen sympathischen Nachbarn besuchen oder einladen. Aber beständig in einer so dichten Nähe mit ihm zu leben, daß man jede Veränderung seiner Aura – wenn auch unbewußt – mit-empfindet, ist ein Zustand, der nie existieren sollte, obwohl er leider in unserer Zivilisation oft unvermeidlich ist.
In den langen Häuserzeilen unserer Städte ist es unmöglich, unserem Nachbarn zu „entfliehen". Tritt er bis zur Trennungswand heran, muß seine Aura diese durchdringen; und haben wir an beiden Seiten so nahe Nachbarn, sind wir praktisch mit zwei Familien im Raum, deren Leben und Interessen ganz verschieden von den unseren sein, also im klirrenden Widerspruch zu den unseren stehen können. Sogar ein halballeinstehendes Haus ist besser als ein Mittel-Reihenhaus. Deshalb sollte es in Kulturländern nur freistehende Häuser geben, trotz Kostbarkeit des Bodens. *Noch* größer sind die Schwierigkeiten bei all den – von den meisten Menschen benutzten – Mietswohnungen. Sie mögen viele Vorteile und gemeinsame Komfort-Einrichtungen haben, liegen aber diesem ernsten Einwand offen. Wenn unsere Lebensumstände jedoch so beschaffen sind, daß wir in einer solchen Gemeinschaft leben *müssen,* sollten wir alles Erreichbare tun, um nicht allzu gegensätzliche Nachbarn zu haben.
Ein anderer wichtiger Gegenstand ist die Sonnenseite des Hauses. Gesundheitsgebote schreiben vor, kein schattiges Haus zu wählen; sie werden vom Okkulten her nachdrücklich verstärkt. Sonnenschein und alles Dazugehörige ist dringend wünschenswert. Nicht nur physische Krankheiten, sondern auch Reizbarkeit und Depression fliehen vor den direkten Sonnenstrahlen. So sind also viel Sonnenschein und viel frische Luft hervorragende, zu beachtende Erfordernisse.

Die Einflüsse der unmittelbaren Umgebung sollten auch stark in Betracht gezogen werden. Unter gar keinen Umständen sollte man ein Haus wählen, das sich in der unheilvollen Nähe eines Schlachthauses, eines bordellartigen Gebäudes, eines Fleischerladens, eines Alkoholausschankes, einer Rauschgifthöhle, eines Gefängnisses oder Strafgerichtes befindet. Es ist auch sehr ungünstig, in Nähe einer Pfandleihanstalt oder einer Börse, überhaupt aller Plätze zu wohnen, wo oft heftige, scharfe Debatten um Geldeswert stattfinden – wegen der zermürbenden Wirkung von solch leidenschaftlichen und zornigen

Schwingungen, und weil auch immer Ausstrahlungen von Sorge, Verzweiflung, Haß und Neid mit diesen Dingen verbunden sind, die auf die Dauer in empfindliche Menschen depressive Stimmungen fließen lassen. Natürlich gehören auch Häuser mit dem Betrieb von „Glücksspielen" dazu. Die Wesensart der vorigen Mieter kann Spuren in einer Wohnung hinterlassen. Waren es etwa leichtsinnige Verschwender oder streitsüchtige Leute, oder litten sie tief an langdauernden, schmerzlichen Kümmernissen, so sind die Räume so sehr von solchen Gedankenformen durchtränkt, daß sie für jede sensitive Familie zu einem ungeeigneten Heim werden. Diese Schwierigkeit kann durch eine sorgfältige Entmagnetisierung überwunden werden – falls der Betroffene genau weiß, wie er sie ausführen muß.

Weiter ist der Anblick des Hauses zu beachten. Man sollte möglichst keines mit häßlich-düsterem Aussehen wählen, nicht nur wegen der niederdrückenden Wirkung auf einen selbst, sondern auch, weil es immer von einer Wolke unangenehmer Gedankenformen umgeben ist, welche von Nachbarn und Passanten stammt, denen sein Anblick widerwärtig ist. Sogar dann, wenn unser eigenes Wohnhaus freundlich und schön aussieht, ist es dennoch wenig geeignet, wenn schmutzig-häßliche Gebäude oder andere abstoßende Dinge in direkter Nachbarschaft sind, *weil* wir sie ja beständig vor Augen haben. Vor allem sollten jene langen, monotonen Reihen von alten, ärmlich-traurigwirkenden Häusern vermieden werden, die immer noch ganze Stadtteile beherrschen. Irgendein Garten ist stets ein äußerst wertvoller, ausgleichender Aktivposten. Ein von Gärten umgebenes bescheidenes Häuschen ist eine bedeutend günstigere Wohnstätte als ein prachtvolles, komfortables Gebäude, das dicht an der Straße in einer Häuserreihe steht. Wenn wir aber in einem solchen Haus leben müssen, ist noch die Art der Straße von Bedeutung. Eine mit lärmförderndem Material gepflasterte Straße sollte vermieden werden. Auch eine, die regelmäßig vom lauten Getriebe eines Wochenmarktes überschwemmt wird, ist untauglich für Menschen mit empfindlicher Wesensart. Auch sollte man nicht eine Straße mit unaufhörlichem, starkem Geschäftsverkehr wählen, ebenso keine in direkter Nähe einer S-Bahn, Omnibus- oder Straßenbahnlinie.

Die giftigen Auto-Auspuffgase und die lärmenden Motorengeräusche gehören zu den schlimmsten Mängeln in unserer noch so mangelhaften Zivilisation, in der wir häufig in der eigenen Wohnung nicht vor Rundfunk-, Fernseh-, Plattenspieler- oder Bastellärm oberer oder seitlicher Nachbarn geschützt sind. Obwohl der Mensch sich an die Geräusche „gewöhnen“ kann, bedeutet doch jeder Lärmanprall einen Schlag gegen seinen Astral- und Mentalkörper; und die Wirkung gleicht der von wiederholten Schlägen auf den physischen Körper. Auch hier wirkt die Häufung nach einer Zeit schädigend. Im physischen Körper erscheint dann Schmerz, den wir auf seinen Ursprung zurückführen können. Doch im Astralkörper erscheint nervöse Reizbarkeit und im Mentalkörper bleibende Mattigkeit und Beschwerde beim logischen Denken. Die Ursachen *dieser* Übel werden meist *nicht* erkannt. Auch die Nähe von Fabriken ist sehr ungünstig, wegen Krach, Rauch und Chemie-Abfällen.

Vielen Menschen erlaubt es ihre Lebenssituation nicht, manche dieser Anregungen zu beachten, doch ein unabhängiger Mensch erweist sich einen unvorstellbaren Dienst, wenn er sich in der Wahl des Wohnplatzes von diesen diversen Tatsachen leiten läßt. *Sonst* muß man eben die Vor- und Nachteile genau abwägen und sich die best-möglichen Umstände aussuchen – indem man es als karmisches Ergebnis gewisser Handlungen in vergangenen Leben anerkennt, daß einem die völlige Wahl versagt bleibt.

Ein Gebiet allerdings, in dem man viel größere Freiheit hat, ist die Ausstattung unserer Zimmer, und diese ist von großer Bedeutung. Z. B. üben die Bilder an unseren Wänden fortwährend einen unbemerkten Einfluß aus – nicht nur, weil sie uns beständig den Ausdruck bestimmter Ideen vor Augen halten, sondern auch, weil der Künstler einen gewissen Teil seines Denkens und Fühlens in sein Werk legte. All das haftet dem Bild an und strömt von ihm aus, so wie der Duft einer Blume. An jedem Bild gibt es eine verborgene Seite – die in des Malers Geist lebende Idee. Als er diese gestaltete, drückte sie sich plastisch in Astral- und Mentalstoff aus, wenn es ihm auch nur teilweise gelang, sie ins Physische zu übertragen. Denn jeder Künstler weiß, daß auch seine großartigste Arbeit stets hinter seinen Absichten zurückbleibt. Aber die *Vorstellung*, die er davon hatte, existiert wirklich und lebendig in der Mentalwelt, und die Gefühle, die er ausdrücken wollte, leben als Bilder in der Astralregion. Und diese unsichtbaren Dinge strahlen (auch bei Reproduktionen) beständig ihre eigenen Schwingungen aus und wirken daher auf die in ihrer Einflußsphäre lebenden Menschen ein. Dies verpflichtet uns, sehr sorgsam in der Typenauswahl der Malereien zu sein, die wir um uns sammeln. Wir müssen alle Bilder vermeiden, die jämmerliche, häßliche oder schreckenerregende Dinge zum Thema haben – ganz *ungeachtet*, wie künstlerisch diese

Gegenstände behandelt sein mögen! Auch sollte man Bilder vermeiden, die, obgleich harmlos an sich, dazu neigen, in primitiven Gemütern Anlaß zu unreinem Denken zu geben, weil solche Gedankenformen dann um das Bild schweben und als ein verderblicher Einfluß wirken. Die moderne Sucht nach geist- und seelenlosen, industriell-gezielten Darstellungen des weiblichen Körpers in den Massenmedien ist entschieden abzulehnen und zu bekämpfen. Sie stehen fortwährend mit Sittlichkeitsvergehen und -morden jugendlicher Menschen in direkter Beziehung, besonders als Kino- und Fernsehfilme.

Ebenfalls verwerflich ist jene Art von künstlerischem „Realismus", die stets die schwärzeste Seite des Lebens sieht und nichts als „natürlich" anerkennt, was nicht dekadent und verdorben ist. Abbildungen abstoßender Szenen in einem tiefstehenden Milieu, wie trinkende Bauern in Kneipen, Kriegsgemälde, Metzger- oder Jagdszenen (wo statt Menschen unschuldige Tiere hingeschlachtet werden), alle diese werden von weisen Menschen nicht im Heiligtum ihres Heimes aufgenommen. Sie werden sich nur mit Bildern umgeben, die von veredelnder, harmonischer Natur sind, und die auf ihn und seine Umwelt Einflüsse von Glück und Frieden ausstrahlen. Schöne Landschaften oder Meeres-Szenen sind immer gut, auch Abbildungen von alten Kathedralen oder anderen majestätischen Gebäuden mit friedlichen Ideenverbindungen. Auch Porträts großer Künstler oder heiliger Menschen, oder auch Phantasiegestalten, wenn sie anmutig sind und weder Elend noch Zorn oder Schmerz ausdrücken.

In religiösen Bildern sollte die Kreuzigung oder der Garten Gethsemane nicht erscheinen, dagegen der auferstandene, leuchtende Christus oder eine edle Darstellung der Heiligen Jungfrau mit dem Kind.

Außer geliebten Menschen sollte man nur Abbildungen von wirklich bewundernswerten Personen an der Wand aufhängen.

Das gleiche gilt für Statuen. Nur solche von auserlesener Schönheit sollten einen Platz finden, sodaß kein unreiner Gedanke damit verbunden werden kann. Man sollte an Angestellte oder Besucher dabei denken. Unentwickelte Menschen werden niedere Gedankenformen bilden, und dadurch kann ein edler, schöner Gegenstand widerwärtige Einflüsse ausstrahlen.

Viele Leute umgeben sich gern mit kleinen Antiquitäten – Figuren, Töpferwaren, Schnitzereien aus Elfenbein, Ebenholz usw. Die meisten dieser Dinge sind harmlos, obwohl es mühsam ist, sie tadellos rein zu halten. Aber mit vielen solcher Andenken ist Vorsicht nötig. Sie sind zuweilen sehr alt und haben eine ihnen anhaftende schreckliche Geschichte. Es wurde z. B. bekannt, daß eine Dame in London zeitweise ein ägyptisches Mumiengehäuse in ihrem Haus hatte. Die damit verbundenen Einflüsse waren von so gefährlichem Charakter, daß sie bald gezwungen war, sich seiner zu entledigen, wegen einer Reihe von Unglücksfällen, die alle damit in Berührung Kommenden überfielen. Viele Arten von Antiquitäten haben unangenehme oder schädliche Auren. Sie „erzählen" sozusagen unablässig ihre eigene Geschichte, wenn auch der Eigentümer sich dessen nicht bewußt ist. Ein sensitiver Mensch erlebt zuweilen, daß unbekannte Landschaften oder Szenen aus einem fremden Land ungebeten in seinem Gemüt auftauchen. Diese *können* bloße Phantasiegebilde sein und aus seiner unbewußten Einbildungskraft oder der von Umweltpersonen stammen. Sie *können* auch Beispiele von gelegentlichem in die Ferne wirkendem Hellsehen sein. Aber sie *können* auch Fälle von unbeabsichtigter „Psychometrie" sein. Denn jedes Ding trägt – für Hellsichtige wahrnehmbar – die Fähigkeit an sich, Bilder aus seiner vergangenen Geschichte zu zeigen; und manchmal kommen solche unerwartet zur Oberfläche. Sie können gut, harmlos oder aktiv-unangenehm sein. Erwirbt jemand einen antiken Gegenstand von unbekannter Geschichte, kann er es meist nicht erkunden, ob jener sich als hilfreich oder schädlich erweisen wird. Doch bei sorgfältiger Beobachtung kann er es bald entdecken. Gewisse Typen von Antiquitäten sind von vornherein als Wohnungsschmuck zu verwerfen wie Speere, Schwerter, Dolche usw., also Gegenstände, die direkt mit Blutvergießen verquickt waren.

Nun kommen wir zu unseren Büchern. Einem klugen Beobachter zeigt ein Mensch unmißverständlich seine Wesensnatur durch die Wahl seiner Bücher. Jemand liest ein Buch, legt es beiseite und vergißt es vielleicht. Da es aber noch auf seinem Tisch oder in seinem Bücherschrank liegt, übt es weiter einen gleichmäßigen Einfluß aus, zum Guten oder zum Schlechten. Hat ein Buch uns wohltätig berührt, wird es das auch weiterhin tun – es sei denn, wir wüchsen über seinen Ideenkreis hinaus, und dann kann sein Einfluß sich in einer schädlich-anachronistischen Weise auswirken. Die Hauptsache ist, alle schlechten Bücher auszuschalten, z. B. Verbrechergeschichten, Bücher mit grob-sexuellen Motiven, Bücher von übler Lebens- oder Geschäftsmoral, neurotische Charakterstudien, oder auch solche von ausgesprochener Sinn- und Geistlosigkeit. Für all solche Machwerke wird ein geistigerwachter Mensch keinen Platz finden, weil sie nicht lesenswert sind und vor allem einen verderblichen Einfluß austrahlen. Bei der Zusammenstellung einer

Hausbibliothek sollten nur Werke von vernünftigem, hochstrebendem Sinn, mit schönen, vornehmen Schwingungen zugelassen werden. Denn Bücher sind spezielle, starke Zentren von Gedankenformen; und ihr unbeachteter Einfluß im Leben eines Menschen kann sehr mächtig sein. Es gibt auch eine verborgene Seite in der Wahl von Möbeln, Wand- und Fensterbehängen, weil ja alle Farben ihre speziellen Schwingungsmaße haben. Manche sind uns wohltätig und andere entschieden hinderlich. (Vgl. den Absatz über Kleidung.) Im allgemeinen sind immer lichte, zarte Tönungen günstig, während schwere, grobe, dunkle Farben zu meiden sind. Man sollte auch den Zweck des Raumes beachten! Etwa: Rote Farbschattierungen sind in einem Eßzimmer gut am Platz, wogegen sie in einem zum Schlafen oder Meditieren bestimmten Raum falsch gewählt wären.

Es gibt etwas sehr Unangenehmes, das wir fortwährend mit uns herumtragen müssen – das Geld. Natürlich kann jemand sagen, er würde gern eine Menge von mit Geld verbundenen Unannehmlichkeiten auf sich nehmen, wenn er nur recht viel davon hätte. Dagegen ist nichts einzuwenden, denn in unserer Zivilisation ist es tatsächlich wünschenswert, „schmutzigen Mammon" zu besitzen. Doch bleibt bestehen, daß Geld – obwohl im abstrakten Sinn und, wenn richtig angewendet, etwas Gutes und Erfreuliches – doch in konkreter Form von Münzen und Banknoten oft mit schlechtestmöglichem Magnetismus geladen ist. Neue Münzen und Banknoten sind noch harmlos, aber nachdem sie eine Zeit im Umlauf waren, haben sie viele Arten von *physischem* Schmutz und viele *verborgene* Einflüsse an sich gezogen. Der sie umgebende Magnetismus wurde ja von den Gedanken der vielen Menschen erzeugt, die damit umgingen. Allgemein gilt Folgendes: Jede Münze oder Note, die von vielen Menschen benutzt wurde, ist unvermeidlich von einer chaotischen Mischung verschiedener Magnetismusarten geladen. Sie ist deshalb schwingungsmäßig ein Zentrum von Mißklang, um welches herum viele Arten widerstreitender Einflüsse in wilder Verwirrung branden. Die Ausstrahlung eines solchen Dinges ist beunruhigend und aufreizend. Sie hat eine so starke Wirkung auf Astral- und Mentalkörper wie ein fortgesetztes Bombardement von Radiumstrahlen auf den physischen Körper. Wissenschaftler entdeckten durch schmerzliche Erfahrung, daß das Tragen eines Radiumfragmentes in der Westentasche eine hartnäckige Entzündung auf der darunterliegenden Haut hervorrief. Ähnlich ist also die Wirkung einer vielgebrauchten Münze oder Banknote auf unsere höheren Bewußtseinsträger. Kupfermünzen sind, außer alten, schmutzigen Banknoten, am schlimmsten. Gold- oder Silbermünzen nehmen die Einflüsse ebenfalls auf, doch ihre eigenen, edlen Eigenschaften machen sie weniger empfänglich für schlechte menschliche Charakterzüge. Es ist daher wichtig, nicht mehr Geld als nötig bei sich zu tragen. Allerdings läßt ein Portemonnaie sich so stark mit bewußter Absicht magnetisieren, daß es undurchlässig für die unangenehmen Schwingungen wird. Nikkel ist weniger für üble Einflüsse empfänglich als Kupfer. Ein edles Metall reagiert – alchemistisch gesehen – bereitwillig auf die Wellenlängen höheren Denkens und leistet den niederen Denktypen einen gewissen Widerstand.

Nun zu einem Gegenstand, bei dem die okkulten Kenntnisse oft im Widerspruch zu manchen Gebräuchen in westlichen Ländern stehen.

Der hoch-geschulte Forscher C. W. Leadbeater hat im Verlauf gewisser Spezialuntersuchungen während einiger Jahrzehnte eine große Anzahl von gegenwärtigen und vergangenen Zivilisationen unseres Globus okkult beobachtet – in allen Erdteilen und in weit auseinanderliegenden Epochen. Die Rassen der Erde zeigten große Unterschiede in den Kleidungsgewohnheiten, doch er hat bei keiner etwas gesehen, was sich noch bis vor kurzem den westlichen Kleidungssitten bei älteren Menschen an unschönem Aussehen genähert hätte. (Was jedoch nicht auf die südlichen Länder oder auch auf Kunst-Metropolen zutraf.) Aber auch sonst ist jetzt schon überall ein erfreuliches, tatkräftiges Bemühen im Gang, den altertümlichen Kleidungstrend abzubauen. Die okkulten Forscher bitten ihre Mitmenschen aus wohlbegründeten Argumenten, sich in gute, weiche Stoffe mit freundlichen, dem Auge wohltuenden Farben zu kleiden. Und sie warnen entschieden davor, schwarze, dunkelgraue oder braune Kleidung zu tragen, weil diese Farben (unbewußt) Traurigkeit, Furcht- und Depressionsgefühle hervorrufen oder verstärken. Leider ist es uns noch praktisch unmöglich, alle okkulten Regeln über die Kleidung zu befolgen, denn die Modeknechtschaft ist so mächtig, daß wir trotz der gepriesenen demokratischen Freiheit in *dieser* Beziehung nicht immer wirklich vernünftig nach unseren Erkenntnissen leben können. In orientalischen Ländern stehen die Menschen unter der Sklaverei anderer und schlimmerer Gebräuche (z. B. Kastenlast und Frauenunterdrückung), aber ihre Kleidung ist im Allgemeinen vernünftiger und ästhetischer. Wir sollten auch den trüb- oder freudigstimmenden Anblick berücksichtigen, den unsere Kleidung den Mitmenschen darbietet; und schon aus diesem Grund ist Häßlichkeit in der Kleidung nicht richtig. Eine okkult-wissenschaftliche Betrachtung der unsichtbaren Elemente unserer Kleidung – die auch unter medizinischen Gesichtspunkten gültig ist – besagt Folgendes: Alle Kleidung sollte fließend sein, sie darf auf keinen Körperteil einen Druck ausüben; und kein die Haut berührender Stoff sollte aus Wolle oder Tierleder sein, was ebenso für Unterwäsche aus Nylon, Perlon u. ä. gilt. (Allergieanfälligkeit.) Wie sollen wir uns aber warmhalten? Nun, die Chinesen, welche im Norden unter einem erschreckend-kalten Klima leben müssen, lösen diese Schwierigkeit von jeher durch das Tragen von wattierter Seide oder Baumwolle. Das hält so warm wie Daunendecken. Ersatzstoffe für Wolle zu schaffen wäre durchaus möglich, wenn der allgemeine Wunsch dahin ginge. Unsere chemische Wissenschaft hätte gewiß genug Erfindungsreichtum dafür. Die Nylonpelze sind hier schon ein sehr guter und förderungswürdiger Fortschritt! (Gegen das Tragen von Tierfellen gelten die gleichen ethischen und okkulten Gründe wie gegen das Fleischessen. (Siehe Kap. 12 und 39.) Wolle ist ein tierisches Produkt mit den entsprechenden Ausstrahlungen. Sie verfilzt sich leicht, verursacht oft Hautausschläge, kann nicht gekocht werden und läuft ein. Der theosophische Gesichtspunkt schließt außer den medizinischen und praktischen Argumenten noch andere ein, die jedoch noch *viel mehr* für Pelze gelten.

Alle Kleidungsstücke sollten von warmen, leuchtenden Farben sein, weil sie Augen und Herzen unserer Umwelt erfreuen, und wegen der verborgenen Wirkung auf uns selbst. Die noch häufig bei uns anzutreffende Gewohnheit, ältere Männer und Frauen in düstere Farben einzuhüllen, erzeugt, wie schon erwähnt, unnötige Niedergeschlagenheit und auch Stagnation des Denkens. Sobald einmal alle Menschen ohne Unterschied von Alter und Geschlecht sich in angenehme, glänzendlichte Farben kleiden, werden die damit verbundenen psychologischen, pädagogischen und krankheitsverhütenden Wirkungen von wundervollen, unvorstellbaren Ausmaßen sein. Denn man wird die Farben dann auch individuell nach den Wesenstypen *und* nach besonderen Lebenslagen auswählen.

Aufmerksame Reisende berichten oft, wie in Indien, Ceylon, Burma u. a. bei Zusammenkünften im Freien die Zuhörerschaft wie ein hellleuchtendes, riesiges Blumenbeet erscheint – in strahlend-bunter, reicher Farbenfülle. Die von Chinesen getragenen zartfarbenen Atlasstoffe bringen (auch heute noch) bei ähnlichen Gelegenheiten in dem glühenden, tropischen Sonnenlicht eine unübertreffliche, herrliche Wirkung hervor. Und es ist fast unbegreiflich, daß unsere, die früheren

Rassen in vielen Gebieten überragende Zivilisation *hier* offensichtlich hinter diesen zurückhinkt.
Allerdings wurden vor zwei Jahrhunderten auch in Europa von beiden Geschlechtern prächtige Gewänder in glänzenden Farben getragen (wenn auch meist nur in den wohlhabenden Ständen). Doch diese schöne Sitte verlor sich später wieder.
In der Nachtzeit sind Federbetten und schwere, dicke Matratzen ungünstig, und der Schlafende sollte niemals Wolle auf der Haut tragen, denn der schlafende Körper ist den mit tierischen Einflüssen gesättigten Stoffen noch viel mehr als sonst ausgesetzt.

Ein weiteres Gebiet, bei denen die verborgene Seite wichtig ist, sind die echten Schmucksachen. Im Ganzen gesehen ist öffentliches Tragen von Juwelen sowieso nicht zu ermutigen; denn neben den spezifischen Eigenschaften der Steine selbst ist es eine hervorstechende Wirkung aller Edelsteine, Gier und Habsucht in anderen Herzen zu erregen. Viele Frauen scheinen ein kostbares Schmuckstück nicht betrachten zu können, ohne von einem zügellosen Verlangen danach erfüllt zu werden, sodaß es der Mittelpunkt vieler konvergierender Ströme neidischen Begehrens wird. Im Fall historischer Juwelen ist alles noch zusätzlich kompliziert, da häufig viele Arten gräßlicher Verbrechen in Verbindung mit ihnen begangen wurden; sie sind deshalb für sensitive Personen oft mehr Gegenstände des Schreckens als der Schönheit. Das Juwel stellt die höchste Entwicklung des Mineralreiches dar; dementsprechend ist seine Fähigkeit, Eindrücke festzuhalten, viel größer als bei anderen Dingen. Die gnostischen Gemmen, welche vor 2000 Jahren bei Einweihungszeremonien verwendet wurden, sind heute noch kraftvolle Zentren magnetischen Einflusses, wie hellfühlende Menschen es beim Prüfen einiger dieser Juwelen etwa im „Britischen Museum“ leicht feststellen konnten.
Am Platz eines Verbrechens oder an Orten, wo heftige Gemütsbewegungen von Furcht, Zorn, Haß oder Rachedurst tobten, prägt sich ein astraler Eindruck ein, der einem hellsichtigen Menschen im vollen Entsetzen wahrnehmbar ist und oft auch von anderen gefühlt wird, deren überphysische Sinne noch nicht entwickelt sind. Dies gilt besonders von einem Edelstein, der die Ursache von Untaten war und den Einfluß all der Leidenschaften, welche die Übeltaten verursachten, in sich aufgenommen hat. Ein solches Juwel bewahrt diese Eindrücke Tausende von Jahren in ungeschwächter Klarheit und strömt beständig diese Schwingungen aus. Ein psychometrisch begabter Mensch sieht,

wie diese Bilder des Grausens es umschweben. Obwohl die Trägerin des Schmuckstücks sie nicht direkt wahrnimmt, wirkt doch der verderbliche Einfluß ununterbrochen auf sie ein. Diese unheimliche Tatsache besteht nicht nur in Verbindung mit historischen Juwelen, sondern in unzähligen Fällen geben gewöhnliche Edelsteine Anlaß zu schrecklichen Verbrechen unter Bergleuten, Schatzgräbern, Diamantensuchern usw., welche sie entdeckten. Es ist ein Fall bekannt, wo der Finder eines großen Diamanten von seinen Kameraden ermordet wurde, doch noch so lange lebte, um dem Edelstein, für den er sein Leben verlor, einen furchtbaren Fluch anzuheften. Dieser Fluch wirkte sehr lange so entschieden auf verschiedene Trägerinnen, daß es als die sicherste Lösung erschien, den Stein schließlich ins Meer zu versenken.

Obwohl also der Theosophie-Schüler allgemein prunkvollen Schmuck meidet, macht die Tatsache, daß ein Edelstein jeden Magnetismus so vollkommen lange bewahren und so viel Kraft auf einem winzigen Raum speichern kann, ihn zum geeigneten Objekt für eine Talismanherstellung. Ein solcher ist kein bloßes Relikt mittelalterlichen Aberglaubens, es kann – wenn von einem „Wissenden" hergestellt – ein sehr wirksamer Helfer im täglichen Leben sein. Ein „Amulett" wirkt nicht nur direkt durch seine strahlenden Wellen, sondern erweckt auch Mut und Glauben des Trägers – durch das bloße Wissen von seiner Anwesenheit. Er wird sich sofort des Amuletts erinnern mit dem stärkenden Gefühl „warum sollte ich mich fürchten im Besitz dieses starken Schutzes"? So wird er, statt sich den schlimmen Angstschwingungen zu überliefern, die Reservekräfte seines eigenen Willens aufrufen und sich in kritischen Augenblicken als der furchtverjagende Herr seines Körpers behaupten. In vielen Fällen wurde bekannt, daß bei Verkehrsunfällen bedrohte Amulett-Träger im festen Bewußtsein, es könne ihnen nichts geschehen, eine außergewöhnliche, lebenrettende Geschicklichkeit und Geistesgegenwart aufblitzen ließen.
Eine andere Möglichkeit: Wenn das Amulett von einem hochentwikkelten sensitiven Menschen geschaffen wurde, bildet es ein Verbindungsglied zu ihm. Wenn der Träger in verzweifelten Umständen den Amulettschöpfer anruft, wird dieser erreicht. Und er wird dann bewußt oder unbewußt mittels einer mächtigen Welle seiner eigenen intensiven Mentalkraft, die Schutz und Frieden in sich trägt, die Schwingungen des Talismans sehr verstärken. Das ist eine viel-bewiesene Tatsache.
Gewisse Dinge sind natürliche Talismane, so auch die Edelsteine, denn jeder hat einen zweifachen Einfluß. Zunächst zeigt der Stein selbst

Elementaressenz von einer gewissen Art an und damit die ihr entsprechenden Gedanken- und Gefühlsrichtungen. Zweitens ist er durch diese natürlichen Eigenschaften ein passender Gegenstand, mit den auf derselben Linie liegenden Gemütsbewegungen magnetisiert zu werden.
Auch im Pflanzenreich sind Beispiele eines solchen entschiedenen Magnetismus zu finden. In Indien gibt es z. B. einige Arten von harten Beeren, aus denen Halsketten gemacht werden, die man mit wirksamem Erfolg magnetisiert, um bei langen Meditationen störende, niedere Einflüsse fernzuhalten.

Eine interessante Gruppe natürlicher „Amulette" sind die Düfte erzeugenden Gegenstände. Kostbarer Weihrauch bringt stets eine starke Wirkung in dieser Richtung hervor. Denn seine Bestandteile wurden speziell ausgewählt, um spirituell hilfreich zu sein und Störendes zu neutralisieren. Es ist aber auch möglich, gewisse scharfe Substanzen zu kombinieren, um einen „Weihrauch" für entgegengesetzte Zwecke herzustellen. Das wurde von mittelalterlichen Schwarzmagiern ausgeübt und geschieht auch heute noch bei luziferischen Zeremonien verschiedener Länder.
Wir sollten grobe, schwere Gerüche – solche wie etwa Moschus – dringend vermeiden, da sie mit grob-sinnlichen Gefühlen im Einklang stehen.

Häufig kann auch ein nicht-magnetisierter Gegenstand die Kraft eines Talismans besitzen. Z. B. dient ein von einem geliebten und verehrten Menschen erhaltenes Geschenk dem Empfänger, wenn er es beständig bei sich trägt, als ermahnende Erinnerung an den Geber und schafft ihm ein so lebendiges Gefühl von dessen Gegenwart, daß es ihn von gewissen Handlungen zurückhält, welche er unterlassen würde, *wenn* jener Betreffende es s ä h e ! Man weiß von vielen verbürgten Fällen, wo etwa ein junger Mann, der einen von seiner Mutter gegebenen Ring oder etwas Ähnliches trug, dadurch verhindert wurde, eine verbrecherische Handlung zu begehen oder sich auf ein unsauberes Vergnügen einzulassen. Sein Blick fiel im Versuchungsmoment auf diesen Gegenstand; und dieser brachte ihm so stark das Bild seiner Mutter vor Augen und ihre Trauer, wenn sie ihn *so sähe,* daß er von seinem Verlangen abließ. Ein in der Tasche getragener Brief hat oft zum gleichen Ziel geführt. Denn der Mensch hat dann das Gefühl: „Wie kann ich das tun mit ihrem Brief in der Tasche und ihn in eine Umgebung mitnehmen, deren ich mich bei ihrem Anblick schämen müßte?" Natürlich gibt es auch Fälle, wo der Kampf damit endet, daß der Betreffende den Brief herausreißt und fortwirft, um sich seinen Wünschen hingeben zu können – aber meist kommt es umgekehrt.

Die in unseren Kleidungs- und Handtaschen getragenen Gegenstände können also sehr definitive Auswirkungen haben. Zum Beispiel ist die Uhr eines Menschen, die er beständig an sich trägt, unwillkürlich stark mit seinem Magnetismus geladen; und wenn er sie nach längerem Gebrauch einem Freund gibt, wird dieser, wenn er etwas sensitiv ist, fortwährend an den Geber erinnert werden und das deutliche Gefühl seiner liebenswerten Anwesenheit haben. Ein prominenter Lehrer der Theosophischen Bewegung pflegte oft vielversprechenden Schülern, an denen er besonders interessiert war, Uhren zu schenken. Bevor er sie ihnen gab, lud er sie intensiv mit einer speziellen Eigenschaft, von der er wußte, daß der Empfänger diese am meisten benötigte. Da seine jungen Freunde natürlich diese Uhren mit Begeisterung trugen, gelang es ihm auf diese Weise, noch lange nach seinem Abscheiden in ihnen bedeutende Charakterverbesserungen hervorzurufen.
Aus allem hier Gesagten ist zu ersehen, wie tief die okkulten Aspekte unserer Umgebung das Spiritielle Leben berühren und daher unsere ernste Beachtung verdienen.

Literaturhinweis:
C. W. Leadbeater: „The Hidden Side of Things."
M. Hotchener: „The Magnetism of Vibrations."
C. W. Leadbeater: „Grundlinien der Theosophie."
C. Jinarajadasa: „The Secret of our daily Tasks."

12. Über die Wirkungen des Fleisch-, Alkohol-, Tabak- und Drogengenusses

Als grundsätzliche Feststellung: Der Mensch wird durch alles in den Mund Eingehende entscheidend beeinflußt. Wir machen unsere Nahrung zu einem realen Teil unserer selbst. Also ist auch ihr Magnetismus

ein wichtiger Faktor. Physische *und* magnetische Reinheit der Nahrung ist von Bedeutung. Manche Völker vernachlässigen die eine, andere die zweite Art. In Indien z. B. wird der magnetischen Reinheit viel Gewicht beigelegt. Ein kultivierter Hindu nimmt keine Nahrung zu sich, die dem Magnetismus einer unteren Kaste ausgesetzt war. Doch ist man dort weniger sorgsam bei der Zubereitung, obwohl etwas physisch-Schmutziges auch magnetisch nicht rein sein kann. Die Abendländer dagegen denken kaum an den Wert der magnetischen Reinheit.
Wesentlich ist der Umstand, daß die Nahrung vor und bei der Zubereitung von den Händen anderer Personen berührt wird. Der persönliche menschliche Magnetismus fließt am stärksten durch die Hände aus, folglich ist die damit zubereitete Nahrung hochgeladen davon. Dies gilt besonders für Gebäck mit handgeknetetem Teig. Alle so hergestellten Speisen würden also oft kein gutes Essen sein. Aber die Einwirkung des (hier positiv zu wertenden) Feuers beim Kochen und Braten entfernt den meisten physischen Magnetismus. Alle Speisen sollten so wenig wie möglich berührt werden. Die Nahrung nimmt auch den Magnetismus derer auf, die sich beim Essen in der Nähe befinden. Darum will ein kultivierter Hindu allein essen, vor allem nicht in Gegenwart unentwickelter Menschen. Die magnetische Vermischung beim Essen in Lokalen oder bei Gesellschaften sollte nach Möglichkeit vermieden werden. Der Magnetismus der eigenen Familie ist allgemein sympathisch-verwandt, sodaß er nicht – wie bei der plötzlichen Aufnahme von vielen, uns oft sehr widerstreitenden Schwingungen – stören kann. Man kann sich jedoch durch starkes, abwehrendes Denken vor diesen schützen.

Jedes Nahrungsmittel hat zwei Arten von Magnetismus, den inneren und den äußeren. Der erstere gehört dem Nahrungsmittel selbst zu, während der andere von außen eintritt. Zur letzteren Art gehört der Magnetismus der Verkäufer und der zubereitenden Personen. Dieser wird (wie erwähnt) großenteils durch Feuereinwirkung entfernt. Doch der den Dingen innewohnende Magnetismus wird durch Erhitzen nicht entfernt.
Stundenlanges Kochen von Tierfleisch z. B. kann nicht dessen widerwärtige Eigenschaften wegnehmen – ebenso wenig wie die Schreck-, Schmerz- und Haßgefühle der gemordeten Tiere, womit es durchdrungen ist. Kein sensibler Mensch, der diesen Magnetismus und seine unheilvollen Schwingungen wahrnähme, könnte dann wohl noch Fleisch essen. Tatsächlich würden viele verderbliche Gewohnheiten den Men-

schen sogleich unmöglich werden, wenn sie ihre verborgene Seite erblicken könnten.
Menschen in einem Lokal, wo auch Alkohol serviert wird, würden entsetzt zurückschrecken, wenn sie die Wesen sähen, von denen sie umgeben sind. Es sind die niedersten Typen einer rudimentären Entwicklung – bleifarbige, aufgeschwemmte, scheußliche Gebilde; und noch schlimmer sind die degradierten Scharen von „toten" Alkoholikern – ein von Trunksucht rasender Abschaum der Menschheit – die das „Göttliche Ebenbild" in wüste Tiefen der Ausschweifung herabzogen und sich nun um ihre Nachfolger drängen, die sie zu immer wilderen Gelagen antreiben. Selbstverständlich spielt dabei sozialer Stand, Bildungsgrad und die Form des Alkohols keine Rolle!

Der theosophische Forscher C. W. Leadbeater sah einmal einen betrunkenen Mann über die Straße gehen und beobachtete ihn. Es war eine sehr unangenehme Berührung, denn er wurde dadurch mit der fortschreitenden Macht des Alkohols über Bewußtsein, Körper, Sinne und Chakras bekanntgemacht. Der Betrunkene schwankte, sein Körper war von alkoholischen Dünsten durchzogen; und er wurde auf einer Türschwelle fast von bleiernem Schlaf überwältigt. Als C. W. Leadbeater sein Bewußtsein mit ihm verband, tanzte ein Panorama von riesig-großen Häusern um ihn herum. Dann nahm ein heftiges Unwohlsein von ihm Besitz. Mit Anstrengung trennte er sein Bewußtsein von dem Betrunkenen und beobachtete ihn wieder nur vom Fenster aus.
Er war im Bewußtsein des Mannes untergegangen, statt sich nur so weit mit ihm zu verbinden, um noch für die Wahrnehmung der Vorgänge frei zu bleiben. So versuchte er es nochmals. Er sah nun, daß Magen und Därme des Betrunkenen mit teils aufgelöster Nahrung angefüllt waren, der Alkohol hatte die Verdauung aufgehalten. Das Herz schlug in sehr raschem Tempo, Kopf und Gehirn waren übermäßig voller Blut. Dieses glühte trübe, bleifarben. Es zitterte, zog sich zusammen und dehnte sich aus, gleichzeitig mit den rasenden Stößen des Herzens, und schien überaus gereizt zu sein. Als der hellsichtige Beobachter die chemischen und ätherischen Regionen über dem Blut betrachtete, sah er, daß letztere den Kanal bildeten, durch den die Ätherdünste des Alkohols zu den Lymphgegenden und den schwer-zugänglichen Drüsen getragen wurden. Die Bewegung an diesen Stellen war enorm, und die Drüsen schieden beständig große Mengen von sehr schädlichen Sekreten aus, die sonst nicht in den Körper fließen würden.

Sie rufen auch an der Haut die bekannten, brandmalähnlichen, entzündeten Stellen hervor.

Dies alles geschieht neben der verderblichen Wirkung, die durch Alkoholgetränke in den *Astral*- und *Mental*körpern entsteht. Ein nach Entschuldigung für häßliche Begierden suchender Mensch will sich und anderen oft einreden, daß Speise und Trank – weil der physischen Welt zugehörig – kaum eine Wirkung auf die innere Entwicklung haben könnten. Jedoch der Mensch ist eine *Ganzheit*; und die physische Materie im Menschen ist eng mit der astralen und mentalen Substanz verschmolzen, so daß jede Materie auf der *einen* Ebene entsprechende Gegenstücke auf der *anderen* bildet. Unreine Grobheit im physischen Leib schließt einen ähnlichen Zustand in den anderen Vehikeln ein. Aufgrund der vielen Typen und Dichtigkeitsgrade im Astralstoff kann ein Mensch einen Astralkörper aus schweren, plumpen Partikeln haben oder einen zarten, verfeinerten.
Da der Astralkörper der Träger aller Empfindungen und Leidenschaften ist, wird ein Mensch mit grobem Astralkörper vorwiegend und leichter den niederen und rohen Gefühlsvariationen zuneigen. Dagegen vibrieren die Partikel eines Menschen mit feinem Astralkörper sehr bereitwillig in Richtung höherer Gemütsbewegungen. Jemand, der seinen physischen Körper grob und unrein werden läßt und sich somit auch grobe, unreine Astral- und Mentalkörper schafft, erschwert sich (abgesehen von Mangel an *Barmherzigkeit)* bedeutend jedes höhere Streben. Ein geschulter Hellseher kann sofort zwischen einem Menschen, der sein Werkzeug mit reinen Stoffen aufbaut und einem anderen, der es laufend mit Alkohol und Tierfleisch verunreinigt, unterscheiden.
Jeder spirituell-strebende Mensch sollte dringend alle seine Körper so hoch wie möglich entwickeln, um vollkommenere Instrumente für die Seele aus ihnen zu machen, die ja ein geeignetes Instrument in den Händen GOTTES werden soll. Es ist also nötig, gründlich alle drei Körper zu beherrschen, so daß sie keine häßlichen Gefühle, Gedanken und Handlungen hervorbringen. Alle Bewußtseinsträger müssen im bestmöglichen Zustand, also fleckenlos und veredelt sein. Dies ist nicht möglich, solange der Mensch seinem physischen Leib schlechte Bestandteile zuführt. Sogar die physischen Sinne können bei unreiner Nahrung nie ihr Bestes leisten. Ebenso funktionieren die Sinne der höheren Körper nicht klar, wenn ihnen gewohnheitsmäßig (via physis) grobe, schmutzige Materie aufgenötigt wird. Ein Verharren in der unnatür-

lichen Gewohnheit, Alkohol und Tierfleisch zu sich zu nehmen, ist also verhängnisvoll für jede *wirkliche* Höherentwicklung. Man legt sich dadurch sehr schwerwiegende, ganz unnötige Hindernisse und Schwierigkeiten in den Weg! Ein hohes spirituelles Streben läßt sich grundsätzlich nicht damit vereinen, die gröbsten Stoffe in den Körper einzubauen, deren Atome nicht nur von den Tierfleischschwingungen bewegt werden, sondern auch durch die Vibrationen, welche aus den zur Gewinnung des Fleisches untrennbaren seelisch-physischen Leiden der Opfer entstehen.

Die Wirkung im Erdenleben ist jedoch nicht der einzige, dadurch bedingte Schaden. In einem solchen, grob-verunreinigten Astralkörper verbringen wir den ersten Teil unseres Lebens nach dem „Tod". Sein Zustand zieht – ähnlich wie im physischen Reich – viele Arten von unangenehmen, *uns aber dann sichtbaren* Wesen in seine Nähe, die sich wie Parasiten in solchen Astralkörpern niederlassen, weil sie in ihnen willige Reaktionen auf ihre niederen Gelüste finden. So wird man nach dem Tod akut durch diesen abstoßenden Anhang leiden. Alles Häßliche, was man früher in Bewegung setzte, wirkt sich im Astralen viel plastischer, quälender und direkter aus. Jeder Fleischesser zieht „drüben" viele widerwärtige Dämonen an.
Für einen hellsichtigen Menschen ist es sehr seltsam und traurig, zu sehen, wie eine „kultivierte" Dame von einem Alpdruck widerlicher Gestalten umgeben ist, wenn sie im Fleischerladen Teile von Tierkörpern kauft, die der unausgesetzten Metzelei in den Schlachthöfen zum Opfer fielen. Auch für Menschen, welche diese tägliche, Hekatomben gleichende Metzelei erwerblich ausüben, gilt der Ausspruch Jesu „Alles, was ihr diesen geringsten meiner Brüder angetan habt, habt ihr mir angetan!" Denn die „Schlachttiere" sind (nach dem Ur-Wissen) „jüngere Brüder" des Menschen. Und das betrifft ebenso alle Fleischesser, denn durch ihr Tun ist dieses Schandmal auf der Chronik der „kultivierten" Menschheit entstanden.
Es ist hohe Zeit, daß im Zeitalter eines prahlerischen „Fortschritts" dieses böse Mal entfernt wird. Zu bedenken ist auch, daß jedes dieser ermordeten Geschöpfe ein Leben auf der Astralwelt hat. Jedes verweilt dort eine gewisse Zeit – lange genug, um heftige Gefühle zornigen Entsetzens über alle zugefügte Qual auszuschütten. So ist die schreckliche, über Schlachthäusern und Fleischerläden hängende Atmosphäre verständlich, samt den unsichtbaren schädlichen Folgen. Man denke nur an die berüchtigten Wirkungen der Schlachthäuser von Chi-

kago auf die Umwelt. Die hellfühlende Dr. A. Besant beschrieb einmal, wie eine schreckliche Depression auf ihr lastete, als sie noch meilenweit von Chikago entfernt im Zug saß, ohne an diesen Umstand zu denken. Dort wurden schon viele Millionen Geschöpfe geschlachtet. Jedes fügte diesen Ausstrahlungen von Zorn, Schmerz, Furcht und brennender Ungerechtigkeitsanklage seine Schwingungen hinzu. Aus all dem wurde eine der schwärzesten Wolken des Grauens gebildet. Die Folgen sind allen sensitiven Personen bekannt. Bei vielen Menschenmorden stellten die Ärzte eine besondere Messerumdrehung fest, die nur von den dortigen brutalen Schlächtern benutzt wird. Die Kinder auf den Straßen spielen Spiele vom Töten. Chicago hält von je auch den Rekord an Menschenmördern. Ist die Welt einmal zu *wirklicher* Kultur gelangt, wird man ungläubig auf solche Szenen zurückblicken und sich fragen, wie es möglich war, daß Menschen, die sonst schon viel Humanität und Vernunft besaßen, einen so erschreckenden Fleck auf ihrer Ehre dulden konnten. Am meisten wirken diese Greuel auf unsere Kinder ein, die ihnen am wenigsten widerstehen können und empfindlicher als die meisten Erwachsenen reagieren. Sie fühlen „grundlose" Ängste in der Luft hängen – vor Dunkelheit, Alleinsein usw. Die gesamte Schöpfung ist so eng verbunden, daß wir nicht unaufhörlich ein solches tägliches Morden über unsere „jüngeren Brüder" verhängen können, ohne sehr schädliche Folgen über unsere Kinder heraufzubeschwören.

Tief-bedauernswert ist es auch, daß die Bewußtseinsträger eines sonst kultivierten Menschen durch seine und seiner Ahnen Gewohnheit so vergröbert sind, daß er im Fleischerladen zwischen den blutigen Leichen stehen kann, ohne von Widerwillen erfaßt zu werden, und daß er sich der astralen Greuelgestalten neben ihm nicht bewußt wird. Brächte man an einen solchen Ort jemanden, der sich nie mit solcher „Nahrung" befleckt hat, würde er voll Ekel vor den Leichen zurückschaudern – auch aus dem Grund, weil er die Gegenwart der umherschwärmenden bösartigen Wesen spürt.

Wäre jeder Mensch gezwungen, sich das Tier, worauf er Appetit hat, selbst zu schlachten, würden viele rasch darauf verzichten. Für diesen Entschluß sollte schon der Anblick von Rindern genügen, die sich entsetzt auf dem Weg zum Schlachthaus niederwerfen und mit Stockschlägen hochgetrieben werden, von Kälbern, die sich beim Ausladen blökend und zitternd zusammendrängen, eine jammervolle Schar hilfloser Tierkinder, oder von den in irrer Angst an den Wänden des Viehwagens hochgehenden Schafen. Alle Tiere nehmen die Blut-Atmosphäre wahr. Man sollte logischerweise seine Tierliebe nicht stets auf Hunde, Katzen und gefangene Vögel beschränken und sich gleichzeitig ungehemmt-grausam zu anderen verhalten! Fleischessen ist für den zivilisierten Menschen ein Atavismus aus der Zeit, wo viele Stämme mit der gleichen Unempfindlichkeit (oft sogar aus rituellen Gründen) die Leichen erschlagener Feinde verschlangen. All das ungeheure Übel durch diese schlimmen Gewohnheiten ist leicht vermeidbar. Kein zivilisierter Mensch braucht Fleisch und Alkohol! Hier sprechen wirklich alle Argumente für die *eine* Seite, ohne echte Einwände von der anderen, außer *dem:* „Ich will diese Allerweltsgewohnheiten fortführen, weil sie mir eben behagen", und weil omnivorische Ärzte es predigen. Das Sichgehenlassen darin hat auch stets die karmische Wirkung qualvoller Krankheiten des Darmkanals in späteren Leben zur Folge. In allen Zivilisationen (auch heute) gab es diese starken Laster; und durch diese früheren Orgien wurden die Saaten unserer kränklichen Generation gelegt.

Wissenschaftlich wurde einwandfrei bewiesen (siehe Prof. W. Brockhaus: „Das Recht der Tiere in der Zivilisation"): Eine vernünftige Zusammenstellung pflanzlicher Nahrungsmittel enthält mehr von *allen* Nährstoffen als eine entsprechende Fleischmenge, aber *ohne schädliche* Elemente. Der Mensch ist anatomisch nicht zum Fleischverzehr bestimmt und bleibt bei Vegetarismus viel gesünder. Das Fleischessen verleitet zu starkem Alkoholgenuß und verstärkt tierische Leidenschaften. Vegetarismus ist viel billiger als Fleisch- oder Gemischtkost. Fleischesser sind verantwortlich für die verrohende, unwürdige, von den Schlächtern verrichtete Arbeit. Die Menschenpflicht gegen die Tiere ist nicht, sie rücksichtslos hinzuschlachten, sondern ihnen in der Entwicklung beizustehen.

Die meisten Menschen handeln in unabsichtlicher Gedankenlosigkeit. Aber so weiter verfahren, wenn man die bittere Wahrheit erkannt hat, ist ein großes Vergehen. Wenn diese Grausamkeit auch noch so stark verbreitet ist, bleibt sie doch verabscheuenswert; und mit etwas Mühe kann sie abgelegt werden wie jede andere schlechte Gewohnheit.

Der medizinischen Wissenschaft ist bekannt, daß Schweine und Mastgeflügel durch die Mästung schwer-stoffwechselkrank werden und daß die Menschen sich mit ihrem Fleisch auch die umgesetzten Elemente ihrer Futterstoffe zuführen, *zusätzlich* ihrer Stoffwechselkrankheiten. (Siehe Kap. 39.) Die Todesfurcht erzeugt auch kurz vor der Schlachtung „Toxin"-Gifte, die spontan den Körper überfluten und im Fleisch bleiben. Denken wir an die verheerenden Wirkungen von Aufregung

auf *unsere* Leber und Galle, auf Magen, Herz und Nerven, wird dies sofort einleuchtend. Denn die Todesfurcht ist allen Geschöpfen stark eigen.
Nimmt ein Vegetarier unwissend an Mahlzeiten teil, worin rohe Fleischteilchen sind, geschieht nach hellsichtiger Forschung folgendes: Schon bald werden die festen, flüssigen und gasigen Körper-Bestandteile erschreckend gestört und in Unordnung gebracht. Sie bewegen sich rasend schnell, wie unter plötzlichem Wirbelwind. Dies verursacht für viele Stunden ein Fieber im Körper, so lange der Krieg zwischen diesen unsichtbaren Teilchen anhält. Zuletzt kommen die Fleischschwingungen zur Ruhe und eine Art fester Asche setzt sich in Flüssigkeiten und Geweben, besonders in den Organen, fest. Im Körper des Fleischessers sind die Organe in fortwährender Arbeit begriffen, die Aschenreste des Fleisches auszuscheiden, und die Reize werden „gewöhnt" Die groben Fleischschwingungen durchdringen die Körperlemente und drängen bald die feineren Schwingungen hinaus, so daß es wenig nutzt, wenn der Fleischesser *auch* Gemüse und Früchte zu sich nimmt. Die Ausscheidung der Aschenreste geht in der Jugend relativ rasch vonstatten. Doch beim späteren Nachlassen der Lebenskräfte – was wegen der erhöhten Mehrleistung der Organe bei Fleischessern bedeutend rascher eintritt – setzen diese schädlichen Ablagerungen sich in den Organen fest und bewirken schwere, schmerzhafte, oft unheilbare Krankheiten, wie Gicht, Rheuma, Gelenkentzündungen u. a.
Wie bereits erwähnt, werden Gefühle und Gedanken des Fleischessers unbewußt auf niedere Ebenen gelenkt und verlieren – da ja alle drei Körper eng zusammenhängen – erheblich an Schwungkraft, sich zu höheren Regionen zu erheben. Ausnahmen bilden stark-geniale Menschen, bei denen eine außerordentliche Seelen- und Geisteskraft diese niederziehenden Einflüsse teilweise überwinden kann. Doch wären bei reiner, die geistigen Kräfte nicht störender Lebensweise ihre Werke noch weit stärker, herrlicher und wirksamer gewesen. Zuweilen wird eingewendet: „Aber seht doch *jene* guten, wertvollen Fleischesser – sind sie nicht spirituell?" Sie sind es in gewisser Weise. Aber der Höhere Okkultismus versteht diesen Begriff in einem viel tieferen Sinn, besonders in Bezug auf Barmherzigkeit, Reinheit und Ästhetik!

Es hat in den letzten Jahrhunderten etwa 300 nationale Kriege in Europa gegeben, die in den Weltkriegen kulminierten. Der erste kostete – nach Schätzung von Experten – fast 280 Milliarden Mark, der zweite 1900 Milliarden Mark an Waffenrüstung und Wertever-

nichtung. 1914–1918 waren 65 Millionen Männer mobilisiert. Etwa 1000 Millionen Menschen nahmen am zweiten Weltkrieg teil, weil praktisch fast alle Männer und Frauen in Europa, Rußland, Amerika und Japan irgendwie mobilisiert waren. Von diesen wurden 50 Millionen getötet oder schwerverletzt. Auch heute werden wieder die meisten jungen Männer einem militärischen Training unterzogen. Die Menschheit gibt jährlich Hunderte von Milliarden für Kriege, Verteidigungsmaßnahmen und Kriegsvorbereitungen aus. Gleichzeitig aber wurde niemals so wie jetzt der natürliche Reichtum der Erde in den zivilisierten Ländern so hoch genutzt. Erfindungen, Entdeckungen, neue Fabrikate sind riesenhaft an Zahl. Alle dienen – mit Ausnahme von noch verelendeten asiatischen und lateinamerikanischen Volksmassen – dem größeren Behagen und Glück des Menschen. Seine Fähigkeiten im Organisieren, Koordinieren und geschäftlichem Scharfsinn sind größer als je. Er hat die Bemeisterung von Erde, Wasser und Luft auf ganz neuen Wegen erlangt und entdeckte neue Welten in den Äther- und Atomregionen und auch der Jenseitsforschung – von Weltraumforschung hier noch zu schweigen. *Aber er stellt sich noch immer feindlich gegen die All-Natur in seiner Behandlung der Tiere.* Während der wachsenden Versklavung des Tierlebens hat der Mensch eine Zivilisation geschaffen, worin er sich künstlich zum Gewinn von Nahrung, Kleidung, Medikamenten, Vergnügen und Bequemlichkeiten von der rücksichtslosen Ausbeutung und Vernichtung sehr vieler Tierarten abhängig machte – ohne Beachtung ihrer elenden Leiden! Er *muß* diesen grausigen Prozeß bald aufheben und in friedlicher Kameradschaft mit allem Lebendigen leben. Schon gibt es viele Menschen und Gruppen, die für eine neue Gesellschaftsordnung planen und arbeiten, welche nicht auf dem Prinzip beruht, Macht und überlegene Intelligenz schlösse ein Recht auf tyrannische Unterdrückung ein, sondern in Ehrerbietung für alle fühlenden Wesen lebt. Die Größe einer Nation besteht wahrlich nicht aus ihrer Ausdehnung, sondern aus der Intensität ihrer Gerechtigkeit und Güte.
Die unnatürlichen Lebensbedingungen für Tiere (z. B. Kälber- und Hühner-„Silos"), die Mast, die gewaltsame, künstliche Aufzucht, die rohe Behandlung beim Transport, die grausamen Methoden beim Einfangen und Hinmetzeln – all das stellt einen ungeheuren Komplex von selbstsüchtiger Brutalität dar, die höchst unrecht zu nennen ist. Hier noch abgesehen von den Verirrungen einer entseelten Wissenschaft durch Vivisektion! Solch völlige Gleichgültigkeit gegen die Leiden von Geschöpfen, die *auch* Anspruch auf Leben, Freude und Schutz haben,

muß einen wurzelnden Hang zu Grausamkeit züchten, welche die innere Hauptursache der Kriege ist. Diese werden nie aufhören, bis diese tägliche Kriegsführung gegen wehrlose Geschöpfe geendet hat. Tolstoi sagte: „So lange es Schlachthöfe gibt, wird es Schlachtfelder geben." Der menschliche Scharfsinn hat schon andere Weltprobleme abgeschafft. Man hat Kannibalismus und Sklaverei legal bewältigt. Folterung besteht legal nicht mehr. Epidemien werden unter Kontrolle gehalten. Jedoch – der fürchterliche Irrsinn des Krieges bleibt unentwegt bestehen! Kein Beobachter des Weltgeschehens könnte leugnen, daß fundamentale Ursachen zu diesen beständigen Kriegen und Kriegsbedrohungen vorhanden sein müssen. Politische und Verfassungsfaktoren können dieses Haupt-Übel nicht vermindern (auch die UNO nicht). Das alles reicht nicht aus, um den Frieden auf fester Basis für immer zu sichern. Jedoch vom Tiermord zum Menschenmord ist nur *ein* Schritt! Die westlichen Nationen sind die stärksten Fleischesser und haben am meisten unter Kriegen gelitten. Diese furchtbare Geißel der Menschheit wird nicht enden, ehe der Mensch den gemeinen, ungleichen Kampf gegen seine jüngeren Brüder beendet in Form all der Grausamkeit, Barbarei und Ausbeutung, die in Vivisektion, Jagd, Pelzgewinnung und – am verbreitetsten – im Tiermord und Verzehren der Leichen Ausdruck findet.

Weiter: Wenn eine Ackerfläche nur zum Anbau von Obst, Getreide, Ölfrüchten, Nüssen und Gemüsen genutzt wird, liefert sie etwa das Zehnfache an Nährstoffen im Vergleich zu Weideland und Futtermittelanbau für Rinder und Schafe, wo die Nährstoffe erst den ungeheuer-verschwenderischen Umweg über Tierleiber machen, ehe sie – in teils-verdorbenem Zustand – in den Menschenkörper gelangen. (Siehe Kap. 13.) Fast jedes Land könnte in Krisenzeiten bei fast-vegetarischer Ernährung leicht alle benötigten Speisen *selbst* produzieren. Der Vegetarismus würde auch durch bessere Gesundheitszustände, sowie den meist damit verbundenen Alkohol- und Tabakverzicht, eine bedeutend rationellere Volkswirtschaft schaffen. So würde er unbestritten die einfachste, radikalste und segensreichste Lösung des Weltchaos (samt „Überbevölkerung") darstellen.

Eine vernünftige vegetarische Kost genügt völlig für alle Bedürfnisse und sichert u. a. auch reich den Eiweißbedarf. Sie gibt bleibendere Stärke, größere Ausdauer und längeres Leben. Der Vegetarismus befriedigt die ethischen und ästhetischen Empfindungen. Er verleiht Charme, Kultur, Gefühlszartheit und sympathische Ausstrahlung. Er wurde stets von sehr vielen der eminentesten Denkern der Welt praktiziert und bildet jetzt die Lebensweise von mehr als der Hälfte der Weltbevölkerung. Bevor wir andere wegen der Kriege verdammen, sollten wir achtgeben, daß *unsere* Hände von den unnötigen Massenmorden frei bleiben! Friede hängt immer vom Schutz der Schwachen durch die Starken ab und wird am besten durch *Beispiel* erreicht. Laßt uns durch Beispiel und überzeugende Aufklärung eine menschenwürdigere Zivilisation herbeiführen helfen! Laßt uns also auch *nie* durch eine falsche, sentimentale Rücksichtnahme in Gesellschaft anderer „mit den Wölfen heulen"!

Eine andere schlechte Gewohnheit ist das *Rauchen*. Hier nimmt der Betreffende oft jeden Rat übel und sagt: „Warum soll ich in *dieser* Sache nicht tun, was mir Spaß macht?" Beim Fleischessen ist die Antwort klar, denn es schädigt nicht nur den Menschen, sondern schließt auch Grausamkeiten in der Gewinnung ein. Beim Alkohol ist die Sache ebenfalls eindeutig. Neben dem Schaden für den Trinker fördert er durch den Kauf berauschender Getränke einen Erwerbszweig, der viele Leiden zur Folge hat. Er trägt dazu bei, ein Bedürfnis zu schaffen, wodurch Millionen Mitmenschen zu Ausschweifungen verleitet werden, die sehr oft in völligem Ruin enden, zusammen mit zerrütteten Ehen und Familien-Elend.

Beim Rauchen ist es etwas anders, weil keine Grausamkeit zur Tabakgewinnung nötig ist und Menschenleben nicht *direkt* ruiniert werden. *Wenn* der Raucher sich von Kontakten mit seinen Mitmenschen fernhalten könnte, *wenn* er nicht spirituell fortschreiten wollte und *wenn* nicht Angehörige durch die riesigen Kosten geschädigt würden, wäre sein Argument in etwa stichhaltig. Ist er aber (im ersten Fall) kein Einsiedler, hat er kein Recht, andere durch Rauchen zu belästigen. Rauchen verseucht nicht nur den Körper und bei Frauen den ihrer ungeborenen Kinder, es verursacht anderen Menschen oft großes Unbehagen. Es ist ein schmerzlicher Zug in der Zivilisation, daß Nichtraucher im Berufsleben gezwungen sind, den Rauch anderer viele Stunden täglich einzuatmen! Die selbst im Sumpf dieser Gewohnheit Versunkenen haben keinen Einwand, aber bei den anderen herrscht viel Abscheu vor diesen groben Dünsten – ganz abgesehen von Hals- und Augenschmerzen. Jedoch der Raucher kümmert sich nicht um den Mitmenschen. Die Gewalt dieser Gewohnheit über ihre Sklaven ist so stark, daß sie ihr nicht widerstehen können und Rücksichtsgefühle in diesem unseligen Laster untergehen. Eine Handlungsweise mit so schädlichem Einfluß auf den Charakter sollte von weisen Menschen

sowieso vermieden werden. Das Nikotin wirkt so durchdringend, daß Gewohnheitsraucher ganz davon durchzogen sind und Nichtrauchern sehr unangenehm erscheinen. Auch darum sollte kein geistig-Strebender in dieses Übel verfallen. All das besteht außer der hochgefährlichen Wirkung auf den Raucher selbst mit seinen Krankheiten: Raucherkehle, Raucherherz, Mundkrebs, Magengeschwüre, Lungenkrebs usw. Denn das Nikotin ist, medizinisch bekannt, ein starkes Gift, mit bösen Folgen auch bei kleinen Mengen. Warum verschwendet der Mensch soviel Geld für diese Gewohnheit? Nur weil er sich durch gedankenlose Nachahmung dazu erzogen hat. Denn es ist nichts Nützliches daran. Natürlich „beruhigt" das Rauchen in gewissen Umständen die Nerven – aber das geschieht infolge seiner betäubenden Wirkung durch die Giftstoffe! Vom okkulten Gesichtspunkt ist es stets sehr gefährlich, einer versklavenden Gewohnheit zu folgen, aber doppelt verwerflich durch das beschwerende Karma, das infolge der Belästigungen anderer entsteht.
Kein Kind mag von Natur den eklen Geschmack dieses Unkrauts. Aber wegen des „Vorbilds" der Erwachsenen quält es sich durch die Übelkeiten, die das Rauchen ihm, als Protest seines jungen gesunden Körpers gegen den Tabak, zuerst verursacht. Und so zwingt sich der junge Mensch allmählich, alles zu ertragen, bis er schließlich so versklavt ist wie seine „Vorbilder". Das schafft ihm Krankheiten und vergilbt den Teint – aber, was tut's? Er hat ja seine werdende Männlichkeit bewiesen, indem er sich eines häßlichen Lasters fähig machte, das längst auch auf die Frauen überging, wo es noch verheerender wirkt. Häufig raten Eltern ihren Kindern, nicht zu rauchen, meist mit wenig Wirkung. Wenn sie ihnen selbst ein Abstinenzbeispiel geben würden, hätten ihre weisen Ratschläge bessere Erfolge. Diese durch Nikotin erzeugte Unreinheit ist – ebenso wie beim Alkoholkonsum – nicht nur physisch. Physischer Schmutz wird ja immer von einem astralen Gegenstück begleitet. Der spirituell-strebende Mensch kann nicht wünschen, daß seine höheren Denkschwingungen gehindert und seine Gefühle herabgezogen werden. Viele solche Strebende suchen beständig Entschuldigungen, um zu verdecken, daß sie einfach noch nicht die Stärke aufbringen, sich von dieser Tyrannei loszureißen. Aber Tatsachen bleiben Tatsachen; und jeder, der die Wirkungen dieses Lasters auf die höheren Körper „sehen" kann, weiß, welch unheilvollen Schaden es auch in der Astralwelt nach dem Tod anrichtet. Der Mensch hatte seinen Astralkörper so mit Gift angefüllt, daß dieser „erstarrt" und „steif" geworden ist und „drüben" nicht richtig funktionieren oder sich frei be-

wegen kann. Für lange Zeit erscheint er wie paralysiert und ist fast ganz von höheren Einflüssen abgeschnitten. Nur ganz allmählich befreit er sich aus dieser schmerzlichen Lage, wenn der giftbeladene Teil seines Astralkörpers sich aufgelöst hat.

Das Einnehmen von *Rauschgiften* ist noch verhängnisvoller und blokkiert den spirituellen Fortschritt. Versprechungen von überirdischen Bewußtseinsausdehnungen (z. B. bei Aldous Huxley und dem noch gefährlicheren Timothy Leary) sind völlig irreführend. Ein echt-Strebender kann *keine* raschere Erleuchtung durch künstliche physische Mittel erlangen; und die Neugierigen, Genußsüchtigen, Haltlosen enden nach einigen trügend-faszinierenden Halluzinationen bald in körperlichem und seelisch-geistigem Ruin. Rauschgifte können nötig sein, um Operationsschmerzen abzuhelfen. Nur jemand mit hochokkulten Kenntnissen kann diese üblen Wirkungen aus den höheren Vehikeln entfernen, nachdem sie ihr schmerzbetäubendes Werk taten. Und sie sollten sonst nie verwendet werden. Alle allopathischen starken Mittel üben einen schädlichen Einfluß auf die höheren Bewußtseinsträger aus. Nur selten sind solche Medikamente wirklich heilend. Vorbeugen ist besser als solche oft süchtigmachenden Heilversuche. Rein und vernünftig Lebende werden nur in krassen Ausnahmefällen die Dienste solcher Medizinen benötigen. Unter allen Umständen müssen tierische Impfstoffe und andere Produkte aus Praktiken der Vivisektion vermieden werden.

Tee und Kaffee enthalten gewisse Rauschgiftessenzen, so daß ein stärkerer Genuß schädlich ist, besonders bei Kindern. Die verbreitete Gewohnheit, starke Medikamente zu nehmen, ist also trotz zeitweiliger Erleichterung selten heilsam im Sinn einer gründlichen Kur. Die meisten berühren nur Folgeerscheinungen, nicht die Krankheitsursachen. Auch längerer Gebrauch von nervenaufpeitschenden Drogen und mineralischen Abführmitteln ist zu verwerfen. Heilende diätetische Mittel sind in den natürlichen Früchten der Erde zu finden.

Es wird nicht nötig sein, Aspiranten des Höheren Lebens vor dem Gebrauch von *Seren, Gegengiften und Drüsenpräparaten* zu warnen oder gar vor der Einführung tierischer Organe in den Körper – ganz zu schweigen von Blutübertragungen aus dem Tierreich. Hier denken wir auch speziell an die (doppelt) ganz üble „Frischzellen-Therapie". Abgesehen von den damit verbundenen Grausamkeiten und ihrer Wirkung, die tierische Seite unserer Natur zu verstärken, ist der Rhythmus des Tier-Organismus erheblich rascher als der unsere. Bei den Tieren sind ja die Perioden von Pubertät, Reife, Altern und Sterben in der Regel viel kürzer als beim Menschen. Langfristig schaden wir uns schwer durch Einpfropfung von Materie, die von einem so unterschiedlichen Rhythmus beherrscht wird.

Was die *allgemeine Reinlichkeit* angeht, so stimmen alle Ärzte über deren Notwendigkeit überein. Doch die okkulten Forderungen gehen noch weiter. Unsere unmerklichen Schweißabsonderungen stellen verwesenden Abfallstoff dar und haben astrale und mentale Gegenstücke. Schmutz ist in den unsichtbaren Welten ebenso unangenehm wie im Physischen. Er brütet auch dort gefährliche „Mikroben" und „Bakterien" aus; das heißt, daß er in jenen Welten die niedersten Klassen von Elementarwesen anzieht. Viele Menschen tragen gewohnheitsmäßig einen Schmutzüberzug mit sich herum und schaffen sich so ein übles Gefolge. Das tägliche Bad oder die Ganzwaschung ist ebenso eine okkulte wie eine hygienische Notwendigkeit.

Durch die Körperporen fließt der menschliche Magnetismus aus und trägt die überschüssige Lebenskraft mit sich. Sind diese Poren mit Schmutz verstopft, so wird der ausströmende Magnetismus vergiftet und erzeugt verderbliche Wirkungen auf die Umwelt. Wir tauschen beständig unsere Körperpartikel mit denen unserer Mitmenschen aus; und so gehören unsere Körper nicht uns allein. Daher sollten wir auch aus diesem Grund unsere Körper rein, gesund und frisch erhalten. Dann wird er segensvolle Strahlkraft verbreiten. Die magnetischen Ausstrahlungen gehen am stärksten von den Finger- und Zehenspitzen aus. Deshalb sollte man diese Ein- und Abflußwege sehr sauber halten. Die Anwesenheit eines Menschen, der eine Schmutzansammlung unter den Fingernägeln gestattet, ist sensitiven Personen unangenehm. Das Gleiche gilt für die Füße. Sie sollten nie in engen Schuhen stecken, und schwere Straßenschuhe sollte man nie länger als nötig tragen. Es ist zu empfehlen, die Füße öfters nur mit leichten Sandalen zu bekleiden – ohne Strümpfe. Auf dem Land und an der See ist das immer möglich, aber auch oft in der Wohnung.

Vom Gesichtspunkt der okkulten Hygiene sollte auch große Sorgfalt auf den Kopf verwendet werden, welcher – außer bei Frost – unbedeckt bleiben müßte. Ein Hut ist meist ein überflüssiges Kleidungsstück, und die Menschen wären ohne ihn gesünder. Das gilt auch für enge Kragen, enge Mieder und Pelze. Für Pelze gilt, wie schon erwähnt, auch *alles*, was bezüglich des ethischen und spirituellen Gesichtspunktes vom Fleischessen festgestellt wurde.

Künftige Generationen werden erstaunt auf törichte Auswüchse schauen, zu denen wir uns oft durch Modeknechtschaft bewegen ließen.
Aber mit Abscheu werden sie auf die unzähligen Untaten gegen sehr viele Tierarten und die krankhaften Mißbräuche mit diesen Geschöpfen sehen, was alles von der Menschheitsmasse heute noch aufgrund geistiger Blindheit (ungeachtet von „Bildung") als selbstverständlich betrachtet wird.

Möge alles hier Ausgesprochene dazu beitragen, daß recht viele Menschen aus Gründen höherer Erkenntnis die Befreiung von diesen großen Übeln vollbringen und viele andere dazu ermutigen!

Literaturnachweis:
C. W. Leadbeater „The hidden Side of Things"
M. Hotchener „The Occultism of Vibrations"
G. Hodson „Health and the spiritual Life"
G. Nevin Drinkwater „Food in the Early Church"
Prof. Wilhelm Brockhaus „Das Recht der Tiere in der Zivilisation"
A. E. Powell „The Astral Body"

13. Das Bevölkerungsproblem im Zusammenhang mit den Reinkarnationstatsachen und dem Ernährungsproblem

Diesem Kapitel ist zum besseren Verständnis vorauszuschicken: Wir müssen zwei Hauptbegriffe unterscheiden und zwar: 1. Die „Gesamtzahl der Egos": Das sind sämtliche mit dem Erd-Planeten verbundenen Menschenseelen oder Egos. 2. Die „Weltbevölkerung": Das sind die prozentual-wenigen Egos, die jeweils gerade physisch auf unserem Planeten verkörpert sind und nicht – wie die weitaus größere Anzahl – gerade astrale oder Himmelsperioden durchlaufen. Für Leser, die mit den hier gebrauchten Begriffen wenig vertraut sind, ist es empfehlenswert, vor dem Lesen dieses Kapitels den Anhang 2 zu studieren.

Die starke Zunahme der Weltbevölkerung während der letzten Jahrhunderte kann eine Herausforderung der im theosophischen Schrifttum gegebenen Reinkarnationsgesetze darstellen. Wenn sich z. B. während der letzten 1500 Jahre die gleiche, feststehende Anzahl von Egos wiederverkörperte – während aber die Weltbevölkerung sich etwa um das Zehnfache vervielfältigt hat – müßte die Durchschnittsperiode zwischen den Inkarnationen sich in entsprechender Weise verringert haben.

Wissenschaftliche Schätzungen prähistorischer Zeiten nehmen für 5000 v. Chr. die niedrige Summe von 20 Millionen Weltbevölkerung an. Die einzige Grundlage dafür ist die Kalkulation, daß Jagd und äußerst primitive Landwirtschaft eine größere Bevölkerung nicht ernähren konnten. Darum wird sie von okkulten Forschern – im Licht ihres Wissens von früheren Hochkulturen – mit Vorsicht aufgenommen. Jedoch bestehen die Zahlenangaben von etwa 200 Millionen um 400 n. Chr. und von 540 Millionen um 1640 n. Chr. wahrscheinlich zu Recht. Man kann die Wirkung dieser Bevölkerungsbewegung auf die Zwischeninkarnationszeiten einer festen Gesamtsumme von Egos berechnen. Wir nehmen hier den gesamten Zeitabschnitt zwischen den Geburten, statt nur den zwischen Tod und Wiedergeburt.
Das Problem wird am besten durch Zahlenbeispiele illustriert. So können wir beginnen mit der Zahl von 200 Millionen um 400 n. Chr. und einem Durchschnittsalter von 30 Jahren. Dies ist wohl noch höher angesetzt als das tatsächlich erreichte Lebensalter in jenen Tagen. Aber wir berücksichtigen hier, daß dem Tod in der Kindheit eine rasche Wiedergeburt folgt. Wenn wir nach dem Buch „Die okkulte Entwicklung der Menschheit“ von C. Jinarajadasa etwa 360 Jahre für die sogenannten Handwerker-, Bauern- und ähnlichen *Wesenstypen* als Zwischeninkarnationszeit annehmen, errechnen wir 2400 Millionen (2,4 Milliarden) als Gesamtzahl der Egos. Diese Zahl entspricht aber annähernd der gegenwärtigen *physisch* lebenden Weltbevölkerung, so daß dann heute fast keine Zeit mehr zwischen den Inkarnationen bliebe, sowie auch kein Spielraum für weiteren Bevölkerungszuwachs. Wenn wir dieselbe Berechnung auf die authentischere Bevölkerungszahl von 540 Millionen um 1650 anwenden, kommen wir bei knapp 6 Milliarden als *Gesamtsumme* der Egos an. Das würde für die jetzige Weltbevölkerung einen undenkbar kurzen Zwischenraum von etwa 60 Jahren zwischen Tod und Wiedergeburt bedeuten. Wenn überdies das gegenwärtige Geschwindigkeitsmaß der Geburten anhielte, würde

die *physische* Weltbevölkerung um 2060 zu *dieser* Zahl von 6 Milliarden angewachsen sein, so daß wiederum keine Zeit zwischen den Inkarnationen mehr bliebe.
Offenbar ist die damals angenommene Durchschnitts-Zwischeninkarnationszeit schon lange nicht mehr gültig; *und* die Gesamtzahl der Egos muß höher sein. In Wirklichkeit wurde auch von H. P. Blavatsky die viel größere Zahl von 60 Milliarden als die Gesamtsumme der mit der Erde verbundenen Egos angegeben.
Der hellsichtige Forscher E. L. Gardener hat jedoch ausgeführt, daß die in *unserer* Zeit zur Inkarnation verfügbare Egozahl *geringer* als jene sein muß und führt dafür mehrere Gründe an:
Erstens: Eine Anzahl wird bereits „versagt" haben und muß eine primitivere Zivilisation auf dem nächsten Planeten unserer Entwicklungskette abwarten. *Zweitens:* Viele Lässige und Saumselige, die an Zahl 5000 von 10 Milliarden betragen dürften, sind über die anderen Globen der „Kette" verstreut und entwickeln sich dort in ihrem eigenen langsamen Tempo, während andere auf anderen Planeten der beschleunigteren Entwicklung der sogenannten „Inneren Runde" unterzogen werden. *Drittens:* Die Gesamtzahl von 60 Milliarden kann eine große Anzahl von Devas einschließen, welche enge menschliche Kontakte aufnahmen.
Es ist daher anzunehmen, daß nur etwa 40 Milliarden Egos jetzt mit der Erde verknüpft sind; aber auch diese Zahl ist für unsere Berechnungen noch unangemessen hoch.
Wenn wir etwa 65 Jahre als das heutige Durchschnittslebensalter annehmen, würde die Durchschnittsspanne zwischen den Geburten 800 Jahre betragen. Das wäre möglich, obwohl sie angesichts der großen Zahl von noch primitiven Menschen als Durchschnitt zu lang erscheint. Jedoch angewendet auf die Weltbevölkerung von 540 Millionen um 1650 wäre die Jenseits-Zwischenzeit 3000 Jahre gewesen. Selbst wenn wir als Durchschnittslebensalter jener Zeit 30 Jahre annähmen, wird damit die Durchschnitts-Jenseitszeit nur auf 2250 Jahre vermindert. Ebenso: Wenn wir die Schätzung von 200 Millionen um 400 n. Chr. für zuverlässig halten wollen, wüchse die entsprechende Zeit zwischen den Geburten in jener Zeitperiode auf rund 6000 Jahre an.

Wie immer man die Daten dreht und wendet, es scheint gewiß, daß in jenen früh-historischen Zeiten das Durch*schnitts*-Jenseitsleben nach dem Tod *an sich* länger gewesen sein muß. Man kann dieser Schlußfolgerung auch nicht entgehen, indem man einen kürzlichen starken

Zustrom von Egos in die Berechnung einzieht – daher stammend, daß nach den okkulten Berichten die letzten Ego-Eingänge von der „Mondkette“ erst vor 75 000 Jahren erfolgten. C. W. Leadbeater hat auch festgestellt, daß eine Anzahl von „Versagern“ des Venus-Entwicklungsplanes durch Inkarnation auf die Erde versetzt worden sind – doch zu wenige, um unsere Folgerungen entscheidend zu beeinflussen. Auch ist das „Tor zur Individualisierung“ (Menschwerdung) aus dem Tierreich bereits geschlossen worden.
Wir müssen darum jede vorgefaßte Idee, daß das Gesetz der Wiedergeburt glatt und schematisch arbeitet, fortlegen, denn es paßt sich stets mit größter Weisheit den kosmischen, nationalen und individuellen Gegebenheiten an. Obwohl also eine mathematische Wahrscheinlichkeitsrechnung für die Jenseitszeit angesetzt werden kann, hat sie doch mitunter wenig praktische Bedeutung. Z. B.: In ruhigen, beschaulichen Zeiten – wie in der „Romantik“ – oder in stark dem Religiösen zugewandten Perioden – wird automatisch das Himmelsleben verlängert. Jedoch in unserer, den materiellen Wissenschaften und der Technik zugewendeten Zeit sind die menschlichen Energien stark auf das Physische gerichtet – daher im Allgemeinen ein kürzeres Devachan. Ein Adept schrieb, die Periode zwischen Tod und Wiedergeburt könne „Jahre, Jahrzehnte, Jahrhunderte, Jahrtausende dauern“.

Hochgeschulte theosophische Forscher beobachteten, daß der primitive Mensch nach etwa 50 bis einigen hundert Jahren wieder zur Reinkarnation bereit sei, weil er wenige Erfahrungen von einer Art, die jenseitige Assimilierung erfordern, durchlebt hat. Mit weiterem Fortschritt benötigt er dann immer längere Zeiten, die er, von der Erde entfernt, zubringt, bis dann endlich ein hochkultivierter Mensch Tausende von Jahren dafür benötigen kann. Aber noch später, wenn er anfängt, zielbewußt Hand an seine spirituelle Entwicklung zu legen, kann ein Mensch lernen, seine Erfahrungen schon während des irdischen Lebens oder mindestens während eines kontemplativen Alters zu verarbeiten, so daß er wieder für eine sehr rasche Wiederkehr bereit wird.
Auch viele speziale Umstände wirken dahin, die „gewöhnliche“ Zwischenzeit abzuwandeln. Menschen, die plötzlich in der „Jugend-Vollkraft“ – als ihre Aufmerksamkeit glühend auf die physische Welt gerichtet war – herausgeschleudert wurden, schreien geradezu nach unmittelbarer Wiederverkörperung. In einem weiten Spielraum hat sich dies im Verlauf der beiden Weltkriege ereignet. Die Kriegsopfer rein-

karnierten sich sehr schnell, meist in männlicher Gestalt. Daher der stets beobachtete Überschuß an männlichen Geburten nach Kriegen.
Weiter: Eine Geschichtsperiode von raschen und erstaunlichen Veränderungen aller Arten, wie starken Auseinandersetzungen und technischen Fortschritten wie heute, zieht viele Egos magnetisch in vorzeitige Wiederverkörperung, weil sie begierig sind, aus der ungeheueren Fülle neuer Erfahrungen durch solche außerordentliche Zustände Gewinn zu ziehen.
Außerdem: Die „Herren des Karmas" suchen jetzt auch Geburten für alle „Zauderer", um denen, die in einer Eigenschaft mangelhaft sind, sich aber nicht zu weit im Rückstand befinden, eine letzte Gelegenheit zum Nachholen zu geben. Sie können so weit vorankommen, um gerade quasi das „Klassenziel" zu erreichen, so daß sie an dem „kleineren Gerichtstag" der „Fünften Runde" unserer Planetenkette dem Ausgeschiedenwerden entgehen.
All diese Faktoren wirken jetzt am Beginn des Wassermannzeitalters zusammen, um einen starken Bedarf nach neuen, physischen Körpern zu schaffen und die wachsende Weltbevölkerung zu erklären.
Eine Tatsache ist aber auch, daß die *Geburtenziffer* im größeren Teil der Erde *nicht steigt.* Für die vermehrten Millionen ist somit hauptsächlich die fallende *Todesziffer* verantwortlich. Denn die großen Fortschritte in Hygiene und allgemeiner Medizin haben die Lebensspanne der Menschen sehr verlängert. So steigt die tatsächliche Zahl der jährlich geborenen Babys nur in etwa demselben Grad, wie die Totalbevölkerung anwächst. Jedoch, diese Babys haben eine viel größere Chance zum Am-Leben-Bleiben als vor einigen Jahrhunderten. Es gibt also Gründe genug für dieses erstaunliche Anwachsen der Weltbevölkerung, obwohl es sicherlich in diesem Grad bestimmt nicht mehr lange vorsichgehen wird. (Physisch wird wahrscheinlich die immer mehr vermehrte Radioaktivität in Luft und Nahrung dafür sorgen.)

Zunächst weniger erklärbar sind die früheren kleinen Bevölkerungszahlen, verbunden mit sehr langen Zwischeninkarnationszeiten. Gehen wir zu Atlantischen Zeiten zurück. Nach Scott-Eliot betrug die Weltbevölkerung auf der Höhe der toltekischen Zivilisation in Atlantis vor etwa 1 Million Jahren etwas mehr als 2 Milliarden. Sie kann zur Zeit der ersten Flut-Katastrophe (vor etwa 800 000 Jahren, als viele Millionen untergingen) noch höher gewesen sein. Dieses Flutereignis muß eine tiefe Einwirkung auf den normalen Reinkarnationszyklus gehabt haben. Denn viele Egos, die zur neuen Verkörperung reif waren, als

dieses gewaltige Disaster eintrat, waren für Jahrhunderte außerstande, physische Körper zu erhalten – einfach aus dem Mangel an Eltern. Und die Zahl der eine neue Geburt erwartenden Egos vermehrte sich noch bald durch die vielen Menschen, die in der Katastrophe ihr Leben verloren. Es scheint unausweichbar, daß dieses dramatische Fallen der Weltbevölkerung in jener Zeit ein entsprechend starkes Zunehmen der Durchschnittszeit zwischen den Geburten verursachte. Die letztere konnte erst dann zum normalen Rhythmus zurückkehren, als die Weltbevölkerung wieder auf rund 2 Milliarden anstieg.
Es scheint also offensichtlich, daß sogar die „Herren des Karmas" gelegentlich in ihren Planungen gehandikapt und eingezwängt werden, und zwar durch die oft sehr verwickelten Umstände und Vorbereitungen, die mit einer rechtzeitigen Herbeischaffung von physischen Körpern verbunden sind.

Wie sind diese Folgerungen mit den Ergebnissen hellsichtiger Forschungen zu vereinbaren? Die „normalen" Perioden zwischen den Geburten sind gewiß in der bekannten Weise eingerichtet. Aber von ausschlaggebender Bedeutung ist die wenig bekannte Tatsache, daß diesem beobachteten Rhythmus ein geheimer, größerer Rhythmus übergeordnet ist, welcher das Ego in einer periodischen Folge für viele Jahrtausende aus dem Inkarnationsprozeß *heraushält*. Diese Feststellung besagt – nach den Angaben einiger Adepten – daß innerhalb der gigantischen „Tage und Nächte" der Manvantaras und Pralayas (siehe Kap. 20) noch gewisse Einschiebungen ähnlicher Rhythmen in viel kleinerem Ausmaß erscheinen. Die „Geheimlehre" von H. P. Blavatsky spricht von einem kleineren Pralaya nach jeder *Rasse*. Auch nach jeder „Runde" kommt eine sogenannte Pralaya-Periode, welche so lange wie die Runde selbst dauert, nämlich etwa 300 Millionen Jahre. Zwischen den „Globenketten" wiederum gibt es die noch viel längere, unermeßlich scheinende Zeit, die im sogenannten „Zwischenketten-Nirvana" verbracht wird.
Die phantastisch hohe Zahl von menschlichen Inkarnationen, welche sonst auflaufen würden, erfordert diese geheimnisvollen periodischen Unterbrechungen im Reinkarnationszyklus; denn die normale Anzahl von Verkörperungen eines Egos auf der Erde soll etwa 800 betragen. Diese Zahl erscheint jedoch – als Durchschnitt – zu klein; und gewiß gilt sie, nach ergänzenden Berichten, nur für die Gruppe der sogenannten „Dienenden", welche von der „Mondkette" seinerzeit schon als ziemlich erfahrene Egos herüberkamen. Ihre Ankunft auf der Erde

– erst vor 1 Million Jahren – würde bis zur Jetztzeit annähernd 700 regelmäßige Inkarnationen für die Betreffenden liefern. Jedoch viele Egos kamen damals schon am *Beginn* der „Erdkette" – vor etwa 20 Millionen Jahren – herüber, während ein noch größerer Zustrom aus dem Zwischenketten-Nirvana vor etwa 10 Millionen Jahren erfolgte, und ein weiterer vor etwa 6 Millionen Jahren mit dem Kommen der sogenannten „Herren der Flamme" von der Venus. Sogar diese Gruppen würden, bei Zeitabständen von einigen Jahrhunderten, Zeit für Zehntausende von Inkarnationen gehabt haben, wenn es keine Unterbrechungen im Zyklus gäbe. Daher diese erwähnten kleineren Pralayaperioden für Einzelmenschen und auch Menschengruppen.
Für die Mehrzahl der Egos würden diese kleineren Pralayas mit Zeitperioden zusammenfallen, wo die Weltbevölkerung als Folge irgendwelcher „Sintfluten" relativ gering ist. Für andere würden lange Verzögerungen eintreten, bis eine *passende* Wiedergeburt in einer Unterrasse arrangiert werden kann; und zwar auf einer solchen zivilisatorischen Ebene, die ihnen günstigste Fortschrittsbedingungen liefert. Oder auch, wo das Ego am meisten zum Fortschritt der Rasse beitragen kann. Wir sind meist zu selbstzentriert, um daran zu denken, daß das Ziel des Göttlichen Planes im Fortschreiten der *gesamten* menschlichen Hierarchie – *aller* etwa 60 Milliarden Seelen – besteht; und daß eine sehr günstige Inkarnation auch auf diesem *noch* unterbevölkerten Planeten ein besonderes Vorrecht ist, wofür Dank in Form von Dienst geleistet werden muß.

Seit Malthesius seine Lehre verkündete, stellen Wissenschaftler, Philosophen, Staatsmänner und andere Verantwortliche besorgte Erwägungen über die steigende Weltbevölkerung an und fragen sich, wann diese fortwährende Zunahme die Nahrungserzeugung übersteigen wird. Bertrand Russel spricht darüber in seinem Buch „New Hopes for a changing World".

Es folgen einige statistische Zahlen, um das Problem zu illustrieren. Sie stellen statistische Schätzungen der Weltbevölkerung in der Vergangenheit dar, sowie auch solche der Zukunft, *falls* die jetzige Zunahmegeschwindigkeit bestehen bleibt: Im Jahr 400: 200 Millionen; 1650: 540 Millionen; 1950: 2,4 Milliarden; 2050: 5,4 Milliarden (?).
Allein in Indien ist die Bevölkerung seit 1921 um 136 Millionen gestiegen. Jedoch nicht durch ein weiteres Steigen in der Geburtenrate, die durchweg jährlich bei etwa 45 pro 1000 geblieben ist. Es geschah

vielmehr durch ein Fallen in der Todesrate: 1921 bis 1931: Todesrate in Indien 33 bis 35 pro 1000 und Jahr. 1931 bis 1941: 28 bis 30 pro 1000 und Jahr. 1941 bis 1951: 20 bis 25 pro 1000 und Jahr. Die jährliche Zunahmerate beträgt so fast 1½ Prozent oder 5 Millionen.

Der elende Vorkriegs-Lebensstandard ist dort wie in ähnlichen Erdgebieten etwas überwunden. Es muß natürlich – in großzügigster Anwendung des Wissens – jede Anstrengung gemacht werden, die öffentliche Weltgesundheit zu verbessern und z. B. Epidemien wie Malaria und Cholera zu bekämpfen. Erfolge zeigen sich u. a. in Ceylon, wo die Ausrottung der Malaria in drei Jahren ein Fallen der Todesrate von 21 auf 13 pro 1000 und Jahr zustandegebracht wurde. Jedoch, es ist auch nicht der Tatsache zu entfliehen, daß das Ergebnis davon allein in Indien eine zusätzliche Million von Mündern jedes Jahr wäre; und das kurzfristige Resultat könnte kaum ein anderes sein als eine noch weiter verbreitete Unterernährung.

Das Problem ist sehr real und akut, besonders dort, wo vor kurzem noch Europäer die Eingeborenen-Bevölkerung regierten und ihnen die Segnungen des modernen medizinischen Wissens brachten.

Was ist die Lösung? Professor Hills, ein Experte, sagt: „Es gibt viele Diskussionen über die Menschenrechte. Sollten diese sich vernünftigerweise auch auf eine unbegrenzte Fortpflanzung der Menschheit erstrecken?“ Professor Hills und die seine Meinung Teilenden sagen: Nein!

Aber, was für eine Art von Zukunft stellen diese Philosophen sich realistisch vor, wenn die Welt ihren Ratschlägen folgte?

Offenbar soll das eine äußerst wohlhabende Welt sein, in welche jedes Kind schmerzlos eingeliefert wird, um dann stets durch alle immer zunehmenden Mittel der Wissenschaft vor Krankheit und Unfall geschützt zu werden, so daß die Menschen behaglich und sorgenlos bis zu einem sehr hohen Alter leben können. Die Bevölkerungszahl würde durch eine sorgfältige, angenehme Geburtenkontrolle bis zu einem solchen Grad eingeschränkt, daß jeder sich reicher und vielseitiger Nahrung und Kleidung erfreuen kann, sowie aller anderen luxuriösen Annehmlichkeiten, die heute schon teilweise zum Lebensstandard reicher Bevölkerungskreise in den USA gehören.

Dabei wird reichlich naiv vorausgesetzt, daß diese verzärtelte Menschheit sich vor allen anderen Schäden, besonders vor dem Unheil des Krieges, bewahren könnte und ihren Wohlstand kulturellen Zwecken widmete!

Wir können jedoch sicher sein, daß die „Herren des Karmas“ diese verlockende, aber entschieden verfrühte Planung vereiteln würden. In *angemessener* Zeit wird der Mensch sich wirklich ein solches „Utopia“ schaffen *können;* und dann wird er wohl ein solches materialistisches „Paradies“ nicht mehr begehren. Dann wird der Durchschnittsmensch, so wie ein wahrhaft kultivierter Mensch schon heute, mehr seine Pflichten und Verantwortlichkeiten im Auge haben als Privilegien. Er wird die Gelegenheit, seinen Mitmenschen für eine bescheidene Bezahlung zu dienen, für eine Ehre halten. Befriedigende, hilfreiche Arbeit wird wichtiger erscheinen als die Anhäufung von Besitztümern und unnützer Luxus.

Esoterisch geschulte Menschen betrachten die Erde weniger als einen Ort, wo jeder ein Recht auf ein ausschließlich erfreuliches Leben hat, sondern mehr als einen ungeheuren Entwicklungsplatz für etwa 60 Milliarden reinkarnierender Menschengeister – jeder mit einem grandiosen Ziel – wenn er auch dieses zeitweilig aus den Augen verliert.
Auch Goethe nannte das Ganze „eine Pflanzschule für eine Welt von Geistern“. Wir müssen den jetzigen verwirrten und hektischen Zustand der Welt, ihre Probleme, Konflikte, ideologische und Existenzkämpfe, Opfer, Plagen und Kümmernisse als Bestandteil dieser „Pflanzschule“ betrachten. Wir sollten den Zustand akuter Spannungen in den Welt-Affären nicht zu verzweifelt beklagen, sondern alles mehr als eine enorme Gelegenheit für die Menschen, ihre Lektionen zu lernen, ansehen. Diese werden jetzt gewiß auf eine harte Weise gelernt, aber dafür sicher und geschwind. Um so rascher wird jenes „Utopia“ entstehen; und bestimmt nach einigen Inkarnationen werden wir das ethisch-legale Recht erworben haben, uns seiner zu erfreuen.

Unsere jetzige Menschheit ist noch sehr jung; und die Nationen sind in ihrem Verhalten noch weniger erwachsen als die Einzelmenschen. Jeder Versuch wäre nutzlos, z. B. unsere Kinder ganz vor den Folgen ihrer Torheiten und Unerfahrenheit zu bewahren. Wir halten sie ihnen vor Augen, doch sie sind meist eigensinnig und gehen ihren eigenen Weg. Betrübt sehen wir sie leiden, jedoch, sie können ja nur wirklich lernen, indem sie Fehler machen. So ist es auch mit Nationen und Rassen. Wir glauben oft, den Weg zu wissen, den sie gehen sollten, um Unheil zu vermeiden, doch sie beachten keine Mahnungen. Durch Torheit, Furcht, Ehrgeiz oder Habgier der Politiker, sowie durch Vergnügungssucht und Verantwortungslosigkeit der Massen wird die Drohung eines künftigen Verhängnisses stets im Schwelgen der Gegenwart ertränkt. Wir sorgen uns verzweifelt darum. Doch: Sind wir wirklich um die Erfüllung des Göttlichen Planes bekümmert? Oder sind es hauptsächlich eigennützige Sorgen, daß wir etwa selbst in einen bösen Strudel geraten? Laßt uns unsere Herzen prüfen, ehe wir unsere Allheilmittel publizieren! Sonst könnten wir uns täuschen und um des eigenen Behagens willen die ewigen Wahrheitsprinzipien ebenfalls kompromißhaft behandeln.

Es hat oft den bedrohlichen Anschein, als ob die Menschheit die wesentlichen Dinge nur lernen wird, indem sie weiter sehr schreckliche Fehler macht. Jedoch, wenn sie neuen Katastrophen entgehen sollte, wem werden die Historiker künftiger weiserer Zeitalter paradoxerweise das Verdienst zuschreiben? Vielleicht nicht so sehr unseren berühmten, beliebten Staatsmännern als solchen mächtigen, dunklen Gestalten wie im 20. Jahrhundert vor allem Stalin und Hitler. Die sogenannte „dunkle Macht" in der Natur führt schrecklich und scheinbar hemmend, aber notwendig und entwicklungsfördernd ihr Werk in einer Nation nach der anderen durch. Die von ihrem vermeintlichen Recht auf einen unaufhörlich steigenden Lebensstandard besessenen Demokratien und Wohlstandsgesellschaften – mit ihren extremen Forderungen und häßlichen, verderblichen Exzessen – werden erst dann einen wahrhaft internationalen Charakter bekommen, wenn sie sehr schmerzhaft aufgescheucht werden. Und eine übernationale Organisation wie die UNO wird in der nächsten Zeit noch imperativisch sein müssen, wenn sie überhaupt in einer „friedlichen" Welt etwas erreichen wird.

Wir werden uns beeilen müssen mit dem Erschließen noch nicht urbarer Territorien, wenn wir einer wachsenden Weltbevölkerung und ihren Forderungen nach Nahrung, Rohstoffen und Energie standhalten wollen. Dies kann aber nicht allein durch Privat-Initiative genügend wirksam geschehen, sondern durch Planung auf einer weltweiten Basis. Es besteht wenig Zweifel, daß auch heute noch Millionen von Ungeborenen bereits zu Armut „vorbestimmt" sind. Aber welches Recht haben wir, anzunehmen, daß Armutsnot in der menschlichen Entwicklung jetzt *keine* erzieherische Rolle mehr zu spielen habe? Selbstverständlich darf niemand denken, daß die Annahme dieser Philosophie des Leides uns etwa im Geringsten von der Verantwortung zu hilfreichem Handeln befreit – obwohl wir natürlich stets zu entscheiden haben, wo *unsere wesentliche* Pflicht liegt – in der Verbreitung der esoterischen Wahrheiten, wenn wir Schüler der Theosophie sind, weil dies die *Wurzel* aller Leiden angreift.

Sollen wir nun die Gruppen unterstützen, die daran arbeiten, mit allen vernünftigen Mitteln die Schätze der Erde zu vervielfachen und sie immer gerechter zu verteilen? Oder die, welche nach einer weitverbreiteten Geburtenkontrolle rufen, in der Hoffnung, die Nahrungsfordernden zu vermindern? Oder sollen wir – weil meist der mittlere Weg richtig ist – eher nach einer Lösung suchen, die beide Extreme vermeidet?
Es muß erwogen werden, daß angesichts der vielen Verkörperung suchenden Egos eine *unnötig*e Weigerung, ihnen die Körper zu liefern, nicht ohne karmische Folgen für gesunde und nicht zu arme Menschen ist, die Eltern werden könnten. Wir können auch sicher sein, daß, wenn der starke Bedarf an Wiedergeburten sich vermindert, die Fruchtbarkeit auf geheimnisvolle Weise ganz natürlich nachlassen wird. (Vielleicht, wie erwähnt, durch die Radioaktivität.) Haben wir aber gut oder falsch gehandelt, wenn wir viele Egos zwingen, eine lange Zeit zu warten, bis wir ihnen bessere Gelegenheiten anzubieten haben? Schon oft wurde gesagt, daß die westlichen Rassen durch Vermeidung größerer Familien langsam Rassenselbstmord begehen.

Wie ist also die allgemeine Situation? Der empirische Gelehrte schaut besorgt einer unendlichen Bevölkerungszunahme entgegen. Er sieht auch die Anwendung des verfügbaren medizinischen Wissens auf immer erweiterte Erdgebiete voraus, wodurch, hauptsächlich mittels Eindämmung von Epidemien, das Durchschnittlebensalter immer mehr erhöht wird, bei gleichmäßig-steigender Geburtenrate. Allerdings hat ein sehr „hoher“ Lebensstandard – durch zu stark vermehrte Eiweißzufuhr – in Amerika und teilweise Europa schon zu einem *Fallen* der Geburtenrate geführt (wenn man von der *künstlichen* Beschränkung absieht). Dennoch fürchtet er, daß das noch langsame Anwachsen der Nahrungserzeugung buchstäblich von den zusätzlichen Mündern überschwemmt werden muß – was zu einem Sinken des Lebensstandards führt. Selbst wenn aber auch im Westen ein „erhöhter“ Lebensstandard die Bevölkerungszunahme einschränkte, wäre doch diese natürliche Bremse nie wirksam genug. Darum plädiert er dringend für eine künstliche Geburtenkontrolle.
Okkult-geschulte Theosophie-Studierende hegen nicht so düstere An-

sichten, weil sie keineswegs eine unendliche Zunahme von inkarnierten Seelen auf Erden voraussehen. Dennoch: Wenn – nach Mr. Gardeners Schätzung – rund 40 Milliarden Seelen jetzt laufend auf Erden Erfahrung brauchen, sind nur etwa 6 Prozent von ihnen gegenwärtig in physischen Körpern; und dieses Verhältnis kann sich noch gut bald zu einem Maximum von vielleicht 10 Prozent steigern, was einer 4 Milliarden-Weltbevölkerung entspräche. Trotz Ungewißheiten können wir erwarten, daß einmal eine Höchstzahl erreicht wird. Die Zahl der verfügbar werdenden physischen Körper wird schließlich einmal auch der letzten Forderung seitens der inkarnationsbereiten Egomengen genügen; und dann wird die Gesamtbevölkerung wieder absinken.
Früher oder später muß das sowieso geschehen, und zwar durch das Ausscheiden von Egos, die „versagen", und endlich auch von Egos, die schon im Verlauf der Siebenten Wurzelrasse zum nächsten Planeten (Merkur) übergehen werden. Was nicht mehr allzuweit entfernt ist, weil der Evolutionsprozeß sich bis zum Ende einer „Weltperiode" (Alle sieben Rassen) hin stark beschleunigt.

Jedoch in der unmittelbaren Zukunft stehen wir der Pflicht gegenüber, auf unserem Planeten Lebensraum für etwa 6 Milliarden zu finden. Ist das ausführbar? Die genaue Antwort scheint zu sein: Auf weite Sicht – ja! Es wird nicht leicht und glatt geschehen können, nicht ohne ziemliche Mühen und Opfer, das Opfer einer bequemen Gegenwart für eine schönere Zukunft. Zweifellos wird auch bittere Opposition dagegen erfolgen seitens derer, die nicht so weit sehen können oder wollen. Aber, wie das theosophische Studium zeigt, bildet all dieser Druck, all diese Spannung selber einen Teil des Planes für die Menschheitserziehung. Das Ringen ist Voraussetzung für die Vollendung.

Zur Ernährungsfrage zurückkommend, können wir etwas Vertrauen für die Zukunft gewinnen, wenn wir auf die Vergangenheit zurückblicken. Nicht einmal, sondern viele Male hat es schon geschienen, als ob die Hilfsquellen nicht mehr dem Bevölkerungsdruck begegnen könnten. Aber jedesmal hat sich etwas zum Guten gewendet, und die allgemeine Hungersnot wurde abgewendet, ausgenommen lokal-begrenzt in schlechten Erntejahren. In früheren Zeiten lernte der Mensch, das Land urbar zu machen und Tiere zu züchten. Dann wurden durch Abwechslung in der Fruchtfolge und Düngemittel die Ernteerträge verbessert. Die Kartoffel wurde eingeführt. Vor dem Ende der Ablagerung von Salpetersäure-Salzen in Chile wurden Methoden zur

Fixierung des atmosphärischen Stickstoffes erfunden. Aus neuen Feldfruchtsorten, die nach den lokalen klimatischen Bedingungen erzeugt wurden, erschienen erstaunliche Erntezunahmen. Neue Methoden der Nahrungsmittelspeicherung, wie z. B. durch eisgekühlte Konserven und bessere Transportbedingungen dienen dazu, die Erzeugnisse immer gleichmäßiger in Zeit und Raum zu verteilen. Die Anwendung des jetzigen Wissens über noch ungenutztes pflügbares Ackerland in allen Erdgebieten wird bald weitere große Schritte gewinnen lassen.

Wie sind die Aussichten für die entferntere Zukunft? Grenzgebiete können voll ertragsfähig werden. Wüstenregionen werden fruchtbar gemacht, und zwar durch Atom- oder Sonnenenergie, um das Wasser aus unteren geologischen Schichten heraufzubefördern. Ungeheure tropische Flächen von überreicher Fruchtbarkeit werden ebenfalls zum Früchteanbau verfügbar. Es wurde z. B. festgestellt, daß Brasilien allein 1 Milliarde Menschen ernähren könnte, wenn das Amazonastal voll erschlossen würde. Auch steht die sehr verheißungsvolle Möglichkeit noch offen, ungeheure Nahrungsquellen aus den Algenpflanzen der Ozeane zu gewinnen. Vor kurzem gelang die vielversprechende künstliche Synthese des Chlorophylls.

Jedoch von ausschlaggebender Bedeutung wird sich der immer mehr an Boden gewinnende Vegetarismus erweisen! Er ist die wirkliche, entscheidende Grundlösung des ganzen Problems! Denn aus agrar-wissenschaftlichen Berichten geht klar hervor, daß eine Landfläche sieben- bis zehnmal so viele Menschen ernähren kann, wenn diese die Gemüse, Früchte- und Getreideerzeugnisse *direkt verzehren,* statt daß sie erst auf dem Umweg über Tierleiber in relativ-kleine Mengen von Fleisch und Fett verwandelt werden – ein gewaltig verschwenderischer, grausamer und ethisch verwerflicher Umweg! (Siehe Kap. 12 und 39.) Der Bevölkerungsdruck wirkt bereits in diesem Sinn; und der hohe Fleischpreis zwingt schon viele zu einem teilweisen, unfreiwilligen Vegetarismus ohne ethische und ästhetische Gründe.

Es sind längst Experimente im Gang, einen Teil des wertvollen Eiweißstoffes im Gras *direkt* für die menschliche Ernährung nutzbar zu machen, so daß für das Tierfutter nur die Faserreste bleiben. Das Gras-Protein wird extrahiert und in einen sehr wohlschmeckenden „Käse" verwandelt. Auch fertige Speisen wie Konservensuppen können durch etwas Beimischung dieses Präparates zu hochwertigen Nahrungsmitteln werden. Von großer Bedeutung war die Erfindung eines starken Eiweißpräparates, des Incaparina, das in 6 mittelamerikanischen Ländern monatlich 100-Tonnenweise verteilt wird und schon Hunderttausenden von Kindern und Erwachsenen das Leben gerettet hat. Es ist ein Pulver aus mehreren Getreidesorten und -samen und weist, mit Wasser vermischt, den Eiweißgehalt der Kuhmilch auf, kostet aber nicht die Hälfte. Ein Plastikbeutel dieser vegetarischen Milch von 75 g kostet nur 4 Cent und liefert den täglichen Eiweißbedarf eines Kindes. Hohe Fruchterträge würden erzielt, wenn man das Land mit einer Schicht von einzelligen Algen in einem flüssigen Nährboden bedeckte. Andere Mikro-Organismen – die Hefearten – werden bisher nur als Treibmittel und Würze benutzt. In Trinidad sind aber Versuche im Gang, aus Melassen sehr wertvolle Hefe herzustellen, mit dem Zweck, der mageren Volksernährung zusätzliches Eiweiß zu verschaffen. Ebenso wie durch die unschätzbar-kostbare Sojabohne mit ihren vielen Verwendungsformen. Hefe-Nährstoffe können verdünnte Lösungen von Kohlehydraten in konzentriertes Eiweiß verwandeln. In Amerika werden schon Hefestoffe benutzt, um flüssige Abfälle von Papiermühlen in hocheiweißhaltiges Tierfutter zu verwandeln. Sehr optimistisch können wir auch sein betreffs der kommenden Nutzung der Sonnen-Energie!

Aus all dem ist zu schließen, daß durch diese und viele kommende Mittel für eine stark vermehrte Weltbevölkerung Nahrung beschafft werden kann. Das Haupthindernis besteht noch immer aus der menschlichen Sucht nach Tierfleisch und dem – von Ärzten genährten – Aberglauben von dessen Notwendigkeit! Wenn jedoch all die luxuriösen Annehmlichkeiten eines superamerikanischen Maßstabes gefordert werden, ist die Aussicht nicht so glänzend, Wir treiben ja beständig Raubbau an den mineralischen Hilfsquellen (Öl, Eisen, Metalle). Einige sind schon fast erschöpft; und es ist fraglich, ob die Nutzbarmachung der Atomenergie Schritt hält, um früh genug in die Bresche zu springen. Wenn die Menschheit sich allerdings von der ungeheuren Last der Waffenproduktion befreien würde, hätte sie genügende Mengen an Mineralien frei und könnte sich riesigen Arbeiten für das wirkliche Gemeinwohl und die Erzeugung von Gebrauchsgütern widmen. Doch wäre es auch dann unbesonnen, Erwartungen auf allgemeine Erreichung eines prunkvollen Lebensstandards zu hegen.

Aber – ist das überhaupt ein Unglück? Es ist erwiesen, daß Dinge wie Fernsehen, Kino, wachsender Autoluxus, Prunkpaläste, swimming pools usw. – im jetzigen Ausmaß – der Entfaltung echter Kultur hinderlich sind. Sie drängen ja den Menschen von seinen eigentlichen geistigen Zwecken ab. Für eine gewisse Zeit spielen sie eine Rolle. In energiegeladenen, „fortschrittlichen" Ländern stellen sie jetzt die Belohnungen dar, welche die Menschen ködern, ihr Bestes an Kraft herzugeben, um „in der Welt vorwärtszukommen". Doch die führenden Personen auf allen spirituellen und echt-kultivierten Gebieten werden durch wenig-greifbare Belohnungen oder überhaupt keine angespornt. Sie bedienen sich vieler technischer Mittel, weil sie bequem und zeitsparend sind, aber nicht in einer hektisch-besessenen Form. Sicher müssen noch viele Egos durch dieses Stadium eines hochgezüchteten Lebensstandards gehen, um manches daraus zu lernen und ihn dann großenteils wieder zu verwerfen.

Wenn der Mensch zur Erkenntnis kommt, daß er ein spirituelles Wesen ist, und zwar immer, nicht nur in erhabenen Momenten, wird er bei den technischen Errungenschaften unterscheiden zwischen dem wirklich Wohltätigen (z. B. Telefon, klassische Musikplatten, viele elektrische Geräte, Verkehrsmittel) und dem, was nur hochmutfördernd, verweichlichend und entgeistigend wirkt.

Er wird alle materiellen Dinge mit losgelöstem Sinn betrachten, als Mittel zu einem wunderbaren Zweck, nicht als Zwecke an sich. *So* werden wir schließlich alle einmal in Zivilisationen leben, welche ein wahrhaft gereiftes Gefühl für alle Werte erlangten und lernten, in glücklicher Harmonie mit sich und der ALL-NATUR und all ihren Geschöpfen zu leben.

Literaturnachweis:

Dr. A. Besant „Eine Studie über Karma"

G. Hodson „Lecture Notes, the School of the Wisdom"

C. W. Leadbeater „Das Innere Leben, Bd. 2"

Prof. W. Brockhaus „Das Recht der Tiere in der Zivilisation"

14. Wie wird der Theosophie-Schüler zu einem Empfänger und Neuschöpfer aller Glückskräfte des Universums?

Das Wort „Universum“ oder „Welt“ wird hier gebraucht, um die Gesamtsumme der Dinge *unserer* Daseinsregion zu bezeichnen, speziell alles in der uns bekannten Sphäre. Die theosophische Forschung schließt allerdings darunter auch alles ein, was noch nicht wahrnehmbar ist: die ungeheuer ausgedehnten unsichtbaren Welten. Natürlich ist es uns, die wir nur mit *einem* Weltall-Teil – diesem Globus Erde – in Berührung stehen, nicht möglich, viel über die Geheimnisse des gesamten Welt-Alls mit seinen Sternen-Heeren zu kennen. Wir haben es nur mit *dem* Teil des Universums, wo unser gegenwärtiges Schicksal sich erfüllt, zu tun. Diese *Erde* ist für uns das wahrhaft genügend-große „Universum“.

Auf dieser Erde gehen viele kulturelle Tätigkeiten vor sich, wie in Religion, Wissenschaft, Kunst, Handelswesen usw. Wir greifen, um eine Gesamtübersicht zu erhalten, nach gewissen, geschätzten Büchern, welche diese Ressorts in einigen ihrer Grundlehren darstellen. Und wir nehmen, um die Einordnung der *Religion* im Weltall darzustellen, für Indien die Bhagavad-Gita und für das Abendland die Bergpredigt.
Aber es gibt noch andere Lebensressorts, z. B. die *Wissenschaft.* So wollen wir ein großes Werk, Darwins „Ursprung der Arten“, dafür anerkennen, daß es viel von der Bedeutung des Weltalls durch empirische Forschung offenbart. Da auch jene Gebiete existieren, die zum *Geschäfts- und Verwaltungswesen* gehören, können wir – als ein großes Bekenntnis – Adam Smiths bedeutendes Buch „Der Wohlstand der Nationen“ nehmen.
Weiter können wir – zur Repräsentation der *Kunst* – die vier Musik-Dramen „Der Ring des Nibelungen“ von Richard Wagner nehmen und für die *Philosophie* Immanuel Kants „Kritik der reinen Vernunft“. Jedes dieser Werke verkörpert je einen großartigen Aspekt unseres „Universums“.

Bedeutungsvoll dabei ist: Jede dieser Offenbarungen schließt in ihrem höheren Sinn alle anderen ein. Man kennt den Standpunkt der Bhagavid-Gita vom Gesamt-Leben als der geistigen Wirklichkeit.

Aber die Menschen erkennen meist keine Beziehung zwischen der Botschaft der Gita und der von Kunst und moderner Wissenschaft an. Theosophie-Studierende als universal-denkende Menschen erkennen zwar Darwins Werk und seine Konsequenzen *in Grenzen* an, aber Wissenschaftler vertreten meist die Meinung, Religion, Mystik, Okkultismus basierten nur auf Einbildungen und seien daher prinzipiell als Täuschungen zu betrachten.
Die Künstler großenteils wiederum erklären, daß für einen Künstler die Wissenschaft oder Religion keine Botschaft habe. Jedes dieser kulturellen Gebiete der Welt ignoriert heute die anderen. Die Religion sagt etwa zur Wissenschaft: „Tritt nicht in meinen Bereich ein!" Und die Wissenschaft erwidert: „Dies kann auch gar nicht in Betracht kommen!"

In der Theosophie waltet eine diametral-verschiedene Bewußtseinshaltung. Der große theosophische Lehrer C. Jinarajadasa faßte dies als überraschende Aufforderung in einem Satz zusammen: „Laßt das Universum eintreten!" Denn ein Theosophie-Schüler, der zu einem tieferen Verständnis der „Uralten Weisheit" kam, die sich ihm aus unendlicher Zeitenferne zuneigte, öffnet die Tore von Herz und Geist *jeder* Manifestation unseres Universums. Er weiß, das Leben könne seine Glückskräfte nur dann wirksam entfalten, wenn es im Menschen zur umfassenden Gesamtheit wird. So lange ein kostbarer Teil aus der menschlichen Schau des Weltalls ausgeschlossen bleibt, ist Glück und Macht des Menschen beschränkt. Es kann kein wahres Glück für einen höherstehenden Menschen geben, ehe er nicht in *jedem* Ressort des Universums das große Problem des Lebens als ein Ganzes ansieht, das im Licht von Inspiration und Intuition zu lösen ist. Der Schüler der Theosophie strebt also dahin, in seinem Geist und Herzen alle Aspekte und somit alle Glückskräfte des Universums miteinander zu vereinen.
Wie steht er zur *Religion?* Ist er Mitglied einer Religionsform geblieben, dann *lebt* er sie und entdeckt bald, daß – im Licht der Theosophie – die wesentlichen religiösen Wahrheiten nicht der alleinige Besitz *seines* Glaubens sind. Er öffnet weit sein Herz, um auch die Bedeutung anderer Bekenntnisse zu verstehen. Er beginnt zu entdecken, daß das geheimnisvolle Antlitz GOTTES an vielen Orten, in vielen Heiligtümern zu schauen ist. Ein Beispiel für die theosophische Haltung zur Religion findet sich in den vielen religiösen Weihestätten im internationalen theosophischen Hauptquartier *Adyar.* In der großen

Halle, die jeder bewundernde Besucher zuerst betritt, werden jeden Tag die erhabensten Gebete der *jetzt* wirkenden Religionen gesprochen; und dort stehen mächtige Statuen der Gründer auch der *früheren,* als ein visueller Ausdruck der Einstellung zum Universum als Religion. Der Schüler der Theosophie öffnet Geist und Herz weit mit dem Bekenntnis: „Ich lasse das Universum eintreten!"

Weiter weiß er auch, daß jede durch die *Naturwissenschaft* eingefangene und bewahrte Wahrheit ein Teil des Göttlichen Planes ist. Er erkennt noch intensiver als der Gelehrte selbst, daß jede Naturtatsache eine der vielen Facetten der Göttlichen Weisheit ist, die im Weltall eingeschlossen wurden, damit jede das erhabene Mysterium des Universums als eine Ganzheit offenbart. Erst wenn er die einzelnen Tatsachen in ihrer wahren, geheimnisvollen Bedeutung ergreift, kann er die des *gesamten* Universums verstehen. Ob wir diese Totalität „Gott" nennen oder das „Entwicklungsgesetz", ist eine andere Sache. Doch im Herzen des Theosophie-Schülers lebt allezeit eine unbedingte Ehrerbietung für alle Gesetze und Tatsachen, die vom Wissenschaftler entdeckt und klassifiziert werden. *Große* Naturforscher sind immer tief-religiös.

Ähnlich verhält es sich mit der *Philosophie.* Der Theosophie-Schüler weiß, daß alle wirklichen Philosophien, die je existierten oder jetzt vertreten sind (*falls* nicht rein-materialistisch fundiert) ebenso viele Versuche sind, das Mysterium des Universalen Bewußtseins – „Gottes des Heiligen Geistes" – zu offenbaren. Alle antiken und modernen Philosophien im Orient und Okzident sind Ausdrucksformen für die Ewige Geistige WIRKLICHKEIT. Der indische Vedanta, die ästhetischen Systeme von Hellas, die idealistischen Philosophien Deutschlands, die praktischen, in England und Amerika blühenden Philosophien: alle sind für den Theosophie-Schüler suchende, ringende Experimente, jene Alleinige REALITÄT widerzuspiegeln, „in der wir leben, weben und unser Dasein haben".

Mit einem anderen Tätigkeitsgebiet, das meist als außerhalb vom Bereich geistiger Forschung oder Inspiration gilt, ist es ähnlich. Es ist das Gebiet des *Handel- und Verwaltungswesens.* Allgemein gelten diese Tätigkeitsfelder nur als „notwendige Übel", die mit Geschicklichkeit betrieben werden müssen, um ein geordnetes Leben zu sichern. Aber der Theosophie-Schüler begreift, daß dieser ganze kunstvolle Apparat durch die menschliche Intelligenz aufgebaut wurde, um die Ordnung in der Zivilisation aufrechtzuhalten und die Güter der Welt zu verteilen. Es ist *auch* eine Tätigkeit, in der alles Glänzende und

Edle im Menschen sich entfalten *kann,* wenn er stets versucht, diesen Apparat mit immer mehr Gerechtigkeit zu durchdringen, ihn immer mehr vom Egoismus reinigt, wodurch auch hier neue Glückskräfte aus dem ALL erschlossen werden.
So weiß der Theosophie-Schüler, daß er immer an dem gewaltigen Plan der Welt-Entwicklung teilnimmt, weil jede Berufsarbeit (mit einigen Ausnahmen) notwendig für die endliche Vollendung des Universalen Planes ist und alle vernünftigen Tätigkeiten dem ALL dienen. Diese Haltung der Theosophie-Schüler wird immer mehr bekannt. Es ist ihre Mission, während sie Tätigkeiten und Orte wechseln, überall mehr Brüderlichkeit in den Menschen zu erwecken, mit dem Ziel, daß Intoleranz schwindet und der Bruderschafts-Geist die Menschheit unterschiedslos durchdringt. Die Hauptaufgabe des Theosophie-Schülers ist es, nach einem großen Adepten, „den Charakter der Gedankensubstanz des Planeten zu verändern". Sein starkes Bemühen geht also dahin, in allen Menschenherzen die Glückskräfte des Universums lebendig zu machen.
Obwohl es wundervoll ist, wenn der theosophische Schüler sich so universal ausweitet und freudigen Herzens alle Bekenntnisse in Religion, Wissenschaft, Kunst, Philosophie und Ökonomie, sowie alle guten physischen Fortschritte bewillkommt, ist doch das bereitwillige Aufnehmen alles dessen noch lange nicht genügend. Soll es nicht eine Phrase bleiben, können wir das Universum erst dann zum Eintreten auffordern, wenn wir bereit sind, uns ganz mit ihm zu verschmelzen. Es ist hier nötig, in einer geheimnisvollen Weise mit dem Universum eins zu werden; und daß gleichzeitig mit der leidenschaftlichen Bitte, das Universum möge in uns eintreten, unser großes Streben dahin geht, unsere eigene Natur so zu organisieren, daß das Universum tatsächlich mit all seinen Glückskräften in uns einziehen kann. Durch welchen Vorgang oder welche Methode ist das möglich?
Die Theosophie vermittelt dem Strebenden wirklich eine gewisse Technik, einen gewissen Yoga. Durch entschlossenen Gebrauch dieser Mittel fühlt er dann eine zunehmende, beglückende Gewißheit, daß das Universum wirklich in ihn einzieht.

Wie geschieht das durch die *Religion?* Ein Theosophie-Schüler *lebt* seine Religion, falls er in ihr bleibt; und dabei entdeckt er sie direkt, buchstäblich neu für sich und nimmt nicht mehr nur die Traditionen aus zweiter Hand durch Personen oder Rituale an. Denn der unausdenkbare Wert der Theosophie für religiöse Menschen ist, daß jeder in den Tiefen seiner Religion deren edelste und herrlichste Elemente neu entdeckt und zwar in *der* grandiosen Schönheit, wie sie einst von ihrem Begründer der Welt geschenkt wurden. Das vollzieht sich im innersten Herzen und erschließt sich nur dem, der die „Uralte Weisheit" mit unermüdlicher Geduld aufnimmt und sein Leben ganz davon lenken läßt. Die Theosophie bringt den herrlichsten Hinduismus, das herrlichste Christentum, den herrlichsten Buddhismus, den herrlichsten Islam, das herrlichste Zoroastertum, das herrlichste Judentum zurück. In jeder Religion entdecken wir ihre universalen Elemente – vor allem auch die lebensvolle Kraft der eigenen – und können diese dann in einer wundervollen Weise leben, wovon wir nie träumten, bevor die Theosophie mit ihrer erhellenden Macht unsere Imagination erleuchtete. Je wahrhaftiger wir z. B. das Edelste in unserem Christentum leben, desto schöner zeigen sich darin die glorreichen, kostbaren Wahrheiten *aller* Religionen. In dem, welcher tief genug in *seine* Religion eindringt, steigt hell das Mysterium auf, daß sein Glaube in Wirklichkeit nie etwas ausschließt. Auch der nach dem Vorbild seiner Rishis und Krishnas lebende Hindu fühlt dann, daß in seinem Hinduismus geheimnisvollerweise die echten Wahrheiten des Christentums, des Buddhismus, des Islam und aller anderen existieren. Das ist der Weg der Theosophie. Wenn ihr Schüler diesen Yoga praktiziert, entdeckt er das Universum als Religion, und die Religionen der Vergangenheit und Gegenwart treten in sein Herz und Denken ein. Sie verbleiben da, sie wohnen in ihm und senken ihm eine Intensität des religiösen Lebens ein, die weit über seine früheren Vorstellungen geht.

Ähnlich ist es mit dem Problem, uns mit dem Universum in seinem *Wissenschafts*-Aspekt zu vereinigen. Wir haben heute unter Leitung genialer Wissenschaftler Bedeutung und Wesen dieses materiellen Weltalls so erfassen gelernt, daß wir uns überall, wo unser Schicksalslos uns hinwürfe, zuhause fühlen können. Wenn wir die mächtigen Gesetze der Evolution klar verstehen und die Stufenleiter der physischen Formen begreifen, wie sie von Geologen, Botanikern und Zoologen enthüllt werden, sehen wir überall, wo wir auch sind, nur *ein* Universum mit den gleichen wirkenden Gesetzen. Wenn wir etwas Botanik studieren und die Klassifizierung der Blumen und Bäume verstehen lernen, wird uns jedes Blütengewächs und jeder Baum sein Geheimnis anvertrauen, ob wir in Europa, in tropischen Ländern oder im Norden verweilen.

In noch höherem Sinn gilt dieses Prinzip, wenn wir die *Berichte über die überphysischen Naturtatsachen* auf den unsichtbaren Ebenen studieren, die von *okkulten* Wissenschaftlern sorgfältig erforscht wurden. Wir erfahren z. B. sehr viel über die Daseinsbedingungen der unsichtbaren Engel und Naturgeister und ihre großartigen Tätigkeitsbereiche, die sie im gesamten ALL als intelligente Vollstrecker des Schöpfungs-Planes verwalten. Denn als Baumeister des Universums formen sie die physischen und überphysischen Körper aller Naturreiche. Als Devas der Elemente stehen sie hinter sämtlichen Naturvorgängen und handhaben all die gewaltigen Kräfte, die bei Aufbau und Erhaltung des ALLs Anwendung finden (siehe Kap. 48). Auch über die Lebensformen der Mineral-, Pflanzen- und Tierreiche erhalten wir durch die Theosophie tief-erleuchtende Aufschlüsse. Bei auch nur annäherndem Verstehen dieser Dinge tritt das Universum aus allen Elementen in uns ein und erschließt immer neue Freudenquellen. Die Welt als klassifiziertes Wissen, die Welt, die aus den Tatsachen, „so wie sie sind", als ein geordnetes harmonisches Gefüge vor uns steht, wird von den theosophischen Schülern auf eine ganz neue und beglückende Weise begriffen und verehrend erlebt.

Nun zu den *Philosophien.* Es gibt sehr viele, doch wir können uns durch die vereinende Macht des theosophischen Yoga alle Systeme zu eigen machen. Je mehr wir die großen Weltprobleme mit dem philosophischen Temperament studieren, desto mehr leuchtet uns beglükkend auf, daß alle Philosophien gewisse fragmentarische Ausdrucksformen des Göttlichen Bewußtseins darstellen. Das System des Advaita des Shankaracharya, welches das Gewicht auf die absolute Einheit von GOTT und Mensch legt, ist *ein* Weg, auf dem das Universum als denkerische Erkenntnis in uns eintritt. Eine andere Form des Vedanta vertritt eine gewisse Dualität, die dem Menschen nach seiner „Befreiung" noch Raum läßt für eine tiefe Verehrung der Transzendenten GOTTHEIT. Die griechische Philosophie von Hellas hat ihre wundervollen Unsterblichkeitsaspekte. Andere tief-philosophische Gesichtspunkte wurden von den idealistischen Philosophien Deutschlands inspirierend aufgestellt. All diese Reaktionen des denkenden Geistes auf das Weltall in seinen myriadenfachen Facetten werden von dem Wissenden in *einem* glänzenden Lichtstrahl gesammelt und seinem Geist zugefügt. Der mit theosophischer Erleuchtung Studierende ladet alle früheren und heutigen Philosophien (falls nicht reinatheistisch) erfolgreich ein, in ihm als ein Wesensteil Einzug zu halten.

Mit den Gebieten des *Handels-* und *Verwaltungs*wesens ist es ähnlich. Geschäft, Büro, Fabrik, Werkstatt, Heim: all diese Orte gehören zu einem ungeheuren Entwicklungsplan, der dem Theosophie-Schüler offenbar wird. Denn jedes Organisationswerk arbeitet unter *einem* großen Urbegriff, ob er aus einem gigantischen Nebelfleck unzählige Fixsterne und im Zeitenverlauf große Planetensysteme entstehen läßt, oder ob eine Organisation sich mit der kunstvollen Systematisierung des Austausches von Produkten und Waren befaßt, den wir Handelswesen nennen. So umfassend verstanden, werden wir auch an diesem Zweig ein freudiges Interesse gewinnen. Denn dem Handel- und Verwaltungswesen liegt eine großartige Inspiration zugrunde, sogar in der heutigen noch sehr egoistischen Handhabung.

Ebenso aber wie *diese* Organisation durch die vielen Abteilungen des großen Handels- und Verwaltungsapparates unaufhörlich wirkt, werden auf einer höheren Ebene gleichzeitig die *spirituellen* Tätigkeiten des Menschen von den Vollendeten *„Meistern des Lebens"* in vollkommener Weise sanft geleitet. Auch *dieses* ununterbrochene Liebeswerk gehört zur Organisationsabteilung unserer Welt. Beim Verstehen dieser Dinge identifizieren wir uns mit jedem Typ dieser großartigen Abteilung. Überall entdecken wir das zugrundeliegende Ur-Ideal, das jedem Typus menschlicher Tätigkeit innewohnt, auch wenn es oft noch unter selbstsüchtigen Tendenzen verschüttet liegt. Von nun an werden also auch die Glückskräfte *dieses* Schöpfungsaspektes segensreich in uns einziehen.

So sollten die vielfältigen Tätigkeiten der Welt durch intelligentes Erfassen und Sympathie in uns einziehen. Aber selbst dann ist der wunderbare Prozeß, mit dem Universum als einem GANZEN zu verschmelzen, noch nicht vollendet. Wir sollten – über mentales Verständnis und sympathischen Widerhall hinaus – noch zu etwas anderem gelangen. Das Universum wird erst dann wahrhaft unser eigen, wenn wir es selbst neu-schaffen und umgestalten. Wenn positiv-schöpferische Tätigkeit zu einem untrennbaren Teil unserer Natur wird, können wir, indem wir den Werkstoff des sichtbaren und unsichtbaren Universums entschlossen in die Hand nehmen, etwas *Neues* formen. Dann ergreift der Mensch die ihm von GOTT gegebene Rolle eines Neu-Schöpfers. Nur dann, wenn er irgendwie zu einem Schöpfer wird, kann das Weltall in seiner Fülle beglückend in ihn eintreten.

Dann beginnt für ihn ein neues, geheimnisvolles Leben. Denn er verpflichtet sich zur Tätigkeit – *nicht nur* zur Gewinnung seines Unterhaltes oder einer Tradition willen, sondern er handelt mit dem intuitiven Verständnis, daß er sein Edelstes offenbaren muß, daß etwas in ihm verborgen liegt, was er aus sich hervorzubringen hat, um es dem Universum als einen ganz ursprünglich-neuen Bestandteil aufzuprägen. Aus einem dunklen Ahnen heraus erscheint langsam-zunehmend unter den Menschen eine besondere Technik des Schaffens. Wenige suchen bis jetzt, diesen neuen Weg zögernd zu beschreiten. Es ist das Element der K u n s t (siehe Kap. 44).
Alle Künste bringen Schöpfungswerke von mehr oder weniger vollkommener Art hervor. Jede Kunst hat eine Umformung des Universums zum Ziel. Das Weltall wird mit dem Instrument einer neuen Bewußtseinsfähigkeit von den Künstlern und Kunstfreunden neu geschaffen. Diese neue Fähigkeit ist die *Intuition.*
Der Mensch besteht zunächst größtenteils aus Gefühl und Intellekt. Sein Gefühl berichtet ihm bestenfalls von einer wunderbaren Einheit mit geliebten Wesen; und er wird mit seiner Zärtlichkeit und Hingabe identisch. Sein Intellekt berichtet von der Einheit eines großen Entwicklungsplans, den er überall um sich her wahrnimmt. Aber wenn er eine höher als Gefühl und Verstand blühende Fähigkeit benutzt – Buddhi oder Intuition – kann er das Universum in einer neuen überraschenden Weise entdecken, indem er *selbst* daran *schafft.* Aus dem Schmelztiegel seines Geistes und Herzens, aus dem Wechselspiel der großen Freuden und bitteren Leiden lernt er, dem sich ewig vervollkommnenden Weltall einen ganz neuen, einzigartigen Bestandteil hinzuzufügen und macht es sich dadurch in der wahrsten Weise zu eigen. Dies ist die neue Technik: Das fließend-flüchtige Element des irdischen Lebens ergreifen und schöpferisch einen geistigen Extrakt herausziehen, der dem Wesentlichen, dem Ewigen zugehört. Diese Extraktion wird durch die Intuition geleitet. Mit ihr prägt der Mensch seinem Erschaffenen einen Abglanz von dem Archetypus, dem Ewig-Schönen auf. Durch solches Handeln erfährt er etwas von den inneren Schöpfungsvorgängen des ALLs, weil er sich mitten hinein in diesen Werdeprozeß stellt und aktiv an ihm teilnimmt. Wichtig ist: Auch wenn wir in einer nicht direkt-künstlerischen Weise schöpferisch wirken und dabei keiner Tradition folgen, sondern unsere eigene Botschaft, *unser* „Evangelium“ entdecken, werden wir das „Ding an sich“ (nach Kant) neuschaffen. Wir nehmen die Welt des Denkens und Fühlens als Material und bringen aus uns etwas hervor, was nie

zuvor existierte! Dann erst verstehen wir ganz die Bedeutung der herrlichen Aufforderung des liebenswerten Initiierten „Laßt das Universum eintreten!“ Dieses Mysterium des Schöpferischen vergöttlicht unser Leben und macht uns eigentlich erst zum Menschen; und wir wachsen langsam hinein, wenn wir beständig unsere Sympathien und Bewußtseinskräfte ausweiten.

Jeder große religiöse Lehrer ist in Wahrheit auch ein Künstler. Die Bergpredigt ist ein kostbares Kunstwerk; und Gautama Buddha war ein Poet. Viele seiner zündenden Aphorismen hätten ihm einen hervorragenden Platz in der Dichtkunst bereitet. Jeder geistige Lehrer überhaupt wird immer, je intensiver er seine Botschaft verkündet, eine künstlerische Leistung damit verbinden. Je höher *wir* uns über das rationelle Denken in das Reich des EWIGEN GEISTES erheben, desto mehr wird das künstlerische Element untrennbar von unserem Leben. Darum also erkennen die Schüler der Theosophie immer mehr, daß eine ganz besondere Ausdrucksform der Göttlichen Weisheit sich in den Werken echter Künstler offenbart. Die Weisheit ist – wie die Liebe – im tiefsten Wesen *schön!* Doch wenn wir die Schönheit nicht nur bewundern, sondern aus all der drückenden Spannung, aus all dem Ringen unseres Wesens *selbst* etwas Künstlerisches gestalten – sei es ein Gedicht, ein Lied, ein Bild – werden wir dadurch ganz neue Widerspiegelungen des Weltalls hervorbringen. Ein Teil der so innig verlangten „Befreiung“ steht dann sichtbar vor uns in Form unserer eigenen Schöpfung. Das „nur Dilettantische“ daran spielt dabei gar keine Rolle.
Aber noch Größeres tut sich vor uns auf. Wir sind dazu berufen, unsere gesamte *Welt* um- und neuzuschaffen. Schon unbewußt bilden wir mit jeder Handlung unser Weltall um und drücken ihm unsere einzigartige Prägung auf. Wie viel stärker aber geschieht es bewußt! Beabsichtigen wir nicht, die Welt umzuformen, wenn wir unsere sozialen Institutionen immer mehr zu verbessern suchen? Das alles ist im Göttlichen Plan eingeschlossen. Aber man kann etwas in mißförmiger oder in künstlerischer Weise umformen. Es ist z. B. möglich, jeden Staat, jede Gemeinschaft, ob groß oder klein, in einer künstlerischen Art umzubilden, sodaß die Menschen sich daran erfreuen! Es ist etwa einem Staatsmann möglich, Herz und Geist *so* der Göttlichen Intuition in sich zu öffnen, daß er nicht nur mit verstandesmäßigen Plänen in die Welt geht, sondern solche aus der Region der hohen Ur-Bilder herabbeschwört. Seine Handlung kann dann so intuitionsverbunden

und künstlerisch gestaltet sein, daß er mehr und mehr mit dem Weltall verschmilzt. Ein solcher Staatsmann war Perikles, der „Träumer"-Politiker und Reformer. Aber jeder Mensch kann an *seinem* Platz Gleiches tun und unaufhörlich durch sein Fühlen, Denken und Handeln bewußt die Welt verändern, veredeln. Christus sagte die bedeutungsvollen Worte: „Ihr seid das Salz der Welt, ihr seid der Sauerteig der Welt." Also der erfolgreichste Weg, mit der ungeheuren Totalität aller Dinge unseres sichtbaren Universums eins zu werden, ist immer schöpferisches *Handeln.*

Natürlich ist *Meditation* dabei notwendig. Der stark-wirksam meditierende Sannyasi verbreitet unvorstellbaren Segen nach allen Seiten – ob er abgeschlossen in einer Himalaya-Hütte sitzt oder unermüdlich von einem Ort zum anderen wandert. Der ernst-Meditierende in *jedem* Land schafft stets ein magnetisches Zentrum für hohe Geistigkeit, er reinigt immer seine Umgebung ganz konkret durch seine schöpferischen Gedanken und Imaginationen. Wir dürfen die Wirkung unserer eigenen Meditation nicht unterschätzen. Denn wenn wir regelmäßig mit Hingabe und Helferwillen meditieren, werden wir automatisch zu Quellen des Segens in *dem* unserer geistigen Kraft entsprechenden Maß.

Unser eigenes Handeln ist also stets das Haupt-Instrument zur Befreiung alles Edelsten in uns. Doch es muß sich zuerst dem *Menschen* zuwenden. Ehe wir nicht den Menschen mit seiner widerspruchsvollen und doch so hinreißend-faszinierenden Natur verstehen, können wir nicht hoffen, etwas von GOTT zu erfassen. Je mehr wir aber von GOTT erkennen, desto mehr wird unser Blick sich wieder auf den Menschen wenden. Wollen wir also der Aufforderung folgen „Laßt das Universum eintreten!", müssen wir zweifellos die ganze Menschheit in unser Herz einladen. Wenn wir jedoch durch die Welt gehen mit all den trennenden Grenzen von Rasse, Glauben, Geschlecht und Stand, von Nationalismus und persönlichem Stolz, kann das Universum nie mit seinen Glückskräften eintreten.

Wir sollten uns also ein umfassendes, herrliches Ziel setzen: das Ziel der Identifizierung mit dem Schicksal der Menschen.

Dies wird auch durch einige Sätze aus der archaischen, von H. P. Blavatsky übersetzten Schrift „Die Stimme der Stille" gesagt:

„Laß deine Seele ihr Ohr jedem Schmerzensschrei öffnen, so wie der Lotoskelch sein Herz öffnet, um das Licht der Morgensonne zu trinken! Laß die Sonne keine einzige Träne trocknen, ehe du sie nicht

selbst vom Auge des Leidenden gewischt hast: Laß jede Träne auf dein Herz fallen und entferne sie nicht, bis der Schmerz, der sie verursachte, gestillt ist! Diese Tränen, o du, dessen Herz voll Barmherzigkeit ist, sind die Ströme, welche die Felder der Ewigen Liebe bewässern."
Erst wenn wir hilfreich für die Menschen tätig sind, wenn wir uns mit dem durch Irrtum und Sünde verursachten Leidens-Kreuz identifizieren, können wir die wahre Bedeutung des Weltalls verstehen. Wenn wir lernen, in liebender Sympathie für die Menschen zu handeln, kommt auch die Vision, wie wir dem GROSSEN PLAN als Gesamtheit dienen können. Man kann diesen grandiosen Plan, der mächtig und vollkommen im ALL waltet, GOTT nennen oder auch anders. Goethe sagt: „Nenn's Glück, Herz, Liebe, Gott – ich habe keinen Namen dafür. Gefühl ist alles! Name ist Schall und Rauch, umnebelnd Himmelsglut."
Aber immer werden wir freudenvoll wissen, daß im Universum eine wundervolle, über alle Vorstellung weise MACHT existiert, welche *alles* regiert. Wir müssen nur im Sinn dieser wunderbaren MACHT, die auch die Vollkommene LIEBE ist, *handeln;* dann wird unser gesamtes Tun in einer neuen transzendenten Weise geschehen. Dann werden wir immer klarer jenen geheimnisvollen PLAN – oder GOTT – verstehen.

Das Universum ladet uns quasi unablässig ein, etwas Edleres, Vollkommeneres daraus zu schaffen. Wir müssen Religionen, Wissenschaften, Künste, überhaupt alle ringenden menschlichen Tätigkeiten nicht nur als Theorie, sondern als lebendige Glücksströme in uns einziehen lassen. Dann werden wir mit der Intuition, die hier als künstlerische Kraft erscheint, zumindest *einen* Teil des Universums, und zwar den zu unserer eigenen Sphäre gehörenden, segensvoll umwandeln. Dann kommt das ALL durch alle Tore des Herzens und des Geistes und der Imagination und strömt in uns ein – in jedem Augenblick, bei jedem Sonnenauf- und Untergang. Je nach Wesensart werden wir seine Botschaft aufzeichnen, es gibt viele Ausdrucksformen. Es ist eines der größten Wunder, daß jeder seine spezielle, einmalige Art der Schilderung besitzt. Niemand kann die volle, glorreiche Herrlichkeit des Universums erfassen, bevor er nicht die Auffassung seiner Brüder wahrnahm. Ehe nicht jeder gelernt hat, diese Göttliche Botschaft in *seiner* Weise zu offenbaren, wird die Weisheit nicht vollendet dastehen.
Einige Arten sind zu erwähnen: Manchen Temperamenten erscheint

der Welten-Schöpfer als quasi eine weit-ferne, machtvoll-denkende Individualität. Andere realisieren das Universum als die wissenschaftlich erkannte Einheit der Natur, unter einem endlosen Plan lebendiger Entwicklungsprozesse; wieder andere unter einem Zustand inniger Verwandtschaft zwischen allem, was lebt. Diese letztere wurde hervorragend von Shakespeare erwähnt, wenn er sagt:
„Der Mensch der Imagination findet redende Stimmen in den Blumen, ganze Bücher in den fließenden Bächen, Predigten in den Steinen und Gutes in allen Dingen."

Eine Art von Menschen entdeckt überall in der Natur, im Menschen, in den Tieren und auch in Situationen dieses grundsätzlich-Hohe und Schöne, welches das Universum durchdringt, diese fortwährende Segnung; und sie fühlen entzückt, daß alle Wesen und Dinge den Ur-Grund alles Bestehenden, das letzte ERHABENE auszudrücken suchen. Man nennt solche Menschen „Romantische Naturen". Sie werden oft enttäuscht. Dennoch täten die Schüler der Theosophie gut, möglichst viel von dieser Wesensart zu entwickeln. Man nannte ja ein ganzes Zeitalter danach. *Andere* gibt es mit dem Temperament der Devotion, welche, wenn sie zu dem Punkt kommen, wo das Universum in sie eintritt, tief-anbetend fühlen, daß eine unbegreiflich-gewaltige GOTTES-Wesenheit existiert, vor der sie ehrfürchtig niederfallen, der sie jeden Gedanken und Herzensstrom weihen. Sie empfinden wie der indische Rishi Shatashvatar, welcher es so aussprach: „Allein in diesem Universum kommt und geht ER. ER ist das Feuer, das Wasser durchdringt ER. IHN und IHN allein anschauend, trotz' ich dem Tod – keinen anderen Pfad gibt es zu gehen. Ich kenne IHN, den Mächtigen – leuchtend gleich der Sonne, jenseits aller Dunkelheit. IHN und IHN allein anschauend, überschreite ich die Brücke des Todes, keinen anderen Pfad gibt es zu gehen."

Die erwachte Seele wird diese Worte auch dem Universum singen, denn für sie ist es mit dem ALL-MÄCHTIGEN gleichbedeutend.
Ein Psalmist sprach darüber in Ehrfurcht:
„Führe ich gen Himmel, so bist du da. Bettete ich mich in der Hölle, siehe, so bist du auch da. Nähme ich Flügel der Morgenröte und bliebe am äußersten Meer, so würde mich doch deine Hand führen und deine Rechte mich halten. Spräche ich „Finsternis möge mich decken!", so würde sogar die Nacht licht um mich sein."
Wir können auch das Erlebnis CHRISTI nehmen, welcher, als das Uni-

versum in ihn einzog, sprach „Ich und der Vater sind eins". Ein Mohammedaner würde sein Haupt in Demut beugen und sagen: „Allah, dein Wille geschehe!"

In so vielen Formen tritt das Universum oder GOTT in die Menschen ein. Eine Art kennen die meisten von uns genau. Es ist die, in welcher das ALL durch das Antlitz eines geliebten Menschen in uns einzieht. Dieses so mysteriöse Universum mit seiner erlesenen Botschaft und seiner glorreichen Majestät naht uns dann in einer menschlichen Gestalt verkörpert.

Ungeheuer vielfältig sind die Arten, durch die das Universum dem Menschen seine Botschaft gibt – bis diese einmal alle Rätsel löste, ihm die tiefste Weisheit aller Zeitalter erschloß und ihn mit erhabener Freude durchdringt. Denn die wahre Bedeutung und Wesens-Substanz des ALLs ist Glückseligkeit – *Freude!* Schon in der Nacht der Zeiten wurde gesagt: „BRAHMA ist Ananda = Seligkeit." Wenn wir das Universum in uns einziehen lassen, werden wir eins mit jedem Menschen, mit Engeln, Tieren, Meeren und Bergen. Dann wird eine überwältigende Freude uns durchdringen – wie es in einem Vers von Shakespeare heißt:
„Wenn einmal alle Wesen miteinander vereint sind, treten sie in einen Zustand von hoher Entzückung ein, der nichts anderes mehr kennt als Freude!" So existiert also in diesem unerklärbaren Zustand von Vereinigung mit der Totalität alles Lebendigen die vollkommene und ausschließliche Glückseligkeit.

Freude, Seligkeit ist ein Fundament des Universums. Aber damit verbunden ist ein anderes. Wir müssen tief erkennen, daß wir uns in diesem Universum mit all seiner uns durchdringenden Freude befinden, damit wir ihm auch unsererseits eine Gabe darbieten. Denn wir sind „Götter" im Werden. Verborgen in jedem von uns liegt eine geheimnisvolle Größe, eine hohe Schönheit, ein liebliches Wunder und eine einzigartige Wahrheit gefangen – und das alles muß gelöst, befreit werden.
Während also das Universum uns durchströmt, durch Wissenschaft, Kunst, Religion, Philosophie u. a., nehmen wir dann in Ehrfurcht wahr, daß auch in uns selbst eine Botschaft verborgen liegt; und diese müssen wir hervorbringen und der Welt schenken! Denn das Univer-

sum besteht aus Glückseligkeit. Und mit dieser verbunden ist das Mysterium des Gebens, des Sichverschenkens, was unaufhörlich in jedem Augenblick der verrinnenden Zeit vorsichgeht. Wenn wir diese herrliche Tatsache in ihrer weltenerschaffenden Tragweite entdecken, werden wir bald wünschen, an diesem Ewigen Opfer teilzunehmen; und von nun an wird das gesamte Leben in allen sichtbaren und unsichtbaren Welten ein großes Sichverschenken. Wir fühlen, daß – welche Fähigkeiten wir auch besitzen, die zu schöpferischen Taten werden – wir immer geben, immer opfern müssen und – tun es mit Freuden! Dieses freudige Sichverschenken tut sich uns bald als die intensivste Glücksquelle des Universums auf.

Wir können uns einen künftigen Zustand vorstellen, welcher nicht mehr von einer Seligkeit in Form der Himmelswonnen überfließt, sondern der eher auf dem Begreifenlernen des Großen Göttlichen Planes beruht und auf dem freudigen Weitergeben unserer Erkenntnisse. Wir lassen dann jede Kraft, die unsere Befreiung schuf, uns zur Heiligung dienen und kommen dann gleich nach dem „Tod" wieder hinab auf die Welt, um unsere innere Freude neu zu offenbaren, damit viele andere Menschen daran teilhaben. (Falls uns ein Verzicht auf „Devachan" gestattet wird.)
Wir schauen auch freudig einer Lebenszeit entgegen – nach vielen, vielen Verkörperungen – wo wir vielleicht ein opfervolles Erlösungs-Werk vollbringen können wie die heutigen vollendeten Adepten. Hier kommt es auf die völlige Bereitschaft zu Hingabe und Opfer an.

Die wahre Bedeutung des Lebens ist also, nicht nur in stetem Opfer zu verharren, sondern dieses zur tiefsten Freude zu machen.
Darum: Lassen wir das Universum schrankenlos in uns einziehen! Lassen wir die Wissenschaft mit ihrer Botschaft sprechen! Lassen wir jede Religion und jede Kunst uns ihre Segnung geben! Empfangen wir in verstehender Bereitschaft auch jeden Schmerz und jede Enttäuschung! Denn auch in die dunkelste Höhle scheint ein Strahl von GOTTES LICHT.

Lassen wir das Universum eintreten durch unermüdliches Schaffen und Wirken an seiner Vollkommenheit, und weihen wir uns freudig dem großen Opfer! Dann werden wir erkennen, daß wir mit vollem Bewußtsein als lebendige Verkörperungen der unergründlichen GOTTHEIT, die während aller Ewigkeiten ihr großes Opfer vollbringt, leben und wirken können – gleich großen Spiegeln, welche die Sonne reflektieren. Dies ist das wundervolle Mysterium, daß *jeder einzelne* von uns das alles verwirklichen kann! Fangen wir schon heute mit dieser Verwirklichung an!

Literaturnachweis:
C. Jinarajadasa „Let the Universe enter!"
C. Jinarajadasa „Die okkulte Entwicklung der Menschheit"
C. Jinarajadasa „In seinem Namen"
H. P. Blavatzky „Die Stimme der Stille"
Dr. G. Arundale „Du – von Ewigkeit zu Ewigkeit"

15. Das „Große Erwachen" und seine Konsequenzen im Leben des Schülers der Theosophie

Sehr viele Menschen sprechen den Namen „Theosophie" verehrungsvoll aus, denn er bedeutet ihnen das kostbarste Licht ihres Lebens.
Eine geheimnisvolle, wunderbare Gewalt über Länder und Meere hinaus vereint alle, die sich in den klaren Glanz der Theosophie gestellt haben. Was für eine magische Anziehung veranlaßt auch die, welche zum *Dienst* an der Theosophie berufen sind, sich ihr so ausschließlich hinzugeben wie der Göttlichsten Königin? So daß sie oft Armut, Verluste, Spott, ja sogar Gefahr an Leib und Leben dafür erdulden?
Es ist der Atem des EWIGEN, des UNENDLICHEN, der sie hier unmittelbar berührt! Da der Mensch unsterblich ist und trotz tiefer Erniedrigung in den materiellen Welten nie seine ewige Natur verliert, wird er – wenn auf seiner langen Pilgerfahrt der Zeitpunkt der „Großen Erwachens" gekommen ist – sich mit Zaubermacht von einer reinen Version der Theosophie angezogen fühlen, weil er weiß, daß hier die Erfüllung seines langen, unbewußten und bewußten Sehnens nach Wiedervereinigung mit seinem Ewigen Ursprung zu finden ist.
Was bedeutet dieses geheimnisvolle „Erwachen"? Es ist das entscheidendste Ereignis seiner Inkarnationen – das Erwachen aus dem düster-

schweren Traum des Verhaftetseins am Staub der Materie in den hellleuchtenden Tag des Spirituellen Lebens – die Erkenntnis seines unsterblichen Wesens. Nun beginnt er ernstlich, nach *wirklicher* Erklärung der Lebensrätsel zu forschen. In unserer Zeit erwartet ihn dann das unschätzbare Glück, für alles, was als intuitive Ahnung aus ihm emportastete, eine klare, wissenschaftliche Bestätigung zu finden durch das gewaltige, lückenlose, ewige Weltbild der Theosophie. Er berührt die Mysterienschule unserer Zeit – die Theosophische Bewegung. Sein Suchen kann nun enden, denn es wird ihm direktes Wissen vermittelt.

Das Suchen nach der Göttlichen Lebens-Quelle ist überall in der Mystik und Esoterik zu finden, die allen Religionen gemeinsam ist, doch durch die jetzt verkündete Theosophie in eine logische, zeitgemäße Form gebracht. Diese esoterische Seite der Religion ist als die Ur-Theosophie in allen großen Glaubensformen verborgen. Immer existiert sie als das Herz der Religionen, jenseits von Dogmen, die den exoterischen Aspekt bilden. Wo der letztere dem *Intellekt* ein Dogma hinstellt, bietet die esoterische Seite dem *Geist* eine ewige Wahrheit dar. Das eine wird mit dem Verstand erwogen, das andere durch Intuition erfaßt – jene „überverstandliche Fähigkeit", nach der die westliche Philosophie jetzt herumzutappen beginnt.
In früheren Religionen wurde diese verborgene Seite in den „Mysterienschulen" gelehrt, und zwar durch Verkündung gewisser Methoden, die das Leben des Ewigen Geistes rascher entfalten als im Lauf der natürlichen Entwicklung. Klassische Autoren teilen mit, daß in den „Mysterien" die Todesfurcht entfernt wurde; und das erstrebte Hochziel war nicht etwa die Erschaffung von „guten Menschen", sondern solche – überhaupt *nur* zugelassene – „gute Menschen" einmal in Gott-Menschen umzuwandeln.

Die „Mysterien" gingen im 5. bis 8. Jahrhundert in Europa aus Mangel an Schülern ein. Dort wurde stets die Bedingung einer hohen Ethik gestellt, so wie es in den griechischen Mysterien heißt: „Die, welche sich während sehr langer Zeit keiner Übertretung bewußt sind, mögen nähertreten." Bei den früh-christlichen Autoren, besonders in den Werken des Clemens von Alexandrien und des Origines, finden sich noch viele Spuren der christlichen Mysterien. Auch im „Neuen Testament" liegen noch Beweise dafür, daß Christus seine Jünger esoterisch belehrt hatte: „Euch ist es gegeben, zu wissen die Geheimnisse des Reiches Gottes, den anderen aber durch Gleichnisse." Diese Lehren also, für welche

Origines sich verbürgt, wurden in den sogenannten „Mysterien Jesu" niedergelegt.
St. Paulus erklärt ebenfalls: „Wir reden Weisheit unter denen, die vollkommen sind." Dies sind zwei Mysterienausdrücke! Die mystischen Lehren des Islam, die vom Nachfolger Mohammeds – Ali – hergeleitet werden, konzentrieren sich im „Sufismus". Der Buddhismus hat seinen „Shanga", in dem durch Meditation und Selbstdisziplin innere Wahrheiten gefunden werden. Auch der Hinduismus bestätigt das „erhabene" und das „niedere" Wissen. Letzteres wird durch Belehrung gewonnen und ersteres durch die erwähnten uralten Methoden. Das wertvollste esoterische Wissen kann niemals mitgeteilt, sondern nur durch Entfaltung eines gewissen Bewußtseinszustandes errungen werden, der in den meisten Menschen noch latent schlummert. Dieses „spirituelle" oder „buddhische" Bewußtsein zeigt sich zuweilen spontan in „mystischen" Erfahrungen. Denn diese – wenn auch bei ungeschulten Menschen oft in irriger Form oder von Hysterie begleitet – bedeuten dennoch dem vorurteilslosen Beobachter ein Anzeichen für eine neue Ära in der langen Bewußtseinsentwicklung. Das Höhere Leben tritt hier manchmal durch die außergewöhnliche Reinheit eines Menschen zutage. „Die reinen Herzens sind, werden GOTT schauen." Oft bricht es in überraschender Weise in das gewöhnliche Leben ein, wie in Fällen irgendeiner plötzlichen „Bekehrung".
Das „spirituelle Bewußtsein" ist eine lebendige Wirklichkeit. Es wird in allen Religionen bezeugt und regt sich heute – wie ehedem – in vielen Menschen. Seine *raschere* Entwicklung erfolgt nur durch eine sorgfältige Schulung, wozu natürlich eine unblutige Lebensweise gehört. Denn die Esoterik in jeder Religion ist keine „Lehre", sondern eine Bewußtseinsstufe – keine Instruktion, sondern lebendiges Leben! Nur denen, die es noch nicht wirklich kennen, erscheint dieses Leben etwa „irreal" und „undefinierbar". Denn nur das im Bewußtsein Erlebte kann wirklich geglaubt werden. Esoterische Methoden können oberflächliche Änderungen erfahren, aber das Göttliche Wissen, zu dem sie führen, muß von jedem, stets mit gleicher Mühewaltung, selbst gewonnen werden. Geistige Lehrer können helfen, Hindernisse zur inneren Wahrnehmung zu entfernen, aber „sehen" kann jeder nur mit seinen eigenen Augen – vorwiegend durch Meditation.

Theosophie ist die innere Wesensessenz *aller* religiösen Lehren. Sie lehrt in ihrer heutigen Form viele Wissensaspekte öffentlich, die in den antiken Mysterien noch streng-geheim gehalten wurden. In einer klar-

wissenschaftlichen Weise verkündet sie die Methoden, wie durch Entfaltung des „Spirituellen Bewußtseins" und seiner Organe mystisches Wissen aus erster Hand zu erreichen ist. Sie bestehen – wie von je – aus Meditation und einer bestimmten Lebensführung, u. a. Enthaltung von Fleisch, Alkohol, Tabak und anderen Rauschmitteln. Sie ist die Wissenschaft des Ewigen (Brahma-Vidya), die das innere Herz des Hinduismus bildet, sowie auch „Die Erkenntnis GOTTES, welche das Ewige Leben ist" im Christentum.
Die Theosophie ist in einem zweiten Sinn das grandiose Lehrgebäude, das entstand, als man die allen Religionen und Mysterien gemeinsamen Wahrheitsprinzipien von den sie trennenden Riten und Bräuchen loslöste und sie wieder in ihrer kristallklaren Reinheit hinstellte. Sie bietet diese gemeinsamen Urwahrheiten als eine geniale Zusammenfassung aller Glaubensformen der Erde dar, welche *ungetrübt* zusammen die Universal-Religion bilden – die wunderbare Quelle, der alle Einzel-Religionen entspringen, der Stamm des Lebensbaumes, dem sie alle entsprießen.

Der griechische Name „Theosophie" wurde zuerst im 3. Jahrhundert n. Chr. vom Ammonius Saccas, dem Gründer des Neuplatonismus, gebraucht und ist seitdem in der westlichen Religionsgeschichte verblieben. Man hat darunter nicht nur seine rein-mystische Bedeutung, sondern auch ein eklektisches System zu verstehen, welches echte Wahrheit sucht und findet, wo immer sie zu finden ist – ungeachtet von äußeren Zieraten.
Die Theosophie erschien in ihrer heutigen Form im Jahr 1875. Was hat sie zu verkünden? Seit Ur-Zeiten ist nach gewissen grundlegenden Wahrheiten geforscht und heiß darüber argumentiert worden – über Existenz und Wesen GOTTES, Seine Stellung zum Menschen, über Vergangenheit und Zukunft der Menschheit und des Einzelnen. So radikal gingen die Ansichten über diese Punkte auseinander, und so bitter hat oft einer des anderen Glauben bekämpft oder lächerlich gemacht, daß schließlich die Überzeugung entstand, betreffs dieser wichtigsten Dinge sei überhaupt keine Gewißheit zu erlangen, es seien alles irrige, aus schlechtbegründeten Voraussetzungen gezogene Schlüsse. Dies trotz der bestimmten, wenn auch oft unglaublich scheinenden Versicherungen der verschiedenen Religionen darüber. Jene vielverbreitete Meinung, man könne nichts Sicheres wissen, ist durchaus falsch. Es lassen sich eine Anzahl bestimmter Tatsachen über die Ewigen Wahrheiten feststellen.

Die Theosophie gibt sie, verlangt aber nicht – wie die Religionen – ihre Annahme als fixierte Glaubensartikel, sondern bietet sie als Gegenstände ernsten Studiums dar. Die Theosophie mag Außenstehenden als eine geistvolle Theorie vom Universum erscheinen – aber denen, die sie mit echter Hingabe studieren, ist sie die herrlichste Tatsache. Ihre Lehren können durch experimentelle Untersuchungen *denen* bewiesen werden, die sich für solche Forschungen diszipliniert vorbereiten. Sie bildet eine fast vollkommene Darstellung der großen Zusammenhänge, einen Umriß des Göttlichen Evolutionsplanes.
Die Kenntnis dieser Wahrheiten hat für unzählige Menschen das mühsame Erdenleben leicht erträglich und lebenswert gemacht und dem Tod seine Schrecken genommen. Der starke Wunsch, solch großen Segen mit ihren Mitmenschen zu teilen, veranlaßt die Theosophie-Schüler unaufhörlich, über diese unschätzbaren Ur-Tatsachen zu schreiben und zu sprechen.
Die Grundzüge dieser grandiosen Wahrheiten sind seit Schöpfungsanbeginn bekannt. Aber die Abendländer haben sich seit einigen Jahrhunderten mit unglaublicher Selbsttäuschung über sie in Unkenntnis gelassen und oft über Bruchstücke davon nur gespottet.
Wie bei jeder ernsthaften Forschung werden auch hier alle Details nur denen bekannt, die alle verfügbare Zeit diesem Studium widmen. Die „Adepten", welche *vollkommenes* Wissen darüber besitzen, haben mit übermenschlicher Willenskraft und Geduld die Kräfte entwickelt, welche zur vollkommenen Beobachtung dieser Tatsachen nötig sind. Denn hier liegt der Unterschied zwischen der theosophischen Forschung und der empirischen Wissenschaft. Letztere wendet ihre ganze Energie auf die Verbesserung technischer Instrumente, erstere dagegen strebt nach der geistigen Vervollkommnung des Forschers selbst.

In einer kostbaren MEISTER-Schrift ist von drei unumstößlichen Grund-Wahrheiten die Rede, die nie verlorengehen können. Sie sind so groß wie das LEBEN selbst und doch so einfach wie der einfachste Menschenverstand. Sie werden hier (aus „Das Idyll von der Weißen Lotus") wiedergegeben, einige natur-notwendig daraus folgende Zusätze werden hinzugefügt und gewisse Handlungs-Konsequenzen besprochen:
1. GOTT existiert und ist von unendlicher Güte. ER ist der gewaltige Schöpfer alles Lebens und wohnt in uns *und* außer uns – unsterblich und ewig-wohltätig. ER ist nicht sichtbar, nicht hör- oder fühlbar, und doch kann ER von jedem nach IHM Suchenden empfunden werden.

2. Jeder Mensch ist unsterblich, und seine Zukunft wird von unbegrenzter Seligkeit, Herrlichkeit und Freiheit sein.
3. Ein Göttliches Gesetz absoluter Gerechtigkeit beherrscht die Welt, so daß jeder Mensch sein eigener Richter ist, sich selbst durch sein Tun und Lassen sein eigenes Heil oder Unheil bereitet und so über sein Leben, seinen Lohn und seine Strafe frei bestimmt.

Aus dem *Ersten* Satz folgt: Daß allem äußeren Anschein zum Trotz alle Dinge und Geschehnisse sich mit weiser Bestimmtheit gemeinsam auf das endgültige Gute richten – daß auch alle widerwärtigen Umstände genau das sind, was gerade nottut; und daß alles in unserer Sphäre dahin tendiert, unserem Entwicklungsgang hilfreich zu sein – wenn wir es richtig verstehen. Daß – da also der ganze Göttliche Plan dem Wohl des Menschen dient – dieser natürlich diesen wundervollen Plan verstehen lernen und in freudiger, intelligenter Weise mit ihm zusammenarbeiten sollte.
Aus dem *Zweiten* Satz folgt: Daß der wahre Mensch eine ewige Seele ist und der jeweilige physische Körper nur ein Werkzeug. Daß er deshalb alles nur vom Gesichtspunkt der Seele betrachten und sich bei allen Kämpfen darüber klar werden sollte, er sei ja mit seinem Höheren Prinzip und nicht mit dem niederen identisch. Daß unser sogenanntes „Leben" nur ein „Tag" in seinem wahren, viel größeren Leben ist. Daß der „Tod" eine sehr geringe Bedeutung hat, weil er nicht das Ende, sondern nur jedesmal den Übergang in eine transzendentere Lebensform bildet. Daß jeder Einzelmensch einen äonenlangen Entwicklungsgang hinter sich hat, dessen Studium äußerst fesselnd erscheint. Daß er eine noch viel herrlichere und grenzenlose Entwicklung vor sich hat, deren Vorausahnung noch viel faszinierender ist. Daß für *jede* Seele die Gewißheit besteht, ihre gewaltigen, sich unaufhörlich weitenden Ziele zu erreichen – gleich, wie weit sie gegenwärtig davon entfernt ist.
Aus dem *Dritten* Satz folgt: Daß jeder Gedanke, jedes Wort und Gefühl, jede Handlung ein ganz bestimmtes Ergebnis hat. Dies ist nicht eine von außen verhängte Belohnung oder Strafe, sondern ein ganz natürliches Ereignis, was durch das „Gesetz von Ursache und Wirkung" (Karma) unvermeidlich damit verbunden ist. Daß der Mensch in seinem eigenen Interesse handelt, wenn er sich ihm anpaßt und es ebenso intelligent benutzt wie die physischen Naturgesetze.
Hat ein Mensch sich diese Ur-Wahrheiten völlig zu eigen gemacht, ist er also für die Geheimnisse des Höheren Lebens „wach" geworden,

dann ändert sich die ganze Richtung seines Tuns und Lassens gründlich – mit vielen Verwandlungen, die unvermeidlich zu inneren Konsequenzen für ihn werden. Viele Menschen besitzen schon durch eigenes Erleben genügend Beweismaterial für die umwandelnde Zauberkraft der Theosophie. Allerdings ist etwas hoch-wichtig: Eine oberflächliche und ungenaue Kenntnis dieser Dinge genügt nicht dafür! Ein „Glaube", wie die meisten „Christen" ihn den Versicherungen ihrer Religion entgegenbringen, bleibt nutzlos, weil er für das Leben praktisch fast ohne Wirkung ist.

Wenn wir dagegen an die theosophischen Urwahrheiten so glauben wie an die *physischen* Naturgesetze – das heißt, ein direktes Wissen davon haben – wird ihr Einfluß überaus mächtig sein. Schon unser Wissen vom Walten dieser physischen Naturgesetze ist ja stark genug, um unser Leben im Einklang mit ihnen zu halten. Z. B., weil wir überzeugt sind, uns am Feuer zu verbrennen, meiden wir seine Berührung. Weil wir überzeugt sind, im Wasser zu ertrinken, hüten wir uns, hineinzugehen, ohne schwimmen zu können. Diese Überzeugungen sind für uns maßgebend, weil sie auf Wissen und direkter Erfahrung begründet sind. Und die Überzeugung des wirklichen Theosophie-Schülers ist für ihn genau so bestimmt und maßgebend – aus genau demselben Grund!

Nun gelangen wir zum Kernpunkt: Allen, die als Heilmittel für alle Not das kostbare Geschenk der Theosophie zu treuen Händen empfingen, erstehen daraus gewisse innere Konsequenzen; und nur wenn wir verantwortungsbewußt unsere Denk- und Handlungsweise auf diese Konsequenzen einstellen, können die wunderbar-beglückenden Wirkungen der Theosophie sich in ihrer ganzen, erlösenden Stärke zeigen. Ein Wissen, das nur studiert, aber kaum gelebt wird, kann weder lebendige Kraft noch Glück spenden, es stagniert gleich einem stillstehenden Teich.

Worin bestehen diese Konsequenzen? Da ein solcher Mensch jetzt den Sinn seines Daseins kennt, wird er sein Leben direkt in diesen Sinn hineinstellen und alle unvernünftigen Dinge fallen lassen, die ihm vorher gemäß waren. Er wird lernen, seine Persönlichkeit souverän zu beherrschen – zu seinem Heil wie auch zu dem seiner Mitmenschen. Er wird lernen, wie er geliebten Menschen am intelligentesten dient und seinen Helferwillen allmählich auf alle Wesen in seiner Reichweite erstrecken, um schließlich einmal irgendwie der gesamten Menschheit von Segen werden zu können. Er wird lernen, alles Geschehen von einem

sehr weiten, philosophischen Standpunkt – nicht mehr vom Kleinlich-Persönlichen her – zu betrachten. Er wird also durch seine innere und äußere Haltung zeigen, daß die Lebenskümmernisse ihm nicht mehr so wichtig erscheinen wie vor seinem Kontakt mit der „Uralten Weisheit". Er wird auch nicht mehr einem Gefühl Raum geben, es geschehe ihm irgendwie oder irgendwann Unrecht.
Er wird von jeder Todesfurcht frei sein und dies auf andere ausstrahlen, weil er jetzt den wohltätigen Platz des Todes in der menschlichen Entwicklung begreift. Er wird gänzlich frei von religiösen Ängsten sein – für ihn selbst wie für seine Freunde, z. B. von der Sorge für ein künftiges „Seelenheil" im Sinn dogmatischer Begriffe.
Er wird sich nicht mehr von der Besorgtheit um sein irdisches Schicksal niederdrücken lassen, sondern in Ruhe und Zuversicht leben.
Kurz zusammengefaßt: Er wird der Umwelt ein begeisterndes Beispiel geben und dem Namen der Theosophie wirkliche Ehre machen, weil er sonst niemandem ein wirkliches Interesse für die theosophischen Ideale und Tatsachen vermitteln kann. Und – last not least – eine Haupt-Konsequenz besteht darin, klug und unermüdlich, doch unsektiererisch, die so wunderbare Ewige Weisheit weiterzutragen, die ihm so großes Glück gebracht hat.

Ein Mensch, der diese große Umwandlung an sich vollzieht, hat in etwa den folgenden Werdegang: Seine erste Stufe ist die des Suchenden, wo er sich von Durchschnittsvorurteilen und abergläubischen Ideen befreit.
Er wird quasi ein „Bilderstürmer" und will nicht mehr wie die Masse sein. In einem Zustand notorischer Unzufriedenheit fordert er überall das Herkömmliche heraus. Das ist die Vorstufe zum Zustand des „Erwachten". Er ist unzufrieden mit Religion, Ethik, Philosophie, Wissenschaft und öffentlicher Meinung, mit allem Begrenzten. Er fühlt, daß das alles nicht ausreicht, daß dem allem ein schmerzendes Gefühl von Unwirklichkeit anhaftet, weil natürlich alles, was die Menge befriedigt, nicht mehr dem genügen kann, der sich von ihr loslöste. Was für ein Glaube oder Begriff es auch sein mag, der von jeweiligen Gelehrten, Philosophen, orthodox-religiösen Lehrern und Staatsmännern verbreitet wird – es *muß* hinter der lebendigen, ewigen Ur-Wirklichkeit weit zurückstehen. So stürmt er zunächst dahin, und zwar (falls er zu den edleren Typen gehört) nicht in einer gereizten, gewalttätigen Halsstarrigkeit, sondern in der abenteuerlichen Freude eines Gipfelstürmers. Es braucht kein zorniges Mißbehagen darin zu liegen – das

Ganze gleicht eher ein wenig der „Unzufriedenheit" GOTTES, der sich nach einer „Pralaya"-Ruhe veranlaßt sah, aufs neue aktiv zu werden und das „Rad der Evolution" wieder zum Rollen brachte.
Wenn so ein Suchender die alltäglichen Vergnügungen des Lebens, seine Bräuche und Sensationen quasi weggeworfen hat und nicht mehr von ihnen beherrscht wird, nähert er sich – *wenn* sein Herz rein und klar blieb – dem geheimnisvollen Augenblick des „Erwachens". Wenn er – in unserer Zeit – zum Dienst an der Theosophie berufen ist, tritt sie ihm dann bald in ihrer Herrlichkeit entgegen; und, wie es im Buddhismus heißt, „er tritt in den Strom ein". Er stürzt sich in diesen „Strom" mit der ganzen Begeisterung seiner starken Natur. Der Durchschnittsmensch befindet sich nicht im „Strom des Lebens", sondern in einer Art von Staugewässer, worin er sich im Kreis bewegt mit all seinen Gesichtspunkten, vermeintlichen Sicherheiten und Orthodoxien. Viele Menschen glauben, frei zu sein, weil sie einige Vorurteile der „Öffentlichen Meinung" abgeworfen haben. Jedoch sie nahmen dafür eigene Vorurteile auf sich und wurden zu Sklaven ihrer selbst. Es ist ebenso schädlich, seine eigenen orthodoxen Meinungen zu haben wie solche von „draußen" anzunehmen.

Der Mensch, welcher als Studierender der Theosophie in den „Strom des Lebens" eintritt, ist nicht mehr ein irgendwelcher Sklave. Er ist ein „Erwachter" und nimmt das ganze Leben heiter und hell. Seine Ansichten hält er leicht und schwebend im Geist. Auch von seinen tiefen Überzeugungen weiß er, daß sie nur Mittel zu *einem* ewigen, großen ZWECK sind – Teile und Schatten der Wirklichkeit. Sie können immer nur bedingte Ausdrucksformen der *einen,* unfaßbaren Ewigen WIRKLICHKEIT sein. Sobald er zu einem Ahnen dieser letzten, alleinigen Wirklichkeit „erwacht" ist, wird er sich auch ohne Gram von eventuellen Überzeugungen und tiefen Glaubensformen abkehren können – bis zu etwas noch Tieferem und immer Tieferem! Er tastet unaufhörlich nach etwas Kostbarerem als das was er bereits besessen und ergründet hat. Das ist der Geist des „Erwachten". Er wandert also durch das Leben, durch vielleicht noch manche irdische Verkörperungen und ist überall zuhause. Er ist wahrlich im Zustand eines „Wanderers", den nichts mehr bindet und festhält in einem Bekenntnis, Dogma oder Land, so daß er in Freiheit „wandert", um *alles* zu erkennen.
Nachdem er lange Zeit in einer konstruktiven Weise „gewandert" ist, kommt er in die Lage, „ein kleines Haus für sich zu erbauen", wie es im Orient heißt. Das bedeutet, sich aus all den Bruchstücken und

Pseudowirklichkeiten, die er auf seinen „Wanderungen" sammelte, eine klare Essenz von *echter* Wirklichkeit herauszukristallisieren. Er ist imstande, jenes „Haus" – jenen mystischen Ruhepunkt – mit sehr wenig Material zu bauen, denn je länger er wandert, desto mehr reduziert er sein „Gepäck" – bis zu einer geringen Last.
Er braucht nur einen leicht erbauten, ganz auf sich ruhenden, oberen Raum, der überall Türen und Fenster und praktisch gar keine Wände hat. Dieser ist beständig nach allen Seiten für ihn geöffnet und ebenso für alles, was eintreten möchte. Mit anderen Worten, er erhebt sich über die Regionen, in denen normalerweise jedermann umherirrt. Er wandert aus der landläufigen Religion, Philosophie, Wissenschaft und Kunst – aus allem heraus, in dem die Durchschnittsmenschheit lebt. Und über all dem erbaut er sein „kleines Haus". D. h., er findet seine eigene direkte Wirklichkeit – zwar noch relativ minimal, aber doch *sein* Eigen; und sie ist so beschaffen, daß er sie nun überall hin mit sich trägt. Er führt also auf seinen weiteren „Wanderungen" als kostbarsten Schatz sein „kleines Haus" – seinen inneren sicheren Ruhepunkt – mit sich. Das ist ein äußerst wichtiges Ereignis für den Erwachenden! Es bedeutet in *unserer* Zeit, daß die theosophische Bewußtseinshaltung sich mit ihren Konsequenzen in ihm begründet, und daß er seine ureigene Version der Ewigen Wahrheiten errichtet. Er wandert nun weiter, aber mit einem strahlenden Leitstern im Herzen, der übermächtig sein weiteres Leben regiert und ihn auch zu Stätten führt, wo kein Glück ihn erwartet. Viele Menschen sind zu „wandern" bereit, aber nur dorthin, wohin es sie lockt – auf der „Linie des geringsten Widerstandes". Wenn wir etwa eine „Lieblingsabneigung" haben, so sollten wir sie niederbrechen. Zum Beispiel werden viele Personen der Kirchen und ihrer Glaubensschranken müde und sind so unzufrieden, daß sie das alles verlassen – mit der festen Absicht, nichts mehr von so etwas sehen zu wollen. Das ist aber nur eine andere Art von Beschränkung! Sie sagen: „Ich kann Kirchen, Tempel, Religionslehren und Priester nicht mehr ausstehen". Und so bleiben sie draußen und trennen sich abrupt von all diesen Dingen ab. Die Flucht war an sich nicht falsch, denn sie wurden wohl dadurch versklavt. Diese Lebensaspekte wurden ihnen zu Unwirklichkeiten, so war es also ein inneres Gebot, sich davon zu lösen. Jedoch wenn jemand den Zustand des „erwachten" Menschen erreicht hat mit seinen echten Konsequenzen, muß eine königliche Freiheit in ihm dominieren, die ihn überallhin gehen läßt, auch dorthin, worin er bis vor kurzem noch versklavt war. Denn der von Vorurteilen und Beschränkungen Freigewordene muß

imstande sein, z. B. freudig in seine angeborene Religion zurückzugehen, ohne noch dadurch geknechtet zu werden – indem er jetzt innerhalb ihrer Begrenzungen die „Esoterische Wirklichkeit" wahrnimmt und herausschält. Als ein „Erwachter" kann er so seinen Glaubensgefährten als ein Fackelträger dienen.
Jeder wird eine herkömmliche schlechte Sache kennen, mit welcher er abgeschlossen hat, und die er (als einen Aberglauben) nicht länger dulden möchte. Nehmen wir als ein häufiges Beispiel das Fleischessen. Viele edle, idealistische Menschen wurden Vegetarier, weil sie jene grausame und schmutzige Lebensweise nicht mehr ertragen konnten. Sie werden dann oft zu leidenschaftlichen Kämpfern gegen dieses Unrecht, schaudern aber *zu* verächtlich vor fleischessenden Personen zurück. Das ist zwar begreiflich; jedoch: kann ein solcher Reformer verständnisvoll in die Seele des anderen eintreten, ohne den heftigen Eindruck von Fanatismus und Intoleranz zu hinterlassen? Er sollte vorsichtiger und gütiger vorgehen, wodurch er auch mehr erreicht! Wohl jeder hat seine Lieblings-Aversionen – häßliche Gewohnheiten, die er als unduldbar ansieht, weil *er* darüber hinauswuchs, und wovon er nun brennend wünscht, daß die anderen auch darüber hinauswachsen, und zwar *sofort!* Besonders wenn er sich erst kürzlich zu etwas „bekehrt" hat, wird er darin äußerst starr sein. Er sagt: „Könnt ihr denn absolut nicht einsehen, daß ihr euer Leben ändern müßt? *Ich* habe mich von alldem befreit, warum tut ihr es nicht auch?" Die meisten dieser Leute sind royalistischer als der König und päpstlicher als der Papst. Der „erwachte" Mensch darf nie intolerant sein. Er darf auch nicht unangenehm statisch erscheinen. Instinktiv fühlen besonders junge Menschen diese Gefahr, schießen aber dann über das Ziel hinaus und sagen: „Ich kenne keinen Respekt und kümmere mich nicht um konventionelle Formen. Ich will mein eigenes Leben führen und ganz ich selber sein!" Hier sollte man ihnen höflich beibringen, daß es sich *nur* lohnt, die *beste* Seite seines Ichs zu verwirklichen! Denn meist greift ein solcher junger Mensch nach einem jämmerlichen Ding von einem Ich. Anstatt zu seinem Höheren Selbst zu werden, stärkt er nur seine niedere Person. Er wird vulgär, wenn er meint, großartig zu sein. Er geht seines Weges und schert sich nicht darum, auf wem er herumtritt. Er gebärdet sich gern schroff, rauh und kulturlos. Er zögert nie, ostentativ seine unreifen „fortschrittlichen" Ansichten hinauszurufen oder sogar gewaltsam zu demonstrieren und ist ziemlich stolz auf sie. Ihm muß deutlich gezeigt werden, welch töricht-abstoßenden Eindruck er auf andere macht.

Junge Menschen, die sich von manchen Dogmen und Lehren fortgerissen haben, empfinden dann leicht für *all*es Verachtung und sagen z. B. auch: „Ein Theosoph ist etwas sehr Komisches." Nun, niemand auf der Welt hat nicht irgendetwas Komisches an sich; und wenn diese Leute nur die richtigen Gelegenheiten wahrnähmen, auch über sich selbst zu lachen, hätten sie viel weniger Zeit, sich über andere zu belustigen. Denn sie würden lange über sich selbst zu lachen haben – es gibt so viele Ursachen dazu. *Wirklich* tolerant und verständnisvoll sein, das ist das Geheimnis des „erwachten" Menschen, der nicht statisch wird. Viele sich so modern dünkende junge Leute lachen über den „Theosophen", weil sie denken, er müsse allerlei komische Dogmen haben. Sie besuchen allerdings *keine* informierenden Veranstaltungen und lesen *nichts* darüber, sondern rauchen lieber Zigaretten, tanzen in Beatschuppen und schielen heimlich nach einem ihnen bekannten „Theosophen", was er wohl darüber denkt, wenn sie soviel Unsinnig-Verkehrtes tun. Dieser aber lächelt verstehend, weil er weiß, daß all das nur eine ihrer vielen Übergangsphasen ist. Jene meinen, viel klüger als der Theosoph zu sein. Dieser aber weiß aus Erfahrung, daß es umgekehrt ist. Er hat in seinem Leben oder in vorigen Existenzen wahrscheinlich ähnliche Dinge getrieben – geraucht, getrunken, Eltern, Erzieher und Behörden schikaniert, obwohl er der fürchterlichen lebenzerstörenden Gefahr der Drogensüchtigkeit entgangen ist, was ein elendes „Privileg" der Jetztzeit darstellt.
So erkennt dieser Theosophie-Schüler aufgrund seiner erwachten Bewußtseinshaltung, daß alle Menschen durch ihre eigenen Erfahrungen gehen müssen. Er durchschaut ihr Tun, nimmt ihre Motive wahr und sieht hoffnungsvoll der Zeit entgegen, wo auch sie sich von all den beschränkenden, schädigenden Vorurteilen freischütteln werden. Nur: er betet zu GOTT, damit sie nicht dort stehen bleiben, wo sie jetzt sind! Er betet zu GOTT, damit *niemand* dort stehen bleibt, wo er ist! Das ist der Geist der echten Freiheit, des echten Verstehens, in dem der „Erwachte" sich bewegt. Seine Denkweise ist klar und hell, seine Meinungen haben eine schwebende Leichtigkeit. Er versteht jeden erbarmungsvoll und ist mit jedem dort, wo dieser sich gerade befindet. Er wird nie Gefühle der Überlegenheit zeigen oder empfinden, sondern hat nur das intensive Gefühl, innerlich glücklich zu sein und ist eifrigst bestrebt, das mit anderen zu teilen. Er geht freudig seinen Weg – gleich, ob andere die Quellen seines Glückes annehmen oder nicht. Aber er ist stets glühend bemüht, ihnen ebenfalls zu einer edlen Art des Glückes zu verhelfen. Daß sie einen Geist tiefen Friedens fühlen,

aber auch jene konstruktive Unzufriedenheit, die verlangt, immer höher zu steigen – heraus aus den engen Tälern, in denen sie leben, immer den Gipfeln entgegen, die zu gewinnen sind!

Das ist der Geist des „erwachten" Menschen. Jeder frage sich: „Was habe ich als Suchender auf meinen Wanderungen entdeckt? Nachdem ich eifrig Religionen, Philosophien, Wissenschaften, Künste, das soziale und das politische Leben durchforschte – was habe ich als erwachter Mensch darin gefunden? Habe ich mein ‚Haus' gebaut?" Gesegnet ist der, welcher sagen kann: „Ja, ich *habe* es gebaut, ein leichtes transparentes Haus, mit überall weit offenen Fenstern und Türen. Und *gefunden* habe ich als erstes, daß es nur EIN LEBEN gibt, und daß jedermann es teilt. Das ist die erhabenste Entdeckung; denn überall, wo ich hingehe, grüßt mich dieses selbe LEBEN. Ob ich ein Christ, Buddhist, Parsi, Moslem, Hindu oder Jude, ein Mann oder eine Frau bin, es ist alles EIN LEBEN; das ist die höchste Entdeckung, weil wahrhaft alle Wesen von denselben Faktoren geleitet werden. Wenn ich nun die Menschen anschaue, sehe ich sie nicht als Fremde, sondern als Freunde; wie verschieden ihre Ansichten und Sitten jetzt von den meinen sein mögen, sie sind dennoch meine Freunde! Sie sind alle genau so zitternde, ringende, irrende Seelen wie ich. Dieselben Ursachen zu Glück und Leid bewegen sie. Sie gehören alle zu einer Familie, sie und ich sind von derselben Substanz. Dieses klare Durchdrungensein von der Gewißheit des EINEN LEBENS schafft einen ungeheuren Unterschied zu meiner früheren Denkweise!

Schaue ich fortan einem Menschen ins Auge, weiß ich beglückt: Er ist in Wahrheit mein Blutsbruder! Obwohl ich vor manchen Rauheiten und abstoßenden Gewohnheiten zurückschrecken mag, so kann das nur einen Augenblick dauern. Da ich in den Geist des EINEN LEBENS eingetreten bin, schiebt mein Höheres Selbst bald mich als Person beiseite und sagt: ‚Geh' aus dem Wege! Laß mich Angesicht zu Angesicht mit meinem Freunde stehen!'"
Ein solcher Mensch macht sich unaufhörlich und überall Freunde. Denn das ist die höchste Konsequenz für den „wachen" Menschen: allen Menschen, ja allen Wesen, ein liebender Bruder zu sein. Weil er sein „Haus" gebaut hat, ist er in allem daheim und hat auch keinen Wunsch nach Disputen mehr, denn was haben sie für einen Nutzen? Er wird natürlich die starke Neigung haben, die Theosophie überall zu verbreiten, aber sie niemandem aufnötigen wollen. Er stellt grundsätzlich die

Theosophie mit intensivstem Nachdruck überzeugend vor die Menschen hin und läßt dann geschehen, was will und soll.
Der „wache“ Mensch kann in jeder Kirche, jedem Tempel beten und auch mit allen Sekten GOTT verehren, sowie allen Arten von Priestern lauschen. Er kann an allen Zeremonien teilnehmen, er fühlt sich in allem zuhause. Denn er ist imstande, die wunderbare Wirklichkeit auch in allen Riten zu durchdringen. So wandert er mit schwebender Leichtigkeit in allen Bereichen. Doch um so fessellos zu wandern, muß er sich von *jeder* Form der Versklavung befreit haben. Viele Leute, die sich frei dünken, sind ja in Wahrheit Sklaven. Sie haben sich mit neuen Gefängnismauern umgeben, indem sie sagen: „Hier *bei mir* ist die Freiheit, und überall sonst ist Gefangenschaft. Wenn ihr von da drüben herüberkommen wollt, werdet ihr frei sein.“ Sie erkennen nicht, daß Freiheit ein innerer Zustand ist. Man kann in allem frei sein und ebensogut durch alles geknechtet werden. Es ist empfehlenswert, zuweilen gerade dorthin zu gehen, wo eine uns ungleiche Atmosphäre ist, wo wir uns fehl am Platze fühlen, und *dann* daran unseren Fortschritt an gerechter, verständnisvoller Beurteilung prüfen. Wer sind wir, um gewiß zu sein, daß wir nicht unsere eigenen Sklaven sind? Es gibt nur *einen* unbedingt sicheren Weg: Uns nicht mehr von einem Verlangen beherrschen zu lassen – gleich, ob mental, astral oder physisch – also der Herr unserer Wünsche zu werden. Dieser Geist von Wunschlosigkeit und Unterscheidung ist das *Wesentliche.* Wir müssen über die Wünsche den *Willen* stellen, unser Göttlichstes Attribut. Der wache Mensch muß vor allem vom Verlangen nach Dingen frei sein, die er nur auf Kosten von Leiden wehrloser Wesen erlangen kann!
Er muß ferner frei von jedem Stolz sein – nicht etwa das Empfinden von seiner eigenen Göttlichkeit, seiner geistigen Macht und Größe, die in ihm lebt wie *in jedem anderen Menschen,* fortwerfen – aber frei von persönlichem Eigendünkel, der immer anzeigt, daß der Betreffende noch in der weglosen Nacht geistiger Unwissenheit herumtappt, ohne das helle, reine Licht der theosophischen Bewußtseinshaltung. Er muß von jedem Gefühl der Überlegenheit frei sein (was sowieso sinnlos wäre). Keine Selbstgerechtigkeit darf den erwachten Menschen verunreinigen. Er ist voller Glück und Frieden.
Über allem muß der Geist eines wirklich-tiefen Wohlwollens für alle Wesen leuchten. Liebend-hilfreiches Mitgefühl und echtes Verständnis – das sind Kennzeichen des „erwachten“ Menschen. Er hat sein „Haus“ erbaut, er trägt es immer bei sich. Er ist überall ganz ruhevoll, und die ganze Welt ist sein eigen. So schreitet er – später von einem *Meister*

geleitet – erhobenen Blickes vorwärts, um nach langer „Wanderung“, wenn sein Herz kristallrein und ganz frei geblieben ist, endlich an sein ZIEL zu gelangen: in seine Heimat, zur ewigen Vereinigung mit seinem Göttlichen VATER, welches die letzte und vollkommene Wirklichkeit ist, und wobei natürlich *nichts* von seiner kraftvollen Individualität mit ihren herrlichen, in langen Zeitaltern erworbenen Eigenschaften verlorengeht.
Dieses mächtige Ego tritt nun in die UNIO MYSTICA ein, eine Krone all seines Suchens und Wanderns. Wenn das Reich der wahren Mystik sich ihm für immer erschlossen hat, erst dann ist das letzte und grandioseste Erwachen über ihn gekommen. Alles, was ihm an Mitteln dazu diente, versinkt und wird bedeutungslos. Er ist im Herzen des Universums und bereit, ein Heiland der Erde zu werden.

Literaturnachweis:
Dr. G. Arundale „Mount Everest“
Dr. A. Besant „Die Lehre des Herzens“
C. Jinarajadasa „The Wonder-Child“
C. Jinarajadasa „Flowers and Gardens“

16. Was ist Theosophie und die Theosophische Bewegung? Was ist ein Theosophie-Schüler?

Die Theosophische Bewegung hat drei gemeinsame Haupt-Ziele:
1. Einen Kern der Universalen Bruderschaft der Menschheit zu bilden, ohne Unterschied von Rasse, Nation, Glaubensbekenntnis, sozialem Stand und Geschlecht.
2. Das vergleichende Studium der Religionen, Philosophien und Wissenschaften zu fördern.
3. Die noch unerklärten Natur-Gesetze und die im Menschen verborgenen Seelen- und Geisteskräfte zu erforschen.

Die Theosophische Bewegung – das Land der Theosophie – ist ein spirituelles Reich, in dem der trennende Schleier, das brütende Dunkel der Fremdheit von Mensch zu Mensch, kaum anzutreffen ist, und das von den Strahlen eines neuen Morgenrotes der Uralten, Esoterischen Weisheit erleuchtet wird. Die Theosophische Bewegung ist dazu bestimmt, eine *geistige* „Liga der Vereinten Nationen“ zu sein, als das einzige Geistes-System, wo Menschen verschiedener Nationen, Religionen, Erziehung und Interessen durch eine solche Tiefe und Weite gegenseitigen Verstehens zueinander geführt werden, daß sie meist freudig all die Schranken überschreiten. Diese Bewegung läßt keine widersprechenden Zwecke zu, doch gibt es in ihr auch keine autoritären Maßnahmen, denn hier waltet eine wahre Demokratie der Freiheit, geleitet von einer spirituellen Ordnung, die durch die Autokratie der Weisheit wirkt und eine bestimmte, unsichtbare Richtung innehält.
Es gibt kein kanonisches Dogma theosophischer Wahrheiten, die in feste Regeln gebannt werden. Jedoch die ernsten, aktiven Bewohner dieses transzendenten „Landes“ geben gewissen ewigen Grund-Tatsachen der ALL-NATUR durch freie Übereinkunft ihre enthustiastische Zustimmung.
Die Theosophische Bewegung besteht nicht aus intellektuellen Theoretikern, sie ist keine Wohltätigkeitsbestrebung, keine Kultrichtung idealistischer Snobs oder fanatischer philanthropischer Reformer, die sich *einem* exklusiven Gegenstand widmen. Sie würdigt und ermutigt freudig diese Dinge, überschreitet jedoch weit deren Spann- und Reichweite.
Die Theosophie-Schüler stehen für die *eine* allumfassende Grund-Wahrheit ein, welche die direkte esoterische Weisheit wie auch deren vielfältig-tätigen Anwendungsformen einschließt. Die Essenz jener ewigen Weisheit muß von jedem einzeln entdeckt werden, und zwar nicht nur durch das Lesen der kostbaren Literatur, sondern auch, indem man die Theosophie wahrhaft in sich erblühen läßt und ihren Duft der Luft mitteilt, sodaß unsere Mitmenschen vitalisiert und erhoben werden.

Die Theosophie ist das LEBEN selbst und unendlich viel mehr als alle sie analysierenden Formulierungen. Der, welcher eine ewige Weisheit von vitaler Bedeutung tief erkennt und *verkörpert*, wird dadurch ihr lebendiger Vermittler, weil sie durch Wort-Propaganda allein wenig Eingang in die Herzen findet. In unserer Zeit einer komplizierten

Organisation aller Dinge brauchen wir dringend ein Empfinden von DEM, was nicht organisiert werden kann, weil es unbestimmbar ist und sämtliche Maßstäbe überschreitet, von DEM, was ewig in uns ist und den Gegenpol zu unserem Wissen darstellt. Das *Suchen* nach DEM, was jede Begrenzung zurückweist, ist ewig-gleich und ewig-neu. Die von jener Erkenntnis Durchdrungenen sind die wahren Theosophie-Schüler.
Die Theosophische Bewegung kann sich jahrhundertelang unablässig erneuern, weil ihre Wurzeln von unvergänglicher Potenz sind, falls stets die der Zeit, dem Ort und den Umständen eigenen Ausdrucksformen gefunden werden, *ohne* durch *falsche* Anpassungsversuche den Ewigkeitswert der Ur-Weisheit entstellend zu vermindern.
Wie leben in einer Epoche, die von Möglichkeiten erbebt, in der die mit blitzhafter Konzentration arbeitende *Zeit* viel Übles *und* Kostbares vernichtet, doch in der auch bereits der Geist einer Zukunft heraufdämmert, die noch unbekannte Schönheiten und Freuden offenbaren wird. Es ist die Rolle der Theosophie-Studierenden, die Welt in jene Zukunft führen zu helfen und ihre Herolde zu sein. Sie suchen nicht nur Seelenfrieden für sich, sondern erstreben, *echtes* Glück in der Welt zu schaffen und das Aufhören alles nichtigen und schädlichen Menschenwerkes.
Sie haben es ebenso mit „dieser" wie mit der „anderen" Welt zu tun. Die letztere ist *hi*er nicht die eines persönlichen Himmels nach dem „Tod", sondern die *ewige* Welt der Ideale, der Schönheit und des liebenden Lichtes. Sie sind stets bemüht, jene Region in die Alltagswelt zu übertragen, bis beide nicht mehr getrennt sind. Sie weisen auf einen neuen Weg der Lebensführung hin, der schön, einfach und schädigungslos sein muß. Letzteres ist schwer in der modernen Welt, denn diese ist auf Ausbeutung erbaut und präsentiert *einem* Teil der Geschöpfe ein von angenehmem Luxus erfülltes Antlitz, jedoch dem *größeren* Teil die Kehrseite voll Unbarmherzigkeit und bitteren Leidens. Die Menschen finden kein Ende ihrer Süchte und Lustbefriedigungen. Doch sie fragen nicht, wie es ihren Opfern (auch den Tieren, die sie töten und verzehren) auf ihrem Opfergang ergeht. Nur wenige können sagen, daß ihre Lebensweise *nicht* für andere Wesen schmerzliche Leiden einschließt! Wir *müssen* aber auf eine Zivilisation hinarbeiten, die keine Gewalttaten und Tränen mehr einschließt und dürfen uns nicht an einer künstlichen Politur erfreuen, die eine schwärende Masse egoistischer Leidenschaft verbirgt!
Die Theosophie tritt für jenen Weg ein – einen quasi himmlischen Weg,

erhellt von den lieblichen „Blumen" der Erde, den Freuden selbstloser Arbeit und einer heiteren, einfachen Lebensführung. Wir verachten die moderne Technik nicht, doch sollte sie nur ein Instrument sein, womit wir eine vollkommenere Lebensform zum Ausdruck der Schönheit des Ewigen Geistes herausarbeiten. Die Theosophie soll immer nur dazu dienen, Möglichkeiten zu entdecken, wie wir unseren Mitgeschöpfen die echteste, segensreichste Hilfe erweisen.

Wir leben in einer furchtbaren *und* wundervollen Zeit, worin wir viele Inkarnationen in einer einzigen durchleben können, indem wir die vielseitigen Erfahrungen unserer Mitmenschen von allen Seiten auf uns wirken lassen, einer Zeit, in der wir beobachten, wie das Schicksal mitten in der freien Willenstätigkeit der Menschen *seine* Form schmiedet, einer Zeit von verhängnisvoller Wahl und bedeutungsvollen Konsequenzen.

Laßt uns unsere aktive Rolle im „Großen Werk" der Hilfe spielen und mit unermüdlicher Begeisterung danach suchen!

Ist die Theosophie Wissenschaft, Philosophie oder Religion? Sie hat als die „Ur-Weisheit" *alle* diese Aspekte, weil sie deren Synthese und Quelle ist. (Siehe Kap. 1) Das Wort „Theosophie" erhält oft Auslegungen, die Zerrbilder der Wirklichkeit sind, etwa ein quasi mittelalterliches Odium. Andere denken an Kulte von seltsamer Art. Häufig wird es mit Astrologie, Chiromantie, Mediumismus, Magie und anderen phänomenal-okkulten Künsten identifiziert; und diskutiert man gewisse Ur-Tatsachen, etwa Reinkarnation und Karma, werden sie oft von Menschen, denen sie unbequem erscheinen, als orientalische Lehren abgelehnt, für die der praktische Westen wenig Zeit oder Gebrauch habe. Die in der Theosophischen Bewegung Wirkenden wissen aber, daß die Theosophie die natürliche, lückenlose Erklärung aller Probleme des Menschenlebens darstellt. Sie vermittelt die Einsicht in das *Wesentliche* aller Dinge und beleuchtet kristallklar die Interessen und Ziele unseres Lebens auf ihre Ewigkeits-Aspekte hin. Sie ist die Weisheit von dem allem innwohnenden Göttlichen Universal-Prinzip.

Ihre Zentral-Wahrheit ist die EINHEIT hinter aller Verschiedenheit im Universum. Verstand und Sinne werden zwar erst durch die Verschiedenheiten der Dinge aktiviert, aber im inneren Bewußtsein jedes Wesens lebt die EINHEIT! Ein tätiges, lebendig-vibrierendes Bewußtsein ist allen Wesen eigen. *Vor* diesem Gesichtspunkt muß die Einheit überall bestehen. Denn der GROSSE EINE – die Ewige Einheit – streut sich in beständigem „Spiel" auf Seine Geschöpfe aus; und das

ganze Weltengetriebe ist das Ergebnis dieses „Spieles". Je mehr wir in die ungeheure Ausdehnung des Universums eindringen, desto mehr zeigt es sich, daß jedes seiner Glieder sich vom anderen unterscheidet und für sich eine nicht duplizierbare Einheit bildet, also das Kant'sche „Ding an sich", das sich manifestiert, ewig und unzerstörbar ist. Das innere Leben in allen Spezies, sowie der monadische Geist als Grundprinzip in jedem Menschen, alles das ist eine ewige Fortdauer, eine logische Weiterentwicklung, eine stets aus Ursache und Wirkung bestehende Bewegung, die sich in jedem Augenblick durch einzigartige Vorgänge ummodelt. Es gibt so eine Entwicklung des Bewußtseins oder Lebens, das heißt aller individueller Wesen, genau parallel mit der Formenentwicklung. (Siehe Kap. 8 und 10). Jedoch ist die Form nur das sich stets anpassende Ausdrucksmittel für das darin verborgene, individuelle, antreibende Leben.
So erhalten wir folgendes Bild: *Das LEBEN ist eins im Wesentlichen*, im Ursprung, in der allem zugrundeliegenden *Göttlichen Wirklichkeit*. Es ist aber *vielfach in der Manifestation*, das heißt, in seiner Beziehung zur Materie, die sein negativer Pol ist. Das LEBEN bildet bei seinem Ur-Abstieg in den differenzierten Zustand überall Einzelwesen, die in ihrer wirklichen Natur unzerstörbar sind und sich endlos entwickeln, weil sie Aspekte der unzerstörbaren, undefinierbaren, unendlichen EINHEIT sind. Ihre Evolution geht Punkt für Punkt innerhalb der Formenentwicklung vor sich, jedoch alle Formen entwickeln und gestalten sich *nur* durch das schöpferische, unaufhörliche Drängen des LEBENSPRINZIPS.

Das LEBEN, dieser undefinierbarste aller Begriffe, ist unermeßlich, grenzenlos; und auch das dem LEBEN innewohnende Bewußtsein ist unermeßlich, grenzenlos. Auch die das Universum bildende Mannigfaltigkeit ist unermeßlich, grenzenlos. Eine Unermeßlichkeit entspricht genau den anderen. Das Wort „Universum" selbst enthält die Einheit, während es gleichzeitig unendliche Verschiedenheiten bedeutet. Die Mannigfaltigkeit der Gestaltungen und Stufen im Universum muß unermeßlicher und zahlreicher sein als wir uns vorstellen können.
Es gibt aber *unsichtbare* Regionen, die diese physische Welt, welche auch nach der empirischen Wissenschaft nur ein luftiges Gebilde ist, durchdringen. Sie bestehen aus zarteren Schwingungen und höheren Frequenzen, durch die ein intensiveres Leben und Bewußtsein wirkt. Unser fortdauerndes Selbst ist also nicht nur mit der sichbaren Materie verknüpft, sondern auch mit subtileren, jenseits unseres jetzigen

Wahrnehmungs-Spektrums befindlichen Lebens-Formen. Nur geschulte „Hellseher“ durchdringen auch jene Regionen.

Wo liegt die Existenz des Menschen in diesem grandiosen Plan? Was geschieht nach dem „Tod“? Da der Menschengeist als Offenbarung des EWIGEN EINEN auch mit jenen überphysischen Welten verbunden ist, wird sein Bewußtsein beim „Tod“ zuerst in die nächste Region versetzt, die seiner emotionellen Natur entspricht. Diese Wachstumsimpulse kommen aus einer reichen Folge von Bewußtseinstiefen. Jede wird überstiegen, wenn die vorige den Weg freigibt. Wenn also das menschliche Bewußtsein sich beim „Tod“ zurückzieht, geht es in natürlicher Ordnung aus der physischen in die nächst-tiefere Ebene über und von dort in eine noch tiefere.
Was nach der glücklichen Jenseitsruhe wieder seine Neugeburt bewirkt, ist der Anstoß gewisser Kosmischer Kräfte; und solange diese gesetzmäßigen Energien mit seiner Wesenheit verknüpft bleiben, muß immer wieder das gleiche wirkende Geschehen erfolgen. Daher die stete Wiederkehr des physischen Lebenszyklus, den wir „REINKARNATION“ nennen.

Wir betrachten nun die Tätigkeit eines Menschen in der physischen Sphäre – hier unten seinem ewigen Ursprung entfremdet. Er handelt und ist Handlungen ausgesetzt. Er löst die geheimnisvollen Kräfte von Denken, Fühlen und Tun. Hier tritt ein verborgenes Urgesetz in Wirkung. Die erwähnten Energien setzen einen allesdurchdringenden „Äther“ in Bewegung, der bewirkt, daß alle Wirkungen exakt ihren Ursachen angepaßt auftreten. Die Kräfte kehren stets in umgewandelter Form als Wirkung zu dem sie ausstrahlenden Bewußtseinszentrum zurück. Gemäß der mathematischen Präzision dieses Gesetzes vermischen sich manche Kräfte in ihrem Lauf. Manche fallen in *eine* Ecke des Schicksalsgeschehens, andere in eine *andere*. Manche werden zeitlich verzögert und andere beschleunigt. Doch alles mit dem Resultat, daß jeder Mensch in eine Umgebung geboren wird, die er genau verdient und durch „frühere“ Handlungen selbst geschaffen hat; und daß jeder weitere Lebensumstand stets das Kreuzen einer Schicksalskraft ist, die ihn unentwegt sucht und vorwärtsdrängt. Diese Vorgänge heißen „KARMA“.

Im Bereich der All-Natur *und* in der Sphäre des Menschenlebens müssen die Prinzipien der Mathematik und die der Moral und Gerechtigkeit in vollendeter Form regieren. Denn Natur und Menschenleben sind Aspekte *eines* universalen Planes, erwachsen aus dem ewigen „Spiel" des EINEN und stehen unter nie-irrenden Ur-Gesetzen, welche von uns unwissenden, durch wechselnde Wünsche und Ängste erregten Menschen zu unserem Heil unantastbar sind.

Wir können die UR-EINHEIT auch GOTT nennen, obwohl dieser erhabenste Begriff vielen Deutungen unterliegt. Der Mensch kann wegen seines Göttlichen Ursprungs GOTT erahnen lernen. Er wurde (als „Monade") aus den hohen, keimhaft-statischen Zustand eines dimensionslosen, unbegrenzten Einheits-Bewußtseins in die Beschränkungen des Stoffes versetzt, worin er als ein spirituelles Samenkorn startete, bis er schließlich (nach vielen Verkörperungen) ein universaler „Baum" wird, der sich als ein allmächtig und *voll-bewußt* gewordener individueller Gottes-Sohn wieder zu dem Ursprung erhebt, aus dem er *unbewußt* als „Funke" oder „Same" kam. – Diese Vorgänge sind ein unaufhörliches Steigen und Fallen, ein unendlicher Rhythmus, und sie sind überall – im Atom, in den astronomischen Räumen und in jeder Denkschwingung – zu bemerken.

Die Theosophie ist die Ur-Philosophie, die all unseren Einzelideen und -Erfahrungen den Universalen Rahmen hinstellt. Sie ist die Ur-Wissenschaft, die aus der Kenntnis der äußeren Natur das unendliche Bewußtsein zu immer größeren Höhen aufsteigen sieht, zu jenem Gipfel, wo die EINHEIT selber lebt – als Urquell unendlicher Entwicklungsmöglichkeiten. Die Theosophie erklärt in ihrem religiösen Charakter die Grundwahrheit jeder Religion, nämlich den *Wieder*aufstieg des abgestiegenen monadischen Funkens zur GOTTHEIT, wobei die lange Trennung den hochgespannten Zustand verursacht, der alle Dinge in ihrer dem Plan dienenden Bewegung erhält. (Siehe Goethes Gedicht „Wiederfinden", Kap. 43) Sie sieht das dunkle menschliche Sehnen nach Gottesvereinigung als kosmische Drängen zur UR-EINHEIT, mit dem Nirvana-Zustand als erstem Ziel. Theosophie ist ferner die Kunst des glücklich-schönen natürlichen Lebens, wozu ein Mensch gelangt, der in Harmonie mit der erhabenen Ordnung des Universums zu leben lernte. In diesem Harmonie-Zustand befindet er sich in völligem Frieden mit sich und allen anderen. Er wird ein Stromweg für jene Energien, ein Zentrum für Frieden und wahrhaftes Glück. Die Theosophie ist im *Wesentlichen* die *alle* Dinge umfassende Göttliche Weisheit. Hier unten wird sie von jedem Menschen nach seinem Reifegrad widergespiegelt. Sie nimmt so stetig in ihm zu, weil jeder beständig wächst in Umfang und Tiefe seiner Kontakte und deren Auswirkung. Das EINE LEBEN brachte alles zum DASEIN; und auf Grund jenes LEBENS in uns können wir schaffen, entdecken und vollkommen werden, wozu die Theosophie uns makellos anleitet.

Die Theosophische Bewegung wurde unter Inspiration gewisser „Adepten"-Lehrer ins Dasein gerufen, als ein Instrument für den Menschheitsdienst. Die Bedeutung dieses Ereignisses war im Zwielicht der frühen Tage kaum wahrnehmbar, kann aber heute angesichts der folgenden Entwicklungen besser gewürdigt werden. Der in den kalten, harten Boden des starr-materialistischen 19. Jahrhunderts geworfene Same zeigte bei den unfruchtbaren Weltumständen wenig von dem wundervollen „Baum" an, zu dem er erwachsen sollte. Auch konnte man damals nicht die große Umwandlung der Denk- und Tätigkeitsarten im folgenden Jahrhundert und die hilfreiche Mitarbeit der Theosophie daran vorausahnen. Wir hatten seitdem enorme Veränderungen, mit dem Resultat, daß die heutige Welt in Auffassungen und Lebensbedingungen (positiv und negativ) äußerst verschieden von der damaligen geworden ist.
Die Mission dieser Bewegung war von Beginn an: 1. wie ein Fanal die Universale Bruderschaft der Menschheit zu verkünden; 2. gewisse Grund-Aspekte der Ur-Wahrheit wieder dem Abendland zugänglich zu machen; 3. die Bedingungen des Uralten PFADES zu enthüllen. Dies alles ist *noch* ihre Mission! Die durch die verbreiteten tiefen Erkenntnisse vom Menschen und der Natur, mehr vom Gesichtspunkt des Bewußtseins als von dem der äußeren Erscheinung, mußte unvermeidlich die Wirkung haben, jedem Lebens-Ressort neue Bedeutungen aufzuprägen. Die Theosophische Bewegung ist eine ganz einzigartige, hellleuchtende Geistes-Richtung inmitten einer kriegszerrissenen, vielgespaltenen Welt.
Die Ziele mancher Organisationen stimmen in gewissen Grenzen bereits mit der Theosophischen Bewegung überein. Doch die Grenze der letzteren ist das Universum selbst; und das Königreich, das ihre Diener innerhalb dieser Grenze errichten wollen, ist das „Reich Gottes" – in seinem Weisheitsaspekt, der Theosophie. Wir *suchen* sie alle, denn die Theosophie ist in ihrem echten Sinn nicht durch Lehren begrenzt. Die „Göttliche Weisheit" steht über jeder zeitgebundenen Formulierung, die ja immer nur in der Erfahrungssprache ausgedrückt werden kann. Das, was zur Göttlichen Natur gehört, muß „drinnen" und „draußen" sein; und der innere Aspekt, ein Gegenstand *geistigen* Erlebens, kann nicht in Worten konkretisiert werden. Jedoch die Theosophie-

Schüler leben keineswegs als Phantasten oder unpraktische Idealisten in einer vagen, unklaren Zukunft! Die in den theosophischen *Klassikern* verzeichneten Fundamental-Wahrheiten, denen der Titel „Theosophie" zuerkannt wurde, sind (im Gegensatz zu verfälschenden Darstellungen) die praktischen Ergebnisse hochgeschulter Forschung und bilden ein wunderbares Geistesgebäude, welches das gesamte (bisher enthüllte) Wissen in sich trägt. Es umfaßt das Firmament menschlicher Erkenntnismöglichkeit von jeder Seite, Höhe, Tiefe und Proportion her und erhebt Vernunft und Herz bis zum Gipfel unserer Fassungskraft. Es ist die offenbare Pflicht der Theosophie-Schüler, dieses Wahrheiten der Welt zu vermitteln – doch undogmatisch, und dem Hörer oder Leser freilassend, sie ganz, teilweise oder nicht anzunehmen. Sie wissen, daß die *wahre* Theosophie in jedes Menschen Herz ruht und zur rechten Zeit und unter den rechten Umständen erwachen wird.

Die Theosophische Bewegung tritt kompromißlos für die weitestgehende versöhnende Harmonie zwischen Rassen, Religionen, Orient und Okzident ein und zeigt die Synthese von dem, was wahr und gut in *allem* ist. Diese Synthese wurde grandios und überzeugend herausgearbeitet. Sie war imstande, die Welt durch den hohen, segensreichen Gehalt ihres Ewigkeits-Ursprungs, als ein starker unsichtbarer Strom, direkt und indirekt zu inspirieren und die menschlichen Tätigkeiten in einem Maß zu beeinflussen, das in keinem Verhältnis zur theosophischen Mitgliedschaft steht.

Theosophie bedeutet Denken *und* Handeln. Wir können nicht das Ideal von der Praxis trennen. Eine Wahrheit ist nur eine solche, wenn sie aus ihrer abstrakten Erhabenheit geholt und hier unten in den Rahmen ihrer praktischen Beziehung zum Leben gestellt wird. Jede spirituelle Wahrheit muß eine Dynamik haben, die sie in Taten umwandelt. Weisheit ist nicht Wissen, sie besteht aus einem segensreichen Gebrauch des Wissens und auch aus der Erkenntnis unserer Beschränkungen. Da die Theosophie-Schüler anbetende Verfechter der EINEN GROSSEN WAHRHEIT sind, stehen keine von deren Ausdrucksformen außerhalb ihres Wirkungskreises. Die Theosophische Bewegung identifiziert sich nicht nur mit dem höchsten Idealismus in jedem Zweig menschlicher Tätigkeit, sondern tritt auch für die direkte *Verwirklichung* dieser Ideale ein. Jedoch wird sie die Anwendungsformen den einzelnen überlassen. Sogar die Universale Bruderschaft – dieser Felsengrund praktischer Ethik – muß von jedem seiner Einsicht gemäß praktiziert werden. Sie ist einfach ein unvergleichlicher dynamischer Impuls, den jeder nach Wesensart und Lebensbedingungen überträgt.

Während nun jede Anwendungsform gewisse Weisheits-*Aspekte* verkörpert, überragt die Ewige Weisheit selbst alle Anwendungsformen. Ihrem unergründ- und unerschöpflichen Brunnen entspringen stets neue Wege und Ideen. Kein Ausdrucksmittel, kein Experiment legt die Theosophie stereotyp fest. Jeder kann nach Eigenart und Umständen die Theosophie verwirklichen, obwohl alle Studierenden der Ur-Wahrheit in deren klassischen Grund-Aspekten übereinstimmen sollten. Die theosophischen Schüler streben ernsthaft, die Wahrheit in allen Gesichtspunkten zu erkennen. Durch diese einen offenen Sinn verlangende Haltung können sie trotz äußerer Verschiedenheiten aufrichtig vereint sein.

Ein theosophisches Axiom lautet: Alles Forschen nach Verständnis und jeder Versuch, Erfahrungen in einen höheren Erkenntnisgrad zu assimilieren, muß mit einem entsprechenden Grad von tatkräftigem *Handeln* im Gleichgewicht stehen, sowie dem Streben, diesem einen weitestmöglichen Wirkungsbereich zu sichern. Durch das stete Bemühen, dabei immer vom Ewigen ZENTRUM aus zu handeln, neigen äußere Umstände und Unterschiede stets zur Vereinigung hin. Bei den sonst gebräuchlichen Methoden, von gegensätzlichen Punkten des Kreisumfanges zu handeln, entwickeln sich Differenzen. Folglich *können* Theosophie-Schüler sich für gewisse universale Zwecke alle vereinen, doch für andere Zwecke arbeiten sie oft auf verschiedenen Linien. So existiert diese klare Unterscheidung zwischen der Arbeit der Bewegung selbst und den dieser Arbeit entspringenden Tätigkeiten, die in die Sphäre individueller Verantwortung fallen. Solche müssen, insoweit sie *wirklich* von der Ewigen Weisheit erleuchtet sind, atmosphärisch mit der klassisch-theosophischen Sphäre verbündet sein. Denn die Gesamt-Arbeit *und* ihre Anwendung in verschiedenen Lebensbereichen muß natürlich parallel gehen.

Alles entspringt *einem* starken Impuls, der vor 100 Jahren aus den höheren Ebenen gesandt wurde und nun gewaltig durch jeden verfügbaren Kanal in die Welt fließt, Altes auffrischend und Neues erschaffend. Die Theosophie-Schüler sehen in ihrer Bewegung eine Hauptströmung in diesem ungeheuren Fluß; und sie sollten durch alle edlen Mittel hilfreiche Dienste für Anziehungskraft und freies Strömen dieses Flusses leisten.

Während sie langsam Universale Weisheit erwerben, werden die Tätigkeiten sich wandeln und sich neuen Faktoren angleichen.

Was ist theosophisch? Was IMMER ein *echter* Theosophie-Schüler tut, ist theosophisch, d. h. wenn er den *wahren* Geist der Theosophie in Taten umsetzt. Jedoch dieser hat viele Offenbarungsebenen und muß durch viele Kanäle fließen. Die Theosophische Bewegung stellt ein Sammelbecken dar, in welchem jener GEIST sich einsenkt, um dann durch unzählige Abflüsse seinen Weg in die äußere Welt zu nehmen. Es darf *hier* keine Bibel, keine Dogmen geben. Der Geist der Weisheit ist das LEBEN selbst, und dies bedeutet Wachstum und Anpassung. Wo wäre auch die *ganze* Erkenntnis? Und diese Bewegung existiert zum Dienst an Welt und Menschheit, die ja ein stets wandelbarer Organismus ist. So müssen wahre Theosophie-Schüler stets dem LICHT, gleich aus welcher Quelle, geöffnet sein. Ihre offene Vernunft, ihr lauteres Wahrheitsstreben, ihre Brüderlichkeit für alle Wesen kann Wachstum und Nützlichkeit der Bewegung während der Jahrzehnte und Jahrhunderte sichern, was aber nicht von Prophezeihungen abhängt, sondern von Stärke und Tiefe des geistigen Impulses in den *wirklichen* theosophischen Arbeitern! Die Einzigartigkeit dieser Bewegung liegt *einerseits* in dem allumfassenden Charakter ihrer Ziele, der jeden instandsetzt, aus irgendeiner theosophischen Idee tatkräftige Inspirationen zu gewinnen, der aber *andererseits* die Sphäre der Theosophie *selbst* losgelöst von ihren Tätigkeitslinien hält.

Das bisher in unseren Fassungsbereich gekommene Wahrheitsbruchstück wird in den „Theosophie" genannten Definitionen ausgedrückt. Es inspiriert die Strebenden überall, drängt sie zu praktischen Taten vieler Art, bewahrt sich aber dabei stets seinen subtilen, unbestimmbaren Zustand und liegt endlos-neuen Verständnis- und Anwendungsmöglichkeiten offen. Da die Wurzeln der theosophischen Bewegung in spirituellen Wahrheiten von höchster Bedeutung und Wirkungsmacht liegen, gleicht sie einem sich unaufhörlich ausbreitenden Banyan-Baum. Jedes neue herabstoßende Würzelchen entspringt den Vitalitätsströmen des oberen „Baumes" und wird unten zu einem in den Boden des Menschenlebens verpflanzten neuen Stamm zur Stützung des Baumes. So ist jeder „Stamm" eine Schule des Denkens, eine Erkenntnismethode, eine Wirkungssphäre praktischer Aktivität, die alle zusammen eine glücklich-abgestimmte Einheit bilden. Der Same des Banyan-Baumes ist sehr klein, jedoch, einmal gepflanzt, wächst er zu einem, riesige Räume umfassenden, majestätischen Baum heran, mit ständig-neu-wurzelnden Zweigen. So breitet sich auch die Theosophische Bewegung aus und spendet den von ihr Angezogenen segnenden Schatten und heilende Kraft.

In jenen Geistes-Regionen, wo Fernen in Zeit und Raum nicht hindern, trennen und verwirren, wo alle Dinge nach ihrer wahren Beschaffenheit gelten, wo Gleiches mit Gleichem vereint ist, kann diese Bewegung während kommender Zeiten als ein heller, goldener Stern wahrzunehmen sein, der in die Atmosphäre der Erde ein seltsames, allgegenwärtiges Licht ausschüttet, dessen Strahlen in Herz und Geist der Empfangsfähigen – wachend und träumend – aufleuchten, und zwar als ihre schönsten Gedanken, ihre beglückendsten Empfindungen und ihre selbstlosesten Liebestaten.

Wer ist ein wahrer Theosophie-Schüler? Es ist jemand, in dem die Ewige Weisheit als wesentlichster Teil von ihm selber wohnt! Die Theosophie ist so groß wie das LEBEN selbst – einer endlosen Ausdehnung fähig – und erreicht jede mögliche Höhe und Tiefe, ist aber dem einfachsten Menschenverstand erreichbar. Die Herrlichkeit der *theosophischen Substanz* kann von Kenntnisreichen wie von einfachen Menschen geschaut und bewundert werden. Beide können die gleiche Empfangsfähigkeit haben und dementsprechend weise sein. Da die Theosophie im *Wesentlichen* einfach ist, kann also ein Theosophie-Schüler alt oder jung an Jahren sein, gelehrt oder arm an detailliertem Wissen. Dennoch existiert die Theosophische Bewegung, um der Welt die universale *und* die weitverzweigte Weisheit zu verkünden, sowie dafür, möglichst viele wahre Verkünder hervorzubringen.

Das vom theosophischen Weltbild gebotene Wissen darf nicht etwa mißachtet werden, weil es oft mehr Kenntnisse über physische und überphysische Tatsachen vermittelt als über die zugrundeliegenden abstrakten Ursachen. Denn da das Universum eine Einheit ist, besteht eine direkte Beziehung zwischen Beidem, wodurch die richtige Erkenntnis von den *Erscheinungsformen* des EWIGEN ein entsprechendes Erblühen der *transzendenten Weisheit* zur Folge hat. Obwohl daher die Erkenntnis des EWIGEN SELBSTES höchste Notwendigkeit ist, bietet ein Wissen von seinen *Offenbarungsformen* in unserem jetzigen Zustand das Mittel zu diesem Ziel. Die heutige Entwicklung des präzisen, analytischen Intellektes hat es wie nie zuvor möglich gemacht, in den Gesetzen der Materie die Reflexion der Manifestationsgesetze des EWIGEN GEISTES wahrzunehmen. Die Materie hat uns von den frühesten Stufen an begleitet. Aber mit dem fortschreitenden mentalen Erwachen und den begleitenden Tätigkeitsgebieten haben unsere Wissensmöglichkeiten über das physische Universum sich so stark vervielfacht, daß wir heute ein (wenn auch noch immer wandelbares) Bild von ihm besitzen, das alles Vorherige weit übersteigt. Ein *Fundament* der Erkenntnis vom Universum wird also von den modernen Naturwissenschaften geliefert, und hier begegnen sich Wissenschaft und Theosophie. *Jedoch* auf diesem Fundament erschafft die Theosophie einen wunderbaren gewaltigen *Oberbau*, der imstande ist, den leeren Raum, den Abgrund zu überspannen zwischen unserem sehnenden Ahnen vom Zenit eines ewig-gegenwärtigen, unfaßlichen GOTTESGEISTES und den konkreten Tatsachen unserer Alltagserfahrung. *Es* ist ein spirituelles Gebäude mit sozusagen festen, flüssigen, luftigen und ätherisch-funkelnden Aggregaten – vollkommener und herrlicher als alles, was zuvor einer überraschten Öffentlichkeit enthüllt wurde. Seine Proportionen und Maße können durch einen logischen Verstand aus wenigen, einfachen Voraussetzungen ergründet werden. Doch der, welcher die Harmonie dieser Proportionen tief in sich aufnahm, trägt die Seele der Weisheit in sich. Er mag in seinem Gehirndenken die in jenem vollkommenen „Gebäude" verkörperten Gesetze und Zahlen nicht direkt kennen, doch diese können sich, als gerechte Maßstäbe und eine echte geistige Klarheit, aus seinen Handlungen offenbaren.

Harmonie ist vollendetes Gleichgewicht, und der Theosophie-Schüler bewahrt es, indem er weder in Übertreibungen verfällt noch in wesentlichen Prinzipien *schwankt*. Wenn wir uns auf das Kernhafte konzentrieren, ist das Ausschlaggebende eine wirklich-theosophische *Haltung*, im ganzen lebendigen, vibrierenden Sinn des Wortes. Es ist die Hochspannung eines offenen, doch intuitiv unterscheidenden, liebend umfassenden Verstehens, welches immer die reine Wahrheit anzieht, wenn sie in sein magnetisches Feld tritt. Ein Theosophie-Schüler zeigt ein überall-waltendes tiefgehendes Proportionsgefühl. Er erkennt gewissen Teilaspekten eine relative Gültigkeit zu, schiebt aber eine Beurteilung auf, wenn er die genügenden Unterlagen noch nicht fassen kann. Eine zeitweise Unwissenheit über wichtige Wissensteile beunruhigt einen Menschen wenig, der eine glückliche, tiefe Empfindung seiner Beziehung zum G A N Z E N gewonnen hat. Alle herrliche Wahrheit wird einmal zu dem kommen, der eine lebendige und liebevolle Beziehung zu *allen* Geschöpfen fühlt und diese unmittelbar in seinem Tun und Lassen praktiziert. Wozu natürlich der Vegetarismus gehört. Denn wie könnte er aus selbstsüchtigen Wünschen Angst, Schmerz und Tod anderer Wesen veranlassen?
Je mehr *wahre* Theosophie-Schüler in der Theosophischen Bewegung

sind, desto machtvoller werden die Strahlen sein, welche diese in die überall herrschende, leidvolle, spirituelle Unwissenheit wirft! Sie ist eine einzigartige, intensiv-starke Strahlungs-Macht – nicht nur kraft ihrer völligen Vorurteilslosigkeit, sondern auch wegen ihres Grundbegriffes, daß die Theosophie der echteste, begeisterndste Entwicklungs-Impuls ist, welcher Stufe für Stufe bis zur konkreten Handlung übertragen werden und seine Verwirklichung auf *jeder* Daseins-Ebene finden muß. Denn: das *wesentliche Ziel* der Theosophie ist höchste, allumfassende *Ethik* – mit *all* ihren Folgerungen.

Diese Bewegung besteht nicht, um für Kenntnisse in bestimmten, ehrenwerten Richtungen Kanäle zu schaffen oder vielleicht gar zu behaupten, dieser oder jener bewässerte Raum sei der „ihre". Sie ist ein Himmel und Erde umspannendes allgegenwärtiges Leuchtfeuer, mit den höchsten und umfassendsten Zwecken, mit lebendiger Handlung in *jeder* edlen Sphäre. Sie wird jedoch auch immer eine *spezielle* Botschaft haben, deren Verkündung in der Welt gerade dringend notwendig ist, die stets einer neuen Zeit-Epoche vorausläuft und nur aus einem bestimmten Gesichtspunkt zu bestehen braucht. Die Sache der ernsten Theosophie-Schüler ist es, diese Botschaft zu entdecken und auszusprechen. Wenn jeder dies nach seinen Fähigkeiten tut – nicht nur mit Worten, sondern vor allem durch seine reine, liebevolle Lebensführung – wird diese Bewegung stets sehr mächtige Missionen erfüllen können.

Die der Menschheit heute – gerade wegen ihrer wuchernden Spaltungen – dringendst notwendige Botschaft ist (neben Reinkarnation und Karma) die von ihrer wesentlichen *Einheit;* und diese Einheit muß Krone und Mittelpunkt eines leuchtenden D o m e s der Verständigung sein, der jede Trennung und Verschiedenheit weit überspannt! Die Theosophische Bewegung arbeitet intensiv an der Aufrichtung dieses D o m e s ; und die Theosophie vermittelt ja auch eine wahre, überwältigende Enthüllung des Menschen, die ihn in seiner wirklichen Natur als den Bruder seiner Brüder offenbart! Ohne ein echtes Verständnis *dieser* Mysterien der Menschennatur kann es nie eine lebendige Bruderschaft (national und persönlich) geben. Der wahre Theosophie-Schüler versenkt die Fundamente seiner ewig-alten Philosophie tief in sein Erleben der wahren Beziehungen zwischen allen Wesen – denen der *Bruderschaft!*

Alles Wissen ist nur ein Sprungbrett zum Wissen von dem E I N E N , dem wir uns schrittweise nähern. Der wahre Theosophie-Schüler ist ein Mensch, dessen Haltung Weisheit, geistige Tiefe und offenes Verständnis ist, der die Universale Bruderschaft bejaht und sie überall tätig ausübt. Das Praktizieren der EINHEIT inmitten aller Trennungen macht einen solchen Menschen – während vieler Leiden – wahrhaft spirituell und bereitet ihn für die *echte* Kenntnis der Göttlichen Weisheit vor. Wir sehen jetzt noch kaum mehr als ihre Umrisse und ahnen vage ihren himmlischen Gehalt. Wir werden ihre herrliche Fülle kennen, wenn wir zu dem Zustand des „Vollkommenen Menschen" – des ADEPTEN – emporgestiegen sind, welchem alle Menschen während unzähliger Verkörperungen durch Freude und Leid, Erfolg und Fehlschlag, Liebes-Glück und Einsamkeit entgegenwachsen.

Literaturnachweis:
N. Sri Ram „A Theosophist looks at the World"
N. Sri Ram „The human Interest"
Clara Codd „The Ageless Wisdom"
Clara Codd „Theosophy, as the Masters see it"
G. Hodson „Theosophy answers some Problems"

17. Die Göttliche Anschauung vom menschlichen Archetypus und von der Natur

Eine uralte Wahrheit sagt, daß jeder strebende Mensch stets von den Sprungbrettern seiner unteren Standpunkte zu höheren gelangt. Wir schwingen uns beständig weiter nach Oben, wie beim Erklimmen eines Berges, und wechseln dabei fortwährend unser Blickfeld.
Es steht uns frei, die Betrachtungsart des Durchschnittsmenschen oder die der großen spirituellen Führer anzunehmen. Hüten wir uns vor der gefährlichen Täuschung, daß *jene* erhabene Anschauung etwa nur für ihre Verkünder gelte! Die Esoterische Wissenschaft zeigt klar, daß alles von den „Vollendeten" Erreichte einmal im Besitz von jedermann sein wird.
Wie sieht die Haltung des Weltmenschen zu seiner Umgebung aus? Sie ist voll mißtrauischer Empfindlichkeit gegen alles ihn herausfordernde

Anderssein. So geht er mit kritischem oder überlegenem Sinn umher und macht die Werte seines Ichs zum Beurteilungsstandard. Was diesem entgegenkommt, heißt „gut“ und umgekehrt.
Ein höherer Gesichtspunkt ist bei großen Dichtern zu treffen. Goethe und Shakespeare z. B. blicken lächelnd, wie von einem Olymp, auf alles Menschliche herab. Auch bei Schilderung eines Schurken ist weder Antipathie noch Groll gegen ihn bemerkbar. Sie akzeptieren den armen Burschen – die All-Macht erschuf ja auch ihn! Sie beobachten die Menschen vorurteilslos, so wie sie sind.

Bei den hohen Menschheits-Lehrern wird die Anschauung jedoch allumfassend, allerbarmend. Christus öffnete seine Arme: „Kommet her zu mir alle, die ihr mühselig und beladen seid, ich will euch erquikken!“ Ihm gilt es, alle – Sünder, Heilige und alle Zwischenstufen – zärtlich zu hegen; denn er fühlt sie untrennbar von ihm. Er fragt auch als „Weltenrichter“ nicht: „Bist du christlich getauft?“ Oder: „Erkennst du mich als Erlöser an?“ Sondern: „Hast du Hungrige gespeist, Kranke und Gefangene besucht?“ Und: „Alles, was ihr einem der Geringsten meiner Brüder getan habt, das habt ihr mir getan!“ Sri Krishna sagte: „Auf welchem Weg auch die Menschen sich mir nahen, ich werde sie willkommen heißen, denn alle Pfade sind mein!“ Die gleiche Haltung zeigte der Buddha: „So wie eine Mutter ihr einziges Kind liebt, sollt ihr Liebe nach allen Seiten ergießen!“ Diese hilfreiche, transzendente Einstellung ohne Unterschied von Stufe, Volk, Glauben, Geschlecht oder Rang wird uns von denen, die den Zugang zum „Strahlenreich der Ewigen Wirklichkeit“ bereits erreichten, von Urzeiten her gewiesen.

Wie gelangen wir dahin? Die geheimnisvollen Lebens- und Leidensprozesse drängen zur Entdeckung gewisser Kosmischer Wahrheiten. Eine ist die vom Allumfassenden EINEN LEBEN. Religiöse verehren darunter das GÖTTLICHE WESEN. So fühlt der ehrfürchtig „BRAHMAN“ flüsternde Hindu sich im Einklang mit jener unfaßbaren Realität. Ein Philanthrop glaubt glühend an die „Solidarität der Menschheit“ und huldigt damit dem EINEN LEBEN.
Forscher ahnen ein „gewaltiges Ziel, dem die ganze Schöpfung zustrebt“ und erfassen so ihre Vision vom EINEN LEBEN. Wenn sie aufleuchtet – ob durch Religion, Philosophie, Kunst oder Wissenschaft – ist der erste Schritt zur Göttlichen Anschauung vom Menschen offen. Ebenso muß der Mensch mit völliger Gewißheit seine Unsterblichkeit

entdecken. Der Beweis dafür ist kaum durch philosophisches Grübeln zu finden, sondern meist durch Hingabe an ein selbstloses Wirken. Während der Opfer dafür glimmt geheimnisvoll ein schimmernder Lichtblick von unserer Ewigen Wesenheit auf. Der diesen Weg Betretende entdeckt auch bald, daß jeder Mensch eine Botschaft für ihn hat. Alle Dichter und Philosophen versagen bei Deutung dieses Rätsels. Jeder Liebende glaubt, etwas noch nie Dagewesenes zu erleben, er empfindet die Welt verwandelt, weil ein Menschenkind ihm ein neues, herrliches Lebensgefühl schenkte und ruft spontan aus: „Ich könnte jetzt die ganze Welt umarmen!" Solche Überzeugung von der Göttlichen Schönheit *alles* Lebens kann das geliebte Wesen ihm vermitteln! Eine andere Botschaft tritt geistig-Erwachenden beim Finden ihres „Meisters" entgegen. Ergießt dieser sein sternhelles Licht über das Lebens-Mysterium, so erwacht alles Kostbare im Schüler, und das Ende seiner langen Pilgerschaft wird sichtbar.

Schwieriger scheint die Botschaft eines Gegners. Doch sie soll uns lehren, verstehend-losgelöst dazustehen inmitten der Angriffe. Und eines Tages dämmert dann die Erkenntnis auf, daß *jeder* unseren Weg Kreuzende eine wichtige Botschaft bereithält.

Was geschieht, wenn wir einen Freund lieben? Nicht nur eine große Freude erblüht, er löst eine Fähigkeit zu Zärtlichkeit und Hingabe überhaupt; und von da an können wir diese variiert auch anderen erweisen. Wir fühlen jetzt die Kraft des Opferbringens. Sie war immer da, aber es mußte erst jemand kommen, der sie mit dem rechten Schlüssel hervorholte! Beim Bewundern eines heldenhaften Menschen finden wir heroische Möglichkeiten in uns selbst. Der Entschluß, ihm zu folgen, befreit uns von fesselnden Schwächen. Bildende Künstler bewundern wir mit dem Schönheitsentzücken, das sie in uns aus der Latenz erweckten. Wenn die Botschaft eines grandiosen Komponisten erklingt und Unzählige ihm freudenvoll lauschen, ruft sie in ihnen ein Gefühl von der wunderbaren Größe des LEBENS wach, das in ihnen flammte und sich so offenbart. Aber auch überall und beständig vollzieht sich die Wechselwirkung verborgener, erweckender Seelenkräfte von Mensch zu Mensch. Jeder Aufwärtsblickende wird allmählich immer gelöster – auf Grund des Mysteriums seiner Wesenseinheit mit „denen neben ihm" und „Denen über ihm". Das persönliche Ich wird immer belangloser. Die unsterbliche Natur tritt hervor.

Wenn ein die Göttliche Vision Suchender endlich die Menschen mit jenen anderen, tieferen Augen anblicken lernt, breitet sich eines Tages

symbolisch-dämmerhaft ein wundervoller, unermeßlicher Schauplatz vor ihm aus. Es scheint ihm, als sei diese Welt plötzlich in eine ungeheure Künstler-Werkstatt verwandelt, wo ein gigantischer, übermächtiger Bildhauer wirkt, der viele Millionen von prachtvollen Statuen schuf. Und er nimmt den Aspiranten bei der Hand, entfernt die Schleier von den Statuen und weist die mächtigen Schöpfungen seiner Göttlichen Künstlerträume vor.
Diese geistigen Ur-Schöpfungen GOTTES wurden von Plato Archetypen oder Urbilder genannt; und *wir* sollen sie hier unten aus unserer plumpen, persönlichen Natur wie aus einem Marmorblock herausmeißeln, bis zu ihrer *Gott-Menschen*-Vollendung. Dies ist das grandioseste einem Menschen je mögliche Kunstwerk.

Mit diesem faszinierenden Gesichtspunkt beginnen wir, hinter jedem Menschen dieses Wunder eines Archetyps (Monade) wahrzunehmen. Das ganze Leben wird erfüllt von diesen Urbild-Schöpfungen. *Latente* Herrscher, Lehrer, Heilige, Künstler, Gelehrte, Philosophen, Philanthropen, Heroen: diese und viele andere Archetypen umgeben uns beständig in unzähligen Einzel-Variationen. Wenn wir so einen Schimmer vom Menschen, wie GOTT ihn ansieht, erblickt haben, lernen wir, hinter den Gesichtern unserer in Unwissenheit, Schwäche und Selbstsucht versunkenen Brüder ihr Urbild zu ahnen – und unser Urteil ändert sich total. Es waltet ja ein Göttlicher Zweck im Gut und Böse des Menschen, in seinen Freuden und Agonien, Triumphen und Fehlschlägen, nicht für *ein* Leben, sondern für die Ewigkeit. Fühlen wir hinter einem Verbrecher den Archetypus, ahnen wir, wie er wohl zu dem Vergehen kam, und daß er noch während des Fallens unbewußt weiter-ringt. Kaum ein (zurechnungsfähiger) Mensch sündigt ja mit voll-wissender Absicht. Aber, gefesselt von dunklen Vergangenheitskräften und einer dunklen Umgebung, geht er verblendet in die Irre. Mit der Vision des Archetypus dahinter schauen wir ihn mitleidig-verstehend; und zum ersten Mal erscheint die Menschheit in einem neuen – dem Göttlichen Licht!

Wir sind gewöhnt, nur manche großartige Gestalten ehrfürchtig Göttlich zu nennen. Aber angesichts der Glorie, die der Christ in Christus verehrt, der Hindu in Krishna, der Buddhist in Buddha und der okkulte Schüler in seinem „Meister“, ist nun die Gewißheit da, daß sie in *jedem* Menschen schlummert; es besteht kein grundsätzlicher Unterschied zwischen „Großen“ und „Geringen“. Alle haben den gleichen

Göttlichen Wesenskern. Nur ist er im Adepten voll-befreit wirksam und in den anderen noch eingekerkert. Vermittels der Göttlichen Weisheit fühlen wir etwas von dem Entzücken, das die Erhabenen in uns erwecken, auch bei *anderen* Menschenwesen. Könnte sich dadurch etwa unsere liebende Verehrung für die Herrlichkeit der Vollendeten vermindern? O nein, unser geöffnetes Auge erkennt nur, daß auch im törichten oder sündigen Menschen etwas lebt, was unser Haupt beugen läßt. Die Vollendeten kamen zur Erde, um *diese* Göttliche Anschauung vom Menschen zu lehren. Daher sollten wir jedem Archetypus Ehrfurcht erweisen. Oft enthüllt sich ein Unbeachteter plötzlich in einer Schock-Situation und steht durch frappierendes Handeln in erstaunlicher Größe da. Dieses dunkel-öde scheinende Leben wird so zu Zeiten überraschend verändert. Aber jemand mit der Göttlichen Vision sieht solche wunderbare Enthüllung sehr oft und überall. Sie ist für ihn ein Eingehen in die unbeschreibliche, gloriöse Göttliche Wirklichkeit, jene „Welt des reinen Entzückens", die unser ewiges, rechtmäßiges Erbe ist. So wie wir vor einem zauberhaften Sonnenuntergang nur immer schauen, wie alles sich wandelt, immer neue Farben aufleuchten und wir nur stammeln können „Es ist unfaßbar schön!", so und viel wunderbarer erscheint das Leben, wenn die Göttliche Vision auftaucht. Dann überschreiten wir Barrieren, lassen kulturelle, nationale und Glaubensunterschiede fallen und verehren den wahren, lebendigen GOTT überall. Die meisten Menschen können Göttliche Wesen nur in Kirche und Tempel empfinden. Durch Riten und Dogmen suchen sie von fern den traditionellen Gott. Jedoch zeigt GOTT unmittelbar Sein Antlitz, fällt alle Tradition ab. Ist der Hindu zu Sri Krishna gelangt, braucht er Vedas, Tempel und Pilgerreisen nicht mehr. Ist jemand zu Christus gelangt, benötigt er keine Kirchen oder Gebetbücher mehr. Er bekennt sich zu keinen engen Formen mehr, obwohl er oft zu hilfreichen Zwecken in seiner Religion verbleibt.
Wir klagen oft, GOTT vergeblich zu suchen. Aber, suchen wir Ihn vorbehaltlos? Oder verlangen wir, Er solle uns in Form unserer Wunschbilder erscheinen? Begriffen wir nur, daß Er absolute Freiheit für Seine Manifestation fordern muß, daß wir Ihm nicht, in religiöse, kulturelle oder sonstige Abgrenzungen gekleidet, nahen dürfen, sondern hüllenlos und bereit, das Gewand zu tragen, das Er uns verleiht! „Tut der Mensch einen wirklichen Schritt zu GOTT, so tut er zehn Schritte zum Menschen!" Jedoch, lernten wir, jenen Schritt zu unternehmen? Wir können es durch theosophische Meditation wahrhaft lernen! (Siehe Kap. 59 und 60!)

Sein Antlitz ist allgegenwärtig. Alle Seine herrlichen Gaben erwarten uns hier und jetzt, wenn wir Ihn nur auf dem Weg suchten, auf dem Er uns sucht!

Wenn die Göttliche Anschauung vom Menschen aufleuchtet, wenn wir durch Geliebte, Lehrer, Fremde und Gegner ahnend erfahren, was Menschen wirklich sind, sehnen wir uns bald, sie von ihrer Knechtschaft zu befreien. Denn jeder – auch jener im materiellen Wohlstand *oder* dieser in bitterer Armut verkümmernd – ist eine Diamant-Seele von einmaliger Bedeutung. Wir sehen viele kranke, törichte und zynische Gesichter. Doch mit dem Göttlichen Blick wissen wir, daß hinter jedem eine wertvolle Botschaft wartet. Jeder Unwissende und Sünder hat uns ein Wort über das LEBEN zu sagen. Ehe dies nicht geschah, ist die Botschaft des LEBENS nicht vollständig. Wenn wir erst überall die Archetypen GOTTES sehen, arbeiten wir von selbst für die Menschen und kennen den Adel des Opfers für sie. Wir haben ja GOTT in Seinen Millionen Geschöpfen gefunden. Viele meinen, Seine Heiligkeit bei weihevollem Erhobensein in Kirche oder Tempel zu erleben. Doch dies ist nur der Anfang! Wenn mystisches Entzücken auch an Orten häßlicher Seelenverödung gefühlt werden kann, dann beginnt zum ersten Mal wahre, echte Heiligkeit aufzustrahlen. Immer sagen wir „Gott, Gott" und blicken zum Himmel. Warum schauen wir nicht in die Gesichter unserer Mitmenschen? In ihnen liegen alle Heiligen Schriften ausgebreitet, GOTTES größtes Buch der Offenbarung ist die Menschheit. Religiöse Lehren über die transzendente GOTTES-Natur sind wahr – jedoch sie lehren nicht genug über die Göttliche Natur jedes *Menschen.* Das „Ewige Opfer" wird ja nicht nur in Weihestätten vollzogen, sondern auch beständig in den Herzen der Myriaden von menschlichen Wesen.

Warum erschien Christus in Palästina? Damit wir ihm verehrend zu Füßen fallen? Nein! Um zu verkünden, daß jeder zum Christusleben berufen ist. Kam Sri Krishna, um sich als großen Avatar zu proklamieren? Nein! Um zu künden, daß *jeder* die Rolle des verkörperten BRAHMAN spielen soll. Und warum kam der Buddha? Um zu sprechen: „Ich habe viel um die Erlösung gerungen und will euch nun den Weg weisen, sie auch zu gewinnen." Sie und alle Vollendeten kamen, um mitzuteilen, daß IHRE Glorie auch uns zu eigen wird, wenn wir ganzen Herzens ihrem Beispiel folgen. Dies ist ihr freudvolles Opfer. Immer werden sie und die Später-Vollendeten kommen, bis endlich

Hunderttausende aufstehen, sich zu ihrer Schar gesellen und ihre Göttliche Anschauung und Seligkeit teilen.
Ganz gewiß – das wirkliche Wunder des LEBENS soll noch für uns beginnen. *Dann,* wenn wir, statt zum Begreifen des Mysteriums nur himmelwärts zu blicken, liebend auf unsere Mitmenschen schauen, vorurteilslos mit ihnen fühlen und ihnen die richtige Hilfe bringen. Hier, in unserer nahen und weiten Umgebung, lebt das Mysterium GOTTES. Hier will Seine Vision uns nahen, wenn wir nur das Leben der Erhabenen zu teilen wagen, unsere Arme ausstrecken und sagen: „Kommet her zu mir, alle, die ihr mühselig und beladen sind, ich will versuchen, euch zu erquicken." Dann erst werden wir auch tief-beglückt die wahre Natur unseres wartenden Meisters wahrnehmen. Wenn wir ihn nicht auf ein unzugängliches Piedestal stellen, sondern zu seiner Ebene hinaufklimmen und trotz vielen Fallens fest beschließen, so wie er zu werden, gewinnen wir gewiß die Göttliche Vision mit ihrer Weisheit, Macht, Schönheit und Seligkeit. Zur Beschreitung dieses Weges werden manche Mühen und Opfer nötig. Er ist keineswegs nur voller Glanz. Es gibt viele Dornen unter Rosen, viele Überdrüsse, Verzichte und Seelenschmerzen. Jedoch eine wundervolle Melodie durchtönt die leid-dunkle Wolke, denn die EWIGE LIEBE ist in ihrem Kern verborgen. Jene Musik wird uns an unsere eigene, ewige und selige Natur mahnen – und daran, daß die Herrlichsten und Liebesmächtigsten der Menschheit, die Vollendeten, von gleichem Wesen mit uns sind. Sehr viel vom Glanz des Himmels ist uns jetzt erreichbar, er wird uns nicht bis einem jenseitigen Devachan vorenthalten, wenn wir nur mutig-unentwegt nach der Göttlichen Vision ringen! Spirituell leben heißt vorwiegend, in die Herzen der Menschen schauen, ihre Freuden und Ängste teilen und veredeln in dem Wissen, daß wir Düsternisse erhellen und Schwächen stärken können, wenn *wir uns* bewußt heller, reiner und gefestigter gemacht haben!
Beginnen wir so für die Verwirklichung des „REICHES GOTTES" zu arbeiten, wird das Göttliche Wissen vom Menschen unvermeidlich unser.

Ebenso auch *die Göttliche Schau von der Natur!* Beim Denken an die URGOTTHEIT oder an Wesen wie Logoi oder hohe Erz-Engel, die religiöses Sehnen inspirieren, brauchen wir das Wort „GÖTTLICH" für die Majestät dieser Region; und unsere tragische Sphäre nennen wir „menschlich“. Aber mit dem Begriff „Natur“ meinen wir meist Himmel, Sterne, Meere, Bergketten und Wälder mit ihren Geschöpfen und verlangen oft danach, um dem menschlichen Getriebe zu entfliehen. Oder wir meinen damit die SCHÖPFER-KRÄFTE, die in den Evolutionsprozessen, in den mächtigen Kosmischen Gewalten wirken. Was aber ist diese geheimnisvolle, uns überall beeinflussende „Natur“, der wir ja auch angehören? Materialistische Forscher sehen die Naturerscheinungen als aus Ur-Zeiten her resultierende mechanische Vorgänge. Die Erde dreht sich (danach) um ihre Achse, weil sie diese Wirbelbewegung von dem Nebelflecken mitbekam, aus dem sie sich verdichtet hatte. Man schreibt also all die hoch-präzisen, unerklärlich-mysteriösen Werdeprozesse einer anonymen, wesenlosen „Natur“ zu und schiebt damit in erstaunlich-unlogischer Naivität die Lösung nur etwas zurück! Denn wer gab dieser „Natur“ ihre übermenschlich-weise und geniale technische Fähigkeit zum Hervorbringen und stetigem Neugestalten des Universums mit all den zahllosen, unfaßbar kunstvoll geformten und funktionierenden Organismen darin? Angefangen mit den Sternenbahnen? Und wer vollbringt das alles weiterhin – jetzt und künftig – in so ehrfurchtweckender majestätischer Makellosigkeit? Oft erfassen *echte* Wissenschaftler den töricht-flachen Trugschluß von der These eines mechanisch-zufälligen Evolutionsprozesses. Zum Beispiel schreibt Professor Huxley: „Je mehr der Forscher mit dem Wirken in der Natur bekannt wird, um so größer wird seine Bewunderung. Eines der größten Wunder ist wohl die Tier-Entwicklung aus dem Keim. Die frisch-gelegten Eier eines Salamanders sind kleine organlose Beutelchen mit eiweißartiger Flüssigkeit. Doch seltsame Fähigkeiten ruhen darin. Wenn etwas Wärme die feuchte Wiege erreicht, gehen an der bildsamen Masse so rasche, zweckmäßige Veränderungen vor, daß sie nur mit dem Schaffen eines einen Klumpen Ton bearbeitenden Bildhauers zu vergleichen sind. Die Masse wird wie mit einer unsichtbaren Kelle in immer kleinere Kügelchen zerlegt, bis eine Menge winziger Körnchen daraus wurde, aus denen all die feinen Glieder und Organe des werdenden Organismus aufgebaut werden.

Und dann ist es, als ob ein zarter Finger die von der Wirbelsäule einzunehmende Linie angibt und den Körperumriß formt, an einem Ende den Kopf und am anderen den Schwanz, und Flanken und Gliedmaßen in den richtigen Salamanderverhältnissen entstehen läßt, in solch meisterhafter Art, daß man beim Verfolgen der Vorgänge zu der Annahme genötigt wird, ein *noch* feineres optisches Instrument als ein chromatisches Mikroskop müßte den verborgenen Künstler entdecken,

wie er sich bemüht, sein Werk mit höchster Sorgfalt nach dem ihm vorliegenden Plan auszuführen."
Huxler stand nahe vor der Wahrheit. Der „verborgene Künstler" *ist* der hier bauende Natur-Deva. Überall in der Natur waltet die Göttliche Schöpfer-Macht mittels von Engeln und Naturgeistern in einer so individuellen, künstlerischen Art, wie etwa in Farben-Nuancen von Vögeln, Fischen und Faltern – daß die These von einem Zufallsvorgang durch „natürliche Auslese" nur lächerlich erscheinen muß. (Siehe Kap. 48) Die wunderbar ausgeglichene Schönheit des Natur-Panoramas läßt immer wieder *menschliche* Künstler an ihren Möglichkeiten verzweifeln.
In Hellas nannte man die Schöpfer-Macht „Logos", im Buddhismus das von Ur-Anfang alles schaffende und leitende „Ewige Gesetz". Der Hinduismus gibt grandiose Mythendarstellungen vom Evolutionswerk des Schöpfers Prajapatti. Auch die jüdische Genesis deutet die Naturerschaffung mythisch-symbolisch an. Aus diesen alten Lehren spricht eine von der modernen Zivilisation verleugnete, erhaben-wahre Vorstellung, nämlich, daß der Natur ein hoher Ethos innewohnt. Ein ethischer Kodex kann sich nicht nur aus menschlicher Erfahrung herausbilden. In antiken Zeiten wurde auch die Natur als ein Lehrer von Recht und Unrecht angesehen. Man sagte, die Planeten bewegten sich in einer weise-segensreichen Art auf ihren majestätischen Bahnen dahin. Welche Vorstellung ist wichtiger: die des Blitzes und des darauffolgenden Donners als einer elektrischen Entladung oder die einer mächtigen Mahnung der Gandharvas? Man kannte früher diese andere Bedeutung der Natur; etwa, daß die Elemente kostbare Lehren in ihrem Wirken enthalten, oder daß die Sonne nicht nur für sich auf- und untergeht, sondern auch, um uns etwas vom Göttlichen Mysterium zu lehren.
Alte Hinduschriften berichten von der wunderbaren Ethik und Weisheit in der Natur. So strömt der Rig-Veda über vom Preis der *sichtbaren* Sonne als Leben- und Wärmespender *und* der *verborgenen* Sonne, die uns drängt, *unser* sonnenhaftes Wesen zu entfalten. Sowie vom Preis der Stürme, des Feuers und der Dämmerung. Heute sind die Menschen so Natur-entfremdet, daß sie solche Gesänge nur für poetische Imaginationen halten. Jedoch, wenn jene Weisen und Seher zur Sonne aufschauten, nahmen sie deren mystische Größe wahr und fühlten sich von ihrer Macht durchdrungen. Sie sahen intuitiv eine echtere Wahrheits-Vision als ein Handbuch der Physik oder Astronomie: **sie erkannten den LOGOS hinter der Sonne!**

Die Göttliche Anschauung von der Natur ist auf etwa vier Weisen zu gewinnen, die natürlich ineinander übergehen können:
Eine Art – und zwar die älteste – ist die *Verehrung der Natur*.
Alle primitiven Völker sahen etwas Seltsam-Verehrenswertes in ihr. Der „Wilde“ bewundert Donner und Vulkane mit ihren rätselhaften Eruptionen. Die Unwissenheit über die Naturgesetze ist belanglos. Wichtig ist nur dieses Gefühl echter Verehrung, die ihn die eigene Person vergessen läßt. Er betrachtet die Natur mit zager Scheu; und für seinen Status ist es nichts Geringes, vor etwas niederzufallen, was ihm solcher Verehrung wert scheint. Doch auch hochkultivierte Menschen empfinden intuitiv eine der Natur eigene, mächtige Kraft und Weisheit. Trotz wissenschaftlicher Kenntnisse ruft ein höherer Wesensteil das Gefühl einer *anderen* verehrenswerten Bedeutung von Felsen oder Firmament hervor. Tennyson sagt dies in seinem Gedicht „Der höhere Pantheismus“ in wundervoller Weise:
„Sonne, Mond und Sterne, Meere, Berge und Ebenen – sind sie nicht, o Seele, ein Traumbild Dessen, Welcher ewig regiert? Sprich zu Ihm, denn Er hört dich, damit GEIST dem Geist begegnet! Näher ist Er als der Atem, näher als Hand und Fuß. Das Ohr des Menschen ist taub und sein Auge blind. Aber wenn wir einst sehen und hören können, wäre dieses Traumbild dann nicht ein Teil von IHM SELBST?“

Eine zweite Methode ist das *wissenschaftliche Studium der Natur*.
Wenn dieses Studium objektives Wissen vermittelt, kann es nie die Verehrung rauben, im Gegenteil! Auch Glaube und Vernunft brauchen sich nie zu widerstreiten. Alle Wissenschaften vermehren ein Begreifen der mächtigen Prozesse im ALL. Ob Biologie oder Astronomie, Zoologie, Botanik, Physik und Chemie, wer nur tief genug geht, kann immer den GÖTTLICHEN GEIST bei Seinem Werk berühren. Ein verständnisvolles Studium der Natur erweckt zündende Inspirationen. Der schottische Gelehrte Thomas Erskins kam zu folgendem Schluß:
„Die Langsamkeit der Werdeprozesse in den Welten der Materie führt zu Analogien in der geistigen Sphäre. Er, welcher unzählige Zeitalter zur Formation eines roten Sandsteinfelsens gebraucht hat, kann sich nicht auf achtzig Jahre beschränken zur Vollendung eines menschlichen Geistes!“
Welch wunderbare esoterische Folgerung aus der Betrachtung von Felsen!
Ein anderer Gelehrter schreibt in „Jedes in seiner Sprache“:
„Ein Feuernebel und ein Planet, eine Zelle und ein Kristall, eine

Qualle und ein Saurier und Höhlen mit Höhlenmenschen – dann ein ahnendes Gefühl von Gesetz und Schönheit, und ein Antlitz, suchend aus dem Staub erhoben – manche nennen es Entwicklung, andere nennen es Gott. So wie die Flut bei Neumondschein den Strand überspült, branden oft tiefe Sehnsüchte in unsere Herzen, sie kommen aus dem Mystischen Ozean, dessen Ufer kein Fuß betritt. Manche nennen es fernes Verlangen, andere nennen es Gott. Ein Feld-Posten, erfroren in Pflichterfüllung, eine Mutter, für ihre Kinder verhungernd, Sokrates, den Schierling trinkend, Jesus, sterbend auf dem Kreuz, und Millionen, die demütig-namenlos, ihren erwählten, geraden und harten Weg gehen – manche nennen es Opfer, andere nennen es Gott."

Ein drittes Begreifen ist durch *Liebe zur Natur* möglich.
Bei bloßer Verehrung bleiben Barrieren bestehen; aber wenn jemand dahin gelangt, die Natur wirklich zu lieben, empfindet er entzückt eine innige Verwandtschaft mit Himmel, Wolken, Tieren und Pflanzen. Alles strömt ihm eine brüderliche Zärtlichkeit entgegen; und man kann sogar zwei Haupttypen entdecken: Die „Meermenschen" und die „Bergmenschen". Es entsteht ein beglückendes Gefühl tiefer Verbundenheit, wie Kind zur Mutter, Freund zu Freund, und daraus erblüht eine neue Göttliche Anschauung von der Natur. Dieses Liebes-Element wird auch meist Eingang in die anderen Wege finden; und natürlich werden sich die hier angegebenen Möglichkeiten zur Naturerfassung oft überschneiden und ineinander übergehen. Aber die Liebe wird stets, als die heiligste, herrlichste und mächtigste Kraft im Universum, ihren Thron im Zentrum aller Versionen einnehmen, so auch hier!

Ein vierter Weg ist eine *„Neuerschaffung der Natur"*.
Dies tut der Mensch als Künstler. Wenn er viele Sonnenuntergänge beobachtet hat und, davon inspiriert, mit einem Bild beginnt, malt er nicht die sichtbare Natur, die eine Kamera genauer wiedergeben könnte, nicht Sonnenuntergänge in einer Natur, die nicht zwei Sekunden die gleiche ist, sondern seine Schöpfung ist ein Ebenbild jener urbildlichen, permanenten Natur, die sich nicht ändert. Ein echter Künstler erfaßt überall das Reizend-Flüchtige, Vergängliche und schaut intuitiv das Archetypische darin widergespiegelt. Und wenn er dann malt, komponiert, dichtet usw., wird die Natur „neuerschaffen". Auf wunderbare Weise vollbrachte das Richard Wagner. Im „Siegfried" wird nicht nur das geheimnisvolle Raunen eines einzelnen Waldes gezeigt, sondern das Waldweben überall im Universum. Ist die Welt kalt

und eisig geworden und der Sommer mit seiner grünen Pracht geschwunden, kann das „Waldweben“ im „Siegfried“ ihn wieder hervorzaubern. Richard Wagner läßt in seiner Natur-Musik der „Walküre“ den ewigen Wald und das ewige Feuer ahnen. Und wenn im Vorspiel zum „Rheingold“ die Geister des Wassers in wiegendem Tanz zusammenströmen oder der Ruf des Donners und die ihn umbrauenden Nebel wahrnehmbar werden, erleben wir permanente, archetypische Aspekte der Natur. So kann der Künstler die Natur „neuerschaffen“ und sie uns in ihrer ewigen Ur-Vollkommenheit darstellen, parallel zu unserem eigenen, ewigen, ur-vollkommenen Leben.

Ob wir der Natur durch Verehrung, Studium, Liebe oder Neuerschaffung nahen, stets sind gewisse Mysterien in ihr entdeckbar. Dazu gehört ihre enorme, fast gnadenlos erscheinende Kraft. Sie ist offenbar stets um die Entwicklung der Typen besorgt, doch oft scheinbar grausam gegen das Einzelwesen. Oder wir stehen vor mächtigen Phänomenen, wie dem Niagara, den Himalayas, einem Meeres-Orkan, wo Gewalten am Werk sind, vor denen der Mensch zu schwinden scheint. Aber nach dem Überschreiten solch fassungsloser Zustände können wir uns mit jener Ur-Kraft vereint fühlen. Der Niagara kündet einen Niagara der Seelenkräfte *in uns*, die Bergkette erzählt von einer Bergkette machtvollen Friedens *in uns*, der Meeres-Sturm weist das Geheimnis unserer eigenen Stürme von Liebes-Katarakten und Glaubensnöten.

Die Natur weckt auch ein Verstehen vom Ewigen Rhythmus. Das Leben in den Naturreichen kommt, ergreift viele Gebilde, wächst in ihnen und schwindet, um nach einer Zwischenzeit wiederzukehren. Dies läßt den allumspannenden Rhythmus des GESAMT-LEBENS, die Großen Kosmischen Zyklen, wie auch die im Menschenleben begreifen. Dieser Rhythmus ist wahrlich der „Tanz des Lebens“, jener wundervolle mystische Tanz Shivas in der Hindu-Lehre. Shiva „zerstört“ unaufhörlich, damit das LEBEN in rhythmischer Folge immer wieder neu und vollendeter aufbauen kann. In diesem Ewigen Rhythmus leben die Elemente von Schöpferkraft, Freude und Befreiung. So erkennt der Mensch die Lehren der Natur, und sein Weltbild wandelt sich. Er sieht Berge, Wellen, Bäume, fliegendes, schwimmendes und laufendes Getier nicht mehr als grob-physische Wesen, sondern als leuchtendes, glühendes LEBEN, welches auf eine unbeschreibliche, rätselhafte Weise in Materie eingehüllt ist. So sagten die Hindus in alten Tagen beim Sonnenaufgang „Seht dort die Feen der Dämmerung!“

und fühlten überall das geheimnisvolle Lebens-Element in der Natur. Wer so Sonnenaufgänge und -untergänge erfassen kann, ist auf der Schwelle, dahinter die Freude der Engel wahrzunehmen. Myriaden von Gräsern im Sonnenlicht, von Geschöpfen in Erde, Wasser und Luft, reglose Felsen, alles verbindet sich zur großen EINHEIT des LEBENS. Nicht nur aus Heiligen Schriften ist der Sinn des Menschendaseins zu lernen, sondern auch das glühende Leben und die Todeskämpfe in der Natur können die immerwechselnden, geheimen Vorgänge vom Werden und Vergehen in unseren eigenen Herzen verständlich machen. Der Dichter Shelley sah überall den unsichtbaren GEIST in der Schöpfung, sein poetischer Flug läßt den Leser über die sichtbare Natur hinaus in Regionen jenseits der Grenzen von Materie, Raum und Zeit reisen. Es ist faszinierend, mit Shelley eine Wolke anzuschauen und das Leben hinter ihr zu fühlen. Shelley befaßte sich wahrlich nicht mit den „Dingen, wie sie sind", sondern mit dem Göttlichen Leben dahinter. Auch der große Watts äußerte sich über den eigenartigen Zauber seiner Bilder: „Ich male Ideen, nicht Dinge." Wenn man so in das Wesen von Ur-Ideen eingeht, beginnt die Göttliche Anschauung von der Natur unser eigen zu werden, und wir können ihre volle, herrliche Botschaft empfangen.

Die Natur kann aber auch in gewisser Weise „überwunden" werden. Denken wir uns als winzige Fragmente in ihren scheinbar rücksichtslosen Vorgängen, so scheinen wir hilflos. Jedoch ein echter Künstler kann die Natur „umgestalten" und läßt uns daran teilnehmen. Als Richard Wagner in der „Walküre" seine Feuer-Musik schrieb, „bezwang" er grandios das Feuer nicht nur unserer Erde, sondern des gesamten ALLs. Ähnliches gelang Gustav Mahler in dem gigantischen ersten Satz seiner Dritten Symphonie. Wenn ein wirklicher Künstler malt, dichtet oder komponiert, kann er die Natur quasi verehrend übersteigen und sich dadurch vielleicht aus einer Art Abhängigkeit von ihr lösen.

Ein das wahre Mysterium der Natur kennender Künstler kann relativ leicht den Übergang zum „Spirituell-Befreiten" erlangen; und andererseits ist jeder „Spirituell-Befreiter" auch ein Künstler. Wie intensiv künstlerisch ist Christus in seinen Gleichnissen und der Art, seine Lehre darzustellen! Der große Gründer des Buddhismus war ein exquisiter Poet, seine Predigten waren voll wunderbarer Verse. Das gilt für jeden berufenen spirituellen Lehrer. Er sieht die Menschen hauptsächlich als schöpferische Wesen und lehrt sie *seinen* schöpferischen Weg,

sozusagen seine Technik des religiösen Strebens. Und einen solchen „Weg“ recht gehender Mensch wird auch zum „Hohenpriester“ der Natur. So wie offizielle Priester Vermittler zwischen GOTT und Menschen sein sollen, ist es uns allen möglich, segnend zwischen der All-Natur und all ihren untermenschlichen bescheidenen Vertretern zu stehen. Denn die Felsen sehnen sich unbewußt, alle Pflanzen streben auf ihre Art nach Oben, und die gesamte Natur – als eine Verkörperung des GÖTTLICHEN LEBENS – bebt dunkel-ahnend einem Erlöser entgegen. Blumen und Bäume hungern nach ihm, jedes Wesen „träumt“ von dem Tag, der ihm eine vollere Darstellung des Göttlichen Lebens gestatten wird. Das Leben jemandes mit der Göttlichen Anschauung wird so mit ihren Geschöpfen vereint, daß diese in ihrer Weise zuversichtlich zu fühlen anfangen, er sei ihr Hoherpriester, welcher ihre Sehnsucht vor GOTTES Thron bringen wird. Es ist eines der wundervollsten Erlebnisse, so in Felder und Wälder zu gehen. Während seiner Bewunderung der Natur empfindet er dann auch, daß all die kleinen Pflanzen und Tiere von einer Art Sehnen bewegt sind, durch ihn zu empfinden, ihn zu ihrem Hohenpriester zu machen, um sich mit ihm in seiner Anbetung vereinen zu können. St. Paulus sprach darüber:
„Das inbrünstige Sehnen der Kreatur wartet auf die Kundgebung der Söhne Gottes ... Denn auch die Kreatur will frei werden von den Banden der Unvollkomenheit – zu der herrlichen Freiheit der Kinder Gottes. Denn wir wissen, daß alle Kreatur sehnet sich mit uns und ängstigt sich noch immerdar.“
Und Richard Wagner sagt im „Parsifal“:
„Nun freut sich alle Kreatur auf des Erlösers holder Spur, will ihr Gebet ihm weihen. Ihn selbst am Kreuze kann sie nicht erschauen, da blickt sie zum erlösten Menschen auf. Der fühlt sich frei von Sündenlast und Grauen, durch Gottes Liebesopfer rein und heil. Das merkt nun Halm und Blume auf den Auen ... Das dankt dann alle Kreatur, was all da blüht und bald erstirbt, da die entsündigte Natur heut' ihren Unschuldstag erwirbt.“
Wenn der die Natur liebende Mensch so hinausgeht, kann er trotz seiner Traurigkeit über all die den Tieren (besonders durch die schändlichen, unnötigen Schlachtereien) zugefügten Leiden und die Häßlichkeit, womit der Mensch das Antlitz der Natur wie mit Meltau überzogen hat, dennoch der Natur den Göttlichen Segen übermitteln, als eine der schönsten Möglichkeiten für Liebende der Natur.
Jedoch es gibt eine noch umfassendere, wundervollere Dimension

unseres herrlichen Themas – und die ist das Wissen, daß man auch ein Heiland der Menschheit sein kann. Ein „Heiland" ist jemand, der viele Menschen von Banden befreit. Dies tut er, wenn er die Göttliche Anschauung zu erleben beginnt. Wenn er als Mensch mit spiritueller Sehnsucht die innere Bedeutung alles dessen begreift, was schöpferisch-befreiend in seiner Seele aufblitzt, wirkt er immer auch für andere, denn es erscheint ein andere Suchende anziehendes „Licht" in der Mentalsphäre. Wenn ein Dichter aus Depressionstiefen ein Sonett schrieb, befreit er ja nicht nur sich, sondern läßt all seinen Lesern weit das Tor zur Befreiung aufspringen. Wenn ein Mystiker eine hingebungsvolle Hymne schreibt, läßt er bald andere jene Hingabe mit ihm fühlen. Wenn ein großer Musiker mit seinen Mitteln transzendente Wirklichkeiten schildert, die sonst unbeschreiblich sind, nimmt er uns an die Hand, um mit ihm jenes andere Land zu betreten. Aber *jeder,* der liebend mit der Natur lebt, kann irgendwie seine eigenen Mitmenschen befreien. Die Natur kommt dann zu ihm geheimnisvoll-belehrend als quasi Mutter, Geschwister, Freund. Sie führt ihn auch rascher seinem eigenen hoch-geliebten Ideal, seinem „MEISTER" entgegen. Und dann erfährt er, daß alle Mühe, die er um seines ersehnten Meisters willen auf sich nahm, ja immer für die Menschen geschah, zu ihrer Befreiung aus leidvoller Unwissenheit. Und überraschenderweise wird ihm dann klar, daß es auch keine „L'art pour l'art" (Kunst um der Kunst willen) geben kann. Was er überhaupt an Wertvollem leistet, geschieht immer zum Wohl der Welt! Und weil der Mensch ihm am nächsten steht, geschieht es meist um seinetwillen. Jedoch alles Edle und Schöne, was der Strebende unternimmt, lockert immer irgendwie das Tor zur Befreiung von Mensch *und* Tier, Pflanze und Engel. Das ist eine der kostbarsten Gnaden des Menschen mit der Göttlichen Anschauung von der Natur. Er ist dann nicht nur ihr Hoherpriester, sondern auch Gefängnishüter. Denn er hat gewisse Schlüssel in Händen und befreit auch aus Felsen, Pflanze und Tier etwas von der in ihnen ruhenden Göttlichkeit. Auf solche Weise geht er von Stufe zu Stufe der Vollendung entgegen. Das Leben bedeutet ihm ein heimliches Glück und jede Freude ist ein wertvolles Erlebnis, das er treuhänderisch zum Nutzen anderer verwendet. Dann ist ihm auch ein Sonnenuntergang eine Heilige Schrift und eine Symphonie ein Evangelium.

Und schließlich kommt die Erfahrung aller, die auf der Schwelle der bewußten Göttlichkeit stehen. Dann kehrt alle Macht dieser all-gewaltigen ALL-NATUR, als deren Fragment er einmal ausging, wieder in ihn ein. Und er ist dann wahrhaft eins mit dem GANZEN und der

Funke endlich eins mit der FLAMME. Dann kann er, als ein noch unter Todesknechtschaft lebendes Wesen, souverän den Menschen die Macht und Herrlichkeit der Unsterblichkeit zuflammen lassen.
Jemand mit solcher Anschauung sehnt sich, jedem Gotteskind den gleichen Zustand zu vermitteln. Darum also können alle, welche die All-Natur lieben, sich nicht vom Menschen absondern. Sie wünschen glühend, daß *jeder* befreit werde und möchten ihre Inspiration nicht nur den schon Befreiten, sondern auch in Wohlstands-Citys und Elends-Viertel bringen, wobei sie „jedem in seiner Sprache" zu begegnen suchen.
Das LEBEN lehrt uns schließlich ein wundervolles Mysterium: daß alle beseligende Schönheit der Welt unser ist und daß alle ihre wirklichen Freuden in uns verborgen liegen. Die ALL-NATUR hat sie uns alle gegeben; und wir finden sie, wenn wir die Göttliche Anschauung vom Menschen und von der Natur suchen. Dann kommt die All-Versöhnung mit Mensch, Natur und GOTT! Und damit die Verwirklichung jener transzendenten Wahrheit, daß das All zum ALL zurückkehrt.

Literaturnachweis:
C. Jinarajadasa „The Divine Vision"
H. K. Challoner „Regents of the Seven Spheres"
C. Jinarajadasa „In Seinem Namen"
C. W. Leadbeater „The Monad"
Van der Leeuw „Götter in der Verbannung"

18. Eine vergleichende Studie über Ziele und Methoden des Spiritismus, der Magie und des Yoga

Das Weltbild der heutigen Durchschnittsmenschheit stützt sich auf zwei Säulen: Religion und Wissenschaft. Die letztere konzentriert sich auf die Erforschung alles „Diesseitigen". Sie leugnet zwar das „Jenseitige" nicht mehr konstant ab, aber nur wenige Vertreter wagen sich schon in „Grenzgebiete" vor. Die christliche Religion erklärt den Wunsch

nach einem Heben des „Schleiers“ meist für vermessen, vertröstet Trauernde auf ein Wiederfinden in einer unbestimmten „Ewigen Seligkeit“ und hält den Unerklärlichkeiten menschlicher Schicksale nur den „Unerforschlichen Ratschluß Gottes“ vor.
Darum suchen viele Menschen nach anderen Wegweisern; es gab hier stets ein Auf und Ab. Nach Zeiten eines Wissens um das Unsichtbare in Chaldäa, Ägypten und in der hellenistischen Gnosis wurde der Schleier ganz dicht. Im 19. Jahrhundert entwickelte sich ein Tiefpunkt von materialistischer Geisteshaltung. Als Erbe davon steht man noch jetzt den übersinnlichen Tatsachen unwissend gegenüber und kann leicht ein Opfer verantwortungsloser Scharlatane werden. Viele fallen so aus einem unvernüftigen Extrem ins andere und nehmen leichtgläubig Anweisungen von okkulten Sekten und „Wundertätern“ an, um dann – nach unvermeidlichen Enttäuschungen – in desto größeren Unglauben über das „Drüben“ zurückzufallen. Oft entstehen durch phänomenal-okkulte Praktiken sehr schwere geistige, seelische und körperliche Schäden.

1827 gründeten namhafte Wissenschaftler in London die „Gesellschaft für psychische Forschung“ zur Untersuchung unerklärbarer Erscheinungen, wie etwa der Kunststücke von Medien und indischen Fakiren. Bald begann ein harter Kampf um deren Echtheit. Die Versuchspersonen wurden strengen Kontrollmethoden ausgesetzt, in Gewänder eingenäht, gefesselt und durch Alarmvorrichtungen überwacht. So wurden viele Medien „entlarvt“. Doch auch ein ungeklärter Bestand von unleugbaren Tatsachen verblieb. Ein kompetenter Forscher schrieb dazu: „Betrugsfälle im Dunkeln berechtigen nicht, Untersuchungen zurückzuweisen, in denen bei Licht und umfassender Kontrolle Phänomene entstanden, die weder Gelehrte noch Taschenspieler erklären oder nachahmen können.“
Diese unleugbaren Tatsachen bestehen aus Telekinese (Bewegen von Gegenständen ohne Berührung), Levitation (Freischweben von Personen), Leuchterscheinungen, „Materialisationen“ und anderem. In Zürich gelang das Experiment, etwas Substanz von einer materialisierten Hand in einer hermetisch-verschlossenen Glasröhre zurückzubehalten. Sie wurde photographiert und gründlich untersucht, wobei eine enorme elektrische Intensität zutage kam. Solche echte Ergebnisse waren also – trotz vielen Betrugs – nicht anzuzweifeln. Gleichzeitig entdeckte der Freiherr von Reichenbach das menschliche „Od“, auf dessen Strahlungen er mediale Erscheinungen zurückführte; und Dur-

ville, Mesmer und Kilner bauten mit ihren erstaunlichen Resultaten darauf auf. Auch diese wurden, wie die Odlehre, weil unerklärlich, totgeschwiegen.

Erst die Wandlung des naturwissenschaftlichen Weltbildes durch die Atom-Physik schuf günstigere Bedingungen. Man kennt das Atom nicht mehr als eine letzte, unteilbare Materie-Einheit, sondern als ein Miniatur-Sonnensystem. Denn der Atomkern wird unfaßbar schnell von seinen Elektronen umkreist. Sie sind etwa 2000 mal kleiner als die Protonen und stellen konzentrierte Elektrizität dar. Hier gibt es riesenhafte Entfernungen. Nehmen wir theoretisch an, der Wasserstoffkern habe die Größe einer Haselnuß von 1 cm Durchmesser. *Dann* würde sein Elektron ihn mit einer Entfernung von 500 Metern umkreisen und dazwischen befände sich quasi nichts. Denn die Räume *zwischen* den Elektronen eines Atoms sind verhältnismäßig so groß wie die zwischen den Planeten. Das Atom ist demnach zu 99% ähnlich leer wie der Weltenraum. Also existiert die Festigkeit der Materie – etwa einer Stahlplatte – in Wirklichkeit nicht! Der Festigkeitsanschein entsteht durch die rasend-schnelle Elektronenbewegung um den Kern und durch die Intensität ihrer Ladung. Ein Wasserstoffkern wird von seinen Elektronen siebenmilliardenmal in der Sekunde umkreist. Partikel von nicht größerer Geschwindigkeit können nicht eindringen (ähnlich wie man nicht zwischen die Speichen eines schnellrotierenden Rades greifen kann). Abgesehen von der ungeheueren elektrischen Spannung von einigen Millionen Volt, kann Stoff im „gebundenen Zustand ganzer Atome“ nicht andere Atome durchdringen. Nur dort, wo Geschwindigkeiten und Spannungen nicht gebunden, sondern frei sind, treten jene Energien auf, die Stoffe auflösen oder Atome spalten können. Sie kommen in der Natur vor, etwa in den von zerfallenen Elementen ausgehenden Radiumstrahlen oder werden jetzt in Atomkraft-Laboratorien künstlich erzeugt. Forschungsergebnisse sagen aus, daß wir überall von feinster strahlender Materie umgeben sind, deren Formen nicht mehr wahrnehmbar und meßbar sind, denn sie zerstrahlen beständig in andere, nicht mehr wägbare Energieformen. Die Spezialforscher vermögen noch keine endgültige Begrenzung in dieser Unterteilung des Stoffes, dieser Aufspaltung der Atome mehr zu erkennen.

Hier führt die Brücke zum Verständnis der *okkulten* Forschung, welche nicht technische Apparate, sondern überphysische, menschliche

Sinne benutzt. Sie bezeugt: „Es gibt Materie in einem *ätherischen* Zustand, wo die physischen Atome in unwahrnehmbare, aber noch auf Wärme und Elektrizität reagierende Teilchen aufgespalten sind. Sie existiert außer im Raum auch in allen Organismen als Träger der pranischen Lebens-(Vital-)-Vorgänge. Sie durchdringt den physischen Leib und bildet ein eigenes Vehikel mit organischen Zentren, das beim Menschen der *Ätherkörper* genannt wird. Der Okkultismus kennt jedoch *noch* feinere aufgespaltene Stoffe, die nicht mehr auf physikalische Kräfte reagieren, jedoch auf die Energien des Denkens und Fühlens. Sie heißen Gefühls- oder Astralmaterie und Denk- oder Mentalmaterie; und die aus ihnen bestehenden Vehikel werden Astral- und Mentalkörper genannt.

Das physische Gehirn ist nur ein Vermittlungsapparat. Die eigentlichen Denk- und Empfindungsvorgänge vollziehen sich in jenen feineren Bewußtseinsträgern und können sich (bis jetzt) im Gehirn nur in einem geringen Grad ausdrücken.

Auch die moderne Psychologie lehrt, daß das menschliche Bewußtsein sich weit über den normalen Wachzustand ausdehnt, und vergleicht es mit einem Eisberg, von dem nur etwa ein Siebentel über dem Meeresspiegel sichtbar wird, während die anderen neun Siebentel im Wasser verborgen bleiben. So ist das menschliche Wachbewußtsein nur ein kleiner Teil im Vergleich zu dem, was die Psychologie sein „Unterbewußtsein" nennt. Der Höhere Okkultismus unterscheidet jedoch in diesem „Unterbewußtsein" drei Hauptkomponenten:

1. das hohe Bewußtsein des Ego's – der unsterblichen Seele – das sich im Durchschnittsmenschen nur bei seltenen Gelegenheiten klar bemerkbar macht und Entscheidungen trifft.

2. Das eigentliche Unterbewußtsein des physischen Körpers, mit seinem Sitz in den archaischen Gehirnzentren, welches die automatischen Körperfunktionen lenkt und mitunter auch solche des Wachbewußtseins übernimmt – z. B., wenn jemand, in Gedanken vertieft, trotzdem richtig heimgeht und erst vor der Wohnungstür sozusagen „aufwacht".

3. Die schon erwähnte, vom Gehirn unabhängige Tätigkeit der Astral- und Mentalsphäre – das *Über*bewußtsein. Es ist unentwegt tätig, tritt aber wenig direkt in Erscheinung, weil der Durchschnittsmensch sich wachend nur dessen bewußt werden kann, was sich schon dem Großhirn und dem Zentralnervensystem einprägt. Experimente mit Menschen in Trance-ähnlichen Zuständen brachten oft Beweise, daß es umfassender und tiefer als das bloße Gehirndenken wahrnimmt, urteilt und sich, über die motorischen Nervenzentren, des Körpers bedienen

kann. Auch das Überbewußtsein anderer Menschen steht ihm offen. (Siehe Kap. 56) Jemand in solchen Zuständen kann aus dem Gedächtnis anderer Menschen Kenntnisse hervorziehen, welche diesem längst entfallen sind oder vielleicht nie bewußt wurden. (Hier liegt auch die Erklärung mancher spiritistischen „Wunder".)
Eine unmittelbare Verbindung vom Denken eines Menschen zu dem eines anderen erklärt sich durch die Schwingungen der Mentalsphäre, wobei der eine die Rolle eines Radiosenders und der andere die eines Empfangsgerätes spielt. So entstehen Suggestion und Telepathie. Auch die okkulte These, daß dem Denken die eigentliche formbildende Kraft zukommt – wie es schon aus Platos Lehren von den Urbildern (Archetypen) und aus der indischen Yoga-Philosophie hervorgeht – wurde von der Experimental-Psychologie bestätigt. Man suggerierte z. B. Versuchspersonen, ein Geldstück in ihrer Hand sei glühendes Eisen; und dann entstanden tatsächlich Brandblasen. Hier ist es nur ein Schritt zu den Stigmatisationserscheinungen.
All diese Kenntnisse sind zur Untersuchung der Wege nötig, abseits von exoterischer Religion und empirischer Wissenschaft in das übersinnliche Gebiet einzudringen. Hierbei sind drei Haupt-Typen zu beobachten, die sich oft überschneiden. Sie sind: Der Weg des *Spiritismus,* der Weg der *Magie* und der Weg des *Yoga.*

Der *Spiritismus* versucht, mittels von Medien Verbindung zu überphysischen Welten und zu verstorbenen Menschen zu erlangen. Wie ist das zu erklären? Ein Medium ist ein Mensch, dessen Ätherkörper lockerer mit der Physis verbunden ist als normal, so daß die phänomenerzeugende Freisetzung von Äthersubstanz leichter geschieht. Die Medien sind quasi „radioaktiv" und können erstaunliche physikalische Wirkungen hervorbringen, eben mit Atomkraft! Ihrem Ätherkörper kann aber auch *direkt* Materie entzogen werden, die verdichtet und zu zeitweiligen „Materialisationen" von anwesenden „Toten" verwendet wird. Auch sind bei einem Medium die Funktionen des Großhirns ausschaltbar, so daß das Überbewußtsein direkt die Körperfunktionen beherrschen kann. Und schließlich sind auch die astralen und mentalen Vehikel lockerer mit dem Körper verbunden als normal, so daß u. U. fremde Gefühls- und Gedankenkräfte die des Mediums verdrängen und sich durch Sprache und Schrift des Mediums ausdrücken können. Die physikalischen „Wunder", Bewegung von Möbelstücken, Klopftöne, Apporte usw. erklären sich aus der physiologischen Eigenart des Mediums, zeigen aber selten einen Weg in das „Jenseits des Schleiers".

Wie steht es jedoch mit den Botschaften? Viele stammen, wie erwähnt, aus dem Überbewußtsein des Mediums und Anwesender, ohne Beteiligung jenseitiger Wesen. Wenn so ein Überbewußtsein als „Geist“ eines Verstorbenen auftritt, hängt das mit dem Glauben des Mediums und Anwesender zusammen. Alle erwarten das Kommen eines „Geistes“; und auf Grund der auf leiseste Regungen reagierenden Bildekraft des Feinstofflichen erschafft dieser starke Wunsch eben einen sprechenden „Geist“. Die Vorstellungen von Hinterbliebenen und anderen Teilnehmern geben den „Botschaften“ ihr spezielles Gepräge – dem Niveau des Zirkels entsprechend.
Weiterhin durchdringen in dichtbevölkerten Wohngebieten fortwährend Millionen von Gedankenwellen den Äther. Auch für diese ist das Medium ein empfänglicher Aufnahmeapparat, obwohl dies wegen der schwachen Denkkraft der meisten Menschen sehr reduziert wird.
Oft treten auch abgelegte Astralkörper von Verstorbenen als deren vage Scheinbilder auf, woran noch einige Denk- und Gefühlsreflexe hängen.
Aus diesen Komponenten – dem Überbewußtsein des Mediums und der Anwesenden, aus fremden Gedankenstrahlungen und aus abgeworfenen Astralkörpern – entsteht ein erheblicher Teil der medialen Botschaften, die immer als von „Toten“ kommend, angenommen werden. Weiterhin vergnügen sich zahlreiche Naturgeister damit, die Zirkelteilnehmer in die Irre zu führen, indem sie aus deren Auren Erinnerungsbilder an verstorbene Angehörige ablesen und dann geschickt deren Rolle spielen. Oder sie geben sich hochtrabend als Maria Stuart, Goethe, Napoleon, Beethoven usw. aus. Die unkritische Bereitschaft der Teilnehmer, alles gläubig bewundernd hinzunehmen, erleichtert ihnen das sehr.
Natürlich treten auch *echte* freundliche Verstorbene auf – jedoch (mit Ausnahme von Unfallopfern und Selbstmördern [siehe Kap. 28] nur kurz nach dem „Tod“, wenn sie herzzerreißend von Hinterbliebenen beschworen werden, oder wenn eine spezielle Sorge oder versäumte Pflicht sie dazu treibt. Der natürliche Weg führt sie dahin, sich rasch von der physischen Sphäre zu lösen und all die erzieherischen, faszinierenden Erfahrungen der astralen Zwischenwelt zu durchschreiten, um dann in ihren glücklichen Himmelszustand einzutreten, bis sie wiederverkörpert werden. Viel häufiger werden „Tote“ von sehr niedriger Stufe von spiritistischen Zirkeln angezogen, weil sie dadurch wieder Kontakt mit dem so brennendbegehrten physischen Leben erhalten, was wegen ihrer langen Astralzeit möglich ist. Sie baden berauscht in

der irdischen Sphäre, bemühen sich, irreführend in *gewünschten* Gestalten zu erscheinen, verbreiten vulgäre Schwingungen und trachten danach, das Medium aus seinem Körper zu verdrängen, um es „besessen“ zu machen. All die okkulten Sekten, denen angeblich laufend Adepten und Erzengel erscheinen, sind auf die Weise betrogene Betrüger.
Ganz selten wählen hochstehende entkörperte Menschen für *bestimmte* Zwecke ein Medium als Sprachrohr, doch das ist so rar wie das Auftreten eines Genies oder Heiligen auf Erden und hängt von einem fast nie möglichen, äußerst hohen Zirkel-Niveau ab.

Was ist aus all dem zu folgern?
1. Wegen der naturbedingten Passivität des Mediums ist ihm eine Kontrolle der jenseitigen Einflüsse unmöglich. So kann nicht unterschieden werden, ob es sich um echte Jenseitsbewohner, um abgelegte Astralkörper, um Wunschträume, um böse Irreführungen oder um betrügerische Spielereien handelt. Sehr selten ist ein höherstehendes Medium vorhanden, das sein Bewußtsein nicht ganz ausschaltet und unerwünschte Einflüsse teilweise fernhalten kann.
2. Auch in den Fällen, wo sich wirklich freundliche Verstorbene zeigen, irrt der Spiritismus verhängnisvoll, insofern, als er von ihnen erleuchtende Offenbarungen erwartet. Denn die Verstorbenen wissen quasi nicht mehr als die „Lebenden“. Der Tod bringt nur einen Wechsel des Lebensschauplatzes, nicht die Verwandlung des Menschen zu einer höheren Vollendungsstufe. Er kann evtl., wenn er sich *schon auf Erden* zu offenem objektivem Denken erzogen hat, in der überphysischen Sphäre manches freier und vollständiger beobachten, aber seine weltanschaulichen Vorstellungen und Kenntnisse ändern sich nicht.
3. Alle spiritistischen Versuche, die Verstorbenen wieder zur Erde herabzuziehen, sind widernatürlich; und ihre Weiterentwicklung wird dadurch schädigend und folgenschwer gehemmt.
4. Regelmäßige mediale Sitzungen haben auf das Medium und die anderen gesundheitliche Schädigungen. Denn dem Ätherkörper des Mediums und der anderen (wenn auch schwächer) werden dauernd Ätherkräfte, Teile des Ätherkörpers und damit Vitalität entzogen, weil all dies ja zur Hervorbringung der Phänomene gebraucht wird. Außerdem kommen sie mit feinstofflichen Schwingungsarten in Berührung, denen ihre Körper keineswegs gewachsen sind. So wird beständig brutal an ihrer Nervenkraft gezerrt. Die Gefährlichkeit solcher Kräfte zeigt ein Beispiel: Bei dem anfangs geschilderten Experi-

ment, etwas Substanz von einer materialisierten Hand in eine Glasröhre zu bringen, stützte ein Teilnehmer das Medium, und dabei traten starke Verbrennungs- und Schwellungserscheinungen auf. Man hat es eben mit Varianten von Atomkraft zu tun.
Der Spiritismus ist aus den erwähnten Gründen eine abzuweisende Methode, sich passiv unbekannten Energien hinzugeben, um Brücken zwischen dem Sichtbaren und dem Unsichtbaren zu schaffen.

Die *Magie* – als zweite Methode – will dies durch Einsatz des eigenen Willens erreichen. Jedoch nicht – zum Unterschied von Yoga – indem man in sich selbst Veränderungen herstellt, sondern meist durch den Gebrauch „magischer" Worte und Zeichen, wodurch fremde Wesen und Kräfte in Bewegung gesetzt werden. Ähnliches geschieht zwar auch in religiösen Einrichtungen. Jede Anrufung, jeder kirchliche Exorzismus ist Magie, sogar das tägliche Kreuzschlagen. Jedoch hier sind es eindeutig-festgelegte zeremonielle Formeln, die von weisen, heiligen Menschen eingesetzt und daher gefahrlos ind. Diese Sicherheit fehlt bei den magischen Praktiken.
Was ist ihr Wesen? Sie beruhen meist auf dem Heranziehen gewisser Naturgeister, die für diverse Absichten eines auf dieser Linie Experimentierenden beschworen werden. Es sind Glieder der Deva-Hierarchie, deren Mitwirken in den Schöpfungs- und Evolutionsprozessen eine so wichtige Rolle spielt.
Denn (als Zwischenerklärung): Die Naturgesetze vollziehen sich durch unzählige, unsichtbare Baumeister, bis hinauf zu den hohen Erz-Engeln. Schon die Formung eines Edelsteins oder einer Pflanze durch ein „mechanisches" Geschehen ist undenkbar – garnicht zu sprechen von den Organismen höherer Tiere, wo so viele unmeßbare Anlagen ins Physische zu bringen und darin zu entfalten sind, daß nur hoch-intelligente, hellsichtige, nach Plänen arbeitende Schöpfer-Wesen es vollbringen können. Und das Werden eines menschlichen Embryo's? Spezielle Devas wählen aus den Erbanlagen der Eltern solche aus, die der Kindeskörper karmisch für diese Verkörperung mitbekommen soll und fügen alle Teile der vier Körper so sinnvoll und individuell-angepaßt zusammen, daß man in jedem Fall nur von einem unfaßbaren Kunstwerk sprechen kann (siehe Kap. 30 und 31). Der bloße Begriff vom „schöpferischen Denken der Gottheit" reicht keineswegs aus. *Dadurch* werden nur die abstrakten Ideen (Archetypen) geschaffen. Jedoch bei den Körpererschaffungen geht es um die Verdichtung, Nachbildung und Gestaltung der zahllosen *Variationen* dieser Ur-Bilder! Dies ist

das Werk bestimmter Engel- und Naturgeist-Kategorien, welche in ihrem Rahmen die Göttlichen Ideen nachdenken und die unendlich vielen Gattungen und Einzelwesen entwickeln.
Auch hinter allen Natur-Kräften bergen sich Wesenheiten, die ihre Träger sind. Man kennt sie seit Urzeiten. (Siehe Kap. 48) Ihre untersten Vertreter sind die „Geister der Elemente", die Sylphen, Elfen oder Luftgeister, die Salamander oder Feuergeister, die Undinen, Nixen oder Wassergeister und die Gnomen, Heinzelmännchen oder Erdgeister. Und diese vier Gruppen sind meist die für magische Zwecke mißbrauchten Wesen. Denn ein Hauptteil der unteren Magie besteht darin, durch bestimmte, stark-willentlich angewandte Zeichen und Worte gewisse Kräfte im Unsichtbaren auszulösen, die für solche Devas ebenso zwingend wirken wie die Anwendung physischer Gewalt für physische Wesen. Solche Worte und Zeichen, richtig und intensiv angewendet, können solche Naturgeister, die in den Äther- und unteren Astralregionen leben und deren starke Kräfte handhaben, lange unter den Willen solcher Magier nötigen.
In Goethes „Faust" finden sich Beschreibungen von magischen Handlungen. Diese Szenen sind keine dichterischen Phantasien, sondern beruhen auf weitgehenden Kenntnissen. Faust vermutet in dem Pudel, der sich ihm beim Osterspaziergang anschloß, ein dämonisches Wesen der Astralbereiche und beschwört es mit den Worten „Salamander soll glühen, Undine sich winden, Sylphe verschwinden und Kobold sich mühen". Wenn er weiter sagt: „Wer sie nicht kennte, die Elemente, ihre Kraft und Eigenschaft, wäre kein Meister über die Geister", so besagt das, daß die Geister der Elemente alles Naturgeschehen bewirken und damit stark-magische Potenzen darstellen. Die Bannkraft magischer Zeichen wird durch die folgende Szene geschildert:
Mephisto: „Dürft' ich wohl diesmal mich entfernen?"
Faust: „Ich sehe nicht, warum du fragst. Hier ist das Fenster, hier die Türe, ein Rauchfang ist dir auch gewiß."
Mephisto: „Gesteh' ich's doch, daß ich hinausspaziere, verbietet mir ein kleines Hindernis, der Drudenfuß auf Eurer Schwelle."
Faust: „Das Pentagramma macht dir Pein? Ei, sage mir, du Sohn der Hölle, wenn das dich bannt, wie kamst du dann herein? Wie ward ein solcher Geist betrogen?"
Mephisto: „Betracht' es recht, es ist nicht gut gezogen. Der eine Winkel, der nach außen zu, ist, wie du siehst, ein wenig offen."
Faust: „Das hat der Zufall gut getroffen! Und mein Gefang'ner wärst denn du? Das ist von ungefähr gelungen!"

Mephisto: „Der Pudel merkte nicht, als er hereingesprungen. Die Sache sieht jetzt anders aus. Der Teufel kann nicht aus dem Haus."
Diese Szene zeigt (abgesehen von dem freien Jonglieren mit dem „Teufel"-Begriff) die Bedeutung der Genauigkeit beim Gebrauch von Zeichen in der Magie. Durch sie kann ein solch egoistischer Magier solche Wesen bannen und übernatürliche Ergebnisse bewirken, zu denen seine Fähigkeiten nicht ausreichen. Zwar stehen diese Wesen unter der menschlichen Entwicklungsstufe, aber sie besitzen als Träger der jeweiligen Naturenergien erstaunliche Wirkungskräfte, welche die menschlichen Möglichkeiten weit übersteigen. (Siehe auch die – opernhaft ausgeschmückten – „Freikugel"-Szenen in Webers „Freischütz"!)

Was ist aus all dem zu folgern?
1. Ausübung von Magie ist eine äußerst zweischneidige Angelegenheit. Nach ewigen Gesetzen kehrt jede Gewalt sich früher oder später gegen den, der sie angewendet hat. Wer gegen jemand Gewalt anwendet, liefert sich der Gewalt dieses anderen Wesens aus – in sichtbaren und unsichtbaren Welten. Obwohl dieses Gesetz sich oft erst in späteren Leben auswirkt, ist es doch unabänderlich – gerade auch in Bezug auf magische Bannkräfte. Ein Mensch, dem es gelingt, Devawesen zu Diensten zu zwingen, ist ihnen verfallen. Sie erlangen dadurch ein Recht auf ihn, heften sich an ihn, und er wird zu gegebener Zeit ihr Knecht. Nach Goethes „Zauberlehrling": „Die Geister, die ich rief, werd' ich nicht mehr los." In früheren Zeiten hieß es: „Er hat seine Seele dem Teufel verschrieben." (Siehe auch H. K. Challoner „Das Rad der Wiedergeburt".) Goethes Mephisto sagte (typisch): „Ich will mich hier zu deinem Dienst verbinden, auf deinen Wink nicht rasten und nicht ruh'n. Wenn wir uns drüben wiederfinden, so sollst du mir das Gleiche tun!" Es wirkt sich stets katastrophal aus, in den Willen eines Geschöpfes einzugreifen; und man unterliegt einem gefährlichen Irrtum, sich einzubilden, diese Wesen würden freiwillig fremde, nicht art-eigene Befehle ausführen.
2. Der Betreffende begibt sich in eine ähnliche Lage wie ein Medium; denn er experimentiert mit fremden Wesen und Energien, die er – schutzlos – nicht abwägen kann. Alle öffentlich-kursierenden Bücher über Magie sind bruchstückhafte, unverantwortliche Verzerrungen der Hohen Weißen Magie, und vor allem mit schwarzmagischen Zielen und Methoden durchsetzt (z. B. bei Bardon). Wer sich darin versucht, treibt ein lächerliches und zugleich lebensgefährliches Spiel. Er wird auch durch die mächtige, auf ihn einstürzende Deva-Essenz leicht

in Wahnsinns-Stadien getrieben. Die echte Hohe Magie (Theurgie) war immer geheimes Wissen von Initiierten (z. B. der Neuplatoniker Jamblichus), das sie nur an ihre reinsten und vertrautesten Schüler weitergaben. Sie bedeutet bittende Anrufung hoher Engel – um sie zu mächtiger Mitarbeit für edle, spirituelle Zwecke zu gewinnen. Niedere Magie (im heutigen Sinn) war für die letzte Epoche des versunkenen Atlantis kennzeichnend – es ist an ihr zugrundgegangen. Denn diese Magie hat keine Beziehung zur Höherentwicklung. Sie wird daher fast unvermeidlich zur „Zauberei", wodurch Herrschsucht, Ruhm- und Gewinngier befriedigt werden soll.

3. Selbst wenn zunächst hilfreiche Ziele beabsichtigt sind, so heiligt doch der Zweck nicht die Mittel; und Versuche eines gewaltsamen, unwissenden Herumpfuschens in den Evolutions- und Karma-Gesetzen – mit solchen ganz falschen Mitteln – können nie wirkliche Hilfe zustandebringen. Und der kollektive Mißbrauch unsichtbarer Devawesen und -Kräfte hat, wie erwähnt, in Atlantis zur Selbstvernichtung geführt.

Außer *dieser* magischen Methode gibt es noch andere Arten, die auf dem Wissen und die gestaltenden und zerstörenden Energien von Rhythmus, Maß und Zahl beruhen. Auch sie stammen aus atlantischen Quellen. Fragmente finden sich noch in der „Kabbalah". Pythagoras war ein hoher Eingeweihter speziell auch in diesem Wissen. Dieses ist, in seiner echten Form, ebenso selten und wird ebenso geheim von Mund zu Mund übertragen wie die Theurgie. Für Versuche, ohne einen hohen Initiierten darin zu praktizieren, gilt dasselbe wie für die andere Magie, und ihnen ist ebenso dringend abzuraten. (In die vorliegende Abhandlung gehört nicht das faszinierende Gebiet der in jeder Kunstrichtung wirkenden *unbewußten* – hohen oder niederen – Magie.)

Der *Yoga* hingegen – die dritte Methode – arbeitet nicht mit äußeren Mitteln, sondern bedeutet das Erwecken der im inneren Menschen verborgenen machtvollen Fähigkeiten. Das Ziel des *spirituell*-strebenden Yoga-Schülers ist die Vereinigung seiner irdischen Natur mit seiner Ewigen Seele (Ego). Ist sein Ziel jedoch nicht so hoch und rein gesteckt, wird er bald zu magischen Praktiken herabfallen. Es gibt zwei kontrastierende Hauptrichtungen: Den Raja-Yoga und den Hatha-Yoga.

Der *Hatha-Yoga* will von außen her wirken. Er versucht, durch Konzentration auf gewisse Kraftzentren seines Ätherkörpers – meist begleitet vom Gebrauch gewisser Mantras, ebenso von Buchstaben- und

Atemübungen – diese Zentren unter bewußte Herrschaft zu bringen. Dadurch wird eventuell vorschnell ein ätherisches Hellsehen erworben, sowie das Hervorbringen mancher von Medien unbewußt erzeugter Phänomene. Auch die unteren Astralbereiche können geöffnet werden und eine engbegrenzte astrale Hellsichtigkeit sowie gewisse hypnotische Fähigkeiten schaffen. Erwerbsmäßige Hellseher und Pseudo-Yogis schulen sich auf solche Weise. Viele ihrer Schaustellungen beruhen allerdings auf geschickter Massensuggestion. So kann z. B. ein indischer Fakir Tausenden von Zuschauern vorgaukeln, daß er sich mit einem Schwert durchschneidet und vieles Ähnliche. Auch ihm ist ein zeitweiliges Auflösen (Entmaterialisieren) einzelner Körperteile möglich – also okkulte Jahrmarktwunder.

Unter den physischen und kulturellen Voraussetzungen des Orientalen mag der Hatha-Yoga-Weg bei großer Vorsichtanwendung gangbar sein – doch nicht für den westlichen Menschen. Physiologisch bedeutet er, daß manche längst ins Unterbewußtsein verwiesene automatische Körperfunktion wieder – atavistisch – in die Kontrolle des Wachbewußtseins gerückt wird. Die so entstehende Belastung des Zentralnervensystems zieht meist gefährliche Gesundheitsstörungen nach sich. Durch künstliche Konzentrationen des Atems oder solche von bestimmten Buchstaben auf bestimmte Körperstellen entstehen leicht nichtwiedergutzumachende Zerstörungen – auch Paranoia (Verfolgungswahn). Alles wird meist durch fehlerhafte Anwendung und charakterliche Unreinheiten und Mängel noch verschlimmert. Denn auch Yoga arbeitet mit Atomkraft. Das Bewußtsein wird dadurch der Einwirkung astraler Energien geöffnet. Jedoch da solche Methoden kaum einen Wert auf spirituelle und ethische Entwicklung legen, tritt ein solcher Mensch nur mit den untersten Astralsphären in Kontakt. Hier leben die „Dämonen“ genannten, unter „Magie“ geschilderten Naturgeister, deren Schwingungen für ihr Reich und ihre Stufe passend ist, jedoch auf den Menschen herabziehend wirken. Durch vorzeitiges Öffnen seiner okkulten Kraftzentren (Chakras) – wodurch sein ätherisches „Schutzgewebe“ durchlöchert wird – setzt er sich dem Einfluß dieser (über die Menschennatur unwissenden) Wesen aus, ohne ihnen wirksam begegnen zu können – so daß er dem Anreiz verfällt, die erworbenen Kräfte nicht zur Vereinigung mit dem HÖCHSTEN zu benutzen, sondern sie dunkel-magisch mißbraucht, um sich andere Menschen irgendwie hörig zu machen. Solche Vorgänge sind auch auf dem sexuellen Gebiet nicht selten.

Aber auch ohne egoistische Zwecke sind Hatha-Yoga-Experimente immer schädigend. Z. B. bewirken hypnotische Vorgänge dauernde, verhängnisvolle Veränderung in der menschlichen Struktur. Zunächst entsteht – bei Wiederholungen – eine unbewußte Hörigkeit gegenüber dem Hypnotiseur; und dieser kann die einmal vollzogene Verbindung später auch von fern ausnutzen. Auch stärkt jede Hypnose die Anfälligkeit für *alle* fremden Willenseinflüsse. Willens- und Entschlußkraft wird stark geschwächt. Ebenso ist die Gefahr physiologischer Störungen vorhanden, denn durch hypnotische Einwirkungen entstehen Veränderungen der Kapillaren, der Nervenbahnen und ganzer Organe. Die Schädigungen zeigen sich oft erst später. Darum muß auch der ärztlich angewendeten Hypnose, trotz mancher akuter Erfolge, mit großer Vorsicht begegnet werden. Hatha-Yogis verblüffen durch Phänomene. Diese und die der Spiritisten veranlaßten viele Gelehrte, die „Grenzwissenschaften" in ihre Forschung einzubeziehen. Trotzdem ist jedem Abendländer dringend anzuraten: Hände weg vom Hatha-Yoga!

Dagegen führt der *königliche Raja-Yoga* von Innen nach außen. Sein Schüler ist bestrebt, den Kräften seines Höheren Selbstes die Tore zu öffnen. Er versucht unaufhörlich, sein Bewußtsein auf die ihm höchstmögliche Ebene zu heben, von dort her seine Person zu regieren und für die hohen Ziele der Seele zu benutzen. Er arbeitet mit dem Instrument des Denkens, dem Mentalkörper. Dieser gleicht einem Spiegel, der ebenso die Sinneseindrücke und Begierden wie die Ideale der Seele reflektieren und Gestalt annehmen lassen kann. Der Raja-Yoga-Schüler bemüht sich, ihn so umzuschalten, daß er nur noch die *inneren* wundervollen Einflüsse widerspiegelt, also zur Gewohnheit des *höheren* Denkens erzogen wird.
Dies ist unermüdlicher Charakteraufbau; es gehört dazu rücksichtslose Selbsterkenntnis und regelmäßige Konzentration auf die erstrebten kostbaren Eigenschaften. Jeden Morgen vor seinem Tagewerk meditiert der Raja-Yoga-Schüler, wobei er eine aufrechte, bequeme Körperstellung einnimmt. Er läßt u. a. in seiner Imagination die herrliche Geisteshaltung eines ADEPTEN vor sich erstehen, er faßt die erwünschten Charakterzüge fest ins Auge, denkt tief darüber nach und stellt sich plastisch vor, wie er sie bei verschiedenen Gelegenheiten praktisch ausübt, und wie sie so ein unvergänglicher, beglückender Bestandteil seiner Natur werden. Durch Erziehung zu solchen Denkgewohnheiten wird der Mentalkörper wundervoll verändert *und* evtl. eine zarte Anfangsbeziehung zu dem wartenden MEISTER errichtet.

Auch entstehen neue Nervenbahnen im Gehirn, die bewirken, daß er sich des ersehnten Zieles beständig während des Tages erinnert. Jeden Abend wird durch eine Tagesrückschau geprüft, wie weit es ihm gelang, die morgens beschlossenen Änderungen durchzuführen. *Nur* durch Ausübung wird der Willensstrom in Bewegung gehalten. Der gedankliche Entschluß muß sich fortwährend in die schwankenden Gefühlsregungen ergießen und das physische Verhalten bestimmen.

So wird der Charakter wunderbar umgewandelt – wozu Konsequenz und vertrauende Geduld gehört. Mancher Fehler wird man sich durch diese Selbstprüfung überhaupt erst bewußt. Gedankenabschweifungen in der Meditation müssen beharrlich bekämpft und Fehlschläge in der Praxis ohne Depression ertragen werden. Fester Wille und Ausdauer führt zum herrlichen, immer stärker zunehmenden Erfolg (siehe Kap. 59 und 60). Durch diese veredelte Lebensführung kann die hohe Natur des Egos sich mehr und mehr behaupten. Seine läuternden Intuitionen können sich verstärkt dem Gehirn mitteilen. Auch die Tätigkeiten des „Überbewußtseins" treten ins Wachbewußtsein ein, was eine beglückende Bereicherung im Denken und Fühlen bedeutet. Die astralen Chakras erwachen und rufen ein gewisses Hellfühlen für seelische Vorgänge in der Umgebung hervor.

Erst viel später brechen die Schranken zum Wachbewußtsein durch. *Dann* werden auch die Äther-Chakras vom Ego her geweckt, welches jetzt durch das geläuterte Denken und Fühlen des Strebenden handelt, so daß evtl. eine Hellsichtigkeit entsteht, die sich aber nicht, wie beim Hatha-Yoga, auf die unteren Astralregionen beschränkt, sondern die ganze Skala nach OBEN umfassen kann – so daß der „Schüler" – *dann* unter Leitung seines MEISTERS – auch mit den höheren Engelwesen im Kausalen in Kontakt kommt, weil sein reiner Charakter den „Dämonen" keine Annäherungspunkte mehr bietet. Eine solche bewußte Hellsichtigkeit hängt noch von einer *völlig abgeschiedenen* Umgebung und einer bestimmten Lebensweise ab.

H. P. Blavatsky beschreibt in „Praktischer Okkultismus" diese Vorschriften: „Jene, die das Wissen erwerben möchten, das sie zur Erlangung der ‚Höheren Siddhis' führt, müssen allen Eitelkeiten des weltlichen Lebens entsagen. Kein Schüler darf zwischen sich und seinen Kameraden einen Unterschied fühlen, wie ‚Ich bin weiser oder heiliger und meinem Lehrer wohlgefälliger als mein Bruder'. Seine Gedanken müssen konstant auf das eigene Herz gerichtet sein und jeden feindlichen Gedanken vertreiben. Sein Herz muß voll des Sicheinsfühlens mit allen Wesen sein. Auch muß er seinen Körper von jedem fremden

Einfluß absondern. Der Verstand muß für alles Oberflächliche gleichgültig sein und nur den Ewigen, Universalen Wahrheiten offenstehen. Keinerlei tierische Nahrung darf vom Schüler aufgenommen werden, keine alkoholischen Getränke oder Narkotika dürfen genossen werden. Denn sie sind bösen Geistern gleich, die sich an den Unachtsamen heften und sein spirituelles Verständnis aufzehren. Sie nehmen auch den schlechten Magnetismus aller Menschen auf, die an ihrer Herstellung mitwirkten und übertragen ihn. Und das Fleisch jedes gemordeten Tieres bewahrt die psychischen Charakteristika seiner Art und überträgt sie. Meditation, Enthaltsamkeit, Erfüllung aller Pflichten, edle schöne Gedanken, gütige Taten und Worte, Wohlwollen für a l l e und Vergessen des eigenen Ichs sind die Mittel, um echtes Wissen zu erlangen und sich für die Aufnahme der ‚Höheren Weisheit' vorzubereiten. Nur bei strikter Einhaltung dieser Regeln kann ein Strebender hoffen, die Höheren Okkulten Kräfte zu gewinnen – jenes Wachstum, das ihn schrittweise eins mit dem All macht."
Offenbar kann der im westlichen Kulturkreis lebende Raja-Yoga-Schüler 1. nicht die vorgeschriebene Zurückgezogenheit einhalten und 2. nicht seine ganze Zeit dem Spirituellen Streben widmen. Daher auch die Seltenheit des Höheren Hellsehens im Abendland. Dieses ist übrigens auch nicht ohne völlige sexuelle Abstinenz zu erreichen. Denn die Wirksamkeit der das Höhere Hellsehen herbeiführenden Äther-Chakras setzt voraus, daß die Kräfte der Keimdrüsen der inneren Sekretion zugeführt werden und dann Zirbeldrüse und Hypophyse beleben.
Die ganze Frage des Hellsehens ist jedoch von relativ-*geringer* Bedeutung! Der *wahre Raja-Yoga* besteht nicht aus dem Gewinnen von übersinnlichen Fähigkeiten (obwohl diese in einem gewissen Einweihungsgrad *mühelos* und vollkommen auftreten), sondern ist das Öffnen der Tore zwischen dem irdischen Menschen und seinem Ewigen Göttlichen Selbst und damit seine Vereinigung mit der ganzen Fülle des GÖTTLICHEN, einschließlich aller Wesen darin – nicht zuletzt mit allen geliebten Menschen, seien sie gerade verkörpert oder nicht. Raja-Yoga kann dem Strebenden den „Schleier" heben. Nicht, indem er interessante, astrale Welten enthüllt, sondern indem er die Menschen aus der Einkerkerung im irdischen Bewußtsein hinaushebt in jene himmlischen, spirituellen Regionen (vom Kausalen aufwärts), die „hinter dem Schleier" liegen und bei JESUS „Das Reich Gottes" heißen. Für *ihr* Beschreiten bestehen keine hindernden Schranken durch ungünstige, etwa lärmende Umgebungen. Doch *eine* Voraussetzung

dafür und für jedes echte geistige Streben überhaupt ist (aus Gründen der Barmherzigkeit und Reinheit) voller Verzicht auf Tierfleisch, Alkohol, Tabak und andere Narkotika (siehe Kap. 12 und 39).
Yoga ist tiefe Konzentration auf die Unsterbliche Seele und zunehmende Vereinigung mit ihr. Daher gehört es zur Praxis des Raja-Yoga-Schülers, nach seinen Meditationen deren Gegenstand fallen zu lassen und ganz still zu lauschen – bis alles Äußere schwindet und der „Stern" im Innersten zu strahlen beginnt, bis er sich nur noch als das Ego empfindet und wunderbar-beglückend seine Einheit mit dem Göttlichen erlebt. Spätestens in diesem Stadium wird dann auch das intensiv fördernde Ereignis eintreten, daß er ein „Probeschüler" eines „Meisters der Weisheit" wird, dem er schon lange zuvor entgegengestrebt hat.

Der, welcher diesen Pfad beschreitet, führt immer mehr zu einer friedvollen, glücklichen und gefestigten Weisheit – gleichmütig gegen die Wechselfälle des Lebens. Er wird immer mehr ein starker Fels in schwankender Zeit, ein nie-versagender, liebevoller Kraft-, Trost und Ratspender, sowie ein mächtiges, sonnenhaftes Licht in der mentalen Finsternis seiner Zeit. So geht er im Laufe von nicht mehr sehr vielen Verkörperungen sicheren Schrittes dem Gottmenschentum entgegen, welches den erhabenen Gipfelpunkt von höchster Macht, Schönheit, Weisheit, Liebe, friedvoller Ruhe und (aus allem folgend) Glückseligkeit darstellt.

Literaturnachweis:
Dr. N. Lauppert „Yoga, Magie, Spiritismus"
H. P. Blavatsky „Praktischer Okkultiomus"
Hugh Shearman „An Approach to the Occult"
A. E. Powell „The Etheric Double"
Dr. A. Besant „The Laws of the higher Life"
C. Jinarajadasa (Herausgeber) „The Early Teachings of the Masters"
H. K. Challoner „Das Rad der Wiedergeburt"

19. Die Theosophie als Wesenskern der Religionen und direkter Weg zu den Adepten

Alle Religionen, Philosophien und Wissenschaften in allen Zeiten und Ländern haben *ein* uraltes Wissen als gemeinsamen Ursprung und esoterischen Kern – Paravydia (Die Göttliche Weisheit). Alle echten Erkenntnisse über himmlische und irdische Wahrheiten sind Fragmente davon. Die Theosophische Bewegung hatte die Aufgabe, diese verstreuten Bruchstücke zu einer all-umfassenden Synthese zu verbinden, dieses grandiose Ideengebäude durch hoch-qualifizierte Adepten- und Initiierten-Aussagen zu vervollkommnen und es in reinen Einklang mit der UR-WAHRHEIT zu bringen.

Im religiösen Aspekt der Theosophie sind die allen Religionen gemeinsamen Grund-Prinzipien zu sehen. Der große Kirchenvater Origines erklärte, kein Glaube könne sicher fundiert sein ohne „Gnostiker", d. h. Kenner der Ur-Wahrheit. (Die Gnosis war die griechische Form der „Göttlichen Weisheit".) Er sagte ferner, jede Religion trüge die Verantwortung, Unwissende zu belehren und Sündenkranken das Heilmittel zu bringen. Doch die Fundamente einer wahren Religion könnten nicht von Unwissenden und Sündern gelegt werden. So seien zur Religions-Gründung stets hohe Adepten-Lehrer erschienen, die immer gleiche Grundwahrheiten, Ethiken und Symbole verkündeten. Sie differenzierten nur jedesmal ihre Lehren nach Zeitalter, Volk und dessen Charakteristika und schlügen einen speziellen Grundton an, der dem himmlischen Akkord stets eine neue Schönheit hinzufügt.

Wir beschränken uns *hier* auf die Glaubensformen der 5. (Arischen) Wurzelrasse, die sich nach ihrer Gründung in Zentralasien über Arabien, Ägypten, Persien, Griechenland und Ganz-Europa verbreitete. Jede Unterrasse erhielt ihre Grundnote; und die mächtigste war die des Indischen „Wurzelstockes": Die großartige Verkündigung von Transzendenz *und* Immanenz GOTTES und von „Dharma" (Pflichterfüllung), woran alle Geschöpfe gebunden sind. So legte der MANU als Gesetzgeber an die Basis der 5. Rasse die unsterbliche Philosophie des Hinduismus – die später durch Gautama BUDDHA mit seinem unvergleichlich-weisen, ethischen System reformiert, vertieft und *aktiv* gemacht wurde. Alt-Ägypten hatte die Grundnote wissenschaftlicher Kenntnis, und später Persien die der Reinheit, nach der Lehre seines Propheten ZOROASTER: Reine Gedanken, Reine Worte, Reine Taten. Die Botschaft von Hellas war die Religion der Schönheit, und die von Rom das Leben nach dem Gesetz. Dann kam die wunderbare Religion des CHRISTUS, welche die Würde der Einzelseele und das charitative Dienen hervorhob. Zuletzt erschien der Islam mit leidenschaftlicher Betonung der Einheit Gottes (ALLAH). Das Judentum reicht ursprünglich noch in die 4. (Antlantische) Wurzelrasse zurück und fügte mit seiner glühenden Gottesanbetung dem religiösen Fundus kostbare Elemente hinzu.

So wie alle Farben das strahlende weiße Licht ausstrahlen, ist in den vielen „Silben" der Religionen der Eine Göttliche Name wahrnehmbar. In ihrer Vielfalt liegt die Bedeutung für viele Temperamente und Denktypen. Wünschten wir, nur *eine* Religion zu haben, so müßten wir auch die Sonne bitten, nur einen Farbenstrahl auszusenden. Jedes Ding entnimmt dem Sonnenlicht die benötigten Farben; und die unzähligen Glaubensformen gehen aus den unendlichen Möglichkeiten hervor, wodurch der menschliche Geist im Lauf der Zeitalter aufgebaut wird. Das gleiche Licht der Ur-Wahrheit beleuchtet *alle* Gotteskinder, aber sie teilen es in verschiedene Farben; und zusammen strahlen sie das Weiße Licht zurück.

Gehen wir abends an einer Kathedrale vorbei, deren Fenster violett, rot, blau, grün und gelb leuchten, können wir meinen: „Aus wieviel farbigen Lichtern muß die Kirche bestehen!" Doch beim Hineingehen strahlt uns nur *ein* weißes Licht entgegen, und die Farben sind die des reflektierenden Glases.

Alle heutigen und früheren Religionen lehrten die gleichen Grundtatsachen. Nähern wir uns dem Problem auf zwei Arten: Prüfen wir zuerst die „Vergleichende Mythologie" und verfolgen ihre aus archäologischen Ausgrabungen gewonnenen Erkenntnisse. Diese besagen Folgendes: Wo auch immer die Erde durchfurcht und eine vergrabene Stadt nach der anderen heraufgebracht wird – Tempelgeräte, Wandfresken und uralte Papyrusbruchstücke berichten immer von gleichen Grundlehren, ethischen Vorschriften und heiligen Symbolen (siehe Kap. 52). Die Mythologen wollen das so erklären: Alle Religionen ähnelten sich, weil sie alle aus der Unwissenheit der „Wilden" erwuch-

sen, welche Sonne, Mond, Bäume und Meer als Götterwesen personifizierten und daraus eine ungeheure Mythologie bildeten. Später wären dann aus den alten, abergläubischen Begriffen,Philosophien und Religionen entstanden; und die veredelten Gottesideen und Morallehren hätten sich aus dieser Entwicklung ergeben.
Jedoch die Tatsachen passen nicht in diese Theorie. Bei keiner großen Religion sind je Zeichen von Höherentwicklung zu sehen in der Art, daß heutige Anhänger Wertvolleres aussprächen als ihre Gründer und deren direkte Nachfolger! Gibt es im heutigen Hinduismus jemand, der nur einen Satz von der exquisiten Erhabenheit der Upanishaden schreiben könnte? Kommentatoren und Grammatiker versuchen nur, den tieferen Sinn der von den Weisen hinterlassenen Schriften zu ergründen. Könnte ein moderner Buddhist an die Herrlichkeit der Lehren des Buddha und seiner Arhats rühren? Könnte ein heutiger Christ sprechen wie der Christus oder an die spirituellen Lehren seiner Jünger reichen? Im Gegenteil ist stets viel Degeneration, Verflachung und eingeführtes Dogma zu sehen. Die *Religionen* verloren später manches an Reinheit und Macht. Doch kann man bei aussterbenden, entarteten Stämmen noch Spuren ihrer ehemals wundervollen Glaubensformen aus ferner Vergangenheit herüberschimmern sehen.

In großen Zeitabständen werden mächtige Adepten-Lehrer entsandt, die stets die gleichen (ungewandelten) Ur-Wahrheiten offenbaren. So verkünden alle großen Religionen (philosophisch oder vermenschlicht), daß es nur *Einen GOTT und Seine Geschöpfe* gibt. Weiter sprechen sie einstimmig von einer *Göttlichen Dreieinigkeit:* Von einem erschaffenden und einem erhaltenden Aspekt und dem Umwandler, der am Ende eines Schöpfungs-Tages alles wieder in den URGRUND zurückzieht. Und wir finden überall die Lehre von der Verkörperung GOTTES in Seinen Geschöpfen: ob als Hindu-Avatar, als Buddha, als Christus, als Adepten, in der Heerschar der Devas *oder* in den Menschenseelen im Gesamten. Ein Bibelwort sagt: „Wißt ihr nicht, daß ihr Gottes Tempel seid und daß der Geist Gottes in euch wohnt?“ Jede Glaubensform berichtet auch von den vielen *Inkarnationen* des Menschen. Im Hinduismus und Buddhismus bildet diese Urwahrheit die Verkündigungsbasis. Der jüdische Historiker Josephus erzählt von eingeschlossenen hebräischen Soldaten, die sich ergeben wollten. Ihr Kommandeur warnt sie aber vor so unehrenhafter Handlung, weil sie dann oft in niederen, schmachvollen Bedingungen wiedergeboren würden. Christus bezog sich auf die Wiedergeburt, als er Johannes den Täufer

den wiedergeborenen Elias nannte; und die Jünger fragten ihn, ob ein Blindgeborener *selbst* gesündigt habe oder seine Eltern, daß ihn dieses Unheil traf.
Die Konzile von Nicäa und Konstantinopel belegten diese Lehre mit dem Kirchenbann, die betreffenden Bibelstellen wurden fast alle ausgemerzt und die sie lehrenden Gnostiker ausgestoßen. In der frühen Kirche hatte die „Auferstehung“ nicht die absurde Bedeutung von heute, sondern ein Wiederaufstehen in einem neuen Körper. Tertullian sprach von vielen Toten und Auferstehungen und betet um die endliche Auferstehung in einem „Geistigen Körper“, wo der Tod keine Macht mehr über den betreffenden Geist hat. Ähnliches sagen klar Origines, Clemens und viele früh-christliche Autoren. Während der späteren offiziellen Unwissenheit der Kirche wurde dieses Wissen generationenlang von exkommunizierten Gemeinschaften weitergetragen – den Templern, Albigensern, den französischen Troubadours und anderen. Der Kardinal des Königs Karl XI. erklärte, die Lehre von der „Präexistenz“ sei erforderlich, um die Wege Gottes zu rechtfertigen. Ein mittelalterlicher islamischer Gelehrter sagte: „Ich erstarb dem Stein und wurde eine Pflanze. Ich erstarb ihr und wurde ein Tier. Ich erstarb ihm und wurde ein Mensch. Bin ich je geringer durch den ‚Tod‘ geworden? Und ich werde einst auch dem menschlichen Dasein ersterben – in einen Zustand, der alles Denken übersteigt.“
Sehr viele große abendländische Denker sprachen ihre Überzeugung darüber deutlich aus, darunter Goethe (siehe Kap. 43), Schiller, Fichte, Schelling, Lessing, Wagner, Einstein, Shelley und andere.
Ein anderer Bestandteil der Ur-Religion ist das Gesetz von *Ursache und Wirkung*. Unser Denken, Sprechen und Handeln trägt seine Früchte, jetzt oder in einem späteren Leben. In östlichen Religionen erscheint es als das mit der Reinkarnation verknüpfte Karma-Gesetz; und St. Paulus sprach eindringlich: „Irret euch nicht, Gott läßt sich nicht spotten, denn was der Mensch sät, das muß er auch ernten.“ Weiter existiert überall die Lehre von den drei Welten: der physischen, der astralen Zwischenwelt und der Himmelsregion.
So wie überall die Einheitlichkeit der Religionen an sich zu Tage tritt, gibt es auch nur *ein* stets von den Adepten ausgesprochenes *Sittengesetz:* Allen Wesen Gutes tun, kein Wesen schädigen und Unrecht vergeben. Der MANU lehrte das Vergeben von Beleidigungen als eine der zehn Hauptpflichten, der BUDDHA sprach: „Haß wird nie durch Haß beendet, sondern nur durch Liebe.“ Und CHRISTI Worte werden alle Zeiten überdauern: „Liebet eure Feinde, tut Wohl denen, die

euch hassen! Bittet für die, die euch beleidigen und verfolgen! Warum? Weil das ethische Gesetz wie andere Natur-Gesetze unwandelbar ist. So wie zwei auf eine Stelle geworfene Farbstrahlen einander auslöschen, wird Haß durch Liebe, Zorn durch Güte, Falschheit durch Wahrheit überwunden.

Die Theosophie weist auf die *Wesensgleichheit der ethischen Lehren* hin und gibt die exakten Ursachen an. Die heutige, skeptische Generation will nicht mehr auf Grund heiliger Menschen oder Schriften gewisse Lebensregeln befolgen. Jedoch wird jetzt aus dem Fundus der „Uralten Weisheit“ die wissenschaftliche Begründung des Moral-Gesetzes demonstrativ gezeigt. Die Theosophie bindet alle esoterischen, ethischen und religiösen Anweisungen mit dem goldenen Faden philosophisch-logischer Beweisführung zusammen; ein eingehendes Studium läßt keinen Zweifel darüber.

In den Religionen gibt es außer Wahrheitselementen und künstlichen Dogmen auch *rituelle Bräuche und Sakramente.* Weil das theosophische Weltbild selbst aus dem Ur-Wissen schöpft und die esoterischen Kerne der jahrtausendelang proklamierten Religionslehren synthetisch vereint, enthält es nur die Universalen, Ewigen Wahrheiten, keine Sakramente und Riten. Aber die Theosophie erklärt sie einleuchtend. Ein Sakrament ist „das äußere und sichtbare Zeichen einer inneren geistigen Gnade“. Ein physischer Gegenstand gehört dazu, ob Wasser, Brot, Wein, eine Brahmanenschnur, ein Ring, Öl, ein Schulterfaden oder die von Paris den Toten nachgeworfenen Dinge. Auch ist stets eine Formel – ein *Wort* der Kraft – dabei in Form von Mantren, ebenso eine begleitende Geste – ein *Zeichen* der Kraft. Wort und Zeichen weihen und wandeln den Gegenstand. Wenn z. B. der christliche Priester mit den Worten „Dies ist mein Leib“ das Kreuzzeichen über die geweihte Hostie macht, blitzt ein Lichtschein herab, der sie mit einem die Kirche erleuchtenden Strahlenglanz erfüllt. Dann strömt die Kraft Christi – von Engeln getragen – durch das Symbol auf die Gläubigen. Wird bei der Shradda- und Mudra-Zeremonie der Hindus das Mantram gesungen und das Götterbild mit dem nötigen Symbol geweiht, so ist das Bildwerk vom Magnetismus des amtierenden hohen Devas durchströmt, dessen Schwingungen auf die Betenden fluten. Der geweihte Gegenstand verbindet das Gottsuchende Herz mit IHM. Das ist die Sakrament-Bedeutung, und zeitweilig löscht Himmelsmusik die irdischen Mißklänge. (Siehe Kap. 49 und 51.)

Die Theosophie erklärt den Mechanismus der Sakremente, benutzt aber keines. Sie sagt etwa: Alle solche Brücken zwischen Himmel und Erde sind wichtig und heilig. Aber findet man den Weg zur Ewigen Ur-Quelle, sind Zeremonien als helfende Stromwege überflüssig geworden. Warum sollte jemand, in dem das Wasser des EWIGEN LEBENS fließt, sich der Zisternen der exoterischen Glauben bedienen? Jedoch weil die Riten so schön, segensreich und langsanktioniert sind, sollte man sie nicht mißachten. Aber man kann sie deuten, den Aberglauben entfernen und Skeptikern ihren Wert zeigen. Denn die GÖTTLICHE LIEBE kleidet sich zum Segen ihrer Kinder in sehr viele Gewänder. Darum hat die Theosophie stark-wiederbelebend auf die Religionen gewirkt, viele verschüttetete oder entstellte Wahrheiten im Hinduismus und Buddhismus neu-erweckt und ein neues religiöses Leben in Asien entfacht. Ihr Einfluß im Abendland zeigt sich durch das Anwachsen mystisch-esoterischer christlicher Strömungen.

Jedoch der indische Sannyasi wirft seine Brahmanenschnur weg, weil er alle Systeme überschreitet. Das Erwachen der inneren Göttlichkeit legt ihm – wie dem christlichen, sufischen und jüdischen Mystiker – ein höheres, gebietenderes Gesetz auf als jede äußere Form. Es ist ein einzigartiges, individuelles Ideal, dem er viel freudiger folgt als einer äußeren Regel. Und so kommen wir zu der kostbarsten, allen Religionen gemeinsamen Grundlehre – zur mystischen Vereinigung mit GOTT als dem Ziel der äonenlangen Pilgerschaft. Der Hindu spricht von „Moksha“ (der endgültigen Befreiung), der Buddhist von „Nirvana“ (dem Zustand höchsten Glückes, höchster Macht und vollkomnen Friedens). Die „Erlösung“ und „Ewige Seligkeit“ des Christen hat in ihrem echten Sinn die gleiche Kosmische Bedeutung. Dieses erhabene End-Ziel ist zunächst kein Wechsel des Raumes, sondern des Zustands und muß vom Menschen im irdischen Leben errungen werden. Weitere Verkörperungen sind dann für den Adepten nicht mehr nötig – es sei denn, er nähme sie zum Zweck des Dienens freiwillig auf sich. Sogar BUDDHA lebte und lehrte nach seinem Nirvana-Eingang noch 42 Jahre auf Erden. Die eigentliche Wirkungsstätte dieser „Befreiten“, „Glückseligen“ sind unfaßbare Göttliche Ebenen.
Um dieses hohen Zieles willen muß *jeder* Strebende viele Inkarnationen lang in intensiver Güte und ständiger Hilfsbereitschaft bereits im EWIGEN leben. Irdische Sorgen und Freuden spielen dann nur um die Füße dessen, der auf dem Felsen des EWIGEN steht, an dem die Wasser der Zeit sich brechen, so daß allmählich nichts mehr seine glückliche Ruhe stören kann. In allen Ländern und Zeiten gilt die „Unio

Mystica" als „Erkenntnis aus erster Hand"; und das hier Gewonnene wird stets als ein unvergleichlich-reineres und sichereres Wissen verehrt als Glaubenslehren. Denn die mystische Erfahrung ist – als direkte Gottesvereinigung – Ziel und Krone jedes spirituellen Strebens.
Jedoch kann der Mensch den dahin führenden schmalen, steilen Pfad nicht ohne Hilfe seiner „Älteren Brüder" beschreiten, derer, welche die „Große Befreiung", die „Ewige Seligkeit" schon erlangten und Gott-Menschen zu nennen sind. Die Theosophie stellt den direkten Weg zur „Bruderschaft der Gott-Menschen" dar, welche nur zum Teil aus Religionsgründern bestehen. Die heutige theosophische Verkündigung unterrichtet in ihrer *klassischen* Literatur (nicht in anderen verfälschenden Darstellungen) unverhüllt jeden Suchenden, wie er die „Großen Lehrer" finden und ihnen nachfolgen kann.

Beim Blick in weit-entfernte Vergangenheit erfahren wir, daß überall, wo die Wissenschaft des ERHABENEN gelehrt werden konnte, die reifen Geister in *geheimerer* Form ihre Lehrmeister fanden. Im Alten Indien spricht die Tradition von wunderbaren Rishi-Lehrern, die den „Rasiermesserscharfen Pfad" verkündeten. Sie wanderten mit Schülerscharen in den Wäldern umher. Upanishat bedeutet „Zu den Füßen eines Lehrers sitzen". Andere Teile jenes Schrifttums sind die „Sutras", hochkonzentrierte Weisungen, welche nur Themen angaben. Ein Lehrer sprach damals einen solchen Satz aus und ließ die Schüler über den tief-verborgenen Sinn dieser prägnanten Worte meditieren. Später wurde dem Mangel an wahren Lehrern schwach durch Kommentare von Religionsgelehrten abgeholfen. Doch trotz glänzender Erklärung des äußeren Sinnes bricht nur selten ein Strahl spirituellen Lichtes durch den Dschungel der Worte, um eine dunkle Schriftstelle zu erleuchten. Hier klappt man am besten die Kommentare zu und begibt sich in einen meditativen Zustand. Durch Meditieren über die ursprünglichen gewaltigen Sätze wird der leidenschaftslose Mensch auch heute ihre Tiefen erfassen und vielleicht dahinter den Adepten-Sprecher selbst wahrnehmen. In jenen Zeiten gab es auch anderswo spezielle Lehrer, die das erhabene Wissen den Ernsten und Reinen enthüllten. Im Alten Ägypten war eine besondere Priesterschaft im Besitz des „Geheimen Wissens". Auf der „Doppelten Krone von Ägypten" erscheint ein haubenverhülltes Schlangenhaupt, und dies war das Symbolzeichen *jenes* Stirn-Organs, das als die Zirbeldrüse den Sitz höher-okkulter Wahrnehmung darstellt. Man setzte das Symbol auch noch weiter ein, als jene Kraft schon längst nicht mehr existierte.

Die hebräische Bibel spricht von „Prophetenschulen". Man sammelte sich um einen „Propheten", um mehr als die öffentliche Religion bot, von den Göttlichen Geheimnissen zu erfahren. Damals bedeutete „Prophet" einen „Lehrer der Verborgenen Weisheit", der mehr esoterisches Wissen als die Rabbis besaß. So ist überall dem Weg zu den Gott-Menschen nachzuspüren, die den Strebenden auf dem Uralten Pfad unterstützten, auf den sich JESUS mit dem „Schmalen Weg" und der „Engen Pforte" bezog.
Später entstanden die „Mysterien" Griechenlands, Assyriens und Ägyptens, als äußere Sinnbilder der unter der Adepten-Hierarchie stehenden „Großen Einweihungen". Gewisse Mysteriengrade bildeten den Weg zum *echten* Wissen, und große esoterische Lehrer wie Pythagoras benutzten sie als Instruktionsmittel. Die in die Mysterien Eingeweihten verloren durch die erlebte Gewißheit der Unsterblichkeit alle Todesfurcht. Plato und später Neu-Platoniker wie Plotin, Porphyrius und Jamblichus waren noch echte Deuter des Ur-Wissens.
Im frühen Christentum existierten in strenger Reinheit die „Mysterien Jesu", in denen nach Aussagen der Kirchenväter die von JESUS seinen *Jüngern* gegebenen Lehren vermittelt wurde. Aber im 7. Jahrhundert waren diese meist aus Europa verschwunden, und zwar aus Mangel an Schülern, der meist durch Verfolgungen entstand, als das zur Staatsreligion gewordene Christentum eng-orthodox wurde und das freie mystische Streben bedrohte. Die Kirche legte bestimmte sinnentstellende Dogmen fest, und das „Geheime Wissen" wurde als ketzerisch gebrandmarkt. So fehlten allmählich aus Unreife und Furcht die Schüler für die christlichen Mysterien; und die exoterischen Dogmen der Kirche nahmen die Stelle des „Uralten Wissens" vom „Gott im Tempel des Herzens" ein.

In jenen Zeiten waren große Lehrer schwer zu finden, doch verschwanden sie nie vollständig. In Indien wanderten Gurus mit Schülerscharen durch das Land, und islamische Sufis teilten ihr Wissen den Wenigen – unter den alten strengen Bedingungen – mit. Denn ebenso könnte man Dynamit oder Atomkraft in Kinderhände ausliefern wie okkultes Wissen den Unentwickelten, die solche Energien zu gefährlicher Ichsucht mißbrauchen würden. Für sie bedeuten die exoterischen Religionen die erste Schule. In jenen Tagen mußten daher die Wenigen weit und mühevoll wandern, doch sie beachteten um der Weisheit willen wenig die Nöte durch Wüsten, Ströme und wilde Tiere. Darunter waren Machthaber und Monarchen, die ihre Würde ablegten, zu Asketenge-

wand und Bettelschale griffen und sich auf die Wanderung nach einem echten Lehrer begaben, der ein kostbareres Gut als Königskronen zu vergeben hatte.
Nie wurde die Welt ohne große Lehrer gelassen, wenn sie auch mühsam zu erreichen waren. Im Abendland konnte das okkulte Wissen nur sehr gefahrvoll für Leben und Freiheit weitergegeben werden. Es wurde durch Geheim-Orden wachgehalten, die ab und zu aus dem Dschungel mittelalterlicher Geschichte auftauchten und erkennen ließen, daß sie transzendente Erkenntnisse besaßen. Dazu gehörten auch die Tempel-Ritter. Die alte Weisheits-Tradition starb also nie ganz aus. Immer gab es Schüler der wahren Lehrer, die ihre Studien unter bagatellisierenden Namen und phantastischen Umschreibungen verbargen. Sie riskierten buchstäblich *alles* um dieses Wissens willen, das ihnen allein des Lebens wert war.

Die abendländische Welt wurde immer dunkler, bis zum 19. Jahrhundert mit seinem materialistischen Tiefpunkt. Im Orient hat es nie den europäischen, vergiftenden Konflikt zwischen Religion und Wissenschaft gegeben. Die jetzt als Studium der Naturerscheinungen bekannte Wissenschaft ist in den heiligen Schriften des Orients als das „niedere Wissen" mit enthalten, wenn auch nicht in der jetzigen technisierten Form. Denn die Natur galt diesen Menschen als das dichteste Gewand GOTTES und ihre Erscheinungen als Seine Sprache zu den Menschen.
Auch Giordano Bruno wagte im 16. Jahrhundert zu lehren, daß der Forscher durch Studium der Natur den ALLERHÖCHSTEN erkennen könne, und daß ER durch die Schöpfung zu uns redet. So sei die Wissenschaft ein Weg zur Religion. Er lehrte diese alte Weisheit unter seltsamen Sinnbildern, denn die Kirche wollte nichts mit der Wissenschaft zu tun haben. Sie folterte und verbrannte deren Bekenner, auch ihn; und so erwuchs in den wissenschaftlichen Forschern ein gewisser Haß gegen die Religion. (Siehe Kap. 9)
Wenn wir heute die Opposition der exakten Naturforschung gegen alles Religiöse beklagen, ist zu bedenken, daß in der Vergangenheit die Kirche viele wissenschaftlich-forschende Menschen durch Verstümmelungen zum Schweigen brachte. Als die Wissenschaft sich später vor den Drohungen der Kirche in Sicherheit wußte, warf sie alle benutzbaren Steine gegen die Religion; und die Erinnerung an die Inquisition tobte sich als zornige Verachtung gegen die Kirche ihrer Zeit aus, nachdem das Kräfteverhältnis sich umgekehrt hatte.
Darum also im Europa des 19. Jahrhunderts ein ungeheures Anwach-

sen des Materialismus – nicht nur durch eine materialistische Philosophie, sondern auch durch die Behauptung, der Mensch hätte keine Möglichkeit, Göttliche Dinge ausfindig zu machen. Unter „Agnostizismus" stellte man die These von der Unerkennbarkeit absoluter, transzendenter Dinge auf und verwarf damit die Gnosis der Hellenen und das Paravydia der östlichen Weisen. Der Mensch besäße demnach außer den Sinnen zur Beobachtung physischer Gegenstände und dem schlußfolgernden Verstand nichts, um zur Kenntnis metaphysischer Fakten zu kommen.

Und *in diese materialistische Welt,* mitten in den Kreis jener Agnostiker, der fast alle geschulten Denker umschloß, *trat plötzlich ein Bote von den „Meistern der Weisheit"*, eine Frau von sehr edler, hoher Natur – HELENA PETROWNA BLAVATSKY. – Sie verkündete wieder die Existenz von großen Adepten-Lehrern, welche sie zu kennen erklärte. Mit ihrem unbeirrbaren „Ich weiß!" gab sie der unwissenden Welt ein unverzeihbares Ärgernis. Man nannte sie Betrügerin und Schwindlerin. Sie wurde verspottet und lächerlich gemacht und wäre lieber wie Giordano Bruno auf dem Scheiterhaufen gestorben als sich durch verleumderische Angriffe und Beschuldigungen besudeln zu lassen. Jedoch ihre Füße standen auf einem Felsen des Wissens; und bald wurde ein Kamerad aus ferner Vergangenheit zu ihr gesandt, in dieser Inkarnation Henry Steel Olcott genannt, ein ritterlicher tatkräftiger Geist, wenn auch nicht ein *direkter* Bote der Adepten-Hierarchie. Doch wußte er sehr viel mehr als die berühmtesten Gelehrten. Diese Beiden – die einem russischen Fürstengeschlecht und dem deutschen Adel entstammende H. P. Blavatsky und der amerikanische Oberst und Jurist – standen gegen zwei „Welten in Waffen": die des bigott-dogmatischen Kirchenchristentums und die des wissenschaftlichen Materialismus. Sie verkündete das ewige esoterische Wissen und nahmen auch viele moderne Entdeckungen voraus. Jetzt hat die empirische Wissenschaft die letzteren schon großenteils zu rechtfertigen begonnen; und viele der damals verspotteten Feststellungen werden nun von Fachgelehrten als große Neu-Entdeckungen proklamiert. Man kann sie aber in Blavatskys Hauptwerk finden. Jedoch als ihre wesentliche Botschaft sprach H. P. Blavatsky von dem „Uralten Heiligen Pfad" und von der „Verborgenen Weisheit", die in den Mysterien gelehrt wurde und die Rishis ihren Schülern vermittelt hatten. Sie erklärte, daß die Adepten-Lehrer, von denen sie einige persönlich kannte, durch Menschen erreicht werden könnten, die als Bedingung neben einer geschulten Intelligenz die uralte Opferbereitschaft des Verzichtes auf irdische Annehmlichkeiten besitzen. Auch Olcott bestätigte auf Grund persönlichen Erlebens die Wahrheit von den Adepten und dem Weg zu ihnen. Dann nahm Blavatsky Schüler an, die nach ihrem Scheiden ihr Werk fortsetzen konnten. Denn nie wieder sollte die Welt jahrhundertelang ohne eine Schar von Menschen gelassen werden, die nicht „Ich denke" oder „Ich glaube" zu sagen brauchen, sondern – trotz aller Unwissenheit um sie her – erklären: Ich kenne Adepten aus eigener Erfahrung und werde von ihnen (wenn auch nicht physisch) auf dem Mystischen PFAD geleitet. Blavatsky hatte auch noch einige ihrer Schüler (u. a. Besant und Leadbeater) in die *physische* Gegenwart jenerAdepten bringen können. *Dieses* Privileg galt aber nur für die Ausnahmebedingungen der wunderbaren „Gründer-Zeit"!

Auch in unserer Zeit ist das Leben des echten Theosophie-Schülers ein schweres, opfervolles Ringen, denn noch steht die Menschheit tief in materieller Verstrickung, woraus Kriege und andere Wahnsinnstaten entstehen. Doch von jeher lieben manche Seelen die Faszination der Arbeit eines Pioniers, der mühsam die Straße erbaut, worauf andere später mit unblutenden Füßen gehen.

Und es haben sich auch viele, die schon in früheren Leben heutige Gott-Menschen gekannt und ihnen treu gedient hatten, jetzt in der Theosophie wiedergefunden, um ihr als direktem Weg zu den Adepten ihre Kraft und Hingabe zu widmen. Die Adepten nannten sich zu Beginn dieses neuen Werkes „Die Älteren Brüder" und liebten diesen Namen mehr als andere Bezeichnungen. Die Theosophische Bewegung sollte Diener und Bote der „Meister der Weisheit" sein. Diese nannten sie „ihr Schiff", das sie mit menschlichen Mitarbeitern erbaut und auf die wilden Wogen der Welt hinausgesendet hatten. Doch nach Vollendung dieses Starts zogen sie sich äußerlich wieder zurück; und die Theosophische Gesellschaft sandte nun als Haupt-Programmpunkt das flammende Fanal von der „Unterschiedslosen Bruderschaft der Menschheit" in die Welt hinaus. H. P. Blavatsky gründete, um einigen tiefere Instruktionen geben zu können, die „Esoterische Schule". Die Meister sprachen *damals:* „Sucht uns durch die Theosophische Gesellschaft!" und nur deren Mitglieder konnten über jene Schule Weisungen für die weiteren Stationen zu den Adepten erhalten. Inzwischen jedoch hat sich – nach 100 Jahren – sehr vieles grundlegend verändert. Alle spirituellen Anweisungen und Schülerschaftsbedingungen haben längst Ein-

zug in die wunderbare klassisch-theosophische Literatur gefunden, sodaß durch die letztere *jedem* echt-Strebenden *alle* Fortschrittsmöglichkeiten weit offen stehen. Natürlich gilt das nur für solche, die im echten Feuer brennen, die „Himmelsstürmer“, also die Hingebungsvollen, Tätigen, Reinen! Für diese, nach wahrer Vollkommenheit Suchenden, gilt – dem Sinn nach – die Botschaft:
„Es gibt jetzt einen direkten, offenen Weg mitten in der äußeren Welt. Ihr braucht ihn nicht mehr im Dschungel, in Wüsten, hinter Klostermauern oder in esoterischen Schulen zu suchen. Geht ihn mit ganzer Kraft, und ihr werdet am anderen Ende den euch erwartenden Göttlichen Lehrer finden.“

Die uralte Theosophie paßt sich zuweilen menschlichen oder nationalen Eigenheiten an. Jedoch ihre auf ewigen Prinzipien beruhende Disziplin kann in wesentlichen Dingen nicht durchbrochen werden und leitet die Unentwegten langsam, aber bestimmt ihren wundervollen Zielen entgegen. Hin und wieder beginnt jemand *noch* kompromißloser, *noch* hingebungsvoller sein *gesamtes* Leben in dieses Ideal zu stellen, sodaß er nach einer Zeit, die von seinem jetzigen Streben und den „früher“ erlangten Erfolgen abhängt, ein individueller Schüler eines individuellen Meisters wird, was aber an keine physische Ortsveränderung gebunden ist. Es sind auch *keinerlei* Mitgliedschaften dafür erforderlich. Notwendig ist einzig ein gründliches theosophisches Wissen und rückhaltlose Hingabe.
Da die Gott-Menschen die großen Diener der Menschheit sind, können die sie Suchenden sie nur auf der Straße liebevollen Dienstes finden. Die Menschen werden heute nicht aufgefordert, ihre Lebens-, Familien- und Berufsverhältnisse aufzugeben. Der Ruf ergeht vielmehr (dem Sinn nach): „Bleibt, wo ihr seid! Verändert eure innere Haltung, nicht eure Verhältnisse! Berufe wie Akademiker, Kaufmann, Künstler, Erzieher, Hausfrau, Beamter, Handwerker (außer in Fleischer- und Rauschmittelbranchen) und andere, welche die unaufhörliche Menschheits-Entwicklung fördern, gehören zu den Tätigkeiten GOTTES und sind von IHM gesegnet. Erfüllt euren Beruf um des Welten-Planes willen und als einen Teil der Göttlichen Tätigkeit! *Innerhalb* eurer Lebensumstände aber widmet euch selbstlos anderen Menschen! Teilt euer Wissen geduldig mit den Unwissenden! Bringt Reinheit in eure Umgebung! Erkennt den „Niedrigsten“ wie den „Höchsten“ als euren Bruder an! So werdet ihr euch Schritt für Schritt den Gott-Menschen nähern und einmal die Initiationen gewinnen. So lange noch

menschliche Wesen von euch zornig angesehen werden, so lange ihr noch das geringste Standes- oder Rassenvorurteil in euch habt, und so lange ihr noch eure „jüngeren Brüder“ durch Tierfleischverzehr und andere Greuel mißbraucht, liegt der Schülerschafts-Pfad euch noch sehr fern. Denn diese Dinge meiden, das ist der erste Schritt! Ihr möchtet die jüngeren Brüder der hohen Älteren Brüder genannt werden. Aber ihr habt gleichfalls jüngere Menschenbrüder, die in Schmerzen, Verkommenheit, Nöten, Konflikten, Unwissenheiten leiden! Es gibt nur *eine* Bruderschaft: die Adepten an der Spitze und die „Parias“ am anderen Ende. Wenn ihr die obere Hand des Meisters ergreifen wollt, müßt ihr gleichzeitig die untere Hand nach unten dem Paria reichen!“

Wir werden auch über die weiteren Qualifikationen unterrichtet, die seit Urzeiten für den „Probepfad“ gelten. Sie werden z. B. klar und in prachtvoller Sprache in zwei der kostbarsten Juwelen der theosophischen Literatur geschildert. Sie heißen „Licht auf den Pfad“ und „Zu Füßen des Meisters“. Ein anderes wertvolles Büchlein über den PFAD heißt „Meditationen über das okkulte Leben“ von G. Hodson. Schon seit mehreren Jahrzehnten besteht kein Mangel mehr an *echter, veröffentlichter* Information über den „Pfad zur Vollkommenheit“.

Was ist also zu tun? Man muß zunächst Unterscheidungskraft zwischen dem Wirklichen und dem Unwirklichen entwickeln, um die Ewigen Wahrheiten von schwankend-vergänglichen Denksystemen trennen zu können, wodurch sie (auch heute) unaufhörlich verzerrt und verwässert werden! Ist dem Suchenden das gelungen, kommt er von selbst zur Qualifikation der Wunsch- oder Leidenschaftslosigkeit und gewinnt einen heiteren Gleichmut gegenüber den vielen verzaubernden Sinnesobjekten, für deren Erwerbung die Menschen sich so schmerzlich Tag und Nacht abmühen. Hat er ein gewisses Maß von Unterscheidungskraft und Wunschlosigkeit erreicht, erbaut er sich die uralt-bekannte, aus 6 Juwelen von Eigenschaften bestehende „Krone“. Er lernt Beherrschung des Denkens, Beherrschung des Handelns, Ausdauer (denn der Weg ist sehr lang), Gleichgewicht (denn nichts darf ihn umwerfen), Toleranz (denn er muß den Göttlichen Bruder in allen Wesen anerkennen) und die Gewißheit der Inneren Göttlichkeit – was dann gleichbedeutend ist mit tiefer, umfassender L i e b e für alle Geschöpfe und deren *aktiven* Ausdruck.
Sobald diese 6 Edelsteine seine Stirn krönen, ist er zur Initiation bereit. An diesem Tag wird der Meister, welcher ihn in seiner spirituel-

len Obhut hatte, des Schülers Hände nehmen und ihn dem „Hierophanten“ zuführen, der ihm den „Schlüssel des Wissens“ in Form einer großen beseligenden Bewußtseinsausdehnung reicht und das Erste Einweihungsportal vor ihm aufspringen läßt. Dann gilt es, sich dreier Schwächen – auch in ihrer sublimiertesten Gestalt – zu entledigen. Es sind: Jeglicher Aberglaube (z. B. irgendein Ritus sei für den geistigen Aufstieg nötig, oder der Fleischgenuß sei erforderlich). Als Zweites der Wahn der Getrenntheit, welcher ihn sein Ich als gesondert von den anderen erscheinen läßt. Als Drittes steht der letzte Zweifel über gewisse Fundamentalwahrheiten des Universums, der getilgt wird durch das nunmehr erlebte Wissen von Reinkarnation, Karma, dem Vollkommenheits-Pfad und der Fähigkeit, ihn zu wandern.

Nach Abwerfen dieser Fesseln öffnet sich ihm das zweite Portal; und es erfolgt eine weitere gewaltige Bewußtseinsausdehnung, die es ihm ermöglicht, während der kommenden Jahre seine höheren Erkenntnisse vollständig in das physische Wachbewußtsein zu übertragen, also das „durchgehende“ (oder ununterbrochene) Bewußtsein zu gewinnen, sodaß nunmehr sein *ganz*es Leben nur noch von dem aus dem Höheren Selbst flutenden L i c h t geleitet wird.

Nach diesem tut sich feierlich die Dritte Pforte auf. Dann wird jede Form der Liebe, die aus persönlicher Anziehung genährt wird, umgewandelt; und es bleibt bestehen die tiefe, machtvolle Liebe der durch Zeit-Äonen miteinander verbundenen Seelen, sowie die *zustandsmäßige* Liebe zum Universal-LEBEN, welche das Fundament des Universums und die Essenz der GOTTHEIT Selber in allen Ewigkeiten ist.

Und dann zeichnet sich vor seinen Augen das Portal der Vierten Großen Einweihung ab, die von Urbeginn mit dem Zeichen des „Kreuzes“ gekennzeichnet ist. Niemand kann sie erlangen, der nicht das Entsetzen von völliger Vereinsamung erlebt hat. Wo alle Freunde sich von ihm wenden und alle Feinde ihn überfallen. Wo auf den notvollen Ruf „Mein Gott, mein Gott, warum hast du mich verlassen?“ keine Antwort kommt und er dann – in scheinbar äußerster Verlassenheit – schließlich die endgültige Vereinigung mit dem „Unendlichen Bewußtsein“ – der WELTSEELE – erlangt und sich nie wieder allein empfinden kann.

Die letzten, vom Bezwinger der Vierten Pforte noch abzuwerfenden Schwächen können nur mit irreführenden Namen bezeichnet werden, weil auf dieser unfaßbaren Stufe nichts mehr von den früher damit verbundenen Begriffen darin enthalten ist. Es ist das endgültige Abwerfen eines Wunsches nach ichbetontem Leben in Form- oder formlosen Welten, weiter das Dahinschwinden der letzten Andeutungen oder Spuren einer etwaigen sublimierten Selbstliebe, Reizbarkeit oder Unwissenheit.

Nachdem absolut nichts davon mehr den Geist in Banden hält, erreicht der triumphierende Kämpfer mit der Fünften Pforte die Schwelle der Adeptschaft und damit Vollkommene Freiheit, Vollkommene Macht, Vollkommene Liebe, Vollkommene Weisheit und Vollkommene Schönheit.

Er tritt nun in die „Hierarchie der Adepten" ein, denen die Studierenden der „Uralten Weisheit" in tiefster Verehrung und Dankbarkeit ergeben sind. Diese gewaltigen Wesen tragen aus erbarmender Liebe für die schmerzlich-ringende Menschheit die Last der physischen Verkörperung weiter, um ihr unschätzbare Hilfe zu leisten.

Über ihrem „Land" leuchtet der „Flammende Stern", das Zeichen des höchsten Sieges. In ihrer Stimme ertönt die transzendente Musik, welche inmitten der Welt-Dissonanzen alle aufgeschlossenen Menschenherzen berührt; und ihre Liebe zu *jedem* Menschen ist tiefer und mächtiger als die einer Menschen-Mutter für ihr liebstes Kind.

Literaturnachweis:

Dr. A. Besant „Theosophy and the Theosophical Society"
Dr. A. Besant „Die vier großen Religionen"
C. W. Leadbeater „Die Meister und der Pfad"
G. Hodson „Meditationen über das okkulte Leben"
Mabel Collins „Licht auf den Pfad"

20. 1. Teil: Helena Petrowna Blavatsky und die Theosophische Bewegung
2. Teil: Eine poetische Kosmogonie

Teil 1: Helena Petrowna Blavatsky und die Theosophische Bewegung

Die Esoterische Ur-Weisheit wurde stets und überall – wenn auch oft nur geheim – verkündet. – In Indien geschah es durch die „Rishis", in Ägypten durch eine spezielle hohe Priesterschaft. Ebenso gab es die hebräischen „Prophetenschulen". Alle lehrten den mystischen „Pfad", den „Schmalen Weg", den auch JESUS seinen Jüngern wies.
Die antiken „Mysterien" (siehe Anhang 1) waren Vorstufen für die „Großen Initiationen, die z. B. Pythagoras, Plato, Plotin und Jamblichus erhielten. – Die „Mysterien Jesu" des frühen Christentums wurden bald entfernt, sowie auch das von den Gnostikern gelehrte Reinkarnationswissen. Doch nie wurde die Welt ohne große, wenn auch schwer zu erreichende Lehrer gelassen. Geheim-Orden setzten unter Gefahren die Weisheits-Tradition fort.
Später wurden auch die aufstrebenden Naturwissenschaften von der Kirche verfolgt und viele Vertreter, z. B. Giordano Bruno, umgebracht. Als das Kräfteverhältnis sich dann umkehrte, tobte die Erinnerung an Folter und Inquisition sich in zorniger Verachtung gegen die Kirche aus – sodaß zwei riesige feindliche Lager entstanden. (Siehe Kap. 9)

In diese zerrissene abendländische Welt trat unerwartet-überraschend ein Bote von den „MEISTERN DER WEISHEIT", eine Frau von hoher, verehrenswerter Natur – Helena Petrowna Blavatsky. Sie verkündete sogleich unbeirrbar den „Okkulten Pfad" und die herrliche Ur-Wahrheit von der menschlichen Entwicklung durch das Reinkarnations- und Karmagesetz. Ein edler, tatkräftiger Kamerad aus der „Vergangenheit" – Oberst Olcott – wurde zu ihr geführt; und diese beiden standen bald allein gegen zwei Welten in Waffen: Die des dogmatischen Kirchenchristentums und die des wissenschaftlichen Materialismus. In dem nun neu-erstehenden Universalen Theosophischen Weltbild wurden alle Menschen durch neue, blendend-hell zündende Denkweisen herausgefordert; und in dieser Bewegung sind alle Religions-Gläubige samt auch den „Atheisten" ebenbürtig.

Die grandiose Wissens-Skizze von H. P. Blavatsky wurde später durch andere initiierte „Schüler" – H. P. Blavatskys erste große Nachfolger – aufgenommen, ergänzt und fortentwickelt. Speziell auch durch die Werke des von seinem MEISTER geschulten hellsichtigen Forschers C. W. Leadbeater, zum Beispiel „Chakras", „Gedankenformen", „Der sichtbare und der unsichtbare Mensch", „Die Wissenschaft der Sakramente", „Die Meister der Pfad" u. a. Er hat auch die *Identität* des im Osten verehrten „Bodhisattva Maitreya" mit dem im Westen verehrten „Welt-Lehrer Christus" klar herausgestellt. Weitere Forscher von hohen Graden waren Dr. A. Besant, Dr. G. Arundale, C. Jinarajadasa und zuletzt G. Hodson.

Das von H. P. Blavatsky und ihren großen Nachfolgern vermittelte Evolutionswissen gibt eine atemraubende Schau auf unermeßliche Zeit-Räume, versetzt so die menschlichen Beziehungen auf ihren *Gesamt*-Schauplatz, während der Durchschnitts-Psychologe nur das Drama *einer* Inkarnation sieht und dabei oft viel zu früh sehr gefährliche Konflikte bloßlegt. (Siehe Kap. 21)

Einige der ur-theosophischen Wahrheiten lauten: Jede Grausamkeit an Mensch oder auch Tier, jede Verleumdung oder Aversion zieht uns karmisch in Verkrüppelung, Hungersnot, KZ's oder besorgt Einlaßkarten für die Frontlinie einer Massen-Katastrophe. Der Weltzustand ist stets ein Spiegel der Durchschnittsmenschenreife, doch sie wollen sich nicht darin erkennen und schieben das Welt- und Menschenelend irgendwelchen „establishments" oder Ähnlichem zu.
Darum ist die aus den Blavatsky-Werken entstandene wundervolle theosophische Literatur ein unüberbietbarer Segen. Es kann nicht genug aufgerufen werden, diese kostbare Gelegenheit unseres Zeitalters freudig zu ergreifen! Alle Suchenden sollten unermüdlich diese Ewige Weisheit studieren, um sich von allem Dunkel zu erlösen und in der Mentalsphäre der Welt als helle Lichter zu wirken.

Die erstmalig *öffentlich* verkündete Theosophie gewann bereits einen tiefen Einfluß auf das Weltbewußtsein. Überall – in Wissenschaft, Kunst, Politik, bis zu den vielen psychisch-okkulten und Reinkarnationsberichten in der Presse – erscheint klar die Durchdringung mit dem esoterischen Urwissen. In der „Charta der Vereinten Nationen" stehen als Basis, wenig geändert, die Programmpunkte der Theosophischen Gesellschaft. Auch Richard Wagner's mächtiges Werk entsprang

deutlich diesem Impuls. Die Gesamt-Mental-Atmosphäre richtet sich seit dieser starken Durchstrahlung intensiv gegen die Vorurteile von Rasse, Stand, Religion und Geschlecht.
Die Adepten-Lehrer von H. P. Blavatsky strahlen unausgesetzt ihre gewaltige Gedankenkraft auf die in großen Wirrsalen und furchtbaren Mißständen ringende Menschheit, können aber aufgrund der Wissensfreiheit nur inspirativ, nicht suggestiv wirken! In unserer Zeit ist das theosophische Licht bereits etwas matter geworden. Einige Gründe: Die Steinerkrise, die Krishnamurtikrise, viele die Urwahrheit entstellende Sekten, das Wohlstandswunder, der Mangel an opferbereiten, fähigen Arbeitenden. Im Hintergrund alles dessen stehen die schwarz-magischen „Brüder des Schattens", welche überall nieder-materielle Hemmungen und geistige Verdrehungsfaktoren schaffen oder stark schüren. Ihrem Zerstörungseinfluß entgegenzuwirken, ist Pflicht der wirklich „Wissenden". Sie haben ein starkes Rüstzeug in der theosophischen Literatur. Diese ist heute so mächtig und erhebend wie zur Entstehungszeit. Sie kann mit dem jetzt stärker geschulten Intellekt sogar noch tiefer erfaßt werden, zumal die technische Entwicklung mehr faszinierende Ansatzpunkte bietet. Niemals lag es bei mangelndem Erfolg an einer großen Lehre, sondern an den späteren Anhängern (siehe das Christentum). Wir sind aufgerufen, die bisher letzte Meister-Offenbarung in Gestalt des theosophischen Schrifttums tief-dankbar zu verwirklichen und so unsere Umwelt im höchsten Sinn zu „revolutionieren".

In jedem letzten Viertel eines Jahrhunderts wird von der Adepten-Hierarchie ein direkter Förderungsversuch unternommen. Es treten Boten oder Avatare auf; und geistiges Wissen wird neu-enthüllt.

1875 wurde mitgeteilt, der Start des „Theosophischen Schiffes" wäre als gelungen zu betrachten, wenn die Theosophische Gesellschaft ein Jahrhundert lang wirkend bliebe. Das ist (wenn auch nicht mehr in der herrlichen Ursprungskraft) nun gelungen. Die Weltkriege konnten allerdings dadurch nicht verhindert werden, weil die Zahl der spirituellen Pioniere noch zu winzig war, um – im Kampf gegen die kriegschürenden Schwarzmagier – die stark aufgestauten negativen karmischen Kräfte evtl. in *andere* Formen zu bannen. Doch ein neuer Sendbote wird verständnisvoller empfangen werden. Denn alle, die durch das Wirken von H. P. Blavatsky und ihrer mächtigen und weisen Nachfolger – sowie der echten „theosophischen Arbeiter" in aller

Welt – einen weitstrahlenden Kern rein-esoterischen Wissens und Lebens gebildet haben, stehen bereit, samt der wunderbaren Literatur. Der „Neue" findet einen vorbereiteten Boden mit weniger Schwierigkeiten vor – jedoch *nur,* wenn alle nach den ewigen Werten Strebenden die „Stellung halten" und immer mehr ausbreiten. *Jeder kann* seine Sphäre mit der glanzvollen Würde der Göttlichen Weisheit durchdringen und unsichtbar die Welt-Gedankensubstanz umwandeln helfen!

Die von H. P. Blavatsky begründete Theosophische Bewegung ist ein geistiger Welt-Faktor von machtvollem Einfluß. Sie kommt aus den Höhen übermenschlicher Adepten-Wesenheiten, von denen die Kosmischen und Einzelgeschicke im letzten Sinn geleitet werden. H. P. Blavatskys Werke und die ihrer ersten großen Nachfolger stammen direkt aus deren Universalem Wissen über die Evolution und ihre ewigen Gesetze; und sie waren dazu bestimmt, das spirituelle Wachstum der Welt stark zu beschleunigen. Zuerst erweckte der Spiritismus weite Aufmerksamkeit. H. P. Blavatsky verteidigte und erklärte dessen höhere Seite und entlarvte viele Mißbräuche. Viele bekannte seriöse spiritistische Forscher schlossen sich freudig der Theosophischen Gesellschaft an.

Nach Verlegung des Hauptquartiers von Amerika nach Adayar-Madras – wo es noch heute als das theosophische Welt-Zentrum arbeitet – erschien ihr erstes Werk. H. P. Blavatsky erleuchtete wie ein Fanal den mentalen Menschheits-Horizont. Große Geister wie Flammarion, Sir Edwin Arnold, Dr. Pascal, Oscar Wilde schlossen sich ihr an – auch Fürsten, wie die Könige von Burma und Siam und der Fürst von Wittgenstein. Ein ungeheures, erlöstes Aufatmen war zu bemerken.

Berühmte Astrologen erklärten H. P. Blavatsky zur „bedeutendsten Persönlichkeit des Jahrhunderts". In allen Ressorts wurde mächtig an den Festen eingefrorener Vorurteile gerüttelt. Hinduismus, Buddhismus und Christentum wurden zu ihren Grund-Wahrheiten zurückgeführt. Mystische Orden lebten auf. Veden, Upanishaden und andere orientalische Schriften gelangten erstmalig ins Deutsche und regten Vergleiche an. Die Welt-Mentalität würde ohne diesen glühenden, gewaltigen Impuls ziemlich finster, verworren und starr geblieben sein! Viele geistige Bewegungen spezieller Art entstanden auf der Basis der Theosophie und leisteten wertvolle Arbeit. Eine hohe, starke Woge überflutet seitdem die Bereiche aller edlen Weltbestrebungen – stets läuternd und zum Ur-LICHT führend. (Die Herausgeberin konnte

einigen weltberühmten Sängern erfolgreich die Theosophie nahebringen).
Natürlich setzte bald brutale Gegnerschaft ein. Christliche Missionare verbanden sich mit der „Gesellschaft für psychische Forschung" zu einer gemeinsamen, schändlichen Verleumdungs-Kampagne – sodaß H. P. Blavatsky schließlich nach Europa auswich, um in Würzburg und London weiter zu arbeiten. Ihr Adepten-Meister gab ihr die Wahl, von allen Seelen- und Körperqualen erlöst zu werden – oder noch die „Geheimlehre" zu vollenden. Sie wählte nach Art aller echten Theosophischen Schüler das letztere. Jedoch durch den Zeitdruck und die physischen Leiden wurde dieses Fundamentalwerk ziemlich unmethodisch und unsystematisch verfaßt, sodaß sein Studium sehr schwierig ist. Auch sehr viele – damals notwendige – polemische Vorwürfe gegen Wissenschaft und Religion sind heute überholt.

Die drei Programmpunkte der Theosophischen Gesellschaft lauten:

1. Einen Kern der Universalen Bruderschaft der Menschheit zu bilden, ohne Unterschied von Rasse, Glauben, Geschlecht, Stand oder Farbe.
2. Das Studium der vergleichenden Religion, Philosophie und Wissenschaft zu fördern.
3. Die noch unerklärten Gesetze der Natur und die latenten Kräfte des Menschen zu erforschen.

Dies alles ist seither stark im Fluß – durch *äußere* Ausbreitung der Theosophie *und* (noch mehr) durch den steten, *unsichtbaren* Gedankenstrom in diesen Richtungen. Ungeachtet vieler Krisen und vieler Fehlschläge durch Gegner und unzulängliche Mitglieder brennt der mächtige Zweck der Theosophischen Bewegung noch wie eine dynamische Macht, als ein unauslöschliches Leuchtfeuer. Denn diese Flamme wird stetig aus Quellen gespeist, die kein menschlicher Wille schaffen oder vernichten kann.

Auch der Spiritismus war von Initiierten eingeführt worden, welche sahen, daß die Fünfte Rasse der technischen Wissenschaft zutrieb, ohne gleichzeitiges Wachsen des moralischen Gewissens. H. P. Blavatsky wurde zuerst als ein Teil ihrer Aufgabe ausersehen, den seltenen, edleren Spiritismus gegen die Praktiken gewissenloser oder törichter Medien zu schützen. Jedoch nach der Gründung der Theosophischen Gesellschaft wurde ihr das von den Meistern untersagt.

H. P. BLAVATSKY wurde mitternachts vom 30. zum 31. Juli 1831 geboren und stammte mütterlicherseits aus dem Fürstengeschlecht der

Dolgoroukis – direkte Abkommen des russischen Staatsgründers Rurik – und väterlicherseits aus dem mecklenburgischen Fürstengeschlecht der Rottenstern-Hahns. Ein feurig-gebieterischer Geist beseelte sie, der keinen Zwang ertrug. Sie war eminent intelligent, mit einem ihre Zeitgenossen überragenden Charakter. Trotz ihrer „guten herrschaftlichen Erziehung" erfuhr sie natürlich nichts über antike Mysterien, Alexandrinische Theurgie, Hieroglyphen-Wissenschaft und alles andere, was später in gigantischen Ausmaßen von ihr verkündet wurde.
Nach einer nur wenige Tage dauernden, mißglückten Ehe (mit General Blavatsky) durchstreifte sie die Welt – Ägypten, Persien, Mittelasien, Tibet, Indien – und traf endlich 1851 den „MEISTER M.", welchen sie schon stets als unsichtbaren Führer und Hüter kannte. Er beauftragte sie (gemeinsam mit dem „MEISTER K. H.") zur Gründung der Theosophischen Gesellschaft, wofür sie sich in langen, schweren Prüfungsjahren vorbereitete. Ihre starke psychometrische Begabung half ihr dabei. Des Meisters Führung steuerte ihre enormen, psychischen Energien, mit denen sie viele – Aufregung und Schrecken verursachende – Phänomene erzeugte.
Als Beispiel: Einmal bat sie Olcott, ihr seinen Siegelring mit Gemme zu leihen. Sie nahm ihn zwischen die Hände, und plötzlich lagen *zwei* Ringe mit verschiedenem Muster in ihren Fingern. Sie trug den Ring bis zum Abscheiden; später wurde er stets allen Präsidenten der Theosophischen Gesellschaft ausgehändigt. Der gelehrte Professor Thibaut versammelte einmal H. P. Blavatsky und viele berühmte Pandits bei sich. Diese behaupteten bei Erörterung der Siddhis (psychische Kräfte), diese würden jetzt überhaupt nicht mehr ausgeübt. *Das* war zu viel für H. P. Blavatsky, und sie ließ einen Schauer von roten Rosen von der Decke herabfallen.
Bekannt ist die Geschichte, wie sie bei einem Picknick für einen uneingeladenen Gast eine Teetasse herbeizauberte.
Bei einer anderen Landpartie war kein Teewasser vorhanden. Blavatsky steckte eine leere Flasche in den losen Ärmel ihres Kleides und zog sie, mit klarem Wasser gefüllt, heraus. Auch ließ sie auf Tüchern die Namen ihrer Besitzer erscheinen.
Der Maharaja von Benares – ein Mitglied der Theosophischen Gesellschaft – bot H. P. Blavatsky große Summen, um einige „Wunder" für sich zu erhalten. Sie lehnte streng ab, sagte ihm aber gratis, wo er wichtige verlorene Familienpapiere wiederfinden könnte. Einmal sagte sie: „Psychische Phänomene können noch nicht öffentlich bewiesen werden, und ich habe mich nie mit ihnen produziert".

H. P. Blavatsky und Olcott mußten sich lange vom Verkauf ihrer Wertsachen ernähren, weil sie ihre kostbaren Talente nur der GROSSEN SACHE widmeten.
Hinter H. P. Blavatskys „zwiespältiger" Person stand eine machtvolle Ego-Individualität voll hoher Würde und Weisheit, die nach Erfordernis auftrat und ging. Beispiellose Hingabe und Löwenmut privilegierten sie zum Boten von hohen Adepten.
Der MEISTER M. schrieb darüber: „zwei von uns hofften, die Welt sei mindestens intellektuell so weit, um Impulse für einen weiteren Zyklus okkulter Forschung verständnisvoll anzunehmen. Andere „Brüder" waren nicht der Ansicht. Es wurde schließlich ausbedungen, dieses Experiment solle ohne unsere überirdische Lenkung gemacht werden. Wir fanden in Amerika als *äußeren* Führer einen Mann mit starkem, selbstlosem Mut und gesellten ihn zu einer Frau mit ganz ungewöhnlichen, wundervollen Begabungen. Trotz persönlicher Mängel gab es keinen zweiten lebenden Menschen mit Eignung für dieses Werk als H. P. Blavatsky. Wir sagten ihnen, das Ergebnis läge ganz bei ihnen; und sie erboten sich als freiwillige Kämpfer für einen „verlorenen Posten".
Seit die Neu-Platoniker und Theurgen durch das Christentum inaktiv wurden, war diese Gründung einer religions-philosophischen Bewegung höchsten und eigenartigsten Ranges die *erste öffentliche* Neubelebung der uralten THEOSOPHIA. H. P. Blavatsky war auch lange der Mittelpunkt höfischer und wissenschaftlicher Exklusivkreise, z .B. bei der englischen Vizekönigin und dem russischen Konsul, und galt überall als eine Person von hohem, würdigem Rang. H. P. Blavatsky, „die heroische, einsame Lichtgestalt in einem Zeitalter kalter, harter Finsternis", verließ die Erde am 8. Mai 1891. Olcott schrieb damals: „H. P. Blavatskys Enthusiasmus war eine unauslöschbare Flamme, an der alle davon Ergriffenen ihre Fackeln anzündeten. Sie lehrte die Theosophie nie abstrakt, sondern immer als eine äußerst machtvolle, lebendige Kraft in unserem L e b e n !"

Nun noch einiges über die Werke: H. P. Blavatsky erkannte Religionen, Wissenschaften und alle Kultur als Ergebnisse des UR-OKKULTISMUS – nur durch Zeitströmungen verzerrt und verwässert. 1876 begann sie mit „Entschleierte Isis". Sie wurde 1877 herausgegeben. Unablässig strömten Ideen durch ihren Geist. Doch gab es keine „Verbal-Inspiration", obwohl sie stets „Jemand" neben sich empfand. Sie überraschte gelehrteste Leute mit ihrem tiefen okkulten Wissen und entzückte alle durch geistreiche Spöttereien. Hier zeigten sich klar ihre zwei Bewußtseinsaspekte: Die eine H. P. Blavatsky war trotzig-rebellisch, mit der äußeren ungestümen Dolgorouki-Art. Die andere war ihre innere Egonatur, der hingebungsvoll opfernde, wunderbare Meisterschüler.

Band 1 von „Entschleierte Isis" fordert die Unfehlbarkeit der Wissenschaft heraus. Der Wert uralter und dann verfälschter Geistestraditionen wurde enthüllt.

Band 2 von „Entschleierte Isis" fordert die Unfehlbarkeit der christlichen Theologie heraus, mit Anprangerung der falschen Dogmen und Grausamkeiten der Kirche. (Es blieb A. Besant und C. W. Leadbeater vorbehalten, *auch* den hohen Rang und die mystische Herrlichkeit des Christentums erforschend klarzustellen.)

Nach mehreren kleineren Büchern („Die Stimme der Stille", „Praktischer Okkultismus", „In den Höhlen und Dschungeln Hindostans") folgte die „Geheimlehre", ihr Hauptwerk. Dieses wurde in ihrer schrecklichsten Anfeindungszeit begonnen. H. P. Blavatsky durfte sich – als Theosophie-Schüler – nicht mit gleichen Waffen wehren wie ihre intriganten Anatagonisten und wurde quasi in ihrer Ehre und Würde „geopfert". Ihr Meister holte sie damals vom Tod zurück. C. W. Leadbeater war im Raum, und er sah den hohen Lehrer. In Würzburg arbeitete sie angespannt jeden Tag bis in die späte Nacht. Auch die „Geheimlehre" mußte ganz mit der Hand geschrieben werden. Sie lehnte damals viele verführerische, hochbezahlte Zeitungsangebote für okkulte Artikel ab. Denn kein theosophischer Arbeiter darf seine Tätigkeiten mit Gelderwerb verbinden – heute wie ehemals.

Auf die Frage: „Warum überhaupt okkulte Phänomene?", antwortete sie immer: „Wäre ich nur eine philosophische Lehrperson gewesen – noch dazu als Frau – hätte kaum jemand gelauscht. Okkulte „Wunder" wurden benötigt, um ein erstes Interesse zu wecken. So starteten die Phänomene die Theosophische Bewegung." Über ihre Arbeit sagte sie: „Ich schaffe in der Luft vor mir quasi ein Vacuum, hefte ‚Sehen' und Willen konzentriert darauf, und bald zieht eine Szene nach der anderen an mir vorüber. Bei Benötigung einer Nachschlagstelle aus einem Werk erscheint das astrale Gegenstück der betreffenden Buchseite."

Der MEISTER K. schrieb damals an Olcott: „H. P. Blavatsky soll sich jetzt nicht mit Verwaltungsdingen befassen. Doch mit okkulten Angelegenheiten hat sie *alles* zu tun! Sie ist unser direktes Instrument (Agens). Überlasse ihr stets die gesamte innere Seite der Theosophischen Gesellschaft!"

1888 erschien die „Geheimlehre" – H. P. Blavatskys „magnum opus" und herrliche Erwiderung auf alle Angriffe. Dieses gigantische Werk ist das wertvollste okkult-wissenschaftliche Buch (trotz seiner Unvollständigkeit und seines sehr schwierigen Studiums).
Band 1 behandelt die „Kosmogenesis – unter anderem die Geschichte der „Welten-Nacht" und das Erwachen des Kosmos.
Band 2 behandelt die „Anthropogenesis" – u. a. die Menschenrassen, versunkene Kontinente, archaische Symbolik.
Band 3 trägt den Titel „Esoterik" – zusammengestellt aus nachgelassenen Papieren.
Die „Geheimlehre" ist auch das umfassendste okkulte Nachschlagewerk. Denn an Hand der sehr ausführlichen Verzeichnisse ist über das meiste etwas zu finden, was okkult-Suchende aller Richtungen interessieren könnte, und zwar in souveräner Objektivität. (Hier in völligem Gegensatz zu einem heutigen, stark-propagierten okkulten „Lexikon" von unberufenen Händen.)

Die erste Edition der „Geheimlehre" war schon vor dem Veröffentlichungstermin vergriffen und verbreitete sich dann in unvorstellbarem Maß – wobei zu berücksichtigen ist, daß es damals keine brauchbaren Schreibmaschinen, keine Telefone, kein elektrisches Licht, weder Autos noch Flugzeuge gab – nur sehr langsam fahrende Eisenbahnen.
Obwohl die „Geheimlehre" aus krankheits- und zeitbedingten Gründen (wie erwähnt) sehr unmethodisch verfaßt ist, bildet sie doch die Grundlage für die gesamte wunderbare, all-umfassende theosophische Literatur – mit deren zahllosen, unentbehrlichen Ergänzungen, Spezialisierungen und *neuen* MEISTER-Mitteilungen.

Diese Ausführungen sollen mit Widmungsworten von H. P. Blavatsky beendet werden:

„Diese Wahrheiten werden nicht als Offenbarung oder Enthüllung einer zum ersten Mal in der Weltgeschichte gegebenen mystischen Lehre herausgegeben. Denn der Inhalt der „Geheimlehre" liegt in Tausenden von Bänden in den Schriften alt-asiatischer und alt-europäischer Religionen verstreut, verborgen unter Hieroglyphe und Symbol. Es werden hier die uralten Lehrsätze gesammelt und ein harmonisches, unzerstückeltes Ganzes daraus gemacht; und dem Menschen wird sein richtiger Platz im Weltenplan zugewiesen. Von ihm und den künftigen Generationen muß es beurteilt werden. Die Verfasserin anerkennt keinen niedrigeren Gerichtshof."

Literaturnachweis:
Josephine Ransom „A short History of the Theosophical Society"
Josephine Ransom „Madame Blavatsky as Occultist"
H. P. Blavatsky „Die Geheimlehre"

Teil 2: Eine poetische Kosmogonie

Der STRAHLENDE HEROS hatte seinen Atem aus seinem siebenfältigen Universum gezogen, und siehe, „es" verschwand aus dem Welten-Raum.
Nur sein siebenfältiges *Permanentes Atom* verblieb im Herzen des STRAHLENDEN HEROS ruhend. Mulaprakriti – der Ur-Stoff – blieb wieder in reiner Unberührtheit als Leib des STRAHLENDEN HEROS zurück.
Und ER zog seinen Dritten Aspekt zurück – das planende Bewußtsein.
Und ER zog seinen Zweiten Aspekt zurück – das unendlich-gebärende Leben
Und ER zog seinen Ersten Aspekt zurück – die all-wirkende Ur-Kraft.

Und siehe, Mulaprakriti – nicht mehr durch den Willen des STRAHLENDEN HEROS gesondert gehalten – ging in ihren Ursprung ein. Und der STRAHLENDE HEROS versank selbst mit Mulaprakriti in der wesenlosen Ruhe des URGRUNDES. Und nichts war mehr da als der URGRUND.
Und Pralaya – die lange, große Welten-Nacht – begann. Und in ihrem mystischen Schweigen geschah – in reglosen, geheimnisvollen Vorgängen – die Assimilierung der Früchte des vergangenen Universums.

Aber siehe, *einmal* muß wieder die „Morgendämmerung" erscheinen. Und ein all-mächtig-heller Kosmischer Fanfarenton erschüttert das nächtig-tiefe Schweigen von Pralaya: „Schläfer, erwache!"

Der Schläfer erwacht – der STRAHLENDE HEROS enttaucht dem U R G R U N D und löst Mulaprakriti aus ihrem Ursprung.
Und der STRAHLENDE HEROS steht als sein Erster Aspekt in jugendlicher Herrlichkeit im Welten-Raum – als die blitzende, vibrierende, glühende Ur-Kraft – geballte Ur-Gewalt, mit grenzenlosen Möglichkeiten geladen. Denn siehe: „Im Anfang war die Kraft!" Und ER entläßt aus sich unzählige Wesens-Keime – funkelnde Energie-Strahlen, die – als Ur-Monaden – seine Kraft teilen und auf Offenbarung harren.

Und siehe – ER erweckt seinen Zweiten Aspekt, und der Zweite STRAHLENDE HEROS enttaucht den Pralayanischen Tiefen mit jauchzendem Jubelruf: „Ich bin da! Das Leben, das Leben, das Leben ist da!"
Und ER läßt aus seinem Kosmischen Liebesherzen unaufhörlich die unendliche Lebens-Essenz, den schrankenlosen Liebes-Ozean, in den Weltenraum fluten. Und siehe, die blitzenden Energie-Strahlen werden nun auch zu leuchtenden Lebens-Funken, die sein Leben teilen und auf Offenbarung harren.

Und siehe, ER erweckt seinen Dritten Aspekt; und in ernster Majestät enttaucht der DRITTE STRAHLENDE HEROS den Pralayanischen Tiefen, der Ur-Geist, das Unendliche Bewußtsein. Und ER stellt die Ur-Wahrheiten in den Welten-Raum, die Ewigen Kosmischen Gesetze. Und es formt sich in gigantischer Erhabenheit der Schöpfungs-Plan für das neue Universum, welcher die Energien der Ur-Kraft und des Ur-Lebens in machtvolle Ordnung bannt. Und alles Lebendige wird in völliger Sicherheit in ihm geborgen sein. Und die leuchtenden Lebensfunken werden nun auch zu archetypischen Bewußtseins-Zentren, die sein Bewußtsein teilen und auf Offenbarung harren.

Und alle Logoi und Erz-Engel, die der STRAHLENDE HEROS aus dem vergangenen Universum mit-herübergebracht hatte, stehen nun neben IHM, zur Mitarbeit bereit – und harren in tiefer, atemloser Ehrfurcht des Augenblicks, da wiederum das schöpferische „WERDE!" ertönen würde, um ein neues Universum aus der Pralayanischen Nacht erstehen zu lassen.

Und siehe, der STRAHLENDE HEROS spricht – den Welten-Raum erfüllend – das WORT! Sein Donnerhallen rührt an das „Permanente

Atom" des vergangenen Universums. Es springt auf in siebenfältiger Gestalt; und die schattenhaften Möglichkeiten des neuen siebenfältigen Welt-Alls verbreiten sich im Welten-Raum und durchdringen die Logoi und Erz-Engel mit glühender Schöpfungs-Lust!

Der STRAHLENDE HEROS haucht sein Leben hinein. Die ersten Atome entstehen und bilden die zwei höchsten Göttlichen Ebenen. Die erste Formgestaltung erscheint in reiner, transparenter Herrlichkeit „Das Land des Ewigdauernden Lichtes".
Und dann erscheint Atma-Buddhi-Manas, die Wohn- und Wirkungsstätte der Monadischen Söhne. Dies ist das Reich der Unendlichen Schönheit in ungetrüber Offenbarung – die Region des „Ewig-Wirklichen" – als die Schönheit selber. Hier ist noch volle Harmonie zwischen dem GEIST und seinen ersten Formen – der totale Einklang von Geist und Substanz!
Und die archetypischen Bewußtseins-Zentren treten darin auf als strahlende Egos – gekleidet in Gewänder aus dem Stoff des Ewigdauernden Lichtes und harren nun ihrer Manifestation in den unteren Welten – um ihren Pilgerweg zur Bewußtwerdung und Entfaltung ihrer Göttlichen Kräfte zu beginnen. In leuchtender Frische breitet sich der Morgen des Ersten Frühlings-Tages auf unzähligen Sternen und Planeten aus – rein – unberührt – makellos.

Und siehe, der DRITTE STRAHLENDE HEROS tritt in Erscheinung und sendet seine Heerscharen, um die schattenhaften Möglichkeiten der untermanasischen Region zu beleben. Und es erschien – als erstes der vergänglichen Reiche – die glühende Welt des dichten Mentalstoffes. Und die strahlenden Gottes-Söhne senden nun Bewußtseinsstrahlen da hinab, um ihre Denk-Natur auszubilden und rationelllogische, bewußt-wissende Wesen zu werden. Sie werden mit Vehikeln aus Mentalstoff bekleidet.
Dann geschieht dasselbe im Astralen. Die Bewußtseinsstrahlen werden mit Astralmaterie bekleidet, um fühlende Wesen zu werden, welche langsam auf der gesamten Klaviatur der Empfindungen – bis hinauf zu den höchsten – spielen lernen. Dies vollzieht sich DURCH DEN ZWEITEN.
Und zuletzt erhalten sie – DURCH DEN ERSTEN – Körper aus physischem Stoff, welche in Zeit-Äonen in den unteren Naturreichen für sie vorbereitet wurden und durch sie den Denk- und Gefühlsimpulsen tätig-handelnden Ausdruck geben. Und die Bewußtseins-

strahlen vergessen (als im Stoff verstrickte Persönlichkeiten – für lange Zeiten ihren Ewigkeits-Ursprung.
Der gewaltige Evolutions-Prozeß der Egos – aus latenten, Göttlich-reinen, statisch-unbewußten Gottes-Söhnen zu voll-bewußten, schöpferischen Verkörperungen der Göttlichen Macht, Freiheit, Weisheit, Liebe, Schönheit und Glückseligkeit zu werden, hat begonnen.
Und es kann allein durch ein langes, mühevolles Ringen mit der Materie gewonnen werden – in welchem wir uns alle befinden.